《中国国有企业简史（1949—2018）》编委会

主　任：邵　宁　国务院国资委原副主任、党委副书记

副主任：季晓南　原国有重点大型企业监事会主席

　　　　董大海　中国大连高级经理学院常务副院长、
　　　　　　　　党委副书记

委　员：刘国胜　原宝钢集团有限公司党委书记、副董事长

　　　　郑昌泓　中国中车集团公司原党委书记、副董事长

　　　　王浩生　陕西省国资委原副主任

　　　　邵　丁　大连市国资委原监事会主席

中国国有企业简史

（1949—2018）

邵 丁 董大海 著

人民出版社

序　言

新中国刚度过了 70 华诞，我们从站起来、富起来走向了强起来。在这个辉煌的历史进程中，无论是新中国初期到改革开放之前，还是改革开放之后直到今天，国有企业作为新中国长子，"为我国经济社会发展、科技进步、国防建设、民生改善作出了历史性贡献，功勋卓著，功不可没"①。历史告诉我们：国有企业是中国人民站起来的基础，富起来的脊梁，强起来的先锋。

中国大连高级经理学院作为主要面向国有企业领导人员开展教育培训的国家级基地，我们在教学过程中发现，很多人，尤其是年轻人，普遍缺乏对于我国国有企业历史的系统了解。我们意识到，学院有责任有义务把国有企业的光辉历史通过教育培训一代一代传承下去。可是我们发现，国内至今尚没有一本专门的中国国有企业史，这不能不说是一件憾事。因此学院决定，我们来为中国国有企业"立传"。

这部书共分九章，前五章，记述了从新中国成立到"文化大革命"结束的 30 年中国有企业的历史。后四章，记述了从党的十一届三中全会到全面建设小康社会的改革开放 40 年的国有企业历史。这样的布局是考虑到，从已有的文献资料的丰富性上来看，改革开放以后的文献资料要远远多于改革开放之前的，适度加大改革开放之前那段历史的叙述分量，有助于弥补已有文献的不平衡。

我们在构思本书的学术贡献时，梳理确定了如下三条主线，并期望能成为本书的特点：一是写出新中国国有企业 70 年体制制度的探索史；二是写

---

① 《坚持党对国有企业的领导不动摇　开创国有企业党的建设新局面》，《人民日报》2016 年 10 月 12 日。

出新中国国有企业 70 年的贡献史；三是写出以企业为主的叙述史。

中国国有企业的发展历史与新中国的发展历史密不可分，可以说一部国有企业史，就是中国共产党领导中国人民探索中国特色社会主义经济发展道路的一个缩影。新中国成立后，由于缺乏建设经验，我们搬用了苏联的社会主义建设模式，迅速建起中国的工业化基础；我们也曾试图走出一条适合中国情况的社会主义建设道路，但是一度却陷入了以阶级斗争为纲的错误道路；只有到党的十一届三中全会，我们党和国家才拨乱反正，实施了改革开放的发展战略，建立了社会主义市场经济体制，中国国有企业才开始逐步走上探索现代企业制度、做强做优做大、建设世界一流的正确发展之路。

新中国国有企业的发展和贡献是史诗般的。在国际封锁的环境下，突破性、创造性的鞍钢宪法、大庆油田、两弹一星等；以厂为家、艰苦奋斗的铁人精神、孟泰精神、雷锋精神等均是改革开放前国有企业的时代标识。第一台国产解放牌汽车，第一艘自制万吨巨轮，第一颗人造卫星，以及第一颗原子弹、氢弹，国有企业书写了可歌可泣的人间奇迹。在改革开放、市场经济和全球一体化的新环境中，国有企业在高速铁路、新一代核电站、载人航天、蛟龙号深潜、玉兔二号以及在装备制造和服务业的各个领域，正在创造新的人间奇迹。

"国有企业是中国特色社会主义的重要物质基础和政治基础，是我们党执政兴国的重要支柱和依靠力量。"[①] "国有企业是推进现代化、保障人民共同利益的重要力量，要坚持国有企业在国家发展中的重要地位不动摇，坚持把国有企业搞好、把国有企业做大做强做优不动摇。"[②] 全面深化改革，转变国有资本管理体制、建立中国特色现代国有企业制度，践行"一带一路"倡议，在新的历史时期，面对新的历史使命，国有企业正以高质量发展为目标，建设具有全球竞争力的世界一流企业，负重前行，开启新征程。

治史难，治当代史尤难。我们没有奢望本书会成为一部治史专著，而是仅仅期望它能够在基本观点正确、基本史料完整的基础上成为一本可用的

---

① 《坚持党对国有企业的领导不动摇　开创国有企业党的建设新局面》，《人民日报》2016 年 10 月 12 日。

② 《保持战略定力增强发展自信　坚持变中求新变中求进变中突破》，《人民日报》2015 年 7 月 19 日。

教材。尽管如此，我们仍然如履薄冰、战战兢兢，生怕因为才疏学浅而脱漏了中国国有企业的光辉历程。本书由邵丁、董大海任主编，各章分别由以下同志执笔：刘强（第一章，第二章），邵丁（第三章，第四章），沙巧玲（第五章），桂树森（第六章），张宝华（第七章），陈占夺（第八章，第九章）。刘强还完成了国有企业大事记（1949—2018）的编纂，桂树森承担了第六稿至终稿的编校工作。

本书编撰历经三年，数易其稿。编撰前期，国务院国资委原副主任、人大财经委副主任委员邵宁同志对本书编写给予了很多很好的指导；成稿后，我们还邀请了原国有重点大型企业监事会主席季晓南同志，原宝钢集团有限公司党委书记、副董事长刘国胜同志，中国中车集团公司原党委书记、副董事长郑昌泓同志，陕西省国资委原副主任王浩生同志等4位专家进行审读，在此一并特别致谢。

为体现本书从企业视角叙述的特点，作者搜集了近50部有代表性的企业厂史、厂志，带有抢救性质地积累了一批珍贵历史档案资料。感谢鞍钢、大庆油田、大同煤矿、江南造船厂、大连港、燕山石化、一汽、一拖、一重、华北制药、东北电力、中远、中广核、中国航天等近50家大型国有企业为我们提供的企业史志资料。

以史为鉴，可以知兴衰。希望这部国有企业简史，对于国有企业未来的改革创新，能够提供有益借鉴。

目　录

第一章　国民经济恢复时期的国营企业（1949—1952）

1949 年 10 月 1 日中华人民共和国的成立，揭开了中国历史的新篇章，也使中国企业发生了根本性的转折。1949—1952 年，在特定的社会历史条件下，通过改造旧中国的经济体制，战争的创伤迅速得到医治，国民经济得到全面恢复和发展，从而为有计划和大规模地开展社会主义建设创造了条件。

国民经济恢复时期，是我国大规模创建和探索企业管理与管理企业的阶段。国家对官僚资本主义企业采取没收政策，通过国家力量，把全部官僚资本主义企业改造成社会主义国营企业；对民族资本企业则实行利用、限制和改造政策。同时在所有企业中采取了一系列企业生产和管理方面的改革，如进行民主改革；实行责任制、开展生产运动、推广先进生产经验；调整工资、实行劳动保险；推行经济核算制等。企业管理水平的提高，不仅有利于恢复生产，并且为进一步实行计划经济打下了基础。这一时期，随着大规模国营企业的建立和国营经济领导地位的确立，政府也对如何管理国营企业、处理与国营企业的关系进行了探索和调整。

一、新中国成立初国民经济秩序的稳定

生产萎缩、通货膨胀、市场紊乱和财政金融崩溃的"烂摊子"，落后、备战和自给自足的"解放区"，以苏联和美国为首的两大阵营的对峙和朝鲜战争导致的国际战略上的"一边倒"，共同构成了新中国经济发展与制度变

革的历史背景和前提条件。1949—1952 年，新中国的重大经济决策尊重历史的延续性，选择了适合国情的经济体制。这就是始于 20 世纪 40 年代，以毛泽东为首的中国共产党人提出的新民主主义社会理论基础上的新民主主义经济。在新民主主义经济思想指导下，建立了经济管理体制、调整了经济结构，国民经济迅速得到恢复。

（一）新中国成立初的国民经济和国际环境

1.旧中国的经济遗产

1840 年以来，我国由于遭受多个帝国主义国家的侵略，战争连绵不断，腐朽的社会经济制度严重阻碍了经济的发展。那是一个封建生产关系占支配地位的广大农村和帝国主义、官僚资本控制经济命脉的城市相结合的贫穷落后的经济体系。这个体系生产力水平低下，经济结构不合理，资本总量不足与官僚资本相对集中并存，城乡之间与区域之间发展极不平衡。在长期遭受严重的战争创伤之后，这些特点更加突出，并且进一步出现了生产萎缩、通货膨胀、市场紊乱、民国政府的财政金融崩溃等严重社会问题。[①]

（1）经济发展非常缓慢

在鸦片战争至辛亥革命前的 70 年间，由于帝国主义列强的侵略和清政府的腐败无能，阻碍了中国经济的发展。1864 年至 1894 年之间的 30 年所谓"同治中兴"和洋务运动，并没有使中国走上现代化之路。1894 年中日甲午战争的失败和随后疯狂的瓜分及屈辱的《辛丑条约》签订，进一步拉大了中国与发达国家的差距。这期间，中国社会经济遭受帝国主义和封建主义的双重严酷压迫，传统农业凋敝，新兴工业艰难。

1911 年爆发的辛亥革命，推翻了清政府的封建统治，但是由于国家没有获得真正独立，政治上的腐败势力没有清除，阻碍经济发展的封建生产关系和外国经济特权也没有得到根本改变，因此，从 1912 年孙中山建立的南京临时政府到 1949 年南京国民党政府的 38 年间（共产党领导的解放区除外），中国经济在帝国主义、封建主义和官僚资本主义三座大山压迫下，发展仍非常缓慢，特别是日本帝国主义的侵略更是重创中国经济。

---

① 武力：《中华人民共和国经济史》，中国时代经济出版社 2010 年版，第 39—42 页。

新中国成立以前，以 1933 年这个经济状况最好年份来看，中国的经济发展水平也是相当低的。据统计，1933 年，全国工农业总产值仅为 249.55 亿元，其中属于传统农业手工业的生产总值占 87.7%，属于近代工业的生产总值仅占 12.3%。就主要工业产品而言，1933 年的中国产量与 1913 年的俄国相比，中国煤炭、电力、石油、生铁、钢、机械制造、纱锭只分别相当于俄国的 97%、57%、1%、14%、0.5%、4.6%、59%。1935 年中、苏、美、日四国比较，生产资料的生产在生产总值中所占比重，分别为 5.8%、58.5%、42.4%、48.3%。[①]

（2）经济发展极端不平衡

从鸦片战争到新中国成立的 100 余年间，现代经济发展缓慢，传统农业萎缩凋敝，经济发展非常不平衡。这种不平衡一方面表现在城乡之间形成典型的"二元经济"，即外国资本、官僚资本、民族资本主要集中于城市，城市经济已经开始资本主义化了；但是广大的农村，由于依然在封建地主阶级统治之下，农业经济不但没有走上现代化之路，而且日趋衰落，广大农民在原有生产方式下，甚至难以维持自身的生存。另一方面，经济发展的不平衡还表现在区域之间：沿海地区由于交通方便和受通商口岸及外国投资的影响，发展较快；而内地由于交通闭塞和封建羁绊较多，发展较为缓慢。沿海与内地经济发展水平存在较大差异。

据民国政府经济部 1947 年对中国主要城市全部制造业的统计，其中仅上海、天津两地，工厂数即占主要城市工厂总数的 63%，职工人数占 61%，东北则占有全国半数以上的重工业。据日伪统计，1943 年东北生铁产量占全国总产量的 87.7%，钢材占 93%，煤占 49.5%，电力占 78.2%，水泥占 66%。[②]

（3）全国的统一市场始终没有形成

自鸦片战争以来，至 1949 年前，由于帝国主义侵略，封建军阀割据以及战争影响，中国在政治上始终没有实现过真正的统一。即便就国民党 1928 年名义上统一中国之后来看，不仅国民党内部实际存在着军阀割据，

---

① 中财委编：《1949 年中国经济简报》，1950 年版。

② 中财委编：《1949 年中国经济简报》，1950 年版。

而且 1931 年至 1945 年，中国大片区域沦为日本帝国主义的殖民地。抗战胜利以后，国统区和解放区经济分明，处于对立状态。区域的分裂不仅造成中国始终没有形成统一市场，而且也造成财政、货币及工商业各行其是，自成系统甚至互相封锁、破坏，并迫使一些地区形成区域性自给自足经济。

（4）长期战争使经济遭到严重破坏

仅以 1949 年与全面抗战以前的 1936 年相比，农业牲畜减少 26%，农用施肥量减少 27%，粮食产量减少 21%，棉花产量减少 45.6%。1949 年全国人均粮食仅为 475 斤原粮（抗战前每人平均约 600 斤）。从工业来看，煤炭的产量仅为 1935—1937 年平均年产量的 70%，东北、华北、华东三大地区全部电力设备的最大输出力仅占总设备容量的 65%，全国公营主要电厂发电量不及东北地区 1944 年发电量的一半。水泥的年产量为 41 万吨，只相当于 1936 年关内产量的 42.8%。1949 年全国现代化运输的货物周转量，只有 229.6 亿吨公里，仅及战前最高水平的 42.7%。[①]

在连年战争中，破坏性和危害性最大的是国民党腐败的财政政策所造成的恶性通货膨胀（见表 1–1）。抗战时陪都重庆于 1940 年起、上海于 1941 年起，物价指数即超过法币发行指数，陷入循环性的通货膨胀。1945 年 8 月抗战胜利，物价下跌，到 9 月，重庆下跌 32%，上海下跌 90%。上海下跌之巨是因政府将法币收兑为中储券的比率强压至 1∶200，这无异于对收复区人民的一次大掠夺，也促使人民在收兑期间以币易物。到 12 月，物价迅速增长 1.5 倍。接着，内战爆发，1946—1947 年，国民党政府的财政赤字由 4.6 万亿元增至 29 万亿元，法币发行额增长 9 倍，物价上涨 15 倍。到 1948 年 8 月已不能维持，改发金圆券，以 1 金圆券收兑法币 300 万元，并收兑黄金国有，是对人民的又一次大掠夺。金圆券发行后，物价更如脱缰之马，到 1949 年 5 月上海解放，又上涨 2.1 倍。恶性的通货膨胀致使工薪阶层的生活陷于水深火热；工业企业入不敷出，再生产停顿；投机盛行，经济秩序被破坏，市场一片混乱。正如周恩来当时所指出的：“中国人民所接收的城市，由于多年不断地通货膨胀，物价高涨，差不多变成了投机商人的大

---

① 柳随等：《中国社会主义经济简史（1949—1983）》，黑龙江人民出版社 1985 年版，第 14 页。

赌场。"①

表1-1　货币发行额及批发物价指数（1937—1949）

年份	货币发行额 1937 年 6 月 =100	重庆物价 1937 年 =100	上海物价 1937 年 1—6 月 =100
1938	164	104	115
1939	304	177	308
1940	558	1094	653
1941	1071	2848	1598
1942	2440	5741	4929
1943	5346	20033	17602
1944	13436	54860	250971
1945 年 8 月	28204	179300	8640000
1945	73162	140448	88544
1946	264180		681600
1947	2353704		10063000
1948 年 8 月	47070539		564570000
1948 年 12 月	1770212776		11937000000
1949 年 5 月	14456553191489		3636600000000000

说明：年份除注明者外均每年 12 月数。1948 年 12 月和 1949 年的指数是将金圆券按 1 元 = 法币
　　　300 万元折合后计算。重庆用 22 种主要商品物价指数。
资料来源：中国科学院上海经济研究所：《上海解放前后物价资料汇编（1921—1957 年）》，上海人
　　　民出版社 1958 年版，第 47、49、105—198 页。

2. 解放区的经济

1927 年第一次国内革命战争失败以后，以毛泽东为代表的中国共产党
开创了以农村包围城市、武装夺取政权的革命道路，建立了革命根据地（抗
日战争后称解放区）。如果说新中国经济体制是建立在旧中国留下的经济基
础之上的，那么可以说，新中国的经济体制则是直接来源于解放区的经济体

①　中共中央文献研究室编辑委员会：《周恩来选集》下卷，人民出版社 1980 年版，第 42—
　　43 页。

制，是在特定的历史条件下长期探索和实践的结果。

抗日战争和解放战争时期，是解放区经济体制逐渐走向成熟的时期，从全面抗战到 1949 年新中国成立前的 12 年间，约有 10 年的时间，解放区基本上是处于北方农村。在抗日战争时期，甚至可以说主要以偏僻的乡村为主。解放区的上述区域特点，导致解放区的经济呈现以下三个特点①：一是解放区经济水平就全国来说，基本上处于比较落后的状态，现代交通、能源、工业几乎没有，即便农业发展水平，较之江南也很落后，每个劳动力的生产剩余很少。二是处于严酷的战争条件下。在 1947 年 7 月人民解放军转入战略反攻以前，中国革命根据地基本处于战略防御状态，在基本没有外援的情况下，靠落后的农村经济支撑。因此，政府一切政策的出发点和主要目标，是保证革命战争的需要。三是解放区大多数时间受反革命势力分割、包围、破坏。处于战争环境中的解放区经济，不仅大多数时间受到反革命势力的分割、封锁，不得不陷入一种区域性、脱离城市的自给自足状态，而且受到战争严重破坏，如抗战时期日寇对解放区的残酷"扫荡"、解放战争初期国民党对解放区的进攻和破坏等。

解放区的上述特点和解放区面临战争环境的需要，使得解放区经过 20 多年的探索和完善，逐步形成了一套适合于农村条件和战时环境的经济体制。这种经济体制具有以下几个特点②：

（1）战时经济体制，经济工作的目标是革命第一、改善人民生活第二。这种体制一方面表现在政府的财政体制及政策主要服务于革命战争，另一方面表现在解放区的资源配置（物力、人力）将革命战争的需要放在第一位。解放区的金融、工业、商业、外贸（主要指区域之间的贸易）制度和政策也都是适应革命战争的需要，对敌经济斗争是解放区经济工作的重要组成部分。

（2）以分散落后的个体私营经济为主体的多种经济成分并存。在 1948 年以前，解放区主要由北方的农村和小镇构成，这里经济落后，以传统的农业、手工业和集市贸易为主，几乎没有大规模的现代工矿、交通、运输业。

---

① 武力：《中华人民共和国经济史》，中国时代经济出版社 2010 年版，第 57 页。

② 武力：《中华人民共和国经济史》，中国时代经济出版社 2010 年版，第 57、58 页。

（3）实行党对经济工作的一元化领导。中国共产党是革命根据地的创造者，是整个革命根据地政治和军事的核心组织和灵魂，是全国分散的根据地政治和军事的核心组织和灵魂，也是将全国众多分散的根据地联合结成整体的组织结构。它在根据地创造发展和革命战争中的组织领导作用不可替代。它所具有的纪律严明、步调一致、高效率、牺牲精神都是战争年代解放区政权在艰难困苦条件下赖以生存和发展的基本条件。因此，在解放区政府中，实际上实行党的一元化领导，即无论是政治、经济、军事、文化等一切工作，都是在共产党的统一领导下，共产党有最后的决定权。

（4）统一领导、分散经营的管理体制。在上述环境下，一方面革命战争需要在人力、物力方面加强政府的权力，调动一切可能调动的资源来支持革命；另一方面，战争分割和落后分散的个体私营经济，又使得政府（特别是中共中央）又不可能将干预经济的权力深入到广大的生产部门，为了解决这个矛盾，解放区在经济管理方面采取了因地制宜、因时制宜、因部门制宜的办法，凡应该集中而又可能集中的则由各解放区政府统一管起来，凡应该集中而当时没条件的暂时不集中，凡不需要集中的则一律不集中管理。在上述原则下，一般来说，财政、金融管理权限都集中在各解放区政府之中，如财政实行统收统支，银行货币发行权、信贷权集中由各解放区政府统一掌握，对于公营重工业（主要是军工）、商业企业，实行统一领导、分散经营，对于广大的个体、私营、农业、工业、商业，则主要是根据政策法令实行间接调控，必要时采用行政手段辅助。

3. 新中国成立前后的国际环境

第二次世界大战结束后，国际上形成了以苏联和美国为首的两大阵营，这两大阵营对于殖民地半殖民地人民的民族独立和民族解放运动采取了两种不同的态度。前者支持各国的民族独立和民族运动，支持各国人民反对帝国主义和本国封建主义的运动，而后者为了保护帝国主义的利益，则反对和阻挠各国的民族解放或民主运动，他们或者直接出兵，或者扶持其国内的封建反动势力来镇压人民革命运动。中国作为一个半殖民地半封建大国，同样引起世界两大阵营的关注，美国公开支持国民党，而苏联则支持中国共产党。由于中国革命的性质以及上述两大阵营的态度，导致中国共产党必然站到了苏联一方。

1949 年 5 月，人民解放军解放南京上海之后，胜利局面已定。在刘少奇秘密访苏期间，斯大林表示将在政治上、经济上支持未来的新中国政府。而另一方面，美国则继续支持国民党政府，虽然南京解放时美国大使馆没有随国民党政府南下广州，但是大使司徒雷登北京之行的打算被美国政府否定和美国实际上默许国民党军舰封锁上海港口，都表现出美国政府对中国共产党采取了敌视的态度。在这种国际环境下，中国共产党在新中国诞生之初，国家尚未稳固的情况下，只能采取政治上"一边倒"的政策，全力争取苏联的理解和支持，以避免在国际上处于孤立无援的地位。

1949 年 12 月，毛泽东、周恩来访问了苏联，并与苏联签订了《中苏友好同盟条约》《关于苏联政府贷款给中国政府的协定》和《关于苏联将中东铁路及旅顺港设施归还给中国的协定》等。尽管如此，中国共产党对西方仍然积极恢复发展经济关系。1950 年上半年，中国除了与北欧的许多国家建立了外交关系，与英国也进行建交谈判，同美国的经济贸易往来恢复很快。由于中国历史上与西方国家的经济往来占有重要地位，因此，新中国仍然尽量保持这种历史关系积极发展对外贸易，以促进国内经济的恢复。

1950 年 6 月爆发的朝鲜战争从根本上改变了中国与外部世界的关系。为了稳固新中国的外部环境而与西方进行的直接对抗，造成了西方对中国的敌视和封锁，使中国处于巨大的压力之下。来自外部的威胁迫使中国政府不得不把优先发展重工业和加强国防力量作为新中国的首要任务。而这对新中国成立初期经济体制的形成和演变产生了多方面的影响。①

（二）国民经济秩序的稳定

在 1947 年 12 月召开的中央会议上，中共中央制定了夺取全国胜利和建立新中国的行动纲领。毛泽东在《目前形势和我们的任务》的书面报告中，阐述了在新中国，新民主主义国民经济由三个部分构成：（1）国营经济是领导成分；（2）由个体逐步地向集体方向发展的农业经济；（3）独立的小工商业者和小的、中等的私人资本经济。新民主主义国民经济的指导方针，必须紧紧地追随着发展生产、繁荣经济、公私兼顾、劳资两利这个总目标。

---

① 武力：《中华人民共和国经济史》，中国时代经济出版社 2010 年版，第 68、69 页。

　　1949 年 9 月中国人民政治协商会议通过了《共同纲领》。《共同纲领》的总纲中明确规定：中华人民共和国为新民主主义即人民民主主义的国家，必须发展新民主主义的人民经济，稳步地变农业国为工业国。1949 年 10 月以后，新中国继续实现新民主主义革命三大经济纲领：没收官僚资本、废除封建土地制度和保护民族工商业。在此基础上，建立起以国营经济为主导的多种经济成分并存的新民主主义经济体制。而且当时认为，新民主主义社会最终要过渡到像苏联那样的社会主义社会，但是这一过程相当长，要经过十几、二十几年的发展才能向社会主义转变。①

　　新中国诞生时，面临着最严酷的经济环境：恶性通货膨胀，金融投机猖獗，失业率高居不下，灾害肆虐频仍，财政赤字飙升。新解放的大中城市生产凋敝，市场混乱，人民难以维持最低生活水平；老解放区由于长期战争的巨大开支也非常困难。国内外敌对势力的军事、经济封锁加剧了市场的波动与资金的匮乏。中央财政经济委员会经过实地调查，在 1949 年 7 月召开的上海财经会议上，全面分析了困境产生的综合因素：历史的与现实的、国内的与国际的、供给的与需求的、机制的与结构的、短期的与长期的。从全局出发，提出了走出困境的重大举措，其中包括以人民币占领市场、全国物资大调运以遏制物价上涨风、对待旧政府遗留下来的公职人员（包括官僚资本企业职工）实行"包下来"的政策、农村赈灾和城市救济以及税收和货币双紧的政策等等。这些举措既灵活地运用了市场物价、财政金融等经济杠杆，又动用了行政、组织、司法甚至军队等政治力量。经济杠杆通过政治力量撬动，政治目标通过经济杠杆实现。这种经济、政治多重手段的契合运作，是新中国成立初期成功摆脱经济困境的一个特点。

　　在初步稳定市场的基础上，为了从根本上扼制通胀，扭转收支脱节、收不抵支、靠大量发行货币弥补高额赤字的局面，中央作出了统一财经的重大决策，建立起高度集中的财经管理体制，建立中央金库，由中央统一调动资金和重要物资。这种高度集中的财政管理体制对促进国家财政收入迅速增加，支出相对减少，收支接近平衡，稳定物价，至关重要；在财力有限的情

①　中共中央文献研究室编：《刘少奇论新中国经济建设》，中央文献出版社 1993 年版，第 47 页。

况下，这种财政体制也使国家可以分别轻重缓急办成几件大事。然而，统一财经的工作刚刚完成，随着财政经济形势渐趋稳定，中央统得过多、地方权力过小的弊端就暴露出来。政务院于 1951—1952 年对财政体制适度调整，实施了在统一集中的总方针下，中央、大行政区、省（市）三级分工管理制度，取得了较好的效果。两年收支相抵，略有结余，保证了抗美援朝战争期间，"国防第一，稳定市场第二，其他第三"的财经工作方针和稍后的"边打，边稳，边建"方针的实施；1952 年经济建设费用占财政总支出的比例达 41.6%，首次超过了国防费用在总支出中的比例（32.9%），标志着中国完成了由战时财政向建设型财政的转变。

为了使经济快速恢复发展，必须调动国内外一切可能调动的资源，而要使经济利益多样性的各类经济成分共同朝着有利于国计民生的方向发展，则要求代表全国人民长远利益的社会主义性质的国营经济处于主导地位。对私人资本主义经济的政策，早在新中国成立前夕的中国共产党七届二中全会就已经确定下来，这就是毛泽东所说的："一切不是于国民经济有害而是于国民经济有利的城乡资本主义成分，都应当容许其存在和发展，不是如同资本主义国家那样不受限制任其泛滥的。他将从几个方面被限制——在活动范围方面，在税收政策方面，在市场价格方面，在劳动条件方面。我们要从各个方面，按照各地、各业和各个时期的具体情况，对于资本主义采取恰如其分的有伸缩性的限制政策。孙中山的节制资本的口号，我们依然必须使用和用得着。但是为了整个国民经济的利益，为了工人阶级和劳动人民现在和将来的利益，决不可以对私人资本主义经济限制的太大太死，必须容许它们在人民共和国的经济政策和经济计划的轨道内有存在和发展的余地。"①

国民经济恢复时期，在统一财经的同时，人民政府针对经济生活中的恶性通货膨胀，还对私营经济采取了征收滞纳金、认购公债、紧缩银根等措施，于 1950 年上半年初迅速实现了全国金融物价基本稳定的目标。1950 年 3 月以后，资本主义工商业出现了产品滞销、工厂商店关门歇业和工人失业的困难。为了实现国家财政经济的根本好转，中央决定对工商业进行必要的

---

① 《毛泽东选集》第 4 卷，人民出版社 1991 年版，第 1431—1432 页。

合理调整，也称工商业的第一次调整。1952 年，党和政府又实施了第二次调整。正确的调整方针和得力的调整措施，使新民主主义经济得以正常运行，同时使资本主义工商业在新的环境下获得了新生。

根据《共同纲领》提出的"公私兼顾、劳资两利、城乡互动、内外交流"的基本经济政策和"分工合作、各得其所"的目标，对于经济变革和发展过程中遇到的各种经济关系，这个时期始终采取了统筹兼顾的原则，注意协调各种经济关系，调动各方面的积极性。在多种经济并存的环境中，新民主主义国家通过计划指导和市场机制来规范国民经济的运行。这一时期的计划管理基本是指令性计划与指导性计划并行，除了在国营大中型企业和国家基本建设开始实施指令性计划管理外，国家对广大的个体经济、私营经济和合作社经济主要是实行指导性计划。当时中央关于计划工作的方针是：区别主要产品与次要产品，抓紧重点，分别缓急，进行计划。对全国和地区的综合经济计划，基本上是以政府有关部门的估计为基础编制的，其主要作用是指导性的。

1949—1952 年，中国的国民经济恢复取得了巨大的成功。这个时期，社会总产值增长了 82.2%，年平均递增 22.81%；国民收入增长 64.5%，年平均递增 18.05%。人均国民收入 1952 年比 1949 年增长 54.5%，年平均递增 15.7%。国家财政收入 1952 年比 1950 年增长了 181.7%，年平均递增

图 1–1　1952 年国庆节游行

67.85%。仅仅用了三年时间，主要工农业产品产量即已超过了历史最好水平。与第二次世界大战以后的其他国家、地区相比，新中国是在格外艰难的条件下，以相对较快的速度，使经济恢复到了历史最好水平。图1-1所示为，1952年国庆节，首都人民为庆祝国民经济恢复任务完成，在天安门广场举行的游行活动。

二、国营企业的建立

新中国成立伊始，通过没收接管官僚资本、继承解放区公营经济以及其他途径，建立了能够控制国家经济命脉的国有经济，并由中央和地方政府直接经营，因而称为国营企业[①]。

（一）没收官僚资本建立国营企业

没收官僚资本归新民主主义国家所有，由政府管理和经营，是中华人民共和国建立时国营经济的主要来源。这里所说的官僚资本，主要指国民党政府遗留下来的国家资本，还有部分作为敌产没收的汉奸、战犯、反革命分子的资产。

1949年以前，南京国民党政府及其高级官吏在执政的20余年间，通过各种方式形成了庞大的、控制了国民经济命脉的官僚资本。据1947年国民党政府公布的统计数据显示，仅国民党政府资源委员会控制的工业企业，其产量（包括控制的产量）占全国总产量的比重为：电力66%，煤炭33%，钢铁90%，钨锑100%，锡70%，水泥45%，糖90%；1947年全国私营行庄放款1万亿元，而仅中央政府控制的行局即达17万亿，还不包括省市政府银行；至于现代交通运输和国际贸易，基本上为官僚资本所独占。[②] 高度集中和庞大的官僚资本，为新中国国营企业的建立提供了条件。

[①]　当时为了区别由中央政府管理经营的国有企业和地方政府管理经营的国有企业，又将中央政府管理经营的国有企业称为"国营企业"，而将地方政府经营的国有经济称为"地方国营企业"。

[②]　中财委编：《1949年中国经济简报》，1950年版。

官僚资本包括国民党政府的国家资本和政府官吏的私人资本两部分。在没收的过程中，如何界定哪些资本属于官僚资本，事关重大。对此，1949年4月25日发布的《中国人民解放军布告》说："没收官僚资本。凡属国民党反动政府和大官僚分子所经营的工厂、商店、银行、仓库、船舶、码头、铁路、邮政、电报、电灯、电话、自来水和农场、牧场等，均由人民政府接管。其中，如有民族工商农牧业家私人股份经调查属实者，当承认其所有权。"① 这就是说，没收对象是：由国民党中央政府、省政府、县政府经营的，即完全官办的工商业和著名的国民党大官僚所经营的企业。小官僚和地主所办的工商业或官僚企业中的民族资本家的私人股份，均不在没收之列。1948年4月，中共中央针对洛阳解放后没收官僚资本所产生的问题制定了具体的政策和办法，将没收官僚资本大致分为四种情况和三个阶段。②

四种情况为：第一种情况，是指属于国民党政府的国家资本以及国民党等各种反动组织、系统的公产，对这部分资产，立即接管没收；第二种情况，是指国民党党政军官吏的私人资产，凡政策界限清楚、属于没收范围的，立即没收，凡等待调查审核的，则予以监管，不使资产流失破坏；第三种情况，是指国民党党政军机关及其官吏在民族工商业中的投资，对这部分暂时不动，留待以后清理没收；第四种情况，是指民族资产阶级在上述官僚资本企业中的投资，对这部分资产，凡不属于勾结官吏非法侵占或低价购买者，仍承认其所有权。

针对上述四种情况，没收官僚资本大致分为三个阶段：

第一个阶段是解放战争时期，主要是没收接管国民党政府的国家资本及各种公营企业。这个阶段自1946年解放哈尔滨市开始，1948年11月攻克沈阳、东北全境解放后大规模开展。为了保证接收工作的顺利进行，中共中央制定了一系列具体的政策，正确对待被接收的机构和人员。1948年11月沈阳解放，陈云兼任市军管会主任，对经济组织的接管实行了"各按系统，自上而下，原封不动，先接后分"的办法。"事实证明，这些做法，既能防止乱，又能保证快。如果不按系统，不分上下，乱接一通，必然损失很

① 《毛泽东选集》第4卷，人民出版社1991年版，第1457、1458页。
② 吴承明等：《中华人民共和国经济史（1949—1952）》，社会科学文献出版社2010年版，第136—138页。

大，影响很坏。"① 后来北平、天津、南京、上海等大城市的接管工作，都参照了沈阳的经验。中共中央在 1949 年 1 月 15 日发出《关于接收官僚资本企业的指示》，提出了原职、原薪、原制度的"三原"政策。原职，就是对被接收企业中的厂长、矿长等，"只要不是破坏分子，应令其担任原来职务继续工作"；原薪，就是他们"旧的实际工资标准和等级及实行多年的奖励制度、劳动保险制度等，亦应照旧"；原制度，就是"对于企业中的各种组织及制度，亦应照旧保持，不应任意改革及宣布废除"。② 并根据平、津、沪等城市的资料，要求接收工作包括移交、清点和接收三个阶段；不打乱，不影响工作和业务的正常运转。

第二个阶段是在 1950 年镇压反革命运动中，通过没收敌产的方式，没收那部分属于国民党官吏私人所有的官僚资本，这部分资产数量不多，后来基本上转变为市、县一级的地方国营企业和公有资产。

第三个阶段是 1951 年开始的清理公股、公产运动。主要是通过自己申报、调查审核、清理登记等办法，将国营企业中的民族资产阶级的股份和私营企业中的官僚资产、敌产清理出来，并解决前两个阶段遗留的问题。虽然没收私人企业中的官僚资本数量并不多，但问题复杂、影响很大，为避免各地在掌握政策、处理方法上不一致或产生偏差，中央决定将最后审核批准权归政务院财经委员会，即凡某城市有应予没收的私人官僚资本和敌产，必须报经大行政区人民政府审核，并转请政务院财经委员会批准后，方得执行。由于态度谨慎，政策严谨，办法稳妥，这项工作完成得比较好。

从解放战争后期开始的没收官僚资本大约经过了 4 年左右的时间。据不完全统计，新中国成立前后没收接管的官僚资本企业包含③：

金融领域：国民党政府的国家银行系统"四行两局一库"（即中央银行、中国银行、交通银行、中国农民银行、中央信托局、邮政储金汇业局及合作

---

① 中共中央文献编辑委员会：《陈云文选（1926—1949）》，人民出版社 1984 年版，第 269、270 页。

② 中央档案馆编：《中共中央文件选集（1948—1949）》，中共中央党校出版社 1987 年版，第 496—499 页。

③ 吴承明等著：《中华人民共和国经济史（1949—1952）》，社会科学文献出版社 2010 年版，第 138—140 页。

金库）和省、地方银行系统共2400多家银行；官商合办的中国通商、中国实业、四明、新华等银行派员监理，继续营业，其中的官股产权归国家所有；官僚私人资本的山西裕华、亚东商业等银行；中国银行等海外的分支行职工则纷纷起义，接受人民政府的领导。

工业领域：控制全国资源和重工业生产的国民党政府资源委员会管辖的企业；垄断全国纺织工业的中国纺织建设公司；国民党兵工系统和军事后勤系统所办工业；国民党政府交通部、粮食部和其他部门所办企业；宋、孔家族和其他官僚的"商办"企业，"CC"系统的"党营"企业；各省、地官僚资本系统的企业。合计共有工业企业2858个，职工129万人，其中发电厂138个，采煤、采油企业120个，铁锰矿15个，有色金属矿83个，炼钢厂19个，金属加工厂505个，化学加工厂107个，造纸术48个，纺织厂241个，食品企业844个。

交通运输领域：国民党政府交通部、招商局等所属全部交通运输企业。计有铁路20000多公里，机车4000多台，客车约4000辆，货车约47000辆，铁路车辆和船舶修造工厂约30个，各种船舶20多万吨。此外，人民政府还先后没收了政记轮船公司、大陆航运公司和三北公司中官僚资本的股份。被国民党劫持到香港的原中国、中央航空公司的12架飞机，由于职工起义，于1949年11月9日投归祖国怀抱。招商局香港分局和在港13艘海轮的职工也宣布起义，接受人民政府的领导。

商业领域：国民党政府经营的复兴、富华、中国茶叶、中国石油、中国盐业、中国蚕丝、中国植物油料等公司；大官僚经济的孚中、中国进出口、金山、利泰、扬子建业、长江实业等十几家垄断性的贸易公司。

通过没收官僚资本，1949年新中国的国有经济已在金融和现代工业、交通等领域获得主导地位。在工业方面，国营企业的产量在全国总产量中所占的比重为：发电机容量占73%，煤炭占70%，铁占60%，钢占90%，水泥占60%，工作母机占50%左右，纱锭占43%。综合起来，国营经济在现代主要工业中所占的比重约50%左右。在金融、铁路、港口、航空等产业，国有经济更是占有绝对优势。

数量众多而规模不大的地方国营企业，也主要是通过没收官僚资本和反革命分子的财产建立起来的。据1952年年底统计，全国共有地方国营工业企业 7000 多个，其中 80%—90% 是当地解放以后接管的中小型企业，3 年内新建的企业不到 10%，其余为 1950 年"统一财经"至 1952 年"三反""五反"期间接受、合并的机关团体生产企业。

在没收官僚资本企业时，中共中央强调，必须把接收企业和恢复生产结合起来，并明确指出：所接收的企业，只有机器照常转动，人员照常工作，生产正常进行，才算真正完成接收任务，才有可能开始必要的改革和建设工作。中共中央并且要求：在军管会接收官僚资本企业后，应迅速将各企业分别交给适当的负责机关管理和经营，立即复工，进行生产；同时，要求在接收官僚资本企业时要通盘考虑，使接收人员与企业的经营人员尽量一致起来，使他们从接收企业的那一天起就考虑恢复生产和经营问题，避免接收人员存在临时观点，无心经营，而造成损失和浪费。中共中央的一系列指示使被接收的企业迅速恢复了生产。例如，天津市原中纺所属 7 个纺纱厂在被接管后的第二天，就立即开工生产。天津汽车配件厂、天津汽车修理厂、天津橡胶厂在电力尚未恢复的情况下，工人用人工风箱吹火生产。天津被服厂在被接管后的 15 天中，完成了几十万条军裤的生产任务，有力地支援了前线。北京的官僚资本企业在新中国成立前大部分处于停工状态，其中不少企业遭到战争和国民党的严重破坏，但在新中国成立后不到半年的时间内，广大职工克服了重重困难，恢复了生产，并有不少厂矿创造了历史上最好的成绩。到 1949 年 12 月，石景山钢铁厂的铁产量超过了国民党统治时期最高年产量的 73%，门头沟煤矿的产量比新中国成立前增加 13%。在上海，解放后的第二天，市内公交汽车的 70% 恢复了行驶，水电供应、市内电话一直没有中断。

鞍山钢铁公司是资源委员会下属的最大企业，它的接收，正处于战争十分剧烈的阶段，所以和其他关外企业一样，有一个复杂过程。1945 年苏联军队接受日本投降后，为与国民党政府抢时间，胶东解放区 300 多名干部于 10 月与冀热辽第十六军分区司令部干部一起进驻鞍山，建立民主政权。当时工厂设备有 2/3 被苏军拆卸运走，伪警察残部仍然蠢蠢欲动，昼夜枪声四起，工厂无法复工。但也发展了党组织，培养了一批工人干部，为以后接收和保护鞍钢创造了一定条件。1946

年6月，我军被迫撤离鞍山。为保存鞍钢的设备和物资，当时把一部分机械、医疗用具和车辆等物资转移后方，直至1948年初鞍山解放，才陆续运回鞍钢。国民党军队进占鞍山后，依仗其军事实力，除建立政治统治外，设立经济部东北特派员办公处，正式接收日伪原昭和制钢所及与其相关的企业23家，合并成立"资源委员会鞍山钢铁有限公司"，并着手部分修复和复工。

1947年夏季，人民解放军转入战略反攻，鞍钢上层接收大员纷纷逃往沈阳，公司内则组织"秘密护厂队"，企图负隅顽抗。1948年1月，人民解放军迅速包围鞍山，鞍钢公司的撤退计划来不及实施。2月19日经过激烈战斗，鞍山解放，解放军当天即接管鞍钢。考虑到战争还在继续，所以接管后当时主要做了人员处理。其中：高级行政人员、工程技术人员共400余人安排撤到后方，这些人员后来在鞍钢的恢复和建设中发挥了重要作用；数以千计的、大部分家在鞍山本地的工人，他们都愿意继续在鞍钢工作，就留下等待复工。其余约近千名职员愿意离开（其中有一部分属原上层人员），就发给他们"路条"，为他们提供方便。他们到达沈阳后，凡原籍为东北者，一律被原公司就地资遣，其余则分批空运北平。后来鞍山政局逐步平稳，鞍钢的接收才进入清点物资和准备复工阶段。其间启发工人的政治觉悟，切实关心群众生活，对及时收回散落在群众手中的设备、工具、材料，迅速恢复生产，发挥了重要作用。[1]

（二）以解放区公营经济为基础组建的国营企业

虽然中华人民共和国成立时的大部分国营企业，尤其是工业和交通企业来自于没收官僚资本，但是作为国民经济命脉的金融企业则是以原来解放区的银行为主体并通过接收和改组"官僚资本"银行而建立起来的，大型的国营商业公司也是在各解放区公营贸易公司的基础上扩张和发展起来的。[2]

---

① 解学诗：《鞍钢史》，冶金工业出版社1984年版，第415—420页。

② 吴太昌等：《中国国家资本的历史分析》，中国社会科学出版社2012年版，第261—263页。

1. 国有金融体系的建立

中国人民银行初创于多家解放区银行。抗日战争和解放战争时期，各解放区先后建立了自己的银行，经过不断的合并、撤销、新建，到解放战争全面胜利时，全国共有 30 多家解放区银行。[①] 解放战争后期，随着解放战争的迅速推进和城市的不断解放，中国人民银行根据"边接管，边建行"的方针，在接管官僚资本银行的同时，迅速建立了各地人民银行的分支机构。按照行政区划，中国人民银行先后建立起总行、区行、分行、支行四级机构。在大行政区设区行，在省、自治区、直辖市设分行，在县设支行。在城市中，则按城市规模和业务需要设立分行或支行，下设办事处、分理处；在农村的集镇设立营业所，办理各种具体业务。

中国银行和交通银行经过改组后，均采取总管理处、分行、支行三级制，总管理处下属的行处受本行总管理处和当地中国人民银行的双重领导。1949 年 12 月，中国银行总管理处由上海迁至北京。1950 年 1 月，交通银行总管理处也由上海迁到北京。1949 年 10 月 20 日，中国人民保险公司正式成立，并陆续在各地设立分支机构。

截至 1949 年 12 月，中国人民银行建立了华东、中南、西北、西南 4 个区行，40 个省、市分行，1200 多个县（市）支行及办事处。加上中国银行、交通银行和中国人民保险公司，在全国设有金融机构 1308 个，职工 8 万余人。1951 年 4 月 1 日，东北银行改组为中国人民银行东北区行，内蒙古人民银行改组为中国人民银行内蒙古自治区分行。同年 11 月，新疆省银行改组为中国人民银行新疆分行。至此，除西藏和台湾省以外，全国都已建立起中国人民银行的机构。1951 年 8 月，经政务院批准，成立了农业合作银行，但在各地没有设立分支机构。

2. 国营商业贸易体系的建立

新中国成立之前，出于保障革命战争供给和控制市场的需要，解放区的公营商业迅速发展。例如华北人民政府兴办的华北贸易总公司，于 1949 年 9 月 17 日撤销后，组建了煤炭、土产、粮食、百货、花纱布等 11 个全区

[①] 《当代中国》丛书编辑部编：《当代中国的金融事业》，中国社会科学出版社 1989 年版，第 26 页。

性的专业贸易公司。这些公司在 1949 年 4 月抑制第一次物价风潮中所显示的实力表明，依靠政府的支持，它们已经可以控制华北地区的市场和主要商品。新中国成立以后，各解放区政府所办的商业贸易公司称为国营公司，并迅速扩张。各个国营贸易公司大体在 1949 年第四季度至 1950 年第一季度的半年里相继成立。国营外贸公司初始于东北解放区和华北解放区的对外贸易公司，这些公司随着华东、华南的解放，业务不断扩大，新中国成立以后转为国营贸易公司。

到 1951 年初，中央政府共成立了盐业、百货、花纱布、土产、粮食、煤业、猪鬃、蛋品、茶叶、进口、皮毛、油脂、蚕丝、石油、矿产、进出口等 17 个专业公司。加上一揽子公司、零售公司、信托公司，共 5519 处机构，职工 195027 人。① 关系国计民生的重要商品，如粮食、棉、纱、布、食用油、煤炭、盐、钢材、水泥、石油以及进出口贸易，基本控制在国营商业公司手中。这也是新中国成立初期国家控制市场的主要力量。

此外，战争时期出于自给需要而存在的机关和部队所有的企业，也在新中国成立以后收归国家所有。1950 年初，根据政务院统一财经的规定，机关、部队、学校所设商店移交国营贸易机构。1952 年 3 月 12 日，政务院发布《政务院关于统一处理机关生产的决定》和《政务院关于统一接管机关部队企业的指示》，限期将上述企业收归国家经营。为了增强地方工业力量，发挥地方政府的积极性，政务院决定机关企业原则上划归地方经营，即转变为地方国营企业。根据《中央一级机关生产（包括政府、军事系统、党群系统）处理方案》，收归国家经营的生产单位共 373 个，职工 2.92 万人，资金总额 105 万亿（旧币），其中 303 个划归地方经营管理，占总数的 81.2%。②

（三）苏联移交和外国转让的国营企业

根据 1945 年 2 月美、英、苏三国首脑在克里米亚半岛雅尔塔签署的秘密协议，规定战后中国保证苏联在大连港以及中东铁路、南满铁路的"优越

---

① 中国社会科学院、中央档案馆编：《1949—1952 中华人民共和国经济档案资料选编》（商业卷），中国社会科学出版社 1995 年版，第 115 页。

② 中华人民共和国国家经济贸易委员会编：《中国工业五十年》第一部上卷，中国经济出版社 2000 年版，第 725、726 页。

权益"，苏联租借旅顺港作为海军基地。同年 8 月 14 日，国民党政府和苏联签订《中苏友好同盟条约》，接受了《雅尔塔协议》。《条约》规定：苏联的援助完全给予国民政府；苏联尊重中国在东北三省之完全主权及领土完整；外蒙古独立；中东铁路、南满铁路为中苏共有，共同经营；大连港为自由港；苏联有权在旅顺驻扎海空军。

1949 年 12 月，毛泽东访问苏联，并于 1950 年 2 月 14 日，在莫斯科签订《中苏友好同盟互助条约》，同时签订《关于中国长春铁路、旅顺口及大连的协定》。根据《协定》，苏联同意放弃在中国的特权，在 1952 年之前将中国长春铁路的一切权利和财产无偿移交给中国政府。苏联军队自旅顺口撤退，中国政府偿付苏联自 1945 年以后在此的建设费用。大连的行政由中国管辖，苏联在大连临时代管和租用的财产于 1950 年内由中国政府接收。移交工作进行得比较顺利。根据《协定》和同日中苏两国政府的换文，1950年内，苏联政府将大连市苏联方面临时代管或苏联方面租用的财产、苏联经济机关在东北自日本所有者手中所获得的财产，以及过去北京兵营的全部财产，均无偿地移交给中华人民共和国中央政府。此次苏联政府移交中国的财产共有 302 处，其中工厂 47 处，电影院 11 处，宅舍 188 处，仓库 33 处，地产 23 处。1952 年，苏联将长春铁路的财产无偿移交给中国政府。这些财产包括：从满洲里站至绥芬河站及从哈尔滨到大连和旅顺口的铁路基本干线，连同服务于该路上的土地、铁路建筑物与设备、车辆及修理工厂；发电站、电话所和电报所，通讯器材与通讯线路；铁路辅助支线，公务技术建筑物与居住建筑物；经济组织，附属企业及其他企业与机关，以及在中苏共管期间内购置、恢复和新建的财产。这些财产，都成为新中国国有经济的组成部分。①

新中国成立后，不少外商由于对新中国存有疑虑，纷纷抽逃资金。特别是朝鲜战争爆发后，以美国为首的西方国家对中国的经济封锁、禁运升级，也导致了这些国家在华投资企业的困难。一些美资企业被中国政府征用。其他外资企业资源转让给中国政府。例如美孚石油公司、上海美商电力公司等企业，就是通过征用方式转变为国营企业的；开滦煤矿、颐中烟草公

---

① 吴太昌等：《中国国家资本的历史分析》，中国社会科学出版社 2012 年版，第 263、264 页。

司等企业，则是通过转让形式变成国营企业的。^① 图 1–2 所示为 1950 年初，唐山市开滦煤矿职工为庆祝中央人民政府代管开滦煤矿所举行的集会。

图 1–2　1950 年初唐山市开滦煤矿职工集会庆祝中央人民政府代管开滦煤矿

三、国营企业经营管理体制的形成

国营企业产生之后，原有的经营管理方式暴露出严重的弊病，已经不能适应生产发展的需要。1950 年 2 月中财委指出，1950 年的中心任务是恢复和发展生产。要完成这一伟大的任务，"国营、公营工厂企业中，必须把原来官僚资本统治时代遗留下来的各种不合理的制度，进行有计划有步骤的一系列改革"^②。2 月 7 日，《人民日报》发表"学会企业管理"的社论，要求学会管理企业，把官僚资本企业改造成新民主主义企业。

学会管理企业（节选）

学会管理企业，把官僚资本主义企业改造成为新民主主义企业，就应成为中国工人阶级目前的中心口号。

---

① 吴太昌等：《中国国家资本的历史分析》，中国社会科学出版社 2012 年版，第 263、264 页。
② 中国社会科学院、中央档案馆编：《1949—1952 中华人民共和国经济档案资料选编》（工商体制卷），中国社会科学出版社 1993 年版，第 194 页。

　　新民主主义的经济与官僚资本主义和一般资本主义经济的根本区别之一，就是新民主主义经济应当实行一定的计划性。这就首先要求国营经济各部门有统一的管理以及生产组织，有经济核算、业务经营、企业管理、工资待遇等各方面的统一的制度。现在中央人民政府已建立起各产业部门的统一管理机关。各管理机关的首要任务，不仅要根据需要和客观的可能，将工厂企业的管理逐渐统一起来，而且要赶紧制定可能实行的各方面的统一的制度，以便制定全国统一的经济计划。在这里，制定全国统一的工资制度，更加必要。目前这种在同一产业部门在同一地区，职工工资都极不统一，而在全国说来，一个摇纱工人比一个井下矿工和钢铁厂技术工人的工资还高，一个看工人宿舍的职员比一个工程师的工资还高的不合理的现象，不仅不合于按劳付酬的新民主主义的工资原则，而且大大妨碍着其他各种制度的统一。甚至产业管理部门要调动一个工人和职员到其他工厂或其他地区工作，也受到严重的阻碍。因此，经济管理部门与全国总工会，应当互相协商，从速制定统一全国工资制度的标准。在制定这个标准的时候，要坚决否定国民党遗留下来的混乱的、腐败的、不合理的工资制度，而代之以统一的、合理的、科学的工资制度。估计到现在解放战争尚未完全结束，国家财政十分困难，农民负担不可能也不应该再行加重，估计到在中国人民解放战争中出力最多、功劳最大的人民解放军还在实行供给制的情形，我们不可能也不应当实行高工资制。相反的，我们暂时还只能实行低工资制。但是我们必须将各产业部门的工资，加以合理的调整，使不合理的过低的工资，可以适当地提高，而不合理的或者虽是合理但目前不能实行的过高的工资，可以适当地降低。只有这样，才会对发展生产有利，才符合于整个工人阶级和全国人民的远大利益。以统一的、合理的、科学的制度，逐渐代替国民党遗留下来的混乱的、腐败的、不合理的制度，是目前管好企业所必须采取的一个重要步骤。

　　其次，新民主主义企业与官僚资本企业和一般资本主义企业的另一个根本区别，就在于一切旧的资本主义企业是依靠压迫方法来强制工人劳动生产，是使"工人成了机器的单纯的附属品"，"他们每天每时都被机器、被监工，首先被各个有产者——工厂主本人奴役着"（《共产党宣言》）。这样必然造成工人对于劳动的日益增加的厌恶，新民主主义的人民企业的管理，则必须启发和依靠工人群众主人翁的感觉，发挥工人群众的生产积极性和创造性，以便工人群众能够自觉地进行劳动。把原来被机器支配的奴隶，变成管理机器的自觉的劳动者，这是一个真正的革命。机器和技术在被自觉的人所掌握的时候，才能进一步发挥效能。这就是为什么新民主主义社会和社会主义社会的劳动生产率会比资本主义国家的劳动生产率高得多的原故。这就是为什么原来比英国德国落后五十年到一百年的俄国，在十月革命后能在短短的二十年（实际上是十三年）的时间内超过英国和告别德国的生产水平的原故。这也就是为什么我们有些初步实现了管理民主化的企业在解放后不到一年的时间，就超过了敌伪和国民党反动统治时期生产水平的原故。因此，在一切国营公营的工厂企业中，必须坚决地改变旧的官僚主义的管理制度，实行管理民主化，建立工厂管理委员会，吸收工人参加生产管理，以启发工人的主人翁的觉悟，发扬工人的自觉的劳动热情。这是改造旧企业、管好人民企业的基本环节。必须指出：目前还有不少企业行政管理干部，对于依靠工人群众的帮助来管好工厂企业的基本思想还没有搞通。他们对于中国共产党中央在一九四八年第六次劳动大会以来所屡次说明的实行企业管理民主化，建立工厂管理委员会和职工代表会议的指示，不愿很好地执行，甚至不执行。因此，有些公营企业中，就还保留旧的一套依靠强制压迫的管理制度，在个别的工厂企业中甚至还保留着把头制度和侮辱工人人格的抄身制度。这种现象，必须坚决消灭。此外，有些国营公营企业虽然建立了工厂管理委员会的组织，但是只有形式，不起作用。这种现象，一方面是由于旧的一套管理组织依然保存，工厂管理委员会成了附属于旧的管理组织的装饰品，另一方面是由于工会工作薄弱，工会还不善于教育工人，启发工人的觉悟和积极性，以至工人代表参加工厂管理委员会还不能起应有的作用。

一切国营公营工厂企业中的行政管理者、党的工作者和工会工作者，必须明白：工厂管理委员会是工厂企业中以厂长为首的统一领导机关。必须以这种新的管理组织与管理制度去代替旧的管理组织与管理制度，把厂内的一切重大问题，都提到工厂管理委员会上去讨论，真正吸收工人参加生产管理，才能使工人亲身感到自己是企业的主人，而发挥对生产的积极性与创造性。工厂中的职工代表会议，应当与工厂管理委员会相辅而行，成为在工会领导下组织和领导群众生产运动，传达领导者意图和吸收群众意见的组织形式。职工代表会议每次开会时，厂长与其他行政负责人应出席作报告，听取群众的意见和批评，并把群众中各种好的建议迅速地实现起来。有了工厂管理委员会和工厂职工代表会议，就可依靠群众，逐渐地改造原来官僚资本主义企业中其他一切不合理的旧制度，实行科学的管理生产制度，如经济核算，规定各种标准定额，计件工资等等，以达到经营企业化的目的。因此，要再一次地着重指出：建立工厂管理委员会和工厂职工代表会议的制度，乃是目前改造旧的官僚资本企业为新民主主义人民企业的中心环节。

为了实现上面指出的任务，目前工会工作应特别注意加强与经济管理机关的配合和联系。在全国范围内，应当以建立全国统一的产业工会，协同经济管理机关制定各方面的统一制度，特别是对职工的统一的工资待遇等制度，指导各级工会组织加强对生产工作的注意，为目前的主要任务。在每一个工厂企业中的工会组织应当配合行政机构，逐渐改革各种旧制度，首先是帮助行政实现管理民主化，以便更进一步提高工人的劳动热情，组织生产竞赛与合理化建议等来提高生产。同时要特别关怀工人的需要，一方面督促行政领导机关实行一切必要而可能的设施，另一方面根据团结互助的原则，举办各种福利事业，以减轻工人的生活困难。工会应当加紧进行工人群众的教育工作，提高工人的政治文化技术水平，培养工人干部，并且把他们输送到各级政权机关和经济管理机关中去。这样成为真正广大工人群众组织的工会，便能实现其为新民主主义政权主要支柱的作用。

在纪念今年的"二七"的时候，中国工人正在召开三个重要的代表大会——全国铁路工会代表大会、北京市总工会代表大会和上海市总工会代表大会。这是中国工人运动在解放以后猛烈发展的标志。我们深信：有着"二七"以来光荣斗争传统的中国工人阶级，在以毛泽东同志为首的中国共产党领导之下，像过去学会了战胜各种困难推翻反动统治一样，在不远的将来，一定能够学会管理企业，担负起它在新中国伟大建设事业中领导阶级的历史使命！

（《人民日报》社论，1950 年 2 月 6 日）

（一）清产核资

没收、接管官僚资本的部分企业及汉奸、战犯和反革命分子的企业及股权，由于以往管理混乱，所属系统复杂，加之接管没收时的破坏（如人员逃走、账册不全、资产损失等），接收时间的不同步以及接收后为维持安定和生产没有进行较大的改革，因此在产权关系、资产存量等方面都是一笔糊涂账，需要清理。另外，党和政府对如何管理国营企业缺乏经验，将苏联实行的计划管理和经济核算制作为学习的榜样。要实行计划管理和经济核算制，首先必须弄清每个企业的资产存量、流动资金需要额等基本情况。[1]

随着政治稳定，通货膨胀停止，企业的经济运行有了一个相对稳定的外部环境。政务院财经委员会决定对国营企业进行清产核资。1951 年 5—7 月，中财委连续颁布了《关于国营企业清理资产核定资金的决定》《国营企业资产清理与估价暂行办法》和《国营企业资金核定暂行办法》等有关指示，要求所有中央及大行政区经营的企业，均应将实有一切固定资产与流动资产重新清理、登记估价并核定其企业资金。为了清产核资，中央设立了全国清理资产核定资金委员会，并相应成立了地方及部门的下属机构。全国清产核资委员会将清查核资和编制计划作为 1951 年 9—12 月国营企业及领导部门的中心任务。

这次清理资产是对全国国营企业 1951 年 6 月底的实有资产（包括账面资产和账外资产）全部进行清理，并以人民币为计算单位重新估价。清理的具体办法是将实有资产分为固定资产和流动资产两部分，流动资产除包括原

---

[1]　吴承明等编：《中华人民共和国经济史（1949—1952）》，社会科学文献出版社 2010 年版，第 145—147 页。

料、主要材料、购入半成品、辅助材料、燃料、在制品、成品、零星修理用的备品、包装器材、低值和易耗品、预付款、应收账款、库存现金等项外，还包括资产使用时限在一年以下或虽在一年以上、但价值在 100 元人民币以下的物品，易碎物品，则不论价值多少，均列入流动资产。

对固定资产的估价，是以 1951 年 6 月底的"重置完全价值"为标准。所谓重置完全价值，是指在 1951 年 6 月底的条件下获得该项资产崭新状态的重置资本，包括发票正价、税捐、佣金及运杂费等。在此基础上，扣除折旧或破损，即为该项固定资产的净值。流动资产的估价，也以 1951 年 6 月底的重置成本为标准。关于土地的估价，国营企业的矿山、森林、池塘、油田、盐田、农田、牧场、铁路、公路等地产，除特殊经营的企业另作规定者外，如原系人民政府接管后投资购入或已经办理财务手续作为投资者，按实际投资额或原账面额为土地价值，其余暂不估价（其地面工程则列入营造物产内）；对于房屋基地及其附属土地，原系人民政府接管后投资购入或其原已估价列入账者，即以原账面额为土地价值，其余为估价者，一律进行估价，估价标准则以当地政府机关所估定的地价为标准。对于公债、有价证券等，有时价者，按时价估列；无实价者，按实际情形酌量估价。

为了避免估价中的偏差，中财委规定：关于固定资产和流动资产以 1951 年 6 月底的价格标准，由各主管部门根据实际情况，采取多种测算方法，组织技术、财务、专家和了解情况的人员，共同妥善评定，由中央主管部门统一制定该部门主要机器设备的价格标准及使用年限，对其他固定资产及流动资产的估价，亦应审定全国各地企业的价格标准，以避免高低不平。对于中央各部订立的标准，原则上统一使用，但各地可根据该标准，予以充实。各企业在上报重估后的资产的同时，对于截至 1951 年 6 月底的各项负债，亦应分列整理，一并上报。各企业资产重估后，如重估价与原账面额发生耗价或溢价差额时，应分别列入资产账户与折旧准备及清产估价差额科目予以调整。经最后核准后，结转政府资金。

关于资金核定工作，中财委规定：国营企业应该计算与核定的资金，包括固定资金和流动资金两种。由于固定资金在重估资产中已查清上报，因此核资的重点是企业的流动资金。中财委要求核算企业的下列流动资金定额：（1）原料、材料、燃料和辅助材料定额；（2）备品定额；（3）低值和易耗品定额；（4）在制品定额；（5）产品定额；（6）预付费用定额；（7）库存现金。此外，还要求按企业的生产和财务计划及 1951 年 6 月底的资产负债实际情况，逐级严格计算并审核其最低必需的国家投资。对于季节性的生产或经营，以及其他特殊原因所需用作非正常周转的流动资金，则由国家银行短期信贷解决。核定资金以后，各企业将实行独立会计制度，并将企业金库制度改为企业直接到银行实行结算。中财委还要求：企业在核定资金后，将多余的流动资金上缴，各部门可制定分期上缴计划。

国营企业的清产核资工作，自 1951 年 4 月着手准备到 1952 年底基本结束，历时 20 个月，中央各部的清核工作多数在 4 个月内完成。清估前，国营企业的账面价值为 45.33 亿元，折旧值为 3.72 亿元，余值为 41.61 亿元；清估以后，重置价值为 191.61 亿元，基本折旧额为 61.75 亿元，余值为 129.86 亿元。两相比较，余值增加了 88.25 亿元。

这次清产核资，基本查清了国营企业的资产和经营状况，初步解决了企业经营管理中资产管理的混乱和财务管理中的违纪等一些问题，对于新中国成立初期国营企业的经营管理起到了一定的促进作用。但是，清产核资工作同时也暴露出国营企业在资产核定方面难以解决的问题：即如何化解国家作为资产所有者与企业作为资产使用者之间在清产核资中的不同利益动机；清产核资中出现的统一标准与企业情况多样化的矛盾，固定资产折旧、大修理基金以及流动资产估价难以合理确定；流动资金定额如何科学确定等问题，往往是这一矛盾的具体表现。不过在新中国成立初期，这一矛盾并不突出。总的来说，这次清查核资还是比较准确合理的。

（二）民主管理

为了将没收过来的官僚资本企业和其他各种来源的企业改造成社会主义性质的国营企业，人民政府从 1950 年初开始，在这些企业中开展了民主改革，并相应建立了新的管理制度。①

---

① 吴承明等编：《中华人民共和国经济史（1949—1952）》，社会科学文献出版社 2010 年版，第 147—150 页。

1. 清除企业中的封建残余制度和反革命分子

1950 年，国营企业开展民主改革的主要内容是：在纺织企业废除"搜身制""工头制"；在煤炭企业废除"把头制"；各个企业进行人事调整，裁汰冗员。1950 年 10 月镇压反革命运动开始后，各企业通过"镇反"运动，清查处理了企业内部的反动帮会组织、历史反革命分子和现行反革命分子。为了在"镇反"运动中搞好民主改革，中共中央于 1951 年 11 月 5 日又发出了《关于清理厂矿交通等企业中的反革命分子和在这些企业中开展民主改革的指示》，要求在 1952 年年底以前，对国营企业内的残余反革命势力加以系统清理，对于所遗留的旧制度实行适当和必要的民主改革，并提出了具体的办法和指示。1952 年"三反""五反"运动开展以后，国营企业又配合运动，在企业职工中开展了以清查经济方面违法行为（主要为贪污、占用、盗窃公物）的检举和自查运动。

2. 建立民主管理制度

企业民主改革的另一个内容是建立起一套新型的民主管理制度。当时的主要做法是建立工厂管理委员会和职工代表会议。

1950 年 2 月 7 日，《人民日报》发表了题为《学会管理企业》的社论。社论提出："在一切国营公营的工厂企业中，必须坚决改变旧的官僚主义的管理制度，实行管理民主化，建立工厂管理委员会，吸收工人参加管理，以启发工人的主人翁的觉悟，发扬工人的自觉的劳动热情，这是改造旧企业、管好人民企业的基本环节。"随后，中财委发出指示，要求各地立刻着手建立工厂管理委员会和职工代表会议，并重新印发了 1949 年 8 月华北人民政府颁布的《关于在国营、公营企业中建立工厂管理委员会与职工代表会议的实施条例》。

根据条例，企业管理委员会是企业上级管理机关领导下的企业行政组织，由厂长（或经理）、副厂长（或副经理）、总工程师、工会主席及其他生产负责人和相当于以上人数的工人、职员代表组成。厂长、副厂长、总工程师、工会主席为委员，其他生产负责人参加管委会，由厂长报告上级机关决定。企业管理委员会的任务，是根据上级领导机关的计划及指示，讨论决定有关本企业生产及管理的重大问题，并定期检查与总结工作。管委会以厂长（或经理）为主席，其决议以厂长（或经理）的命令颁布实施。如果管委会多数委员与厂长（或经理）不一致时，应执行厂长（或经理）的决定，但须同时报告上级裁决。

职工代表则由职工代表会议选举，每半年或一年选举一次，可连选连任，不称职者，亦可随时撤换。管委会的人数，视企业大小而定，一般为5—17人。职工代表会议听取和讨论管委会的报告，检查管委会对企业的经营管理，对管委会提出批评和建议。但是，职工代表会议关于企业行政的一切决议，须经管委会批准，由厂长（或经理）以命令颁布后方为有效。职工代表会议同时又是企业工会组织的代表会议（或大会），企业工会对职工代表会议决议有全部执行的义务，没有上级工会的决定，工会不得改变职工代表会议的决议。

3. 调整企业内部党政关系

国营企业产生以后，如何理顺企业内部的党政关系，成为1951年中央和各大行政区有关企业管理的一项重要议题。

1951年7月，中共中央东北局拟定了一个《关于党对国营企业领导的决议》。这个决议实质上是实行"一长制"。该决议提出：（1）厂矿中的生产行政工作实行厂长负责制。厂长由国家的经济机关委派，并由国家取得必要的生产资料和资金，实施对企业行政工作的负责管理，厂长领导下的企业管委会，是实行职工参加管理的民主制度。（2）党是独立的政治组织，对企业中的政治思想领导负有完全的责任，对企业的行政、生产工作负有保证和监督的责任。企业党委应根据国家法令、上级机关计划和上级党委的指示，用政治思想工作方法来统一思想，保证企业党、政、工、团在思想上、行动上的一致。此外，决议还对党委领导制提出了批评，认为它容易造成党政不分，妨碍党在企业中的政治思想工作和保证监督作用的实现。这个决议草案报到中央后，受到中共中央有关领导人的高度重视，李富春、陈云、刘少奇等同志提出了如下意见：厂长负责制固然是国营企业较理想的管理体制，但是要根据我国目前的实际情况试行；同意厂长负责制在东北试行。①

与此同时，华东、华北地区的城市工作会议则提出国营企业中应该实行党委领导制。其理由为：许多大厂矿都是旧人员当厂长，实际无法解决

① 吴太昌等：《中国国家资本的历史分析》，中国社会科学出版社2012年版，第306页。

党、政、工、团的统一问题；而许多小企业虽然换了共产党员当厂长，但他们很多人不懂生产管理。因此，要在企业中统一思想、统一工作步调，目前的厂长均不能胜任，问题是缺乏技术上和政治上都行的"文武双全"的干部。而党的"一元化"领导，则有长期的经验。因此，在缺乏政治素质和业务水平兼顾的干部情况下，应实行党委领导制。于是，华北、华东决定：凡党、政、工、团的上级指示及其在企业中的具体实施方案和措施，一律要经过企业党委讨论，作出决定，分工进行；企业中的一切重要事项，最后的决定权属于党委，厂长要对同级党委负责。党委实际上成为企业的最高决策和领导机构。

这时期，中南、西南的国营企业正处于全面民主改革阶段，政治任务多，颇感到党委领导制的必要性和好处，因此也主张实行党委领导制。西北地区则反映，由于企业中党的干部质量低、数量少，当时只能做发展党员、教育党员的工作，很少可能过问生产，因而暂时谈不上党的统一领导。

中央的看法与华北、华东的观点基本一致。1951年5月16日，刘少奇同志曾就此问题写信（经过毛泽东审阅）给东北局书记高岗。信中说：我们暂时还没有或少有既懂得经济工作和技术又懂得党和群众工作的干部来管理工厂，因此，目前在工厂中实行"一长制"是难于管好工厂的，而以党委方式来实行集体领导，则既可补足厂长的缺点，又可统一各方面的领导，就像在军队中那样。因此，党委领导制是目前比较好的管理工厂的方式，"一长制"则要等以后条件成熟后再普遍实行。[①]

1951年12月，中共中央政策研究室召集各大区和中直机关、中央各工业部、全国总工会及产业工会的代表讨论《中共中央关于国营工厂管理的决定（草案）》，这个讨论会在企业的党政关系上基本统一了认识。会议认为：东北的厂长负责制是好的，将来工厂管理必须走向厂长负责制。但是由于关内各地具体情况不成熟，必须经过过渡时期。即厂长负责制必须在民主改革完成、生产改革有了一定基础才能实行，而在此期间，以党委领导制较为适宜。关于过渡到厂长负责制的条件，东北的经验是：（1）民主改革基本完

---

① 中国社会科学院、中央档案馆编：《1949—1952 中华人民共和国经济档案资料选编》（工商体制卷），中国社会科学出版社 1993 年版，第 195—196 页。

成；（2）工厂已能实行计划管理和经济核算制；（3）专业管理机构建立，有了技术管理规程；（4）党群工作有了基础，干部有了管理经验。此外，华东还加了一条：企业外部的领导步调一致，克服了多头领导现象。

（三）生产管理

生产管理改革是在民主改革的基础上对国营企业的生产组织、经营管理所进行的改革。其目的是改变原官僚买办资本企业的经营管理制度，建立社会主义国营企业的经营管理制度，进一步解放生产力。生产管理改革可以改变原有的官僚买办资本企业在生产经营上的不合理状况，可以大大提高工人群众的积极性，使生产得到迅速恢复和发展。①

1. 建立责任制

责任制是在企业管理民主化的基础上，根据生产上应有科学分工、专人负责的原则，而相应建立起来的严密的生产组织和合理的规章制度。

新中国成立初期，东北人民政府工业部对 1949—1950 年创生产新纪录运动进行总结，发现企业生产组织和管理制度上存在的主要问题是生产上无人负责和劳动纪律松懈。这不仅在生产上造成许多重大损失，而且成为企业管理向前发展的最大障碍。因此，在 1950 年 2 月公布了《关于普遍建立生产责任制的决定》，9 月又作了《关于公营工厂、矿山建立安全责任制的暂行规定》，为各工矿企业建立各种责任制度提供了依据。当时东北地区各企业所建立的责任制内容一般包括以下三个方面：

第一，生产责任制。其重要内容有：（1）生产专责。对每一工人规定其责任性质、范围、时间等。要求有合理的劳动组织和科学分工，并按工作性质和复杂程度配备工人，以求胜任。（2）设备、工具使用、修理专责。按照机械设备应损情况，由厂内机械科、车间机械员负责，制定全年检修计划，规定检查、修理时间，同时实行设备交专人管理、专人使用、专人修理"三包制"。设备除定期检修外，修理工应主动检查其负责专修的设备，经常做好维修工作，以免发生大的故障；工人发现设备有问题，亦找负责专修工人

---

① 徐之河等：《中国公有制企业管理发展史》，上海社会科学院出版社 1992 年版，第 59—69、93—108 页。

检修。工具实行统一保管，工人凭工具牌借用工具。（3）技术指导专责。生产上的技术指导，由工程师负责。工程师还要对与技术工作有关的计划、工资、供给、试验等科室作技术上的指导。（4）产品专责。产品在一定规格要求下，需经过严密检查，经检验合格，由检验员签字，方得入库。有的产品都标有时间、班次、生产工人号码，一旦发生问题，即可追究责任。（5）原材料供应、保管专责。按库存物资性质，分备品、半成品、成品、原材料等，分别由专人保管，每日清算，定期盘点，以防遗失或损坏。第二，安全责任制。重视每一个工人的安全与每一件小的事故。规定每一职工在自己工作范围内，应负有安全保护之责。第三，行政责任制。对职能科室行政工作人员规定严格的责任。如出纳员应负责现金保管，库存现金不得超过一定数额，金库只由其一人能开，财务科长随时可以检查其账目，如有不符，应负其责。

为了贯彻责任制，要求遵守下述制度：（1）检查制。避免有专责无检查而成为形式。（2）交接班制。保证责任的移交，避免出现两班交替互不负责。（3）报告制。各项工作的责任者要提出报告，如产量、质量日报表，各科室、各车间日志，以便厂长每日上班后就可了解昨日生产情况。（4）奖惩制。有的厂每个职工都有卡片，每日功过及时记上，3日无过，以前过错可取消，季中按此进行评奖。

建立责任制要从领导开始，同时要在职工群众中进行思想教育，有关制度要通过群众讨论和制订，这样群众才能自觉遵守。责任制在全国各地区、各部门、各企业迅速推广后，改善了企业管理，推动了生产的发展，并随着生产发展而逐步巩固和完善。①

2. 生产管理机构

国营企业在民主改革的基础上对原官僚资本企业遗留下来的不合理的生产管理机构进行改革，主要是保留和改良其纯经济性质的生产所必需的机构，裁撤和改革政权性质的或官僚主义化的机构。如上海电机厂新中国成立前是官僚资本企业，为了分化职工团结、监督工人生产，在企业组织形式上推行多头领导，互相牵制。车间和小组是依工艺性质划分的，施工步骤成千

---

① 《关于生产责任制的决定》，《东北日报》1950年3月4日。

累万，但没有具体要求，责任不明确。在生产过程中，又由于实行层次重叠的领导职能制——实际上是无人负责制，使技术问题不能及时解决，因等待图纸、工具、毛坯、材料等，经常造成生产上互相脱节。往往月初有很多人没有工做，到了月底又日夜加班突击，使废品陡增，成本升高。有时车间、小组的生产任务完成了，但工厂只增加了在制品，成品生产计划仍然没有完成。厂长则更是心中无数，终日忙乱被动。该厂在学习了苏联企业管理的办法以后，对本厂生产管理机构进行了以下改革：

（1）按生产对象划分车间和小组。工厂根据成品种类划分为重电机、轻电机、变压器等三个直接生产车间和旋转电机线图、工具剪冲及公用等三个辅助车间。车间之下，按不同的组件划分生产小组。如重电机和轻电机车间均有锭子、转子、嵌线、装配等小组，变压器车间有油箱、金工、线圈、装配等小组。小组之下，则根据实际需要按照单件或工艺划分生产班。如重电机车间钉子组下设基座班、端盖班等。各级生产机构都分别负责完整组件的生产过程，责任非常明确。

（2）车间成为独立的核算单位。车间管理机构由计划、技术、劳动、材料、成本等五个职能组组成，各职能组成为车间主任的参谋，在车间主任直接领导下，分别担任车间计划编制、进度检查、技术指导、设备利用、记工定时、劳动调配、材料领发和成本核算等工作。以车间为单位，实行经济核算。

（3）厂长直接领导车间，及时掌握情况和指挥调度。正副厂长也有明确分工。正厂长除领导各副厂长外，并直接领导秘书、计划、会计和技术检验等科室，全面掌握生产情况。第一副厂长领导人事、保卫、劳动工资、经理及总务等科，掌握劳动组织及经理财务等事项。第二副厂长（兼总工程师）领导各车间及设计、技术和生产等科室，负责生产技术工作。第三副厂长负责基本建设工作。

（4）成立各职能科。全厂有11个科和1个秘书室。各科室都有明确的职责。如计划科负责远景规划、成品生产、财务计划及各项统计工作；生产科负责近期的组件作业进度计划和材料定额工作等。各科室是厂长的参谋，不能直接领导车间，但应在业务上指导车间的有关职能组，贯彻各项有关的职能工作，便于计划管理和经济核算的执行（其中只有技术检验科是在厂长领导下直接领导车间的检验员）。上海电机厂生产管理机构改革以后，生产效率迅速提高，生产周期大大缩短，基本上消除了在制成品积压和成品脱期现象，生产计划性日益增强，设备和劳动力能够合理负荷并充分发挥作用，并加强了定额资料和记录统计工作，为推行计划管理和经济核算准备了条件。[①] 上海电机厂生产管理机构的改革，在当时具有典型性。各地方的企业根据具体情况亦进行了改革，取得了一定的效果。

3. 国营企业经济计划的编制

早在 1950 年，中央重工业部、染料工业部、纺织工业部等先后召开了计划会议，同时中央财政经济委员会也采取了一系列组织和推动计划工作的措施。从 1951 年开始，许多新的厂矿按照计划陆续建设起来，许多旧的厂矿按照计划加以调整或恢复，无数产品也按照计划生产出来。中国的工业开始逐步走上了计划化的道路，为"一五"时期全面实行计划管理准备了条件。

企业是编制工业经济计划的基本环节，又是执行计划的基层单位。企业编制经济计划是通过一系列相互密切联系的表格来完成的；表格内列出各种技术经济指数，它们有系统地表现出企业中生产建设的全面情况。当时企业经济计划的主要内容包括七个部分：

产品计划。这是全部生产计划的核心，必须先订出这一计划来，才能编制生产方面的其他计划。它的内容包括：总生产量按年的按季的产品种类和数量，产品的质量标准，生产每一产品所需的原材料和工时数额，各种生产设备的运用情况，计划新增些什么设备？其生产能力如何？对生产技术、工作方法计划做些什么改进？等等。

劳动计划。内容包括：完成生产任务需要多少人？是哪一类人？各类人员之间比例如何？平均工资是多少？总共需要多少工资基金，每人的生产价值是多少？各季人员数额的变动如何？等等。

原材料供应计划。这是完成生产任务的物质基础之一。它的内容包括：按单位产品消耗定额及产品数量计算出来的各种原材料、半成品、器材、工具、燃料、电力等按年及按季的需要量，它们的来源，采购这些原材料所需

---

① 《关于生产管理机构改革的初步总结》，《解放日报》1952 年 8 月 15 日。

要的费用，等等。

成本计划。它反映在生产中如何使用机器设备，如何组织劳动力，如何使用原材料的整个情况，可以说是生产工作的总结。它的内容包括：各种直接费用、间接费用的计划，车间成本、工厂成本、商业成本及生产总费用的计算，与上年度成本的比较和分析，等等。

以上四种计划，都是关于生产方面的，因此合称为生产计划。

产品分配计划。这是根据总的分配计划及订货合同所做的产品分配的蓝图。它的内容包括：所生产商品的种类、数量、价格和分配对象，按期拨出商品的数量，产销的平衡，销货收入，盈利计算，等等。

基本建设计划。基本建设表明了社会扩大再生产的范围和性质。当时基本建设由国家预算中拨专款进行，在企业内有专设的机构来掌管此事，所有能增加生产能力的建设，无论新建、恢复、改造、扩充，凡属于基本建设的范围，均列入计划。它的内容包括：建设工程的类别、项目，建设预算，建设总量，所需的员工种类、数量、工资基金，原材料消耗定额、需用量及其来源等。

财务计划。它是有关生产及基本建设的全盘预算，表明生产的周转和基本建设收支情况及成果，通过计划来掌握生产周转及基本建设两个经济活动的各自循环。它的内容包括：生产流动资金按年及按季的需要额，流动资金的来源，折旧费与大修理费用的计划，收支的平衡，基本建设投资的来源与按季支出的计划，等等。这些内容构成了财务收支的总计划。

编制企业经济计划之前需要作出前期计划的总结，作为主要的参考资料。每一企业在制定其计划之前，要由企业内部的各生产部门按其设备及作业的要求定出正规的操作手续及步骤，原材料半成品所要求的质量规格及数量，在操作过程中应注意遵守事项，列为规章，叫作技术作业流程。根据技术作业规程使工人明确他们工作的内容：几道手续，手续的程序，设备的工作情况，每道手续所需的时间，制品的精度、性质，等等。有了以上两种资料，便可核算各种生产指数。生产指数的核算就是对有关生产的一切设备容量、能力、工作时间、生产效率、材料消耗、产品质量等的研究与比较。主要包括：生产设备利用指数、工作时间指数、劳动指数、消耗指数、质量指数。

通过各种指数的核算，研究和分析先进生产者的经验，考虑各种具体情况，确定一个界乎先进生产者与一般生产者之间的经过努力即可实现的标准。例如生产某一零件，先进生产者的标准为 1 小时，一般生产者的标准为 2 小时。如将先进生产者的经验推广到整个企业，则应考虑到这些经验不能很快地全部被生产者接受和熟悉，于是根据具体情况规定以 1.2 小时为标准。只要经过努力，大多数人员都能达到。用这种方法制订出来的标准，经过呈报批准后，作为法定标准，就叫作技术经济定额。

有了技术经济定额，即可依据它们编制各种计划。例如有了设备利用定额及工作时间定额，就可以确定需要多少台机器；有了劳动定额，就可以确定需要多少人员；有了消耗定额，就可以确定各种材料的需求量；等等。计划工作中很重要的因素在于使先进生产者和工人群众广泛参加计划的编制工作。只有这样，才能使企业的计划成为先进的、合乎实际的计划。

当时对国营企业主要实行指令性计划。企业编制计划的程序一般是：在接到上级颁发的控制数字后，由计划科将它们分配到各主要车间，至于各辅助车间（例如机器厂的修理车间、工具车间，钢铁厂的锅炉间等）的工作，控制数字中未做规定，则由计划科根据为完成控制数字的需要，定出他们的任务；各车间接到了自己的任务后，就召集本车间党、政、工、团负责人、技师、领班、先进生产者等开会讨论，原则上只许超额而不能降低所定的任务。会上，各人根据实际经验，从不同角度提出意见和办法，经过反复论证研究，就可决定该车间需要多少设备，多少人员，多少原材料，以及计算出单位产品的车间成本等，从而订出车间的计划；车间计划汇集到企业计划科后，由计划科和企业内其他有关职能科取得密切联系，制订企业各种计划草案；制订各种计划草案后，一般由厂长召集企业党、政、工、团的负责人、工程师、先进生产者等，开会做最后的审查，经讨论修改后，即成为企业的经济计划，送上级机关审批。

除了按年、按季的计划外，企业还需要有与它相配合的按月、按旬的作业计划，各车间也需要有各种按日、按班次的工作图表，这样才能保证企业经济计划的贯彻和实现。①

---

① 《国营企业经济计划的编制工作》，《进步日报》1950 年 10 月 1 日。

4. 开展生产竞赛运动

劳动竞赛是建立在职工自愿基础上广泛参与的生产运动。恢复时期，随着民主改革和生产改革的进行，职工群众成为社会主义国家和企业的主人，劳动积极性高涨，在根据地、解放区曾广泛开展的生产竞赛随之开展起来，它是生产改革的重要内容。生产竞赛的主要目标是增产节约，完成和超额完成国家生产计划。①

据统计，1949 年至 1950 年，有 68.3 万职工参加了生产竞赛；1951 年增长到 238 万人；1952 年，"三反""五反"运动结束后，参加爱国增产节约竞赛运动的职工占到职工总数的 80% 以上。在 1949 年至 1952 年期间，先进集体单位达到 19000 个，其中先进小组 18000 个；先进生产工作者 20.8 万人，其中女性 26000 人。② 这三年，职工群众在改进机器、改进操作方法、改进劳动组织等方面，创造了很多先进经验，提出了很多合理化建议。这三年内，累计提出合理化建议近 40 万件，其中被采用的就有 24.1 万件。③

在此期间，为了领导生产竞赛运动合乎规律地发展，政务院在 1951 年 4 月 6 日通过了《关于一九五一年国营工业生产建设的决定》，指出："企业中生产竞赛，标志着工人阶级政治觉悟的提高与新的劳动态度的建立。生产竞赛是由突击到经常，由提高劳动强度到劳动与技术相结合的发展过程，是与工矿中的经费管理的发展相结合的。领导的责任在于切实掌握运动的规律，积极引导竞赛向经常性的方向发展，向发挥工人阶级的智慧、学习与掌握技术的方向发展。"为此，应注意：（1）"竞赛的内容必须与完成生产计划的总任务相结合，与解决当前生产中最薄弱或最关键的一环相结合，明确每一阶段、每一厂矿的竞赛目标，避免一般性与盲目性"；（2）"增产与提高技术相结合，启发职工的智慧，从改善工具、改善操作方法、改善劳动组织等方面来提高生产，防止单纯加强劳动强度、追逐数量、忽视质量的偏向"；（3）"推广先进生产者与先进生产小组的经验，是开展生产竞赛的方式。"比

---

① 汪海波：《新中国工业经济史 1949.10—1957》，经济管理出版社 1994 年版，第 176—178 页。

② 国家统计局编：《伟大的十年》，人民出版社 1959 年版，第 165 页。

③ 人民出版社编：《中华人民共和国三年来的伟大成就》，人民出版社 1952 年版，第 151、152 页。

如，沈阳第五机器厂马恒昌生产小组是 1949 年上半年就涌现出来的生产小组。仅在 1950 年，该组就改进生产工具 15 种，创造新纪录 25 项，提前完成了生产任务，质量达到标准的占总数 99%。该组的特点是：一是打破技术保守思想，促进全组技术进步，完成和超额完成生产任务；二是互助团结，表现了工人阶级的伟大友谊，避免了个人锦标主义；三是高度的劳动热情与钻研技术相结合；四是把全组创造的先进经验变成经常的制度。从 1950 年起，全国就推广了马恒昌小组的先进经验，开展马恒昌小组竞赛活动。[①] 又如，当时青岛第六棉纺织厂职工郝建秀创造了一套科学的细纱工作法并于 1950 年下半年总结和推广，并称之为郝建秀工作法。(4)"在竞赛中建立与改善各种经营管理制度，创造性的技术标准与定额，提倡联系合同和集体合同，使职工之间、各生产部门之间求得互相配合、互相团结的平衡发展"。(5)"在竞赛中建立合理的奖励制度"。按照中财委的规定，1952 年企业奖励基金的 25% 用于技术措施费，45% 用于集体福利事业，5% 用于生活困难职工的补助，其余的 25% 用于职工的奖励。[②] 所有这些都促进了这个期间生产竞赛运动的健康发展。

郝建秀工作法的好处——在青岛市棉纺细纱
职工代表会议上的讲话（节选）

陈少敏

（中国纺织工会全国委员会主席）

同志们：

召开这样规模的专业会议，来总结工人创造，进一步推广先进经验，在纺织工会来说这还是第一次。希望各地也能召开专业会议来总结、推广先进经验。

国营青岛第六棉纺织厂出了一位郝建秀，她创造了一套科学的细纱工作法。因此她的皮辊花七个月平均只有百分之〇·二五。这是新纪录。纺织工会青岛市委员会和华东纺织管理局青岛分局，在中共青

---

① 《新华月报》1950 年 7 月号，第 554 页；1951 年 2 月号，第 759、760 页。

② 《新华月报》1952 年 5 月号，第 95 页。

岛市委直接领导下，花了三个月的工夫，总结与推广郝建秀工作法，已做出重大成绩，并取得了总结群众创造、推广郝建秀工作法的经验。郝建秀工作法将因这次会议推广到纺织厂各个生产部门中去。青岛的纺织生产将会大大提高一步。青岛市的党委、工厂行政、工会、青年团这样重视群众创造，推广先进经验，是值得我们学习的。

郝建秀工作法到底是怎样的呢？

总括起来说，郝建秀工作法的基本内容有三点：第一，工作主动，有规律，有计划，有预见性。是人支配机器，不是机器支配人。这是看过郝建秀工作的人都知道的。其他工人同志劳动强度虽然高，人不离车档，来回忙接头，工作处于被动，人被机器支配，累得不得了。可是皮辊花并未减少。郝建秀则不然，她按照一定的规律工作，一切争取主动。譬如她巡回时后面断了头，她并不回来接，仍然按计划进行工作，直到回来时再接。第二，动作合理，也可以说是生产合理化。她把几种工作结合起来做。在巡回时就附带打擦板、扫地，同时眼睛看到两面，断了头就接，粗纱完了就换。巡回一次做了几种工作，既省力气又省时间。第三，她抓住了细纱工作的主要环节——清洁工作。因她工作有规律，动作合理，她就有时间做好清洁工作。在清洁工作上她花的时间很多。清洁工作做好了，断头就少，皮辊花出的少，产量就高，质量就好。

郝建秀工作法不仅适用于细纱生产方面，同时也适用于其他生产部门。

郝建秀工作法创造了什么价值呢？

青岛纺织工人的实际行动证明了，郝建秀工作法能为国家创造大量财富。

（一）使生产增加，原料节约，成本降低，机器寿命延长。

（二）节省社会劳动力，提高工人看台能力。

（三）郝建秀工作法也适用于前纺、织布和保全。

（四）为定额打下基础，从而给经济核算创造了条件。

郝建秀因为自己是新工人，技术水平低，她时时刻刻向别人学习，并吸收别人的优点，扬弃自己的缺点。经过了半年多，终于创造了一套科学的工作法。郝建秀工作法的产生是经过斗争的，当她创造了少出皮辊花的纪录受到表扬时，曾遭到落后分子的讽刺、嫉妒。但是郝建秀并未因此而屈服，仍继续努力。加以该厂党、政、工、团的鼓励和帮助，郝建秀工作法终于被其他工人接受了。

郝建秀工作法是怎样总结与推广的？

郝建秀创造了少出皮辊花的纪录后，引起了六厂领导上的注意，他们开始总结郝建秀少出皮辊花的经验，结论是："三勤三快"。这个总结做出后，纺织工会青岛市委员会曾加以推广，各厂劳动模范曾积极学习"三勤三快"。结果增加了劳动强度，皮辊花并未减少。劳动模范们接受不了这个经验而终止学习。这个总结是错误的，因而推广工作也失败了。中国纺织工会全国委员会看到郝建秀少出皮辊花的纪录和"三勤三快"的总结时，就指出"三勤三快"的总结是错误的，要求青岛重新总结。第二次总结的结果，仍旧是"三勤三快"，不过着重指出了清洁工作。这一次总结还是未能把郝建秀少出皮辊花的经验正确地总结出来。以后又由工会、行政组织了专门委员会重新总结。纺织工会全国委员会派专人参加总结工作。经过了测定、研究，于六月初得出了正确的结论。郝建秀的实践才被提到理论原则上来，大家才公认郝建秀创造了一套科学的细纱工作法，即郝建秀工作法。

郝建秀工作法总结出来以后，随即组织了郝建秀工作法推广组，吸收优秀细纱工人、技术人员参加推广工作，到各厂推广。在推广过程中又遇到了某些保守思想的阻碍。经过郝建秀向老工人拜老师，郝建秀工作法座谈会等工作，郝建秀工作法终于被广大职工所接受。职工群众在实践中体会到了郝建秀工作法的优越性。郝建秀工作法对那些有正确的劳动态度的人是降低劳动强度，但对那些偷懒的人是提高劳动强度。所以，直到今天，还有少数人需要首先树立正确的劳动态度，才能体会到郝建秀工作法的真实意义。

青岛工会、行政总结推广郝建秀工作法，教育了自己，把工作推进了一步，密切了工会和生产的关系、和群众的关系，密切了工会和行政、工人和技术人员的关系，改变了技术人员轻视工人创造的观点，打破了职工思想中的保守性，因而工会和行政的威信都提高了。纺织工会各级组织和企业管理者应虚心学习他们这种精神和经验。

　　同志们：郝建秀工作法是我们国家的宝贵财富。全国纺织工人应打破保守思想好好学习郝建秀工作法，减少皮辊花，增加生产，为祖国贡献更大的力量。纺织工会各级组织应有计划地把郝建秀工作法在全国迅速推广。

（四）工资制度

在半殖民地半封建的旧中国，存在着帝国主义在华企业、官僚资本主义企业和民族资本主义企业。很多企业不仅工资水平极为低下，剥削十分残酷，而且工资制度也混乱不堪。

新中国成立初期，对没收过来的企业职工还需要实行原薪制，一般按新中国成立前三个月内每月所得实际工资的平均数领薪。尔后进行的民主改革，废除了"把头制"等封建性剥削，并对少数极不合理的职工和地区的工资做了调整。比如石景山钢铁公司在群众的要求下，对少数过去靠"牌头""背景"而居高位、领高薪的，予以降低。又如，原来工资水平偏低的山西省太原市，普遍提高了职工的工资待遇。但这些并没有从根本上触动旧社会留下的工资制度。面对新中国成立初期通货膨胀的局面，人民政府对职工实行了以实物为基础计算工资的办法。这对于保证职工生活和实现社会稳定起了重要作用。但这同样没有从整体上改变工资制度的混乱局面。[①]

这种混乱状态主要表现为工资计算单位不统一。新中国成立初期，全国共有十几种计算单位。主要由以下几种类型[②]：第一，以粮食为计算单位；第二，以"铢"为计算基础；第三，以"折实单位"为计算基础；第四，以"工薪分"为计算基础。工资制度的混乱还表现在：第一，在部门之间，轻工业职工工资高于重工业；在企业内部，辅助工人工资高于主要工人，事务

---

① 汪海波：《新中国工业经济史 1949.10—1957》，经济管理出版社 1994 年版，第 167—176 页。

② 《当代中国》丛书编辑部编：《当代中国的职工工资福利和社会保险》，中国社会科学出版社 1987 年版，第 29—34 页。

人员工资高于技术人员。第二，同一产业部门没有统一的工资标准，同级职员的工资差别高达二至三倍。第三，没有统一的等级制度。企业都是多等级制，有的多到三十几级、五十几级甚至一百几十级；级差很小，有的只有一斤小米。工资制度的这种混乱状态，同社会主义经济和恢复国民经济的要求是极不适应的，必须改革。

1950年8月间政务院财政经济委员会召开了全国工资准备会议。会议确定了改革工资制度的三项选择：一是在可能范围内，把工资制度改得比较合理，打下全国统一的、合理的工资制度的初步基础。二是一定要照顾现实，尽可能做到为大多数工人拥护。三是要照顾国家财政经济能力，不能过多增加国家负担。同年11月7日，党中央对这次会议讨论的问题，以及有关调整工资的方针做了重要指示。指出各地、各企业、各单位工资高低不一，其中有许多不公平、不合理的现象，影响生产、影响团结极大，应当调整。但工资是工人赖以为生的基本要素，因此，处理工资福利问题必须十分慎重。调整工资的目的在于使现有的工资较为公平合理，便于发展生产、增强团结。调整的办法应该是：高的不再高，低的逐步向高的看齐，使高低双方都向中间看齐。1951年政务院财政经济委员会又指出：在工资问题上，采取由地区到全国逐步清理、逐步统一、逐步调整的方针。[①] 依据上述党中央指示和文件，各大行政区在1951年到1952年相继进行了一次工资改革。

解放较早的东北地区1949年2月就在国营企业事业和国家机关的技术人员、管理人员和工人中统一实行13等39级的工薪等级表。1950年6月19日东北人民政府又作出了《关于调整公营产业工人、技术人员工薪及改行8级工资制的指示》。指示提出，为了进一步发挥工人的积极性，随着生产的逐步发展，适当改善工人生活，政府决定调整公营产业工人技术人员的工资，即在去年实际平均工资的水平上平均提高8%。根据这一总则，规定重工业部门平均工资为158分，轻工业部门的平均工资为132分。在调整工资的同时，将现行的多等级（39级）的工资制度，改为工人执行8级工资

---

① 《当代中国》丛书编辑部编：《当代中国的职工工资福利和社会保险》，中国社会科学出版社1987年版，第37、38页。

制，各公营企业应切实执行。因为过去多等级工资制度的缺点是等级太多太细，距离太短太小，使工人感到上升一级意义不大，上升到最高级又感到很难，因此，为了鼓励工人上进，不断地提高劳动的熟练程度与技术水平，特改行 8 级工资制。企业、事业和国家机关的工程技术人员实行 23 级工资制；企业、事业的管理人员和国家机关工作人员仍实行原来的 13 等 39 级工资制，即工程技术人员和管理人员分别实行两种工资标准，工程技术人员高于管理人员。1951 年，东北全区又继续进行了工资调整，将企业工人 8 级工资制规定的工资标准划分为 5 类产业，实行 5 种工资标准。企业、事业和国家机关工程技术人员改行 24 级制，企业、事业管理人员和国家机关行政人员改行 31 级制。东北地区进行的工资改革，为其他大行政区的工资改革提供了有益的经验。

从 1951 年起，华北、华东、中南、西南、西北等地区也都根据各自的情况，先后普遍进行了一次工资改革。各地区的工资改革都是在适当增加工资的基础上，参照全国工资准备会议提出的文件进行的。概括起来，各大区分别进行的这次改革的内容，主要有以下四点：

第一，统一以"工资分"为工资的计算单位。"工资分"所含物品的种类和数量，完全是按全国工资准备会议的文件规定的。全国统一的"工资分"所含实物的数量是在吸收老根据地经验的基础上，根据北京、天津、太原、张家口、宣化、武汉、济南、上海及东北等地区的职工家计调查材料拟定的。具体做法是：以职工两口之家 26 种消费品为内容，按每月平均消费量及其构成的比例归并为粮、布、油、盐、煤五种重要生活用品。再以总消费量为 100，取其 1 作为一个"工资分"。每个"工资分"中五种食品的含量为：粮 0.8 斤（0.4 公斤）、白布 0.2 尺（0.067 米）、食油 0.05 斤（0.025 公斤）、盐 0.02 斤（0.01 公斤）、煤 2 斤（1 公斤）。物品的规格与牌号，各地根据本地区经济条件和职工生活习惯而确定，如南方一般用大米，北方用白面和粗粮，以中等质量为准。按国营商业的零售牌价计算"工资分"值，并由当地主管机关或人民银行定期（按月、半月或日）公布。例如，北京地区的工资分值都是按照国营零售公司每月 10 日、25 日的平均价格于每月 28 日前公布一次。根据 1954 年 12 月的统计材料，全国约分为 288 个"工资分"值区。华北、华东、中南、西南、西北的广大地区"工资分"值一般为旧人民币 2000—2800 元，西北、西南的边远地区工资分值较高，最高的达 12000 元。

第二，企业工人实行新的工资等级制度，职员实行新的职务等级制度。各地实行的新工资制度，大多是依据全国工资准备会议的文件，根据各地的实际情况，规定工资的最高最低倍数、起止点工资和工资标准、工种等级线、职务划分，以及产业分类、企业分类。各地国营和地方国营企业的工人大多数实行 8 级工资制，少数实行 7 级制或 6 级制，最高最低工资的倍数一般为 2.5—3 倍，多数为 2.8 倍，并且大都制定了工人技术等级标准。以石景山钢铁公司列举如下：

表 1–2　石景山钢铁公司实行的新的工人工资等级表

工资等级	一	二	三	四	五	六	七	八
等级系数	1.00	1.181	1.377	1.594	1.820	2.072	2.340	2.630
级差百分比		18.1	16.59	15.79	14.55	13.49	11.46	12.38
月工资标准（工资分）	138	163	190	220	252	286	323	363

各大行政区在确定产业分类及其顺序时，除了根据产业在国民经济中的重要性、技术复杂程度和劳动条件以外，还都适当照顾各自的实际情况。东北、西南大行政区分为 5 类；中南、西北分为 8 类；华北分为 9 类。产业顺序的排列一般是钢铁冶炼、煤矿等重工业排列在前边，工资标准高些；电力、机器、纺织等产业居中，工资标准略低一些；卷烟、火柴、食品等轻工业排列在后边，工资标准更低一些。有关各企业的工资标准，东北地区是同一个产业的各个企业实行同一种工资标准；其他各大区在同一产业内根据各企业的重要性和规模的大小，又划分为若干种，一般实行四五种工资标准。

企业职员包括企业的管理人员与工程技术人员，实行了职务等级工资制；有的产业各个企业实行统一工资标准，有的产业则与工人同样划分为几种工资标准。职务等级工资制是按职务规定工资，即按各职务的责任大小、工作复杂性和繁重性以及各职务所需要具备的知识和能力而确定的。每个职务又规定几个工资等级，各职务之间上下有一定的交叉。以中南区重型机器制造业为例：

表 1-3 1952 年中南区重型机器制造业职员工资标准

职 务	等级和工资标准（工资分）				
	一	二	三	四	五
公司经理、公司总工程师	830	730	640		
厂长、总工程师、公司处长	700	630	570	510	
工程师	630	560	510	460	
技师	550	490	430		
分厂厂长、科长	570	510	460	410	
股长、主任科员	450	400	350	300	
技术测定员、技术员、会计员	400	350	300	260	220
技术助理员	200	180			
产品检验员、统计员、会计员、采购员	340	290	250	210	180

第三，推广计件工资制和奖励工资制，建立特殊情况下的工资支付办法。各地区在工资改革中，规定了划分工资等级和计算计件单价的原则，规定了按平均先进水平制定和修改劳动定额的原则，提出了推广新计件办法的要求。各地区还大力推行奖励工资制，对奖励的条件、考核指标、奖励金额等做了具体规定。

各地区一般都制定了调动工作和停工、学习、加班加点等情况下的工资支付办法。对调动工作的工资，一般都规定在调动工作后给予一定的熟悉期。在熟悉期间按本人原工资等级执行调入单位的工资标准。熟悉期满，重新评定工资等级。对非因本人过失造成停工时，在停工期间，发本人标准工资75%的津贴。参加企业组织的学习时，发给本人标准工资75%的津贴。加点的工资，按本人小时工资加倍发给；加班工资，按本人日工资加倍发给。

第四，统一了工资总额组成。鉴于国营企业编制劳动计划等方面的需要，政务院财政经济委员会于1951年3月7日作出了《关于工资总额组成的规定》。提出：

1. 凡由各企业行政方面对其所雇用的在册人员所支付的工资（包括以其他形式支付的工资在内）均应包括于工资总额之内。在册人员包括下列各项人员：生产工人、学徒工及见习工人，工程及技术人员，管理人员，勤杂人员，消防警卫人员。

2. 工资总额应包括下列各项：（1）基本工资。包括：① 按工资标准、工资等级所直接支付的计时工资；② 按计件单价（包括直接无限制、累进的、集体的计件形式）所直接支付的计件工资；③ 计时奖金（如提高质量、节约燃料、节约动力、无事故等奖励金）；④ 不采用上列各种工资制度的企业单位内的营业提成。（2）辅助工资。包括：① 除前项所列即时奖励以外之各种有关提高生产的奖金；② 加班加点费及夜班津贴；③ 各种津贴（如技术津贴、地区津贴、有害健康津贴等）；④ 事故停工工资（如因机器、动力发生故障或原材料供应不足的停工期间工资等）；⑤ 用其他形式支付的工资，如伙食津贴、房贴、水电贴。但所谓用其他形式支付的工资是指用津贴形式发给职工者，至于住工房不收房租水电费，因其难于计算，故不包括在工资总额之内。

3. 工资总额不包括下列各项：（1）发明、技术改进、合理化建议、新纪录运动等非经常性的一次奖金；（2）企业缴纳的劳动保险金、工会经费、失业救济基金等；（3）职工调动工作的旅费、调遣费；（4）解雇费。

各地区在这次工资改革中执行了中财委这个决定，统一了工资总额组成。由于各大行政区进行的这次工资改革在内容上具有上述特点，因而对于改革旧的工资制度和建立符合按劳分配原则的新工资制度，对于保证职工生活和提高工资水平，对于激发职工的劳动激情，都起了有益的作用，并为进一步贯彻按劳分配原则和改革工资制度创造了有利的条件。当然，这次工资改革也有某些不足之处。如有不少地方对现实情况的照顾多了一些；各企业工资水平高低不一，有的相差大了一些；仍有平均主义现象。

（五）企业财务管理制度的建立

企业财务管理制度和基建财务管理制度是国营企业管理制度的重要组成部分。它们对于加强企业管理、搞好经济核算、提高经济效益，具有重要作用。①

---

① 吴承明等：《中华人民共和国经济史（1949—1952）》，社会科学文献出版社 2010 年版，第 150、151 页。

　　针对经济建设中存在的比较严重的供给制思想和工厂在经营中出现的大量浪费、不讲效益的状况，1951 年 4 月，陈云（时任政务院副总理）提出要实行经济核算制。1951 年 4 月，政务院发布了《关于 1951 年国营工业生产建设的决定》，把实行经济核算制作为加强工业经济管理、提高经营水平的基本原则。该决定规定：国营企业必须从实施经济核算制入手，实行计划管理；确定每个企业必要的固定资产与流动资金；实行独立会计制，建立与人民银行的往来关系；建立购销合同制；实行企业奖励基金制。凡条件未具备的要创造条件，已经初步实行经济核算制的企业，应把经济核算制贯彻到车间。

　　为了把有限的资金用到国家最急需的建设中，从 1952 年起，国家决定对企业提取的折旧基金实行集中上缴的办法。1952 年 2 月 29 日，中财委发布了《关于 1952 年度国营企业提缴折旧基金办法》，明确规定：企业提取的基本折旧基金按月解缴国家金库；提取的大修理基金，按月缴存企业在人民银行的专户，以保证企业的固定资产按期大修；固定资产残值的变价收入，扣除清理费后，全部解缴金库或转作零星基本建设基金。为简化手续，同年 12 月 12 日，财政部颁布了《关于国营企业财务收支计划编审办法》，确定将企业的利润、基本折旧基金、基本建设支出、流动资金增减等实行相互抵拨，抵拨不足的部分由国家预算拨款，多余部分向预算缴款。实行折旧基金集中上缴的办法后，企业所需的技术组织措施费、新产品试制费等，基本上由财政拨款。1952 年，国家提取折旧基金 4 亿元。[①]

　　为及时满足企业对流动资金的需求，中财委印发的《1952 年度工业企业财务计划表格及编制说明》规定：工矿部门流动资金定额中的定额银行信贷，暂按 10% 的比例编列计划。1952 年 12 月 12 日颁发的《关于国营企业财务收支计划编审办法》规定：增加流动资金计划定额及定额负债减少的额度，以上一年度超计划利润、多余流动资金、定额负债增加额及利润依次抵拨，流动资金不足的部分要以建设资金计划定额或者以利润抵拨；在财政机关统一的情况下，主管企业部门可在主管范围内按照抵拨范围和次序相互抵拨。

---

① 财政部工业交通财务司编：《中华人民共和国财政史料》第 5 辑，中国财政经济出版社 1985 年版，第 21 页。

　　1952 年 1 月 26 日，财政部发布了《关于国营企业决算报告编送暂行办法》，对决算报告的内容、报送及审核程序、资产估价等做了基本规定，对固定资产和低值易耗品的标准做了划分，凡单位价值超过 100 元，并且使用年限在一年以上的，原则上应作为固定资产。

　　为调动企业和职工的生产积极性，1952 年 1 月 15 日，中财委颁布了《关于国营企业提用企业奖励基金暂行办法》，规定国营企业从计划利润和超计划利润中提取奖励基金；主管部门可集中一部分奖励基金，并对提取奖励基金的比例和适用范围、奖励基金的适用对象等做了规定，初步建立了国营企业的利润分配制度。据统计，1952 年国营企业提取奖励基金总额为 1.09 亿元。[①]

　　这些规定对加强国营企业的财务管理起了促进作用。国营企业通过经济核算，厉行节约，为国家上缴了可观的利润。在国家财政收入中，1950年，企业收入为 8.69 亿元，占财政收入的 13.4%；1951 年，企业收入为 30.54 亿元，占财政收入的 22.9%；1952 年，企业收入为 57.27 亿元，占财政收入的 31.2%。[②]

四、国营企业与政府的关系

　　国民经济恢复时期，国营企业是名副其实的国家所有、国家经营的企业。国家通过各级政府行使其对企业的所有权和经营权。[③]

（一）政府直接管理企业

　　新中国成立初期，我国基本上对国营企业实行指令性计划管理，建立

---

① 财政部工业交通财务司编：《中华人民共和国财政史料》第 5 辑，中国财政经济出版社 1985 年版，第 4 页。

② 财政部办公厅编：《中华人民共和国财政史料》第 2 辑，中国财政经济出版社 1983 年版，第 422 页。

③ 吴承明等：《中华人民共和国经济史（1949—1952）》，社会科学文献出版社 2010 年版，第 152—156 页。

了国有国营、政企不分、以行政性计划管理为特征的政企关系。

在资产归属方面，国营企业的一切资产均归政府所有（中央政府或地方政府），投资主体是单一的，也不存在企业的自有资产。国营企业资产的新增部分都来自政府投资；企业实现的利润与固定资产折旧资金均上缴政府，由政府统一使用。

在经营管理方面，由于政府是企业的所有者，负有无限责任。为了避免国有资产和收益的流失，同时也是为了集中使用有限的财力，对政府来说，成本最小、最简便的方法就是实行直接管理，即以行政管理为特征的计划管理。这种直接管理主要表现在：政府掌握企业领导的任免权；政府决定企业的生产经营、工资分配，审核企业财务收支计划及检查监督其执行情况；政府决定企业的投资和发展，甚至折旧和大修理基金也由政府管理，企业无投资权。

政府成立管理部门，将企业的生产经营活动置于政府的直接管理之下。图 1-3 是新中国成立初期国营工矿企业管理系统示意图。

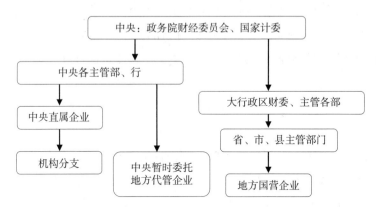

图 1-3　新中国成立初期国营工矿企业管理系统示意图

在收益方面，政府规定国营工业企业的利润，除按规定提取企业奖励基金外，全部上缴政府。国营工业企业的奖励基金分完成计划奖和超额计划奖两部分，国家核准的亏损企业，其减亏数额，亦视同超额利润。不同行业提取奖励基金的标准不同，但奖励基金总额均不得超过企业全年基本工资的15%。金融、商业、外贸企业以及农林水利企业一律不提取企业奖励基金。1952 年，中央贸易部决定国营信托公司的纯利润 80% 上缴中央贸易部，其余20%留给公司继续扩大业务使用，在这个时期的商贸企业中是比较特殊的情况。

（二）"条""块"结合，以"条"为主

新中国成立前后，由于各地解放时间不同，除金融系统和铁路管理权逐渐集中到中央，其他国营企业实际归地方政府管理，其投资和收益也归地方政府。

1950年3月"统一财经"后，除铁路、金融系统继续由中央政府主管部门直接管理外，出于控制市场和保障供给的需要，对国营贸易企业也行使了中央集中管理。从1950年2月开始，中央在原各大区、省、市、自治区贸易公司和没收的官僚资本商业的基础上，建立了粮食、花纱布、百货、盐业、煤业、土产、石油、工业器材、畜产、出口、油脂、进口、矿产等专业总公司，在贸易部直接领导下，分别经营国内商业和对外贸易。上述全国性专业总公司可以根据业务需要，在大区、省（市）、专区、市、县设立分支机构，由总公司统一管理、统一经营，在全国范围内统一核算。这些分公司不仅业务归总公司领导，资金由中央贸易部调整和控制，收益已归中央政府，地方政府只是在业务、人事、党的关系上有监督保证和领导责任。这实际上是把过去地方政府所属的一些区域性的重要商业外贸公司纳入了中央政府所属的专业总公司。对于原属地方政府的国营零售公司，其资金由中央贸易部统一拨给，是整个国家贸易资金的一个组成部分；其房产可以用租赁或购买的方式解决；公司的人事问题则由地方政府负责；零售公司的利润，80%上缴中央贸易部，20%由各地商业局支配，但必须作为发展零售商业用；在领导关系上，中央贸易部管理零售公司的经营方针、业务范围、零售价格及审核零售商店的设置计划，其余日常工作由市商业局领导。

对于国营工矿和其他企业，国家则实行了"条块结合，分级管理"的办法，在工业方面，将国营企业分为三类：（1）中央政府所属企业；（2）中央政府所属委托地方政府代管企业，这类企业的投资、收益和亏损都由中央负责，其经营方针、主管人员的任免、产品及物资的调拨分配，也由中央统筹；（3）地方政府所属企业。前两类又称国营企业，后一类又称"地方国营企业"。一般来说，规模较大或重要的企业都由中央主管部门管理，小型企业则划归地方政府管理。

1951 年 5 月，政务院根据"统一财经"一年来的经验和问题，制定了《关于划分中央与地方在财政经济工作上管理职权的决定》。在国营企业管理方面，要求地方政府对其管辖区内的中央直接管理的企业负有监督、指导和协助的责任。这些企业的一切政治工作，均归地方党委领导；对于地方代管的中央所属企业和若干地方所属的重要企业，地方政府均应定期向中央有关部门做业务和工作报告，并在业务方针和技术方面服从中央部门的领导，重要的生产计划和基本建设计划，应经中财委或中央主管部门的批准。允许地方政府向当地的国营零售公司（中央所属专业公司的分公司）投资，但投资额不得超过该公司资金总额的 50%，公司盈亏按投资额由双方分担。

在国民经济恢复时期，由于国营企业的数量还不多，并且主要集中在有关国计民生的重要部门，中央政府为了保证自己对国民经济的调控能力，遂将大中型企业和一些重要行业的经营管理权收归中央。据统计，1952 年国营工业企业共有 9517 个，其中归中央管理的为 2254 个，占企业总数的23.59%，但是其产值却占全国国营工业企业总产值的 71.61%。在商业外贸方面，据 1951 年 5 月的统计资料，国营商业外贸企业机构为 9709 处，职工为 293305 人，但是据同年 2 月份中央贸易部的报告，仅中央贸易部所属的各商业外贸专业总公司及其下属分支机构，就达 5519 处，职工则达 195027人，与上述数字相比，所占比重分别为 56.84% 和 66.49%。①

（三）分级管理

"统一财经"以后，中央权力增加，国民经济形势迅速好转，财政收支趋于平衡。但是，在物价稳定、国民经济好转以后，地方权力过小，影响了地方政府积极性发挥的问题凸显出来。与此同时，在国营企业经营管理的某些方面，尽管划分了中央所有、中央所有地方代管和地方所有三种类型，但是存在领导关系不清、职责不明、地方政府自主权较少等问题。

针对上述问题，政务院于 1951 年 5 月 24 日作出《关于划分中央与地方

---

① 中国社会科学院、中央档案馆编：《1949—1952 中华人民共和国经济档案资料选编》（工商体制卷），中国社会科学出版社 1993 年版，第 280—285 页。

在财政经济工作上管理职权的决定》，适当扩大了地方政府的权限，并要求中央财经各部以该决定为原则，制定符合本系统的具体办法。在企业管理方面，对于第一类企业，即散在各地的中央直接管理的企业，要求地方政府加以监督、指导、协助，以保证国家统一的政策、方针、计划、重要制度的贯彻施行，这些企业的一切政治工作，均归地方政府领导，这些企业的领导均需定期向地方政府做业务和工作报告。对于第二类企业，即地方代管的中央所属企业和若干地方所属的重要企业，地方政府均应向中央有关部门做业务与工作报告，并在业务方针和技术上服从中央的领导，地方经营的重要企业的生产计划和基本建设计划，应经中财委或中央主管部的批准。至于第三类企业，即属于地方政府的企业，则扩大投资范围，确定辅助办法。

在工业方面，鉴于地方政府呼吁权限太小和缺乏积极性（由于地方工业的范围没有确定，大企业中央已拿走，小企业也不敢办大了，怕中央再拿走），政务院明确了地方国营工业的发展方向和经营范围：主要是有丰富的地方资源可利用的轻工业、小型生产资料企业和地方公用事业。另外，政务院还规定，地方国营工业的发展应依靠地方自己积累资金进行，中央政府只是在可能的条件下，对地方工业实行下列帮助：（1）中央政府有余的生产设备，可依据地方的基本建设计划拨作地方建设工业之用，由地方按年向中央缴纳折旧费，或作为中央对地方的投资；（2）中央各主管工业部对地方工业做技术上的指导与帮助；（3）贸易部门与银行在可能范围内对地方工业加以扶植；（4）地方国营工业利润在一定时期内解除上缴国库的任务，以供地方工业扩大再生产用；（5）建立地方工业的领导系统，加强对地方工业的领导与帮助。

在商业方面，中央允许地方政府向当地的国营零售公司投资，但投资额不得超过公司总额的 50%，盈亏按投资额由双方分担。在管理方面，中央只掌握经营方针、业务范围、价格标准、表报制度四项，其他具体经营管理事项均由地方负责。1952 年 5 月，中央贸易部又规定各大城市的国营信托公司可以允许地方政府投资，地方投资部分的利润全部归地方使用，中央贸易部只决定信托公司的经营方针及业务范围，其他具体日常经营管理工作则由市商业局领导。

国民经济恢复时期，地方国营企业在利用当地资源发展地方经济、稳定市场、积累资金、支持国家预算、减轻失业以及培养干部等方面，都发挥了积极作用。

五、国营企业领导地位的确立

国营企业领导地位的确立，首先表现在国营企业控制了国民经济的命脉，即国营企业在金融业、重工业、现代交通运输等产业中占有绝对优势；其次表现在国营企业在主要工农业产品的批发和对外贸易方面占有绝对优势，国营企业可以通过调控市场来领导其他经济成分。新中国成立初期，按照《共同纲领》中关于国有经济领导地位和优先发展的政策，在整个国民经济恢复时期，国营企业的比重和地位迅速上升，有力地控制了金融业、进出口业、电力工业、钢铁工业、铁路、航空、港口以及采矿和重型机械制造业；完全控制了商品市场，能够有力地调控重要商品的价格和供求关系。

国营企业的强大力量，不仅表现在它控制着有关国计民生的重要行业和产业部门，控制着市场，还表现在中央集权的计划管理在经济运行中发挥着越来越大的作用。因此，尽管国营经济在工农业和商业中的比重低于私营和个体经济，但由于私营企业规模较小和个体经济的分散性，其在国民经济中只能处于从属地位。在实际经济运行中，国营企业居于主导和优先发展的地位。

在工业方面，国营工业的重工业中所占的比重1952年约为80%左右，在轻工业中所占的比重约为40%左右。国营工业与其他经济成分的工业比重变化如表1-4和表1-5：

表1-4 全国公私营工业总产值变化指数（1949—1952）

经济类型	公私比重变化情况（%）				总产值变化趋势（以1949年为100）			
年份	1949	1950	1951	1952	1949	1950	1951	1952
合计	100	100	100	100	100	130.4	187.5	250.6
国营	34.2	44.5	44.9	52.8	100	169.7	246.6	387.1

续表

经济类型	公私比重变化情况（%）				总产值变化趋势（以 1949 年为 100）			
合作社营	0.5	0.8	1.0	3.2	100	224.1	415.8	172.7
公私合营	2.0	2.9	4.0	5.0	100	188.7	367.2	622.5
私营	63.3	51.8	50.1	39.0	100	116.6	148.2	154.2

资料来源：中国社会科学院、中央档案馆编：《1949—1952 中华人民共和国经济档案资料选编》（工商体制卷），中国社会科学出版社 1993 年版，第 976 页。

表 1-5 国营重工业部分产品产量在总产量中的比重（1949—1952）

单位：%

年份	电力	原煤	铜	生铁（包括土铁）	钢材	硫酸	水泥	电动机	金属切削机床
1949	57.66	68.18	97.27	91.74	82.79	70.84	68.14	20.42	75.34
1950	64.07	66.53	97.23	92.00	85.83	72.16	65.61	62.83	69.47
1951	83.25	66.08	95.25	91.44	84.33	67.75	55.47	68.82	37.08
1952	88.29	84.58	94.52	96.45	83.09	68.42	63.94	72.75	46.64

资料来源：中国社会科学院、中央档案馆编：《1949—1952 中华人民共和国经济档案资料选编》（工商体制卷），中国社会科学出版社 1993 年版，第 977—979 页。

在交通运输方面，国营企业在主要的现代运输方式与设施——铁路、海运和港口方面处于绝对优势地位，在内河航运和公路运输方面也占有相当大的比重。据统计，在现代交通事业中，除铁路完全由国家经营外，在沿海和长江的航运中，国营经济约占 60% 左右。①

在商业方面，国营经济对私营工商业的领导主要表现在对市场的控制方面：一方面，国家银行（包括公私合营银行）控制了工商信贷；另一方面，国营贸易公司掌握了主要工业原料和农产品，并对市场短缺的产品实行加工定贷、预购甚至统购；与此同时，国营贸易公司（包括零售商店）还通过颁

① 中国社会科学院、中央档案馆编：《1949—1952 中华人民共和国经济档案资料选编》（工商体制卷），中国社会科学出版社 1993 年版，第 967 页。

布牌价和利用供销合作社（包括城市消费合作社），控制着城乡商品市场的供求关系，使得私营和个体工商业在资金市场和产品市场里处于被领导的地位。

从全社会商品经营额来看，国营商业所占比重迅速扩大。1950—1952年，国营商业在全国纯商业机构批发与零售额中所占比重的变化情况如表1-6所示：

表1-6　国营商业在全国纯商业机构批发与零售额中所占比重（1950—1952）

分类	1950	1951	1952
在批发额中所占比重（%）	23.2	33.38	60.5
在零售额中所占比重（%）	9.7	15.51	18.2

资料来源：中国社会科学院、中央档案馆编：《1949—1952 中华人民共和国经济档案资料选编》（工商体制卷），中国社会科学出版社 1993 年版，第 983 页。

国营商业不仅在批发和零售方面所占比重迅速增长，更重要的是国营商业所经营的商品大多是有关国计民生或短缺的重要工业原料、器材和消费品，如粮、棉、布、纱、油（包括食用油和煤油、汽油）、煤、钢材、水泥，以及主要出口和进口物资。

对外贸易方面，受统制对外贸易政策、西方经济封锁和对外贸易重心转移的影响，国营贸易公司日益成为对外贸易的主体。在进出口额总值中，国营所占比重由 1950 年的 66.5% 上升到 93%，其中进口由 77.5% 上升到 95%，出口由 54.9% 上升至 90.3%。

在金融方面，新中国政府通过建立人民银行分支机构和没收金融业中的官僚资本，迅速建立起强大的国营银行与国家控制的公私合营银行，并通过控制存贷利率、增资验资、实行联放、扩大公私合营等措施，确立了国营经济的主导地位。1950 年统一财经以后，国家银行和国家控制的公私合营银行已经控制了存贷款总额的 90% 以上。到 1952 年私营金融业实行全行业公私合营以后，各私营行庄取消原有名号，并入合营银行，并成立公私合营银行总管理处。公私合营银行总管理处虽然还保持着董事会和监事会的组织形式，但是资本家实际上已交出经营、财务、人事"三权"，完全由国家统一经营和管理。

图1-4　工人们在开展"抗美援朝"劳动日

国营经济对农业个体经济的领导，主要是通过国营商业和领导供销合作社来控制商品市场、通过银行和领导信用合作社来控制农村金融等，加以引导。

国营经济的主导地位，是国家控制市场、实施宏观计划管理和指令性计划的基础。国营经济控制着国民经济命脉，为后来向社会主义计划经济的过渡奠定了基础。另外，国营经济也是国家安全和社会稳定的重要保障。

第二章　第一个五年计划时期的
国营企业（1953—1957）

　　全国解放后，经过三年的努力，国民经济得到了恢复和发展，这为大规模的经济建设创造了有利条件。1953 年底中共中央正式公布了"党在过渡时期的总路线"，明确了中国必须走以优先发展重工业为特征的社会主义工业化道路。由此，1953—1957 年制定和实施了第一个五年计划，进行了以苏联援建的 156 项工业建设为中心的 900 余项重大工程建设，奠定了工业化的初步基础。与工业化并行，政府对个体农业、个体手工业和资本主义工商业进行了合作化与公私合营的社会主义改造，并逐步形成了计划经济体制。

　　这一时期以重大工程建设为中心，经过新建和重新改造形成了一大批骨干国营企业。而通过资本主义工商业的社会主义改造，大量的私营企业也涌入国营企业行列。与此同时在全国范围内全面系统地引进苏联的企业管理经验，进一步建立和健全国营企业的管理制度，如加强计划管理、改革企业领导制度、开展增产节约和技术革新运动、改革工资制度等。随着计划经济体制的建立，国家对国营企业的管理也进行了调整。

一、工业化战略的确立和推进

　　1953 年，中共中央正式提出了以"一化三改"（即实现国家工业化和对个体农业、个体手工业、资本主义工商业的社会主义改造）为核心的过渡时期总路线。1955 年，第一届全国人民代表大会第二次会议正式通过并颁布了第一个五年计划，确立了优先发展重工业的工业化战略，此后在实施"一五"计划期间，又进一步肯定和完善了这个发展战略。

（一）工业化战略的选择

中国从近代以来，在亡国灭种的威胁下，无论是资产阶级改良派、改革派，还是无产阶级的领导者中国共产党，都始终把民族独立和赶上发达国家作为改造中国的目标，并探索以什么样的方式来实现强国富民的工业。1949 年新中国成立后，如何加快实现工业化就自然提上中国共产党和人民政府的议事日程，并且由于朝鲜战争而更加迫切。当时决定中国工业化战略或者说工业化道路的基本出发点是加快工业化的速度。这不仅是经济发展的要求，而且是国家统一和国家安全的要求，更来自决策者的历史经验和思想基础。①

1.实行"社会主义工业化"的思想和现实基础

中国作为一个后发工业化国家，实际上从 19 世纪下半叶的洋务运动开始，就在探索如何实现工业化的问题。从洋务运动时期的李鸿章、左宗棠、张之洞到资产阶级改良派的康有为、梁启超，再到资产阶级革命派的孙中山等，从学者型官员薛福成、钱昌照、翁文灏到学者吴景超、谷春帆、马寅初、费孝通等，再到企业家张謇、荣德生、卢作孚等，都探讨过中国如何实现工业化问题，但是他们的理论和设想都没有实现。

新民主主义革命时期，中国共产党人就在思考革命胜利后怎样实现中国的工业化。1945 年 4 月，毛泽东即提出了中国实现工业化的迫切性。他说："没有工业，便没有巩固的国防，便没有人民的福利，便没有国家的富强。"同时论述了工业化与民主革命、与资本主义经济的关系。②1949 年 3 月，毛泽东在党的七届二中全会上又提出：中国工业化的实现必须以"节制资本"和"统制对外贸易"为前提。

1952 年底民主改革和国民经济恢复任务基本完成，我国准备从 1953 年转入大规模经济建设，此时如何加快工业化步伐的问题凸显出来。由于中国

---

① 董志凯等：《中华人民共和国经济史（1953—1957）》，社会科学文献出版社 2011 年版，第 20—31 页。

② 毛泽东：《论联合政府》，《毛泽东选集》第 4 卷，人民出版社 1991 年版。

长期处于半殖民地半封建社会，资本主义经济没有得到充分发展。1949 年以前的一百多年历史经验表明：历届政府都无力承担起工业化的重任，都无力改变中国工业落后和国家贫穷的面貌，从而也就不能保障国家的独立、统一和安全。到 1949 年新中国成立时，以能源、原材料、机械制造为代表的重工业和以交通运输为代表的基础设施，已经成为中国经济发展的瓶颈，而中国人口众多、资源匮乏、积累率极低的现实，又使得中国的工业化很容易陷入所谓的"贫困的陷阱"①。

第二次世界大战结束以后，新产生的绝大多数社会主义国家，都是第二次世界大战中的被侵略者和被压迫者，都是由民族独立、民主革命转变到社会主义革命的。在社会主义阵营中，那些尚未完成工业化的国家，与那些曾经依靠外部资源和市场而完成工业化的资本主义国家相比，其工业化任务更为艰巨。同时，世界两大阵营的对立和战争威胁，使得这些社会主义国家工业化任务更为迫切。这是战后社会主义国家赶超型发展观和战略形成的根本原因。这种发展观以苏联的工业化理论为代表。斯大林关于社会主义工业化的理论，概括起来主要有四个方面内容：一是优先发展重工业；二是工业高速增长；三是工业化以社会主义改造为条件，即工业化是以建立单一公有制和计划经济为保障的；四是农业应该为工业化积累资金。

对于中国来说，1953 年当中国完成经济恢复任务，开始大规模经济建设时，中国工业发展水平与西方国家相比差距很大。以直接关系国防工业的钢产量来看：中国当时的钢产量才 177 万吨，人均 3 公斤，而美国、英国、西德、日本的产量则分别为 10126 万吨、1789 万吨、1708 万吨、766 万吨，人均则分别为 673 公斤、353 公斤、482 公斤、87 公斤，中国的钢铁产量甚至不如人口 100 多万的欧洲小国卢森堡。再从有色金属及加工产品来看，制造飞机需要有色金属 22 种，1956 年我们仅能够解决 11 种；需要有色金属的合金及加工品 1739 种，我们仅能解决 303 种。通信设备需要有色金属 26 种，我们仅能解决 11 种；需要有色金属合金及其加工品 723 种，1956 年我们仅能解决 160 种。在化工方面，1956 年苏联能够生产化工产品 1090 种，我们

---

① 又称马尔萨斯陷阱，是指在工业化初期由于生产剩余过低而导致资本积累不足，从而不能实现增长以改变贫困面貌。

只能生产 355 种，而国内需要的品种为 800 种，不能生产的品种只能依靠进口。① 这种工业水平的差距直接影响到国家的安全和统一。这也是以毛泽东为核心的中国共产党领导集体实施赶超型工业化战略的最重要原因。

中国工业化的迫切性，还表现在中国是一个人均自然资源非常匮乏的国家，要解决众多人口的吃饭问题必须依靠现代经济，即通过工业来改造传统农业。近代以来，中国一直是进口粮食，但是仍然不能解决好吃饭问题，因此美国国务卿艾奇逊在 1949 年新中国成立前曾经断言中国共产党政府同样解决不了这么多人口的吃饭需求。很明显，如果仅仅依靠传统的农业，即使实行了彻底的土地改革，做到了耕者有其田，但是人均四五亩地，平均亩产才 100 多斤，完全是"靠天吃饭"的传统农业，显然不能够满足日益增长的人口的吃饭问题，更不要说为工业化积累资金了，而改造农业，就必须依靠工业提供电力、机械、化肥、农药等现代农业装备。

1955 年 3 月，陈云在中国共产党全国代表会议上代表中共中央对"一五"计划草案进行说明时非常明确地指出："按照我国的第一个五年计划，工业、农业、运输交通、城市建设、商业、文化教育等各方面都要有相当的发展。而发展的重点是重工业，也只能是重工业。"陈云进而解释："为什么要用重工业做重点呢？因为改变我国农业、铁路交通以及其他方面落后状态的关键，不是别的，正是重工业。没有重工业就不可能大量供应化学肥料、农业机械、柴油、水利工程设备，因此就不可能根本改变农业的面貌。""同样，没有重工业就不可能扩大轻工业，因而也就不可能有系统地改善人民生活。我们现在的情况是这样：一方面许多轻工业品不能满足人民需要；另一方面许多轻工业设备还有空闲，原定增加的纱锭还得减少，原因就是缺少原料。除缺少来自农产品的原料，比如棉、丝、毛、烟叶、甘蔗等等以外，还缺少来自重工业的原料，比如化学品、黑色金属、有色金属等等。因此，为了发展轻工业，为了有系统地改善人民生活，也必须发展重工业。"②

朝鲜战争爆发和美国派兵进驻台湾所引发的中国与美国为首的西方的直接冲突，使得中国工业落后不仅是经济问题，还是政治问题，因为这直接

---

① 中国社会科学院、中央档案馆编：《1953—1957 中华人民共和国经济档案资料选编》（综合卷），中国物价出版社 2000 年版，第 608—612 页。

② 中央文献研究室编：《陈云文集》第二卷，中央文献出版社 2005 年版，第 592 页。

关系国家的安全和统一。美国阻止中国统一和直接威胁中国安全的行径，都是建立在中美之间相差悬殊的武器装备上面的，进一步说，是建立在相差悬殊的工业化水平上面。从朝鲜战争爆发后美国派兵进驻台湾，到 1955 年用原子弹威胁中国以阻止中国的统一，都使得中国党和政府的决策者坚定了优先快速发展重工业的决心。

2."社会主义工业化"战略的形成和主要内容

采取什么样的工业化战略，是在英、法、美等第一批西方国家实现工业革命以后，其他国家进行工业化的战略选择。在 1917 年俄国"十月革命"以前，无论是老牌的资本主义国家还是后起的德国、俄国、日本，都无一例外地走上了对外扩张的帝国主义道路，即依靠占有国外市场以及资源的对外掠夺方式，来为工业化提供资源和市场。第一次世界大战和第二次世界大战都是帝国主义对外扩张和重新划分势力范围所导致的。新中国成立以后，中国显然不能走这条道路。

朝鲜战争爆发以后，由于国家安全受到严重威胁，重工业薄弱的问题更加突出也更加紧迫起来。发展重工业与发展国营经济、保证国家安全三个问题变成了一个问题。这和当年苏联遇到的社会主义工业化问题如出一辙。于是由国家主导优先发展重工业的社会主义工业化战略呼之欲出了。20 世纪 50 年代中国工业化道路的形成，可以"一五"计划为标志。这个经济发展战略可简单概括为：主要依靠国内积累建设资金，从建立和优先发展重工业入手，高速度地发展国民经济；实施"进口替代"政策，通过出口一部分农产品、矿产品等初级产品和轻工业品换回发展重工业所需的生产资料，并用国内生产的生产资料逐步代替进口；改善旧中国留下的工业生产布局极端不合理和区域经济发展极端不平衡的畸形状态；随着重工业的建立和优先发展，用重工业生产的生产资料逐步装备农业、轻工业和其他产业部门，随着重工业、轻工业和农业以及其他产业部门的发展，逐步建立独立完整的工业体系和国民经济体系，逐步改善人民生活。

这种工业化道路具有以下几个特点：（1）以高速度发展为首要目标。（2）优先发展重工业。（3）以外延型的经济发展为主，即以增加生产要素作为实现经济增长的主要途径。（4）从备战和效益出发，加快内地发展，改善生产力布局。（5）以建立独立的工业体系为目标，实行进口替代。

（二）过渡时期总路线

1952 年底，随着国民经济恢复任务的胜利完成和国家转入大规模经济建设，如何实行工业化以及与之相应的制度和政策建设，成为毛泽东和中共中央重点考虑的问题。从 1952 年下半年到 1953 年 9 月，经过一年多的酝酿，特别是全国财经会议的统一认识，中共中央于 1953 年底正式公布了"党在过渡时期的总路线"。过渡时期总路线的提出，标志着中国共产党对经济发展与制度变革关系的认识发生重大转变，党的指导思想和政策基础开始从以《中国人民政治协商会议共同纲领》为标志的新民主主义转向苏联模式的社会主义，新民主主义经济体制不再是一个相对稳定的经济制度，以逐步消灭私有制为主要内容的社会主义改造提上议事日程，列入"一五"计划。①

1.过渡时期总路线的产生背景

1953 年 9 月 24 日，中共中央正式向全党和全国人民公布了党在过渡时期总路线，其内容为："从中华人民共和国成立，到社会主义改造基本完成，这是一个过渡时期。党在这个过渡时期的总路线和总任务，是要在一个相当长的时期内，逐步实现国家的工业化，并逐步实现国家对农业、对手工业和对资本主义工商业的社会主义改造。"中共中央在此时提出上述内容的过渡时期总路线，不是偶然的，是有其社会背景和主客观原因的。

（1）从国民经济发展的角度来看，经过三年的经济恢复，我国国民经济基本上治愈了战争创伤，并从 1953 年起进入全面经济建设阶段。经过三年的治理改革和经济恢复，我国通过没收官僚资本、土地改革、统一财经、统制外贸等重大经济改革，在完成民主革命任务的同时，也使社会主义经济因素大大增长，公有制经济的地位和作用大大加强，这不仅表现在国营经济的领导地位的巩固，还表现在公有制经济的发展和比重上升的速度也非常快，这种经济结构演变趋势已为人们普遍感受到。

在新中国成立初期取得上述经济成就的同时，国民经济恢复发展过程中也暴露出一些问题。第一，由于我国经济落后、底子薄，实施优先发展重

---

① 董志凯等：《中华人民共和国经济史（1953—1957）》，社会科学文献出版社 2011 年版，第 31—41 页。

工业战略将导致供求关系的紧张，因而需要加强资源配置的计划管理，这就使以市场调节为主的私营和个体经济与政府要求的资源配置集中化、计划化不相适应，这种不适应集中表现在 1952 年的私营金融业社会主义改造和 1953 年的粮食统购统销上。第二，由于城市私营和个体经济刚从旧中国过来，存在的问题较多，加上缺乏完善的法制和市场机制制约，偷漏税、行贿、生产伪劣产品、牟取暴利等行为较多，从而使人产生其"利少弊多"的印象；从农村看，虽然土地改革使农民获得了土地，但是旧中国帝国主义、封建主义、官僚资本主义的剥削和长期战争的破坏，使得农村一时难以摆脱极端贫困状态，生产资料严重不足，农业剩余相当少，就大多数农民来看，家庭经营确实困难不少，加上国家投资有限，农业增长受到较大限制。

这样，以多种经济成分并存和"四面八方"政策为基础的新民主主义经济体制就与优先快速发展重工业的发展战略有些不相适应。

（2）从我国社会发展方向来看，也受到国际国内主客观条件的制约。从国际上看，当时世界两大阵营的存在和尖锐对立，要求我国提出自己社会制度发展的明确目标。早在新中国成立前夕，中国共产党就宣布未来新中国的对外政策是实行政治上的"一边倒"，即坚决站在以苏联为首的世界民主阵营一方，但同时又宣布在经济上采取灵活政策，在平等互利的基础上与世界各国发展经济关系。但是 1950 年 6 月爆发的朝鲜战争和中国的抗美援朝，造成了中国与美国为首的资本主义世界的严重对立，在西方的军事威胁和经济封锁下，中国与苏联及东欧民主国家的关系更为亲密，中国也更为需要苏联的支持。世界两大阵营的对峙和中国别无选择地站在苏联一方，自然要影响到国内社会制度的选择和变化。当时国际上只存在着两种有生命力的社会制度，即以西方为代表的资本主义制度和以苏联为代表的社会主义制度，而当时我国实行的新民主主义社会制度，只是被当时的国际共产主义运动视为过渡形态。在当时国际环境下，苏联不会容忍我国长期保持这种不符合传统社会主义理论和苏联模式的社会制度，这从新中国成立前后苏联曾怀疑中国革命是"铁托式的胜利"即可得到证明。

从国内来看，新中国在政治上是中国共产党领导的人民民主专政国家，中国共产党明确宣布新中国的发展方向是社会主义，在民主革命完成之后，党的下一个目标就是实现社会主义。而在当时的条件下，中国共产党在社会主义制度问题上的认识不可能超出苏联创造的传统社会主义理论和模式（即单一公有制和计划经济模式）。因此，当时无论是从理论还是实际来说，新民主主义理论和体制与以单一公有制和计划经济为特征的传统社会主义都有很大的不同，对于缺乏社会主义建设经验的中国共产党，很难突破苏联的社会主义模式，将新民主主义视为社会主义在经济落后国家中的一种特殊形式或社会主义的初级阶段。于是，随着民主革命的完成和大规模经济建设的到来，中国共产党自己也需要从理论和政策上回答如何向苏联模式的社会主义过渡问题。

正是在上述背景下，当中国共产党彻底完成民主革命任务、经济形势根本好转以后，随着全面建设时期的到来，自然要把工业化和社会主义改造问题提上议事日程，并作出明确的回答。

2. 过渡时期总路线的主要内容

党在过渡时期总路线的内容，经过一年左右的充实完善，到1953年底以《为动员一切力量把我国建设成为一个伟大的社会主义国家而斗争——关于党在过渡时期总路线的学习和宣传提纲》为标志，已经非常完整了；到1954年写入《中华人民共和国宪法》，成为国家在过渡时期的总任务，则论述得更加清楚了。

过渡时期总路线的内容可以分为两个部分，一是如何实现工业化；二是如何完成向以单一公有制和计划经济为特征的社会主义社会的过渡。它的基本内容包括以下四个方面：

（1）重新解释了新民主主义革命与社会主义革命之间的关系，提出新民主主义革命的结束就是社会主义革命的开始。在此之前，党在理论和宣传上都认为，在新民主主义革命完成与社会主义革命开始之间，有一个以《中国人民政治协商会议共同纲领》为基础的发展新民主主义政治、经济和文化的阶段。中国是一个大国，国情复杂，国民经济原来就很落后，有1.1亿多农户小农经济，有很大数量的手工业，而且资本主义工商业在国民经济中还占相当大的比重。因此，社会主义工业化和社会主义改造工作是很艰巨很繁重的，只能逐步进行，完成过渡时期的这个总任务，除了恢复时期的三年以外，大概还需要15年左右的时间。

（2）为社会主义工业化而斗争。1953年底公开出版的《宣传提纲》将

"工业化"表述为"社会主义工业化"。在此以前，党和政府在谈到中国的经济发展时一般都是用"工业化"这个词。《宣传提纲》首次明确提出中国要实行的是"社会主义工业化"并解释了其含义，即：社会主义工业化具有两个重要特点，一是将发展重工业作为工业化的中心环节；二是优先发展国营经济并逐步实现对其他经济成分的改造，保证国民经济中的社会主义比重不断增长。

（3）提出过渡时期总路线的实质是实现生产资料的社会主义改造，即"就是使生产资料的社会主义所有制成为我国国家和社会的唯一的经济基础"。逐步实现对农业、手工业和资本主义工商业的社会主义改造，是过渡时期的主要任务之一。对农业和手工业的社会主义改造，采用说服、示范和国家援助的方法，鼓励个体农民根据自愿的原则组织生产合作、供销合作和信用合作，鼓励个体手工业者和其他非农业的个体劳动者根据自愿的原则组织生产合作和供销合作，逐步将个体所有制转变为集体所有制。这就是使农业、手工业从分散的生产方式转变为集体的生产方式，在集体化的基础上提高生产，促进工业化和改善广大农民、手工业者的经济生活。国家对资本主义工商业则采用限制和改造的政策。国家通过国家行政机关的管理、国营经济的领导和工人群众的监督，利用资本主义工商业的有利国计民生的积极作用，限制它们的不利于国计民生的消极作用，鼓励和指导它们转变为各种不同形式的国家资本主义经济，逐步以全民所有制代替资本家所有制。这就是经过国家资本主义的各种形式，把资本主义工商业逐步地改造为社会主义企业。

（4）确定了"主体"与"两翼"的关系。中国建设社会主义的事业，是以社会主义工业化为主体的，而对农业、手工业和资本主义工商业的改造，是两个必要的组成部分，这三者是不可分割的。一方面，只有发展社会主义事业，才能把整个国民经济置于先进的技术基础上，才能扩大社会主义国营经济成分，才能吸引、改造和代替资本主义工商业，才能领导农业、手工业的社会主义改造；另一方面，只有对农业、手工业和资本主义工商业实行社会主义改造，才能解放生产力，推动社会主义工业化的发展，社会主义工业化和社会主义改造同时并举。

（三）发展国民经济的第一个五年计划

1952 年底，我国完成了国民经济恢复任务，从 1953 年起，转入大规模经济建设。为了使大规模经济建设有计划、按比例地进行，避免盲目性、分散性，分别轻重缓急和缓解发展中的不平衡问题，中共中央和中央人民政府决定从 1953 年起实施第一个经济发展五年计划。"一五"计划是在多种经济成分并存的条件下制定的，从其着手制定到正式通过，经历了三年半的时间，并且"一五"计划已经实行了两年半。由于当时经济发展极端不平衡、缺乏基本的统计资料，加上缺乏制定和实施五年计划的经验，可以说"一五"计划是在边制定、边实施、边修改的过程中完成的。①

1. 主要内容

根据中国共产党提出的过渡时期总路线和"一五"计划的指导方针，第一个五年计划的基本任务是：集中主要力量进行以苏联帮助我国设计的 156 项建设单位为中心的、由限额以上的 694 个建设单位组成的工业建设，建立我国的社会主义工业化的初步基础；发展部分集体所有制的农业生产合作社，并发展手工业生产合作社，建立对农业和手工业的社会主义改造的初步基础；基本上把资本主义工商业分别地纳入各种形式的国家资本主义的轨道，建立对私营工商业的社会主义改造的基础。围绕上述基本任务，"一五"计划提出了以下 12 项具体任务。

（1）建立和扩建电力工业、煤矿工业和石油工业；建立和扩建现代化的钢铁工业、有色金属工业和基本化学工业；建立制造大型金属切削机床发电设备、冶金设备、采矿设备和汽车、拖拉机、飞机的机器制造工业。（2）随着重工业的建设，相应地建设纺织工业和其他轻工业，建设为农业服务的新的中小型工业企业，以便适应城乡人民对日用品和农业生产资料日益增长的需要。（3）在建设新工业的同时，必须充分地和合理地利用原有的工业企业，发挥它们的生产力量。在第一个五年计划期间，重工业和轻工业的生产任务的完成，主要还是依靠原有的企业。（4）依靠贫农（包括全部原来是贫农的

①　董志凯等：《中华人民共和国经济史（1953—1957）》，社会科学文献出版社 2011 年版，第 62—94 页。

新中农），巩固联合中农，采用说服、示范和国家援助的方法，推动农业生产的合作运动，以部分集体所有制的农业生产合作社为主要形式来初步地改造小农经济；在这个基础上对农业进行初步的技术改良，提高单位面积的产量，同时也发挥单干农民潜在的生产力量，并利用一切可能的条件努力开垦荒地，加强国营农场的示范作用、以保证农业生产特别是粮食生产和棉花生产的进一步发展，逐步地克服农业落后于工业的矛盾。注意兴修水利，植树造林，广泛地开展关于保持水土的工作。促进畜牧业和水产业的发展，增加农业特产品的生产。（5）随着国民经济的高涨，相应地发展运输业和邮电业，主要是铁路的建设，同时发展内河和海上的运输，扩大公路、民用航空和邮电事业的建设。（6）在国家统筹安排的方针下，按照个体手工业、个体运输业和独立小商业等不同行业的情况，分别用不同的合作形式把它们逐步地组织起来，使它们能够有效地为国家和社会的需要服务。（7）继续巩固和扩大社会主义经济对资本主义经济的领导，正确地利用资本主义经济有利于国计民生的积极作用，限制它们不利于国计民生的消极作用，对它们逐步地实行社会主义的改造。根据需要和可能，逐步地扩展公私合营企业，加强对私营工业产品的加工、订货和收购工作，并稳步地和分别地使私营商业为国营商业和合作社营商业执行代销、经销等业务。（8）保证市场的稳定。继续保持财政收支的平衡，增加财政和物资的后备力量；随着工业农业生产的发展，相应地发展城乡和内外的物资交流，扩大商品流通；对生产增长赶不上需要增长的某些主要的工业农业产品，在努力增产的基础上逐步地实施计划收购和计划供应的政策。（9）发展文化教育和科学研究事业，提高科学技术水平，积极地培养为国家建设特别是工业建设所必需的人才。（10）厉行节约，反对浪费，扩大资金积累，保证国家建设。（11）在发展生产和提高劳动生产率的基础上，逐步地改善劳动人民的物质生活和文化生活。（12）继续加强国内各民族之间经济和文化的互助和合作，促进各少数民族经济事业和文化事业的发展。

根据上述任务，"一五"计划的主要指标如下。

（1）基本建设。基本建设投资总额5年合计为427.4亿元，其中工业部门为248.5亿元，占投资总额的58.1%。在工业基本建设投资中，对制造生产资料工业的投资占88.8%，对制造消费资料工业的投资占11.2%。5年内，工业方面新建和改建的限额以上施工单位共694个，加上农林水利、运输邮电、文教卫生等，全部限额以上施工单位达 1600 个，此外，还有限额以下施工单位 6000 多个。

从基本建设投资的区域布局来看，为了改变原有工业布局的畸形状况，"一五"计划做了妥善部署，一方面合理地利用东北、上海和其他沿海城市已有的工业基础，强调东北工业基地的改建，在 694 个限额以上的工业基本建设项目中，有 222 个放在了东北和沿海地区；另一方面，尽可能地加强内地工业基础的建设。

（2）工农业总产值计划由 1952 年的 827.1 亿元增加到 1957 年的 1249.9 亿元，增长 51.1%，平均每年增长 8.6%。5 年内，现代工业在国民经济中的地位将发生重要变化：现代工业在工农业总产值中的比重将由 1952 年的 26.7% 上升到 1957 年的 36%；同时，在工业总产值中，生产资料所占的比重也将由 1952 年的 39.7% 上升到 1957 年的 45.4%。

（3）工业。工业总产值计划由 1952 年的 270.1 亿元增加到 1957 年的 535.6 亿元，平均每年增长 14.7%。其中生产资料的生产平均每年增长 17.8%，消费资料的生产平均每年增长 12.4%。另外，手工业总产值则计划由 1952 年的 73.1 亿元增加到 1957 年的 117.7 亿元，平均每年增长在工业总产值中，国营工业的发展速度安排较快，平均每年增长 9.9%。

在工业总产值中，国营工业的发展速度安排较快，平均每年增长 8.1%，国营工业在总产值中所占比重也将由 1952 年的 52.8% 上升到 61.3%；另外，合作社营工业则由 3.2% 上升到 4.4%，公私合营工业由 5% 上升到 22.1%；而私营工业所占的比重则由 39% 下降到 12.2%，其产值将由 1952 年的 105.3 亿元降至 1957 年的 65.6 亿元。

工业增长计划指标在 1951 年以来的编制过程中先后变动了 7 次：第一次为 20%，第二次为 18%，第三次为 14.7%，第四次为 16%，第五次为 15.6%，第六次为 15.4%，最后确定为 14.7%。[①]

（4）农业。农业及副业总产值计划由 1952 年的 483.9 亿元增加到 1957 年的 596.6 亿元，平均每年增长 4.3%。其中粮食平均每年增长 3.3%，棉花

---

① 李富春：《两年来国民经济计划执行情况和几点体会》，《中央文件汇集》第一分册，1955 年版，第 104、105 页。

平均每年增长 4.6%。5 年内，全国将有 1/3 左右的农户加入初级农业生产合作社，其中东北各省、山西、河北、山东、河南和其他老解放区的入社农户可能达到半数左右；在经济作物地区和城市郊区，将努力争取先一步合作化。在增产措施方面，除了合作化外，还有兴修水利、推广新技术、提高灌溉面积、增加化肥供应、扩大耕地面积等计划指标。

（5）运输和邮电。5 年内国家对运输和邮电部门的投资总额为 89.9 亿元，占国家经济文教事业支出总额的 11.7%，其中基本建设投资为 82.1 亿元，占国家对各部门基本建设投资总额的 19.2%。由于铁路是国家运输的主要力量，在现代运输工具中，铁路负担了 80% 以上的运输任务，因此基本建设投资计划为 56.7 亿元。在加强和改造现有铁路的同时，新建铁路干支线约 4084 公里，使铁路货运量在 5 年内增长 85.9%，货物周转量增长 101%，客运量增长 51.3%，旅客周转量增长 59.5%。5 年内，由中央投资公路 1000 公里以上，新增加通车里程约 7000 公里。在邮政方面，5 年内邮路总长度将增长 45.2%。

（6）商业和对外贸易。社会商品流转额 1957 年将比 1952 年增长 80% 左右。从公私比重变化看，国营商业将由 1952 年的 15.8% 上升到 1957 年的 20.5%，合作社营商业将由 18.2% 上升到 34.4%，私营商业所占比重将由 66% 下降至 45.1%。保持市场供求关系稳定和物价平稳。对外贸易 1957 年将比 1952 年增长 66.5%。

（7）教育方面。5 年内将新建高等学校 60 所，使总数达到 208 所。1957 年高等学校在校学生数将比 1952 年增长 127.4%，达到 43.4 万人。但是中等专业学校的在校学生数 1957 年仅比 1952 年增长 5.6%。另外，5 年内将派遣留学生 10100 人（其中 9400 人派往苏联），培养熟练工人 92 万余人。在科研方面，中国科学院所属的研究人员将由 1952 年的 1200 余人增加到 4600 余人。在普通教育方面，"一五"计划的发展重点是中学，特别是高中。1957 年在校高中学生将比 1952 年增长 178%；在校初中学生将增长 78.6%；小学在校学生 1957 年将比 1952 年增长 17.9%。"一五"计划还提出："五年内，应该基本上完成在工农干部、原有产业工人和农村积极分子中扫除文盲的任务。扫除文盲的人数共为二千三百万人。"

（8）在人民生活方面。5 年内，工人、职员的平均工资约增长 33%，其中工业部门增长 27.1%，农林水利部门增长 33.5%，基本建设单位增长 19%，国家机关增长 65.7%，文教卫生系统增长 38.2%。农民的生活也将得到进一步的改善，农村购买力 1957 年将比 1952 年提高 1 倍。在医疗卫生方面，5 年内，全国卫生行政系统和中央产业系统所属医院的病床将增长 77.2%，卫生所、防疫站、保健站将增长 65.1%，医师人数将增长 74.3%。

第一个五年计划的基本任务和上述各项主要指标实现以后，我国国民经济的面貌将发生较大变化。

2. 对几个关系的处理

"一五"计划是中央政府编制的第一个也是投入力量最大的中长期发展计划。它在编制过程中由于坚持了实事求是的原则，谨慎从事，反复论证，比较好地解决了我国经济建设中几个较难处理的重大问题。

（1）经济发展速度与经济效益的关系

1952 年 9 月，中央财经委员会在《关于编制五年计划轮廓的方针》中提出："工业建设的速度，在可能条件下应力求迅速，不顾可能条件的冒进是错误的，但对可能争取的速度不去努力争取也是错误的，速度决定于动员全党、全体工人阶级及技术人员，在统一计划之下的顽强的努力及苏联的有力帮助。"[1] 李富春（时任国务院副总理兼国家计划委员会主任）在审议"一五"计划草案的全国人大会议上所作的说明中再次乐观地认为："我们工业发展的速度将是很快的，可是就工业发展的水平来说，在相当时期内，我们比一些资本主义国家将还是落后的，因此，我们必须赶上去。我们可以确定地说，赶上它们，或者赶过它们的工业水平，并不需要一百年，有几十年的时间就够了。"[2]

因此在制定"一五"计划草案的初期，就将经济增长指标定得过高，后来经几次压缩，终于使经济增长指标比较符合实际，虽然仍比较紧张，但是可以完成。另外，这个时期党虽然强调发展速度，同时也强调稳步前进，提高经济效益，并制定了不少措施和办法。李富春在编制五年计划时

---

[1]　中国社会科学院、中央档案馆编：《1953—1957 中华人民共和国经济档案资料选编》（综合卷），中国物价出版社 2000 年版，第 390 页。

[2]　中共中央文献研究室：《建国以来重要文献选编》第 6 册，中央文献出版社 1993 年版，第 298—299 页。

就指出："要实事求是，稳步前进。这一点，在确定我国第一个五年计划的发展速度时，必须特别注意。"[1] 由于"一五"计划的许多投资要在后期甚至"二五"时期才能发挥作用，因此其经济增长速度主要是寄希望于现有企业和农民提高效益、增加产出来实现。

（2）经济发展与工业布局的关系

由于旧中国经济发展的极端不平衡，仅有的一点现代工业和交通主要集中在东部沿海地区。据1952年的统计，我国沿海各省的工业产值约占全国工业总产值的70%，其中钢铁80%在沿海（主要在鞍钢），纺织70%在上海、天津、青岛三市。"一五"计划出于国家安全、充分利用现有工业基础以及区域经济均衡发展等多种因素考虑，制定了一个兼顾国防、长期建设和眼前投资效益的区域投资方案，使旧中国遗留下来的畸形布局和区域之间的极端不平衡状况有所改善。在编制计划初期（1952年），中央财经委员会即提出："工业的布局，其出发点应该是：以国防观点，长期建设的观点与目前实际状况相结合。因此在五年建设中，首先应该充分利用东北（钢铁和其他工业）及上海（特别是机械制造业）的工业基地，并继续培养与利用这些基地的工业基础与技术条件，来准备新厂矿与新基地的建立。铁路建设以沟通西南、西北、中南为主要任务，以适应国防安全条件下的国家长期建设的需要。东北、上海是近沿海地区，在国防上说并不是很安全的，但利用这些旧基地，争取工业建设的速度，也是国防上的迫切需要。工业建设的地区平衡，须在国家长期建设中来解决，在第一个五年计划中，只能是积极发挥现有工业基地的力量，并为新的工业基地准备条件。"[2]

在城市发展方面，"一五"计划也提出："我们现在关于城市建设的任务不是发展沿海的大城市，而是要在内地发展中小城市，并适当地限制大城市的发展。现在沿海城市有些盲目发展的毛病，是应该加以纠正的。"[3]

---

[1] 中国社会科学院、中央档案馆编：《1953—1957中华人民共和国经济档案资料选编》（综合卷），中国物价出版社2000年版，第396—397页。

[2] 中国社会科学院、中央档案馆编：《1953—1957中华人民共和国经济档案资料选编》（综合卷），中国物价出版社2000年版，第390—391页。

[3] 中共中央文献研究室：《建国以来重要文献选编》第6册，中央文献出版社1993年版，第312页。

（3）自力更生与争取外援的关系

"一五"计划期间，我国对苏联的援助期望较大，并且苏联也确实给予我国很大的帮助。正如 1955 年时任国家计委主任的李富春所说："我国现在的建设所以能够有这样大的规模，有这样快的速度，有这样高的技术水平，并且还能够避免许多错误，苏联的援助起了极其重大的作用。"[①] 但是，"一五"计划的原则仍然是自力更生为主、争取外援为辅。"一五"期间，国家财政收入共为 1354.9 亿元，国外贷款为 36.4 亿元，外债仅占财政总收入的 2.7%。从 1955 年起，我国就以对苏贸易顺差的办法分年偿还所借外债的本息。在苏联援助我国建设的项目中，仍有相当大部分的机器设备是由我国自己设计制造的。当时的原则是我们自己能解决的问题就尽量自己解决。1953 年 9 月，国家计委副主任李富春在《编制第一个五年计划应注意的问题》中提出："我们的任务是十分艰巨的，经验是非常不足的。要进行经济建设，必须认真学习苏联的建设经验，学习苏联的科学技术。同时也要向其他国家学习……学习苏联是必要的，但更重要的还是要总结我们自己在建设中的实际经验。"[②] 在"一五"计划的编制过程中，我国多次征询苏联党、政府和专家的意见。例如关于"一五"计划设想的工农业发展速度，就听取了斯大林和苏联政府的建议，做了较大幅度的调整。

（4）优先发展重工业与全面安排的关系

"一五"计划中轻工业与重工业的投资比例为 1：7.3，高于苏联的前 3 个五年计划。"一五"计划之所以采取优先发展重工业的方针，是由于当时的国情和工业经济结构决定的。旧中国遗留下来的现代工业在产业结构上呈现出两个特点，一是缺乏独立性、完整性；二是重工业与轻工业相比，过于薄弱，成为工业发展的瓶颈。"一五"计划时期，尽管轻工业的利润高、投资回收快，但是它的发展却受到原料和能源不足的制约，如果把公私企业和手工业加在一起，其生产能力是过剩的，它的发展必须依赖于农业和重工业的进一步发展。因此，在编制"一五"计划时，中央即提出："五年建设的

---

① 中共中央文献研究室：《建国以来重要文献选编》第 6 册，中央文献出版社 1993 年版，第 360 页。

② 中国社会科学院、中央档案馆编：《1953—1957 中华人民共和国经济档案资料选编》（综合卷），中国物价出版社 2000 年版，第 399 页。

重点是工业，工业中决定性的环节是重工业，特别是：钢铁、煤、电力、石油、机械制造、军事工业、有色金属、基本化学等工业。有了这些工业，才能使国家工业化，才能巩固国防，才能使农业集体化，才能改造我国经济的面貌，才能进一步改善人民的生活。因此，五年建设以重工业为主，轻工业为辅，轻工业的建设重点是纺织、造纸、制药工业。在不妨碍重工业发展的范围内，按实际需要和人力物力的可能来发展其他的经济部门。"① 就第一个五年计划的投资结构来说，虽然对轻工业投资少了些，但基本上是正确的，它不同于后来的过度僵化的优先发展重工业。

（四）政府投资体制的形成

在资金、技术、物力、技术工人全面短缺的背景下，为了发展建设周期长、投入额度高的重工业企业，只有通过中央政府集中财力物力，才可能进行。这样，在第一个五年计划时期，投资决策与投资管理均集权于中央。中央政府不仅就投资规模、投资结构、投资布局等作出宏观决策，而且担负着项目建设的微观决策和施工管理。

"一五"时期的基本建设资金，90% 来源于财政，其中 79% 来源于中央财政。政府从事如此大规模的基本建设投资，还是中国有史以来的第一次，它需要有一套政府投资管理体制来保证。所幸国民经济恢复时期，党和政府在这方面做了准备，初步形成了一套政府投资管理体制。②

1. 投资职能部门建立

为了领导大规模的经济建设，国家建立了各级计划机构和地方建设委员会，明确了各级政府的基本建设管理职能。

1949—1952 年的国民经济恢复时期，中央人民政府管理基本建设的职能部门很少，只有政务院财政经济委员会计划局的基建处，其主管全国基本建设、城市建设和地质勘探工作。为了迎接"一五"计划时期大规模的经济

① 中国社会科学院、中央档案馆编：《1953—1957 中华人民共和国经济档案资料选编》（综合卷），中国物价出版社 2000 年版，第 390 页。
② 董志凯等：《中华人民共和国经济史（1953—1957）》，社会科学文献出版社 2011 年版，第 94—112 页；吴太昌等：《中国国家资本的历史分析》，中国社会科学出版社 2012 年版，第 283—287 页。

建设，1952 年，中央人民政府成立了国家计划委员会，管理全国基本建设年度计划和中期规划。一年多以后，随着大规模经济建设的展开，仅有国家一级计委已难以管理大量基建工作。1954 年 2 月 1 日，中共中央发出了关于建立与充实各级计划机构的指示。该指示要求国家各职能部及所属专业局、省（区市）和省属市以上的部门机构，于 1954 年 6 月底以前建立和健全计划机构；各基层企业单位建立和健全计划机构及县（旗）计划机构，不得迟于 1954 年底。于是国家各部门、各级政府直至国营企业都着手建立计划机构。各部门的计划机构负责编制年度的和长期的基本建设计划，检查和报告计划执行情况；各地方计划机构，在制订本地区基本建设计划的同时，制定各种必要的措施和计划，以尽可能按国家计划保证供应直属中央各部的企业所需的原材料和劳动力，并将本地区的各项建设与中央各部在本地区建设的企业联系起来，协助这些企业完成国家批准的建设计划。

1953 年以后，基本建设项目普遍上马。为了加强对基本建设的管理，根据 1954 年 9 月第一届全国人民代表大会第一次会议通过的《中华人民共和国国务院组织法》的规定，1954 年 11 月中央人民政府成立了国家建设委员会（以下简称国家建委）。

根据苏联经验和我国建设的需要，国家建委的主要任务设置为：按照中共中央和国务院规定的方针政策，国家批准的计划，从政治上、组织上、经济上、技术上采取措施，保证国家基本建设重点工程的进度和质量，并力求节省。

国家建委的具体任务为：审核基本建设工程的设计和预算文件，审核、推广工业和民用建筑的标准设计；审核厂址和城市规划；检查基本建设进度，组织基本建设的重大协作；检查工程质量，受国务院的委托组织重大工程的验收；研究建筑经济问题，拟定降低工程造价的措施；研究改善建筑事业和建筑艺术；研究改善设计机构、施工机构、城市建设机构和建筑科学研究机构的组织与工作；研究和推广苏联基本建设的经验和科学技术成就；制定有关基本建设的规章、办法和条例；编制有关设计、施工和城市建设方面的定额、标准和规范；研究并提出有关基本建设技术政策方面的问题；检查国家颁布的设计、施工方面的指示、决定的执行情况。

为了执行上述任务，国家建委成立了如下有关基本建设的专业和综合机构：重工业局、燃料工业局、机械工业局、交通水利局、建筑企业局、标准定额局、城市建设设计局、设计组织局、建设技术经济研究室、编译室、办公厅；并准备陆续增设第二机械工业局、轻工纺织局、农林水利局、新技术和科学研究局、标准设计局、民用住宅建筑局、出版社等。

国家建委对于中央和地方建设项目的设计和施工做了如下分工：中央各部门的设计和施工任务，一般的由中央各部门承担；地方的设计和施工任务，一般的由地方承担。中央各部门的设计机构在保证完成中央规定任务的情况下，对于地方无力承担的设计任务尽力予以承担。地方确实无力承担的城市建设任务，经国务院批准，由城市建设部负责在全国范围内进行平衡调剂解决。

2. 投资分配体制

（1）由中财委根据中央人民政府的国家年度财政预算和统筹考虑，自上而下地把中央政府的投资额分配给中央各部，并确定各部的基本建设控制数字，然后由各部确定所属建设单位的基本建设控制数字。

（2）各建设单位按照系统自下而上地编报年度基本建设工作计划。

（3）由中财委开始自上而下地批准各部的基本建设工作计划，各部再批准所属建设单位的基本建设工作计划。

至于地方政府的投资（来源于地方政府组织的财政收入），则基本由地方政府自行安排和管理，较大项目则需上报中央有关部门备案。

这种"两下一上"的投资管理体制，即自上而下地分配政府投资，适应了新中国建立初期政府资金极为短缺和投资需求较大的矛盾下，必须集中有效使用资金的要求。同时，由于当时投资额不大、投资较为集中，中央政府也管得过来。但是也必须指出，这种自上而下靠行政方法分配投资的体制，特别是资金统由财政分配，无偿拨款，结果形成一种企业吃国家的"大锅饭"、施工企业吃建设项目的"大锅饭"的关系。在这种体制下，政府投资分配部门虽然负责投资决策，但是并不承担投资的风险，而建设项目（即未来的企业）虽然花钱也不承担决策失误的投资责任。这就使得部门、地方、企业都来争投资、上项目、增加生产能力，追求所谓的"别人有的我们也要有，别人没有的我们也要有"，很少关心机会成本和投资效益，于是形成"投资饥渴症"和"钓鱼工程"。由于下面争投资，因此向上反馈的信息就会失真，这不仅使中央主管部门获得真实信息的成本大大增加，也容易导致投资决策的失误。最后，等到银行和财政部门发现了投资上的问题或投产后效益太低甚至亏损时，已经是生米做成熟饭，悔之晚矣。

为了抑制投资饥渴和各部门、各地方争投资，1953年以后，中央逐步将绝大部分投资决策权和基本建设的拨款掌握在自己手中，主要采取行政手段，自上而下、按行政管理系统（部门归口）分配投资，部门、地区对所属建设单位只能按中央戴帽下达的拨款指标转手分配，无权自行调剂资金；而企业和建设单位只是实现国家投资的基层单位。由于中央负有投资决策和综合平衡的责任，权力和责任是统一的，除非特殊情况下（如受政治因素干扰），在投资决策上一般是可以抑制投资饥渴和不负责态度的。

3. 项目分类管理体制

即按投资规模的大小，将建设项目划分为限额以上项目和限额以下项目。凡一个建设单位，不论其为新建、改建或恢复，它的全部投资额大于限额者，即为限额以上的建设单位；小于限额者，即为限额以下的建设单位。限额的规定，按照不同产业和部门制定不同的标准。以工业为例：钢铁工业、汽车制造工业、拖拉机制造工业、船舶制造工业、机车车辆制造工业的投资限额为1000万元；有色金属工业、化学工业、水泥工业的投资限额为600万元；电站、输电线路和变电所、煤炭采掘工业、石油开采工业、石油加工工业、除交通机械以外的机器制造工业、汽车和船舶的修配工业、纺织（包括印染）工业的投资限额为500万；橡胶工业、造纸工业、制糖工业、卷烟工业、医药工业的投资限额为400万元；陶瓷工业、除制糖以外的食品工业、其他各项轻工业的投资限额为300万元。同时，又将基本建设项目分为甲乙丙丁四类，投资额在1000万元以上的项目为甲类，其计划任务书（后称设计任务书）必须由政务院批准；投资额在1000万元以下的项目为乙类，计划任务书由中央主管部门提出审核意见后报经中财委或政务院批准；投资额在限额以下20万元以上的项目为丙类，其计划任务书由中央主管部门或大行政区指定的机关批准；投资额在20万元以下的项目为丁类，其计划任务书由省里批准，报中央有关部门备案。

1952年以前，由于中财委只在计划局下设立了一个基建处来主管全国基本建设、城市建设和地质工作，力量十分薄弱。因此当时中财委只负责颁发年度基本建设控制数字，管理 156 项建设工程和对一些有关国民经济命脉重大项目进行决策，而按规定应由中央行使决策权的大批限额以上项目，则由中央局和大区人民政府代行。1952 年底大区政府改为行政委员会后，大批干部上调中央充实各主管部门，并成立了国家计划委员会，才陆续把项目决策权集中上来。到 1954 年 6 月大区撤销，中央成立国家建设委员会，才把全部限额以上项目决策权和设计批准权集中到中央。这种按投资额大小进行分级管理的办法，在当时政府财力有限、投资额不大的情况下，将大部分投资集中于中央政府，避免了投资过于分散，保证了财力物力的集中使用。例如"一五"计划规定，全国限额以上基本建设单位为 1600 个（其中工业 694 个，农林水利 252 个，运输邮电 220 个，文教卫生 156 个，城市公用事业 118 个，其他 160 个）；限额以下单位 6000 多个（其中工业约 2300 个）。再从工业来看，在 694 个限额以上建设单位中，属于中央各部的为 612 个；在 2300 个左右的限额以下建设单位中，属于中央各部的约 900 个。

4. 基本建设工作程序

按照常规来说，基本建设工作程序应该遵循可行性研究、勘察设计、施工、验收四个循序渐进的阶段。但是在新中国成立初期，由于不少干部缺乏经验和急于求成，一些工程并没有按照上述程序进行，造成浪费和返工。为了杜绝上述现象，使基本建设工作尽快走上正轨，从 1950 年底开始，中央政府着手加强制度建设。1950 年 12 月，政务院在《关于决算制度、预算审核、投资的施工计划和货币管理的决定》中强调一切投资都必须有经过政府批准的设计施工计划。1951 年 3 月，中财委颁发《基本建设工作程序暂行办法》，将基本建设工作的全部过程划分为：计划的拟定及核准、设计工作、施工与拨款、报告与检查、工程决算与验收五个阶段，首次提出了先勘察、后设计，先设计、后施工的基本建设工作程序。1951 年 6 月 16 日，《人民日报》还专门发表题为《没有工程设计就不可能施工》的社论。1952 年 1 月 9 日，中财委经过补充修订，正式颁发《基本建设工作暂行办法》，使基本建设工作在程序方面有了制度约束。

5. 资金监督管理

设立了专业银行（交通银行）来专管政府的投资。1950 年以前，政府的基本建设投资拨款，是由财政部门拨给其他部门自行分配其所属基本建设单位使用，往往造成资金被挪用或损失浪费。根据苏联经验，1951 年 2 月，中国人民银行指定交通银行兼办国家财政对基本建设投资的拨款，从此确定了国家投资拨款由专业银行管理的体制。但是由于许多部门和地区唯恐多了一个"婆婆"会影响工程用款，执行中阻力很大，因此开始只接办了 10 个部门、两个大区和 20 个省、市的拨款。从 1952 年开始，交通银行做了大量工作，一个部门一个大区的接办，到 1953 年中央贸易部的基本建设拨款交由交通银行办理后，才全部接办了中央各部的投资拨款；1954 年又接办了全部地方级拨款；1956 年接办了军工尖端工业拨款，最终实现了投资管理监督权的集中。

二、国营企业的新建和改造

1953—1957 年，在遭受以美国为首的主要资本主义国家封锁、禁运的环境下，新中国通过等价交换的外贸方式，接受了苏联和东欧国家的资金、技术和设备，开始了以"156 项"为核心，以数百项限额以上工业项目为重点的大规模工业建设。这些项目的建成，使中国以能源、机械、原材料为主要内容的基础工业（当时称为重工业）初步形成规模，形成了一大批国营骨干企业，从而使国家在现代化道路上迈进了一大步。

（一）以"156 项工程"为主的国营企业新建

工业、交通运输企业的建设，是第一个五年计划经济建设的重点。在当时通过财政集中的 550 亿元建设资金中，工业部门占了 56%，运输邮电占了 18.7%，其工业投资额相当于 1952 年全部工业资产的 1 倍。施工的工矿建设单位有 1 万个以上，相当于 1952 年现有企业的 1/16，比全部国营企业还多 500 个。这次工交企业的新建、扩建，是新中国成立后第一次大规模的建设，也可以说是截至 50 年代初我国历史上最大规模的建设。[①]

---

① 中国企业史编辑委员会编：《中国企业史》现代卷上，企业管理出版社 2002 年版，第 207—259 页。

1. "156 项工程"的确立

苏联帮助我国建设的"156 项工程"是在编制第一个五年计划期间，双方经过多次探讨、商谈才确定下来的。

第一次，1950 年 2 月 14 日中苏两国签订《中苏友好同盟互助条约》，同时签订了由苏联帮助中国建设与改造 50 个企业的协定。这批建设项目主要是煤炭、电力等能源工业，钢铁、有色金属、化工等基础工业和国防工业的项目。

第二次，1953 年 5 月 15 日，中苏正式签订《关于苏维埃社会主义共和国联盟政府援助中华人民共和国中央人民政府发展中国国民经济的协定》（简称"5.15"协定），规定苏联政府援助中国政府建设和改建 91 家企业。这 91 家企业以国防军事工业及其有关配套项目为重点，它们连同前面 50 项，共计 141 家企业，是"156 项工程"的主要部分。

第三次，1954 年 10 月，苏联政府代表团应邀来我国参加国庆，又与中国政府代表团签订了 5.2 亿卢布长期贷款、新建 15 项中国企业（主要是能源、原材料项目）和扩大原有协定规定的 141 项企业设备供应范围的议定书。

第四次，1955 年双方政府商定再增加 16 项，主要为军事工程、造船工业和原材料项目。

第五次，双方政府又口头商定再增加两项。所以经五次商谈共确定 174 个项目，但后来经过反复核查调整，有的项目取消，有的项目推迟建设，有的项目合并，有的项目一分为几，有的不列入限额以上，最后确定下来的实际为 154 项，只因计划公布 156 项在先，因而以后对苏联援助建设的项目，仍通称"156 项工程"。

2. 项目的结构与布局

"156 项工程"实际施工并建成的为 150 项，包括 44 个军事工业企业和 106 个民用工业企业。军事工业包括：航空工业企业 12 个；电子工业企业 10 个；兵器工业企业 16 个；航天工业企业 2 个；船舶工业企业 4 个。民用工业包括：钢铁企业 7 个，有色金属企业 13 个；化学工业企业 7 个；机械加工企业 24 个；能源工业企业 52 个，其中煤炭工业和电力工业企业各 25 个，石油工业企业 2 个；轻工业和医药工业企业 3 个。东欧各国先后与我国签订协定建设的项目有116项，完成和基本完成108项。

　　"156项"工程实际施工的150项分布在煤炭、电力、石油、钢铁、有色金属、化工、机械、医药、轻工、航空、电子、兵器、航天、船舶等14个行业，这些行业有属于国民经济基础的能源原材料产业，如煤炭、电力、石油、钢铁、有色金属和化工行业；有代表国家工业发展水平的机械制造产业，如机械、船舶行业；有代表当时国家科技发展水平的高科技产业，如航空、航天和电子产业；有加强国防实力的兵器行业；还有与人民生活联系密切的医药和轻工行业。具体投资额见表2–1和表2–2。

表2–1　实际实施的150项总投资额在民用、军工工业的总体分布情况

	计划安排投资		实际完成投资		"一五"时期完成投资	
	绝对数（万元）	相对数（%）	绝对数（万元）	相对数（%）	绝对数（万元）	相对数（%）
民用项目	1612530	79.7	1586050	80.9	798689	74.4
军用项目	409648	20.3	375285	19.1	274939	25.6
合计	2022178	100.0	1961335	100.0	1073628	100.0

资料来源：董志凯等：《新中国工业的奠基石——156项建设研究》，广东经济出版社2004年版。

表2–2　实际实施的150项总投资额在各行业的总体分布情况

	计划安排投资		实际完成投资		"一五"时期完成投资	
	绝对数（万元）	相对数（%）	绝对数（万元）	相对数（%）	绝对数（万元）	相对数（%）
钢铁工业	548530	34.0	566344	35.7	264377	33.1
机械工业	259357	16.1	283588	17.9	165702	20.7
电力工业	316804	19.6	224496	14.2	112833	14.1
有色工业	195238	12.1	200869	12.7	92294	11.6
煤炭工业	133079	8.3	145804	9.2	81101	10.2
化工工业	107043	6.6	108323	6.8	49299	6.2

续表

	计划安排投资		实际完成投资		"一五"时期完成投资	
	绝对数（万元）	相对数（%）	绝对数（万元）	相对数（%）	绝对数（万元）	相对数（%）
石油工业	33223	2.1	36885	2.3	16335	2.0
轻工工业	9719	0.6	10199	0.6	9613	1.2

资料来源：董志凯等：《新中国工业的奠基石——156项建设研究》，广东经济出版社2004年版。

企业建设的布局，当时考虑了以下因素：一是针对朝鲜战争爆发后的国际形势和中国国防工业极端薄弱的情况，将国家安全放在紧迫的地位；二是根据旧中国重工业基础非常薄弱，已经成为工业化中的瓶颈部门；三是既考虑到利用原来的工业基础，又考虑到备战和改善过去地区布局不平衡。

根据这些原则，五年工业基本建设做了这样安排，即：一方面合理地利用东北、上海和其他城市已有的工业基础，强调对鞍山钢铁联合企业为中心的东北工业基地的改建，在计划的694个限额以上的工业项目中，有222个摆在东北和沿海各地，特别是"156项工程"的民用项目，有近一半摆在东北（见表2-3）。上海等城市虽出于国防安全的考虑只安排少量建设项目，但通过原有企业的挖潜改造，充分发挥其以轻纺工业、机械工业为主体的综合性工业基地的作用，与东北一起迅速成为支援全国建设的重要基地。另一方面，开始建设华北、西北、华中等新工业区，形成以武汉钢铁联合企业和包头钢铁联合企业为中心的两个新的工业基地。至于交通建设，主要是向边远地区、少数民族地区延伸，以促进落后地区的经济发展，巩固我国的边防。为了集中力量尽快地建设起一批工业基地，建设项目在安排上以集中为主。骨干项目及与之配套的项目，在建设时间和地点上集中安排，同步建设，既利于建成后企业间的互相配合、互相协作，也便于统一安排区域性的公用工程和生活设施，尽快形成综合生产能力。

企业建设的重点是，交通运输以铁路建设为主，在此期间，新建铁路33条，共新建、修复铁路的干线、复线、支线和企业专用线约1万公里。宝成、鹰厦、集二等新线及武汉长江大桥，都要在此期间施工并建成。工业则优先建设以冶金、机械为重点的基础工业企业和国防军工企业，同时相应地建设纺织企业和其他轻工企业，建设为农业服务的新的中小型工业企业。在1万个施工单位中，有钢铁和有色金属项目312个，电力599个，煤炭600个，石油22个，金属加工1922个，化工637个，建筑材料832个，造纸253个，纺织613个，食品和其他约5000个，虽然轻工项目数量居绝对优势，但计划施工的694个限额以上大中型项目主要是重工业企业。苏联帮助建设的"156项工程"是限额以上项目的核心，是初步建立比较完整的基础工业体系和国防工业体系的骨架。德意志民主共和国、捷克斯洛伐克、波兰、匈牙利、罗马尼亚、保加利亚等国帮助建设的68个项目，也是骨干工程。

表2-3　实际实施的150项在17省区市的投资情况

	计划安排投资		实际完成投资		"一五"时期完成投资	
	绝对数（万元）	相对数（%）	绝对数（万元）	相对数（%）	绝对数（万元）	相对数（%）
辽宁	459537	22.7	507521	25.9	354246	33.0
黑龙江	189161	9.4	216483	11.0	141344	13.2
陕西	182744	9.0	171403	8.7	112057	10.4
河南	261604	12.9	159704	8.1	46705	4.4
内蒙古	160897	8.0	159003	8.1	49332	4.6
湖北	170178	8.4	154805	7.9	39820	3.7
吉林	136558	6.8	145510	7.4	132772	12.4
甘肃	146614	7.3	139736	7.1	42718	4.0
山西	133531	6.6	131880	6.7	63073	5.9
云南	57681	2.9	55602	2.8	18175	1.7
河北	28077	1.4	28264	1.4	12732	1.2
北京	24356	1.2	25194	1.3	16339	1.5
江西	24697	1.2	25132	1.3	16196	1.5
四川	28556	1.4	22082	1.1	12751	1.2
湖南	13217	0.7	14255	0.7	12915	1.2

续表

	计划安排投资		实际完成投资		"一五"时期完成投资	
	绝对数（万元）	相对数（%）	绝对数（万元）	相对数（%）	绝对数（万元）	相对数（%）
新疆	3270	0.2	3275	0.2	1981	0.2
安徽	1500	0.1	1486	0.1	472	0.0
合计	2022178	100.0	1961335	100.0	1073628	100.0

资料来源：董志凯等：《新中国工业的奠基石——156项建设研究》，广东经济出版社2004年版。

3. 项目的资金、人才、设备和技术

企业建设的资金，主要由国家筹集，企业自筹的比例很小，在基本建设的投资总额中，国家预算内投资占90%多，自筹资金不到10%。国家筹集的资金，主要来自工商税收和国营企业的利润，其中直接间接来自农业的部分（包括农业税、以农业为原料的轻工业提供的收入和工农产品交换价值的剪刀差等）占有重要地位。公债筹集了27.5亿元，国外贷款36亿多元，比重都不大。因为20世纪50年代初，国际上只有苏联等社会主义国家能够对我国建设有所帮助，而他们与我国一样，刚刚结束反法西斯战争，资金也很紧张；国内人民生活还很清贫，企业筹措资金十分困难，只有国家依靠财政的渠道，才能汇集各方面有限的资金，集中用于必要的建设。

企业建设的人才也由国家统一抽调和培训。当时国家下决心从各条战线抽调上万名优秀干部，加强工业部门和重点建设项目的领导，对所需技术人员，一方面组织分散在各种非技术工作岗位的工科学生归队，以应急需；另一方面主要依靠高等学校加速培养，统一分配到厂矿企业和建设工程，国家为此在高中毕业生正常升学外，从党、政、军单位抽调了几万名合格人员升入高等院校。此外，还在现有优秀技术工人中选拔了一批初级技术人员。为了尽快提高技术人员的水平，国家有计划地向苏东等友好国家选派了一批留学生和实习生。[1]

---

[1]　自1951年9月至1958年底，中国共派出实习生7154名（不包括二机部），其中1951—1952年为156人，1953年为202人，1954年为1208人，1955年为2652人，1956年为2162人，1957年为401人。

为了建设上述项目，1950—1959年底，我国向苏联、东欧人民民主国家及资本主义国家定购成套设备415项，个别项目和设备158项。1950—1957年，苏联基本上按照中苏两国协定的内容承担了义务。为了建设苏联援华的工业项目，苏方机构和人员参加了地质勘测、厂址选择，搜集基础资料，确定企业的设计任务书，进行各个阶段的设计，提供机器设备，指导建筑施工、设备安装和调试，提供产品设计和技术资料，培养技术管理骨干，直到中方人员掌握生产技术。[①] 中方在技术引进的过程中重视向苏联学习，使得科研、设计、生产工艺和设备应用、制造等方面的能力随着消化、吸收而逐步提高。到1959年，中国从苏联和东欧各国获得了4000多项技术资料。苏联提供的主要是冶炼、选矿、石油、机车制造和发电等建设工程的设计资料；制造水轮机、金属切削机床等的工艺图纸；生产优质钢材、真空仪器等工业产品的工艺资料。东欧各国提供的主要是工业、卫生、林业、农业等方面的技术资料。中国也向对方提供了相关资料。在提供技术资料时相互优惠，不按专利对待，详见表2–4。

表2–4　1949—1957年中苏两国交换技术资料统计

交换的技术资料	苏联给中国的（套）	中国给苏联的（套）
基本建设设计	751	1
机器设备制造图纸	2207	28
工艺过程说明	688	55
总计	3646	84

资料来源：张柏春等：《苏联援华工业项目中的技术转移》，《中共党史资料》2004年第1期。

中国通过购置成套设备、工艺资料和其他技术资料，从苏联得到了重型机器设备、机床、量具刃具、动力设备、发电设备、矿山机械、采油设

[①] 1953年以前，苏联派遣的技术援助专家绝大部分为援助项目所需专家，1954年以后，苏联援助项目外的专家逐年增多，1956年是聘请苏联技术专家最多的一年，自1957年起专家人数逐年减少，但对专家的科学技术水平要求提高。技术援助专家历年来华情况：1950年1442名，1951年275名，1952年340名，1953年576名，1954年934名，1955年981名，1956年1758名，1957年1199名。

备、炼油设备、汽车、履带式拖拉机、仪表、轴承、开关、整流器、胶片、重型火炮、坦克、坦克发动机、米格喷气式战斗机、飞机发动机、火箭等产品的设计及其制造技术，以及合金钢、石油产品等加工技术。另外，苏联还通过科学技术合作和其他渠道向中国提供了机床、汽车、拖拉机、动力机械、铁路机车、电工器材、兵器等产品的设计或制造工艺资料。其中，大多数产品是中国过去没有的类型与规格，或者即使有，技术工艺水平也很落后的产品。"一五"时期，中国机械工业在引进苏联技术和测绘仿制的基础上发展了 4000 多项新产品。"156 项工程"所需设备，由国内机器制造厂分交供货的比重，按重量计算是 52.3%，按金额计算为 45.9%。[①] 其中大部分由苏联供给产品图纸。

通过技术实践和消化苏联提供的技术资料等，中国的企业和设计机构形成了重要产品的设计能力。到 1957 年，哈尔滨电机厂设计了 10000 千瓦的水电设备，上海三大动力设备厂在捷克斯洛伐克图纸基础上设计了 2500 千瓦、6000 千瓦、12000 千瓦汽轮发电机组，大连机车车辆厂设计了大型货运机车等。

（二）私营工商业的社会主义改造

中华人民共和国成立以后，中国当时所要建立的是多种经济成分并存的新民主主义经济体制，国家实行的基本经济政策也是在国营经济领导下，各种经济分工合作、各得其所。对于数量众多的城乡私人资本主义经济，则实行"利用、限制、改造"的政策。[②]1953 年以后，中国共产党提出了直接向单一公有制的社会主义过渡的"党在过渡时期总路线"，于是国家开始通过"公私合营"的方式，逐步将全部私营资本主义企业转变为实际上

---

① 按照 1955 年的另一粗略的统计，苏联设计和援建"156 项工程"所需设备的 30%—50% 是由国内制造的，参见中共中央文献研究室《建国以来重要文献选编》（第 5 册），中央文献出版社 1993 年版，第 453 页。薄一波在 1958 年 2 月宣布，"156 项工程"建设所需设备中，由国内制造的部分将由 1957 年的 42% 左右，提高到 1958 年的 60% 左右。参见中共中央文献研究室《建国以来重要文献选编》（第 5 册），中央文献出版社 1995 年版，第 119 页。

② 1953 年以前"改造"的主要含义是指对私营企业的改组，合并，结构调整，单个企业的公私合营等，不同于 1953 年以后"改造"所实际具有的"消灭"私营经济的含义。

为国家所有的国营企业。这个改革过程到 1956 年底基本结束，我国的经济成分也由多种经济成分并存的新民主主义经济转变为基本上由国营经济和合作经济组成的单一的社会主义公有制经济，大量私营企业涌入国营企业行列。①

1."公私合营"由经营方式转为改造方式

中华人民共和国成立以后，在没收官僚资本和敌产过程中，对于那些含有私人股份较多的国营企业和含有国家股份较多的私人企业，凡是不便清退者，就将其改组为公私合营企业。同时，由于一部分大型私营企业遇到困难或由于发展的需要，也希望国家投资（或将贷款转为投资）共同经营。针对这种情况，中财委专门发出指示，提出国家投资私营企业与之合营，必须有三个前提条件：一是符合国家经济发展计划；二是私营企业主完全自愿；三是企业有发展前途，投资效益高。因此，在国民经济恢复时期，国家对工商运输企业的公私合营采取慎重发展方针，主要工作是对现有公私合营企业进行清理整顿和加强管理。为了吸收社会游资和侨资，使其投入有益于国计民生的产业，从 1950 年起，政府还在各地倡导成立了一些公私合营性质的投资公司，其中国家的股份一般不超过 25%。

1949 年至 1952 年，公私合营工业企业由 193 家增加到 997 家，增长 4.2 倍，在上述企业中，公股所占比重，1949 年为 70.7%，1952 年则为 60.7%。另据对 695 家公私合营企业的调查，公股中来自没收官僚资本及敌产的占 62.18%，新中国成立后国家的新投资则占 31.14%。

由于公私合营企业基本上都是股份制企业，因此其经营管理机构为董监事会领导下的厂长（或经理）负责制。国家对公私合营企业公股的管理，则是政府将公股的监督管理权交给政府有关行业管理机构，财务及收益管理则委托给交通银行。交通银行针对旧中国官商合办企业公私股权不平等，企业或为官僚所垄断，或为私股所操纵的情况，提出中华人民共和国政府对公私合营企业也不应一手管起来，必须通过由公私股代表组成的董监事会来管理。

在管理方式上，国家对公私合营企业的管理领导，不是由行政命令解

---

① 吴太昌等：《中国国家资本的历史分析》，中国社会科学出版社 2012 年版，第 271—283 页。

决问题，而是通过董监事会中的公股代表，用协商的方法与私股代表共同决定经营计划、财务计划以及人事安排等，来贯彻政府的政策和意图。公股代表的人数由股份的多少决定。公股代表一般由交通银行、工商管理部门和业务主管部门三方选派，银行委派的公股代表负责财务资金的合理使用，工商管理机构委派的代表负责监督指导其合法经营及纳税等，业务部门委派的代表则根据计划，帮助企业进行合理生产。为了使公股代表的意见一致，公股董监事中设有首席代表人，董监事开会前，公股代表一般先取得一致意见，如果公股在董监事中只占有一个席位，则公股代表由交通银行委派。交通银行总管理处还专门制定了选派公股董监事及其工作职责暂行条例，并对在职干部兼任公股董监事等职务的收入及费用支报等做了具体规定。

关于国家与公私合营企业之间的物资调配问题，中财委规定：公私合营企业的物资，国家如需调用时，应征得该企业同意后按价购买；该企业如向国家申请调拨物资时，经国家同意后按价付款调拨。关于企业的收益，在扣除公积金、公益金后，按股派发股息红利，公股的股息红利由交通银行负责收取并解交财政部。至于公股是否增加投资或将股息红利等公股收入转为投资，则由政府主管部门决定，一般是由各地财委报请中财委审批。

在1953年6月以前，即中共中央还没有将公私合营作为和平改造私人资本主义企业的主要方式时，政府对于公私合营是很谨慎的，严格遵循迫切需要发展、符合国家投资计划、资本家真正自愿三个原则。当时中财委之所以这样做，一是当时国家资金紧张，不得不考虑资金的使用效益和优先发展国营经济；二是鉴于国民党曾用这种方式控制或吞并民族工业，尽量避免因公私合营引起民族资产阶级的误会和不安。

1953年6月，中共中央统战部部长李维汉通过调查，提出公私合营是改造资本主义企业、向社会主义过渡的好办法，这个建议为中共中央所接受。由于此前已经解决了个体农业和手工业通过合作化向社会主义过渡的问题，这就成为毛泽东明确和正式提出党在过渡时期总路线的重要因素。毛泽东采纳了通过国家资本主义的高级形式——公私合营来消灭私人资本主义经济，应该说主要有三个原因：一是毛泽东和中共中央正酝酿过渡时期总路线，迫切需要寻找一种适合中国国情（主要指统一战线）、不同于苏联东欧没收方式的"和平赎买"方式，而公私合营恰好满足了这个要求（特别是对人的改造和利用）。二是企业内部，由于"五反"运动，资本家已不敢管理，而工人也不服从其管理（资本家又不能解雇工人），为国家通过参股接管企业创造了条件（可不必像过去那样，控制权取决于股份的多少）。三是从外部看，国家已经进入大规模经济建设，原料、资金短缺，特别是实行主要农产品统购统销以后，私营企业困难很多，国家统筹安排公私合营企业的产供销势所必然。而公私合营，即国家从内部控制企业，比加工订货、统购包销等从外部调控更有效，更易于将生产纳入国家计划，达到均衡生产和供求平衡。

1953年9月7日，毛泽东邀集民主党派和工商界部分代表座谈。毛泽东在会上谈了他对资本主义改造的如下设想：第一，"经过国家资本主义完成对私营工商业的社会主义改造，是较健全的方针和办法"。第二，"稳步前进，不能太急。将全国私营工商业基本上（不是一切）引上国家资本主义轨道，至少需要三年至五年的时间，因此不应该发生震动和不安"。"至于完成整个过渡时期，即包括基本上完成国家工业化，基本上完成对农业、对手工业和对资本主义工商业的社会主义改造，则不是三五年所能办到的，而需要几个五年计划的时间。在这个问题上既要反对遥遥无期的思想，又要反对急躁冒进的思想"。第三，"实行国家资本主义，不但要根据需要和可能，而且要出于资本家自愿，因为这是合作的事业，既是合作就不能强迫，这和对地主不同"。[①]10月27日，在工商联全国代表大会上，李维汉又代表中共中央对毛泽东的上述思想做了比较详细的论述。

2. 单个企业的公私合营

由于当时公私合营企业既被置于国家的直接计划管理之下，在信贷、原料和销路方面得到保障；又可充分利用资产阶级的资本、人才，加上选择公私合营的企业都为有发展前途的企业，因此合营后企业的经济效益明显提高，公私双方皆大欢喜，这是当时中国共产党采用这种改造方式的决定因素。这里仅分析一下1955年全行业公私合营前公私合营企业的经济效益情况及其原因。

---

① 《毛泽东文集》第六卷，人民出版社1999年版，第291—293页。

1953 年初，交通银行将公私合营企业股权移交给地方主管部门，年中，中央决定有计划地公私合营，1954 年才真正开始。但是 1953 年即开始大规模经济建设，原料、资金均短缺。据 1953 年初李维汉对上海的调查，当时只要国家银行把信用收紧一下，许多资本家就会陷入困境。上海及其制造业只要国家加工、订货停止，就要大部垮台。只要国家不配售铜料，就可以扼死上海 37 个私营行业。[①] 对于私营企业来说，1952 年主要是受"五反"运动影响，劳资关系紧张，1953 年以后则是内外交困。就外部来说，原料、市场被国家控制，原料短缺，销售渠道不畅。就内部来说，劳资关系紧张，企业主缺乏经营自主权；资金短缺（"五反"退赔、清退职工"小股子"、缺乏自己筹集资金渠道、银行贷款减少）。在这种情况下，私营企业通过公私合营，即可解决三个困难，一是企业内部的劳资矛盾因合营而基本消除；二是企业的供销因纳入国家计划与国营企业同等待遇，困难不复存在；三是资金不足问题因国家注入资金而得到解决。

1955 年全行业公私合营前公私合营企业具有以下特点：

（1）公股在合营企业中占有较大的比重，国家比较重视采用注入资金控制股权的经济手段改组企业，扩充企业实力（表 2-5）。（2）实行公私合营的私营企业基本上都是大型的、有发展前途的企业。从企业规模来看，合营企业一般都是规模较大的、条件较好、有发展前途（即产品为国家和社会需要并短缺）的企业。（3）公私合营企业效益高于其他经济成分的企业。由于公私合营企业基本上都是大型的、有发展前途的企业，并且原有企业也有一班有经验的经营管理人员，因此当实行公私合营，即国家注入资金并将供销纳入国家计划（供销有了保障）后，其经济效益立刻提高许多，不仅超过合营前和同期的私营企业，甚至超过了国营企业（见表 2-6）。

表 2-5　公私合营企业资本构成

单位：亿元

	1950 年	1951 年	1952 年	1953 年	1954 年	1955 年
资本总额	1.99	3.28	5.37	6.93	14.00	18.75

① 李维汉：《回忆与研究》下，中共党史资料出版社 1986 年版。

续表

	1950 年	**1951 年**	**1952 年**	**1953 年**	**1954 年**	**1955 年**
其中：公股	1.04	1.66	2.82	4.02	6.30	7.61
私股	0.55	1.01	1.82	2.10	6.40	9.30

数据来源：中国社会科学院、中央档案馆编：《1953—1957 中华人民共和国经济档案资料选编》（工业卷），中国物价出版社 2000 年版，第 318 页。

表 2-6　1949—1957 年全国工业企业工人劳动生产率

单位：元／人

	1949 年	**1950 年**	**1951 年**	**1952 年**	**1953 年**	**1954 年**	**1955 年**
国营	4933	6218	7118	7919	8894	10218	11190
合作社营	6436	7003	7671	8415	8557	9165	10380
公私合营	3315	4257	6553	9297	10880	13401	12595
私营	—	4357	5928	6801	7848	7222	—
平均	4839	6037	7087	8049	9016	10372	11387

数据来源：陈文斌等：《中国资本主义工商业的社会主义改造》中央卷下，中共党史资料出版社 1992 年版，第 1332、1335 页；中国社会科学院、中央档案馆编：《1953—1957 中华人民共和国经济档案资料选编》（工业卷），中国物价出版社 2000 年版，第 818 页。

3. 全行业公私合营的迅速实现

1954 年，我国农业因严重自然灾害未能完成预定计划，从而使得 1955 年上半年工业因原料不足而不能完成计划。在农产品短缺而供给又掌握在国家手中的情况下，因为国家首先要保证国营企业和公私合营企业的资金和原料供给，因此，私营工业，特别是那些规模小、技术落后的企业，遇到较大困难。1954 年底以后，私营企业面临的困难主要有以下四个方面：

（1）原料缺乏。1955 年除了农产品原料短缺外，工业产品原料因供不应求和国家加强计划供应，私营工业也得不到充分供应。（2）资金不足。1952 年底国家完成对私营金融业的社会主义改造后，短期资金市场即完全控制在国家手中，国家对私营工商业的贷款实行了"以存定贷"的方针，即贷款额不得超过私营企业的存款。但是由于国家经济建设（特别是地方政府）资金尚严重不足，实际上很难顾上私营工业。多数企业是靠银行贷款、预收国家工缴费和订金来维持生产的。（3）原有供销渠道被打乱。1954年国家加强了私营商业改造，私营批发商大部分被改造后，商业渠道变化大，私营工业企业一下子失去原有的供销渠道，而国营商业和供销合作社因这些小企业的产品标准化程度低、批量少、交易成本高，不愿意收购或推销其产品，因此1954年大多数私营工厂产品销售渠道不畅。（4）经过两年的"吃苹果"（即对单个企业实行公私合营），剩下的私营工业企业多是规模小、技术落后或效益差、没有前途的企业。

尽管1955年上半年中央要求各地统筹兼顾、适当照顾私营工商业，但是由于剩下未合营的私营企业规模小、设备落后，产品标准化程度低和批量小，在原料缺乏、资金紧张的情况下，无论是地方政府还是国营商业机构，从经济的观点出发，都不会将原料和资金投向这些技术落后、产品标准化程度低、监督成本高的企业。由于私营企业并没有摆脱困境，而公私合营则可得到国家在原料、资金和销路方面的支持，因此对于中小企业来说，在如此困难的情况下，工人不用说了，即使企业主，也愿意合营，以求解脱。

为了解决上述问题，1955年4月，中共中央批转了陈毅（时任国务院副总理）呈送的《关于扩展公私合营工业计划会议和关于召开私营工商业问题座谈会的报告》。该报告提出对资改造应实行"统筹兼顾，全面安排"的方针。这就是在合营过程中，应着眼于整个行业，采取以大企业带中小企业、以先进带落后的办法，根据不同的情况进行改组、合并，然后再进行公私合营。这种按行业对私营企业进行整体改造、统筹安排的设想，实际上是全行业公私合营的开始。

1955年下半年，在毛泽东的推动下，中国农村出现了农业社会主义改造高潮。农业社会主义改造高潮的出现，一方面消灭了广大的农村私有经济，使私人资本主义工商业更加孤立，使其感到社会主义已是大势所趋；另一方面，也使党和政府产生了早日完成社会主义改造的急躁心情。同年10月，毛泽东邀集全国工商联执委召开座谈会，希望私营工商业者认清社会发展规律，接受社会主义改造，把自己的命运与国家的前途结合起来。不久，在全国工商联会议上，陈云副总理又对全行业公私合营和定息等问题作了进一步说明。随后会议通过了《告全国工商界书》，要求全国各地工商业者响应中共中央号召，积极接受社会主义改造。同年11月，中共中央召开资本主义工商业改造问题座谈会和七届七中全会，会议确定了实行全行业公私合营的方针、政策和计划。根据会议部署，从 1956 年 1 月起，全国又掀起了资本主义工商业的社会主义改造高潮。1956 年 1 月 1 日，北京市的私营工商业者首先向政府提出实行全行业公私合营的申请，要求政府批准。到 1 月 10 日，仅用了 10 天时间，北京市就实现了全市私营工商业的公私合营。紧接着，这种方式就在全国各个城市迅速推广。到 1956 年 1 月底，私营工商业集中的上海、天津、广州、武汉、西安、重庆、沈阳等大城市，以及 50 多个中等城市，相继实现了全行业公私合营。到 1956 年 3 月底，除西藏等少数民族地区外，全国基本上实现了全行业公私合营。到 1956 年底，全国私营工业户数的 99%，私营商业户数的 82.2%，分别纳入了公私合营或合作社。

私营企业正是在上述经营困难的背景下，当 1955 年下半年社会主义改造高潮到来时，出于早合营早占据有利地位的考虑，出现积极踊跃全行业公私合营的要求，反过来倒逼政府在准备不足的情况下急忙同意实行全行业公私合营（原来准备在两年内分期分批实现全行业公私合营）。这种情形与当时的农业合作化形成鲜明的对照。农业合作化是国家为增加农产品供给以保障工业化需要而引导农民进行的，并不是家庭经营效益太低或已经存在不下去了（对富农和中农尤其如此）。特别是 1955 年的合作化高潮，对于部分农民来说，带有较大的外部强迫性。而 1955 年工业部门的全行业公私合营高潮，对大型的私营企业来说，可能受政治影响和社会压力，出于"早晚要合营，晚合营不如早合营，越早越主动""早上船能有好座位"的心理；但是对于那些规模很小、处境艰难的小企业主和资本家（这部分资产和产值虽不大，却人数众多）来说，由国家包下来的合营，则是一种经济上、政治上甚至是心理上的解脱。1955 年底开始的私营工业的社会主义改造，对于大多数私营企业主来说，是先陷入经营困境，后接受合营改造的。

实行全行业的"公私合营"，不仅有利于私营企业的改组和结构调整，也减少了国家注入的投资和公股代表，大大降低了国家付出的改造成本。据当时统计，在实行单个企业的公私合营时，平均公私合营企业的 1 万元资本额中，政府投资为 1273 元，平均每 63 个职工，国家派一名干部；而实行全行业公私合营的企业，其 1 万元资本额中，政府投资仅为 86 元，每 160 个职工才派 1 名干部。①

　　尽管当时国家通过公私合营和资方拿定息（每年 5%，连续拿 10 年）的赎买方式，将私营企业转变为实际上的国营企业，但是这些资产从数量和在整个国营企业中的比重还是很小的。国营企业资产的主要部分来自国家投资。例如在整个公私合营过程中，私人股份合计为 24 亿元人民币，而在"一五"计划期间，国家预算内投资即达到 531.2 亿元，加上预算外的投资，国家基本建设投资达到 5885 亿元，是公私合营中私人股份的 24.5 倍。由此可以看出，这场声势浩大、影响深远的消灭资本主义生产资料私有制的变革，并没有成为国营企业及其资产的主要来源，但是它却为后来国家集中剩余和资源配置奠定了制度基础，换句话说，它为国营企业的扩张创造了制度条件。

三、国营企业的制度建设

　　1953 年，我国转入大规模经济建设，并开始执行第一个五年计划。为了适应"一五"计划的要求，党和政府逐步加强了中央集权和经济部门的"条条"管理，同时在企业管理方面，也更加强调责任制和规范化。

　　（一）加强企业的计划管理

　　"一五"时期，我国的经济体制在苏联模式的影响下，快速走向计划化。作为计划体制的微观基础，企业的计划管理被视为最重要一环。由于国营企业与市场基本没有什么直接联系，在外部只与主管上级相联系，因此，加强企业的计划管理必然成为计划体制要求企业生产按时完成计划指标的重要约束手段。"一五"时期，在国营企业中推行计划管理主要从作业的计划化和建立各种责任制两个方面展开。

　　1.作业的计划化

　　所谓作业的计划化就是企业依据国家计划、订货合同以及企业技术与

---

① 国家经贸委编：《中国工业五十年》第二部下卷，中国经济出版社 2000 年版，第 1804 页。

生产的具体情况，而实施的技术、生产和财务的全面计划化。作业计划化是每车间、工段、小组和个人在规定的时间内，月、周、日以致每小时的具体工作的计划化，是每一职能部门在一定时间内完成任务的具体规定。

为了在国营企业中全面推行计划管理，各工业部门首先要求企业建立计划工作的系统的职能组织，从工段到车间健全组织机构并明确职责与分工；其次是汇总定额资料，如工时定额、原材料消耗定额，通过记录和统计掌握车间在制品的数量；再次是计算设备的能力，制定设备维护和检修计划，排列零件和部件的生产工作程序及制定操作规程，健全企业内部技术的组织。

2. 建立各种责任制

为了保证作业计划的贯彻实施，主管部门要求企业在编制好作业计划的基础上，建立起各种责任制。首先，是建立系统的调度工作和车间服务制度，及时解决可能造成生产中断的各种问题，以保证零件和部件生产活动的连续性和计划性。因此，必须建立控制产品活动的调度制度及材料和工具的供应制度，建立半成品的收发与保管制度等。其次，是建立严密的检验制度，及时掌握质量情况并提供责任部门予以纠正和解决。再次，是制定切实的技术组织措施计划，解决生产中时刻发生的新的问题和适时地推广各种先进经验。此外，还要建立设备的维护与检修制度、技术责任和技术资料的管理制度等。①

（二）从一长制到党委领导下的厂长负责制

1. 一长制的推广

自 1953 年起，在全国范围内开始学习和引进苏联的工业企业管理制度和办法。1953 年，在试点的基础上，经过中共中央批准，以全国总工会的名义，在全国范围内推广东北"五三三"工厂贯彻一长制、正确处理党政关系的经验。1954 年 4 月，华北局发出《关于在国营厂矿企业中实行厂长负责制的决定》，提出，为了消除企业内无人负责与职责不明的混乱现象，树立工矿企业中正常的工作秩序，决定取消党委领导下的厂长负责制，实行厂

---

① 中国社会科学院、中央档案馆编：《1953—1957 中华人民共和国经济档案资料选编》（工业卷），中国物价出版社 2000 年版，第 104—110 页。

长负责制。

1954 年 5 月，中共中央批转华北局《关于在国营厂矿企业中实行厂长负责制的决定》，认为随着国家进入有计划的经济建设和中央各部及各地区日益加强了国营厂矿的领导，"有必要也有可能在全国各国营厂、矿（包括地方国营厂矿）中实行厂长负责制，以便进一步地提高工业企业的领导水平，更好地完成国家计划"。并希望各地区各部门将实行厂长负责制中所发生的问题和产生的经验，随时上报中共中央。一长制的推行，在加强生产行政统一指挥、建立健全企业管理责任制，克服企业中存在的多头领导和无人负责现象方面，起了积极的作用。

2. 推行一长制的阻力

1955 年 4 月，为了总结一年来推行厂长负责制的经验，完善企业领导制度，中央书记处第三办公室邀请了出席全国党代表会议的 24 位代表召开了"工矿企业的领导问题座谈会"。会议对于国营企业的党政关系形成了三种意见：

第一种意见是主张实行党委领导下的一长制，这主要是湖北省委同志的意见。这种意见认为，在工厂中领导核心一定要是党组织，而不能是厂长个人。党委集体领导制是党的基本原则，工矿党组织自然不能违背这个原则。这种意见并以军队中实行党委领导下分工负责制的经验来证明工矿中同样可以实行党委领导下的厂长负责制。

第二种意见不同意实行党委领导下的一长制，主张实行厂长负责制，即企业的生产管理工作由厂长对国家负完全责任，党组织只负监督保证责任。这主要是河北、山西、北京和东北部分同志的意见。这种意见认为党委领导制有多头领导、无人负责、生产秩序混乱、政治工作薄弱等缺点。他们认为，计划经济和工业生产要求集中统一的特点，决定了工业管理机关必须自上而下都实行个人专责制，而不能实行集体负责制。

第三种意见是：既不主张实行党委领导下的一长制，也不完全赞同第二种意见。这主要是沈阳、鞍山等地的意见。他们认为，一长制和党委制是不同组织的两种制度，生产管理工作中应实行一长制，党内则是实行民主集中制，企业党组织对生产管理工作应是监督保证，而不是统一领导。党组织的监督工作应是全面的，不能把监督缩小到只有建议权，也不能说对某些问题无权做决定。经过党组织决定的问题，厂长作为党员必须服从和执行，如果厂长有不同意见时，只能一面执行党组织的决议，一面将自己的意见报请上级解决。

尽管当时一长制比党委领导制更能体现责任到人，减少多头领导、推诿、扯皮等现象，但是它本身存在的缺陷，却造成其难以达到预期的效果。第一，一长制无法有效协调企业内部的党、政、工、团、妇等组织的关系和工作。第二，国营企业实行一长制与全国及上级领导机关实行的党委领导制不易衔接。第三，一长制与党长期追求的企业管理民主化目标有一定的矛盾，不利于广大职工参加管理和调动其积极性。此外，由于中国共产党刚从战争和农村中走上执政地位，国营企业的发展也很快，国家不仅非常缺乏又红又专的企业管理干部，而且国营企业的经营管理制度也很不健全，因此，许多地方反映，推行一长制后，或者是厂长因不懂业务而不敢大胆负责，或者是能力不够，造成工作失误。

3. 党委领导下的厂长负责制

如果说从 1955 年以前的探索和苏联的经验使中共中央选择了"一长制"，那么中共中央在 1956 年初开始破除苏联迷信、寻找自己建设道路时，对国营企业领导体制是否应采取苏联模式的一长制问题，自然要提上党的议事日程。

1956 年初，毛泽东开始听取国务院有关部委的汇报，认真调查总结前几年工作中的经验教训，形成了以《论十大关系》为代表的中国共产党关于中国社会主义建设道路的探索成果。在这次集中调查研究中，毛泽东发现了不少苏联经济体制的弊病。大概正是这个时候，中共中央发觉苏联的一长制弊病较多，不适合中国的国情，不如党委领导下的厂长负责制好。这可以从毛泽东在党的八大二次预备会议的讲话中得到证明。毛泽东说："例如一长制，中央曾经批转过某些地区的经验，认为可以试行。那个时候对这个问题还没有经验，就不能下一个断语，说一长制不好。一直到不久以前，我们才断定一长制不好，集体领导和个人负责相结合的制度好。"[1]1956 年 9 月，刘少奇在"八大"所作的政治报告中正式提出在国营企业中实行党委领导下的

---

① 毛泽东：《在八大预备会议第二次全体会议上的讲话》，《党的文献》1991 年第 3 期。

厂长负责制："在企业中，应当建立以党为核心的集体领导和个人负责相结合的领导制度。凡是重大的问题都应当经过集体讨论和共同决定，凡是日常的工作都应当由专人分工负责。"①

中共中央在 1956 年之所以放弃一长制，改行党委领导制，应该是出于以下两个原因：

第一，从政治方面来看，接受苏联斯大林晚年所犯错误的教训，强调集体领导和党内民主集中制。中共中央在《关于无产阶级专政的历史经验》中指出："当革命胜利之后，在工人阶级和共产党已经成为领导全国政权的阶级和政党的时候，我们党和国家的领导工作人员，由于受到官僚主义的多方面的袭击，就面临有可能利用国家机关独断独行、脱离群众、脱离集体领导、实行命令主义、破坏党和国家的民主制度的这样一个很大的危险性。"②因此，"八大"的主题之一就是强调集体领导和加强党内民主制度的建设。企业作为国家的重要组成单位，同时也是党的基层组织的重要所在地，就政治上来说，其领导体制必然要与党的一元化领导体制和集体领导、群众路线的要求相一致。

第二，从降低管理成本、提高管理效率的角度来看，由于社会主义改造将整个社会的经济生活都纳入了国家的行政性计划管理轨道，官僚主义、脱离群众、低效率、瞒上欺下，必然成为政府机构运行中难以克服的问题。对中国共产党来说，政府机构的健全程度和运行效率，远不如党组织成熟和有效。即就国营企业的经营管理而言，由于在传统的单一公有制和计划经济体制下，国营企业缺乏有效的外部产权所有者的监督和市场制约，企业内部也因责、权、利不明，缺乏激励和约束机制，使得国营企业管理体制很难理顺。在企业与国家的关系方面，由于信息的不充足和扭曲，加上政府有关部门的管理能力有限，普遍存在着企业负责人与国家的讨价还价及"倒逼机制"，国家即使采用行政手段，也很难有效地促进企业提高效益；在企业内部，不仅党、政、工、团等组织系统交织在一起，而且职工名义上是企业的主人，企业不能用排除的办法来处理人际矛盾和人为障碍。因此，党委领导

---

① 　中共中央办公厅：《中国共产党第八次全国代表大会文献》，人民出版社 1957 年版，第 36 页。

② 　《关于无产阶级专政的历史经验》，《人民日报》1956 年 4 月 5 日。

制在传统的计划经济体制下，特别是由于我国缺乏又红又专的企业管理人才的情况下，确实比一长制更有利于国家对企业的控制和缓和企业内部工人与管理者的矛盾，有助于企业管理的民主化。[1]

（三）增产节约和技术革新运动

1. 增产节约运动

党和政府历来注重增产节约。早在 1953 年 8 月，中共中央就发出了《关于增加生产、增加收入、厉行节约、紧缩开支、平衡国家预算的紧急通知》，《人民日报》为此发表社论。接着全国总工会发出了《关于在国营厂矿企业中进一步开展增产节约的劳动竞赛，保证全面地完成国家生产计划的紧急通知》。此后，一个群众性的增产节约运动便在全国蓬勃展开。[2]

1955 年 7 月，中共中央发布了《关于厉行节约的决定》。决定要求：在基本建设上，除了新建的主要厂房、主要设备和其他主要的生产性工程及技术性工程应按现代化技术的标准进行设计、施工、安装并保证其进度和质量外，其他次要的和附属的各种建筑工程能削减者应当削减，不能削减者也应降低设计标准和工程造价。非生产性的建设，必须严格控制，削减非急需建设的项目，认真地降低设计标准和工程造价，以适应我国目前的经济水平和人民生活水平。同时并要求各经济部门改善经营管理，贯彻经济核算制，加强财务成本管理；节约资金，杜绝浪费，降低成本，增加上缴利润。严格遵守老企业、老单位增产增事不增人，新企业、新单位增人从老企业、老单位多余人员中调配和优先录用复员建设军人的原则。这一决定的公布，进一步推动了全国的群众性增产节约运动。

1957 年 2 月，中共中央又发出了《关于 1957 年开展增产节约运动的指示》，指出必须适当调整 1957 年度基本建设的规模：要求在工农业生产中，在运输、邮电和商业的经营中，都必须想尽一切办法广泛地开展增产节约运动；要求大量节减行政部门、事业单位和企业单位的行政管理费用，严格限制人员的增加，合理调整现有的机构和人员，逐步改变某些不合理的工资福

---

[1]　吴太昌等：《中国国家资本的历史分析》，中国社会科学出版社2012年版，第307—314页。

[2]　徐之河等：《中国公有制企业管理发展史》，上海社会科学院出版社 1992 年版，第218—237页。

利制度，消灭铺张浪费现象。

"一五"计划期间，在政府的大力号召和推动下，全国工矿企业开展增产节约的做法很多：（1）班组经济核算制。其基本做法是，每天把每一个班组应该完成的各项经济指标及其价值告诉全体职工，每天计算并公布执行的结果。这样，就使每一个工人都能知道自己每天给国家积累了或者浪费了多少财富，从而推动他们每天都为完成国家计划、克服浪费、增加积累而工作。鞍山钢铁公司、上海钢铁厂等企业在1954年推广了这一做法。（2）成本座谈会。这种座谈会的目的一般是为了解决生产中的关键问题。在会上提出解决问题的办法，并进行成本分析，然后动员职工想办法、挖潜力，用最经济的办法来完成任务。淮南九龙岗煤矿、唐山电业局等企业采取这种做法。（3）组织青年节约队。这是在企业或项目工程建设中，一种群众性的推行节约的组织。其主要活动是在业余时间进行义务劳动，回收各种废弃材料。吉林省长春市在"一五"时期先后建立了31个青年节约队，参加的人数达到2800人。（4）在企业内建立原材料保管、领用、回收制度。要求企业首先制定较科学的原材料消耗定额，然后对原材料实行计划供应，控制车间、工段、小组的原材料。

工业各行业在开展节约运动方面，根据自身的特点和在浪费方面存在的突出问题，所抓的侧重点有所不同。煤炭工业重点抓了降低原煤灰分，提高原煤质量；产需规格结合，节约原煤用量；节约采煤中的坑木消耗和降低事故率。电力工业重点在于提高发电设备的铭牌出力；调整负荷，降低线路损失、厂用电及煤耗。石油工业的重点是降低页岩消耗定额，增加原油产量；防止天然原油中汽油成分的逸损和提高天然油井的利用率等。冶金工业主要抓了铁矿石的及时供应，提高钢的合格率，降低焦炭灰分率和提高有色金属选矿和冶炼的回收率等。化学工业的重点是降低原材料消耗的超支以及事故率。机械工业的重点是节约金属材料，减少在制品、半成品的积压。轻纺工业则强调产品质量的提高，原材料的节约，开辟新的原材料资源和积极利用废料等。[1] 由于这些措施的陆续出台，国营企业管理水平上了一个台阶，

---

① 中国社会科学院、中央档案馆编：《1953—1957中华人民共和国经济档案资料选编》（工业卷），中国物价出版社2000年版，第183—203页。

企业的效率明显提高。

图2-1 上海国棉一厂发出开展增产节约和劳动竞赛号召

2.技术革新运动与劳动竞赛

鞍钢群众性技术革新运动 把劳动竞赛推进到新阶段
并为现有工矿企业的改造指出了一个方向

【新华社鞍山十一日电】鞍山钢铁公司开展群众性的技术革新运动，已把我国的劳动竞赛由初级阶段推进到高级阶段，并为改造我国原有工矿企业和发挥现有企业的潜在力量指出了一个方向。

鞍钢群众性的技术革新运动，自一九五二年九月十六日鞍钢小型轧钢厂工人张明山创造反围盘成功开始。在一九五二年，鞍钢许多厂矿的生产都超过了伪满时期的最高水平。当时，凭劳动热情拼体力的初级的劳动竞赛已不能为国家创造更多的财富，因此在增产节约运动中如何进一步地提高生产，发挥现有企业潜在能力的问题，就非常尖锐地提到全体职工的面前了。张明山首创反围盘成功，迅速改变了小型轧钢厂的生产面貌，为社会主义的劳动竞赛开创了新的途径。这件事引起了中共鞍山市委会、鞍山钢铁公司、鞍山市人民政府和市工会联合会的很大重视。经过领导方面及时的表扬和有力的号召，一个以技术革新为主要内容的劳动竞赛就在全鞍钢发动起来了。特别是小型厂工人的情绪更加高涨。一年半以来，鞍钢的矿山、炼铁、炼钢、轧钢、机械等厂矿的工人和技术人员在苏联专家帮助下，提出了成千上万条的合理化建议，创造了数以百计的先进经验和操作方法，在机械和电气设备方面比较重大的技术革新就有五百四十五件，现已试验成功的有选矿厂的团矿自动回车道、钢绳厂的自动切断机等三百零九件。特别是青年工人王崇伦创造了"万能工具胎"等工具后，在一九五三年内完成了相当于四年的生产任务，为工业生产战线树立了突破旧的生产定额、旧的技术标准的旗帜。这一群众性的技术革新运动，保证鞍钢超额完成国家生产计划和增产节约计划。一九五三年鞍钢的生产总值比一九五一年增加了将近一倍，劳动生产率提高了百分之六十五。

在群众性的技术革新运动中，鞍钢工人所创造的数百种机械和电气设备，每年可为国家创造数千亿元的财富，还大大地提高了劳动生产率和节省出大批劳动力。仅据其中的六十八件设备统计，每年就可为国家创造七百二十五亿元的利润。钢绳厂、小型轧钢厂、发电厂和化工厂等单位五十九件技术革新的成就，能够使几百个工人摆脱笨重的体力劳动。机械总厂选矿厂、金属制品厂、炼钢厂等厂工人所创造的五十四件设备，可以节省出五百四十六个劳动力。小型厂的立围盘提高轧出效率百分之三十五点九，节省百分之七十一的人力。中型厂创造轧制扁钢的"铁簸箕"装置后，使轧扁钢能力提高百分之三十一点二。金属制品厂轧钢操作机械化后，提高劳动生产率百分之十六点七。技术革新运动以很小的开支发挥了很大的生产潜力，像小型厂工人创造的二十五件设备，每年为国家所创造的财富就相当于制造这些设备的费用的五十倍。金属制品厂创造的七件设备投资只四千多万元，而每年给国家增加的纯利可达四十六亿元。

鞍钢技术革新运动的成就改善了工人的劳动条件，减轻了体力劳动，减少了职业病和人身事故。在敌伪时期，选矿厂、小型厂和炼钢厂的工人形容当时的悲惨生活说："选矿好像大猪圈，小型赛似阎王殿，工人要吃这碗饭，难过炼钢鬼门关。"但是技术革新运动开始从根本上改变了这种情况。当反围盘创造成功时，人们不难理解工人们当时都欢呼着把张明山抬起来的心情，因为从此小型厂的工人可以不冒生命的危险，可以不再夹着通红的钢条进行生产了。正如一个工人所说："这一创造我们可以多活十年啊！"过去小型厂工人中挺结实的小伙子，干一两年就累得腰痛、腿痛、抽筋。现在各种职业病和人身事故都已大大减少，出勤率普遍提高了。又如钢绳厂装置小吊车后，工人们也不必再把九十公斤重的热线盘从操作台搬上搬下，这样就避免了烫伤事故。

鞍钢各厂矿群众性的技术革新运动在继续有领导地展开着，目前正在研究和创造中的设备就有二百多件。各厂矿的工人和技术人员都决心在这个运动中学习苏联先进经验，继续以新的技术改造旧的企业，进一步提高劳动生产率，为国家造更多的钢铁。

鞍钢的技术革新运动，为全国的劳动竞赛指出了方向。1954年，中华全国总工会作出了关于在全国范围内开展技术革新运动的决定，指出：在劳动竞赛中，只凭劳动热情和单纯加强劳动强度是非常不够的，并且会造成不良的后果，如突击竞赛使得事故增多，废品率高，伤病员增加，出勤率降低等。因此，必须把全国当时正在开展的劳动竞赛推向一个新的阶段——技术革新阶段，以加速国家社会主义工业化的进度。

为了继续开展技术革新运动，1954年12月12日，《人民日报》发表了《必须把技术革新运动继续开展下去》的社论。社论指出：我国工人阶级的队伍在政治上是坚强的。生产技术上的落后，是我国工人阶级目前最主要的弱点。不克服这个弱点，工人阶级就不能顺利地担负起社会主义建设这个伟大的历史任务。克服这个弱点的办法就是开展一个学习技术、改进技术、提高技术的群众性的运动，就是开展一个群众性的技术革新运动，就是把劳动竞赛引导到以技术革新为主要内容或主要方法的方向上来。

技术革新在当时是我国工业生产中的一个总要求和总方向。技术革新，就是在生产设备、生产工具、技术过程、技术标准、操作方法和劳动条件、技术管理等方面的改进和提高。要达到上述这些方面的改进和提高，就必须做到：

第一，各企业行政方面和工会组织，应在党的统一领导下，结合本企业的生产任务和具体情况，研究进一步开展技术革新运动的办法，加强对技术革新运动的领导，对技术革新运动中的各种困难必须认真地加以解决，对已有的经验教训必须认真地加以总结。

第二，必须使技术革新运动具有明确的目的性。技术革新运动的目的在于把群众性的劳动竞赛向前推进，加强企业的技术管理，有效地提高劳动生产率，全面完成和超额完成国家计划的各项指标。一切离开实际生产需要的目标而盲目提倡革新的做法都是应该加以纠正的。各个企业，必须根据自己的具体情况，围绕生产计划的要求，推广苏联的或我国已有的先进经验，并提出课题，发动群众，集中群众的智慧来解答这些课题。在新建的厂矿中，应十分重视学习和掌握新的技术，充分发挥和利用新的技术设备能力。

第三，必须使技术革新运动具有广泛的群众性。技术革新运动是一个改进技术、提高技术、学习和掌握新技术的概括性的口号。所以技术革新运动的开展，不仅应该重视革新者的创举，组织群众性的合理化建议，更重要的是组织群众学习苏联先进经验，推广我国已有的先进经验，使先进经验为广大群众所掌握。同时，还必须重视新工人的技术教育，普遍提高职工群众的技术水平。这样，技术革新运动才能真正具有广泛的群众性。

第四，必须加强技术革新运动的组织领导。技术革新的目的是为了提高劳动生产率，为了不断地消灭生产中的薄弱环节和落后现象，以全面地完成国家计划。生产中的薄弱环节和落后现象无论生产水平怎样提高，都是相对地存在的。这样就决定了技术革新运动不能是一个突击运动而是经常性的运动。因此，企业行政方面应当建立和健全技术领导的机构，改进技术管理工作，健全负责合理化建议工作的机构，做好编制课题、审查批准、组织试验、进行奖励等工作，贯彻政务院颁布的《有关生产的发明、技术改进及合理化建议的奖励暂行条例》。工会组织必须大力组织群众学习技术、学习苏联先进经验，建立和健全群众合理化建议委员会，加强对生产会议的领导，围绕企业行政提出的课题，组织群众讨论、研究、征集合理化建议，协助行政认真推广各种先进经验。

劳动竞赛是建设社会主义的基本方法之一，劳动竞赛的发展和提高，对于我国社会主义工业化的发展有着重大影响。而劳动竞赛的发展和提高，

图 2-2　劳动竞赛——比学赶帮争上游

不仅决定于工人阶级的劳动态度、劳动纪律、劳动强度，而且决定于工人阶级在技术上的学习和进步。技术革新必须继续发展下去，必须成为一个经常的、持久的群众性的运动，并使它成为劳动竞赛的中心内容。①

3. 奖励创造性劳动

1950 年 8 月，政务院颁布了《关于奖励有关生产的发明、技术改进及合理化建议的决定》，这个决定有力地推动了全国的合理化建议运动。几年来，在党和政府的号召和支持下，全国广大职工群众提出了很多建议，解决了生产中的许多关键问题；对改进技术、增加生产、提高产品质量、降低成本、改善作业条件、保障生产安全等方面起了重要作用，给国家创造了大量财富。

但是，由于各地区各产业的奖励标准和计算方法不同，奖金来源亦各不相同，没有专管机构或专管机构不健全，价值相近的建议所给奖金悬殊，以及积压群众建议或奖励不及时等现象屡有发生。这种状况妨碍了群众的发明、技术改进及合理化建议运动的进一步开展。第一个五年计划开始实行以后，由于国民经济的恢复和有计划建设的开始，要在已经达到的生产水平上进一步提高产量和质量，增加新产品，提高劳动生产率与降低成本，克服在

---

① 徐之河等：《中国公有制企业管理发展史》，上海社会科学院出版社 1992 年版，第 218—237 页。

建设过程中的困难，就必须在推广先进经验与合理化建议的群众运动基础上，开展群众性的技术革新运动，进一步挖掘企业的潜在力量，把劳动生产率提得更高。这就需要进一步有效地发挥广大职工的创造性劳动。

1954 年，政务院适时颁布了《有关生产的发明、技术改进及合理化建议的奖励暂行条例》。条例规定，凡积极协助他人实现建议的工人、工程技术人员和职员，也应给予适当的奖励。条例还规定了具体的科学的计算方法，保证每一个建议将因其对国家贡献的大小而得到相应的合理的奖励，避免了贡献大、奖励少或贡献小、奖励多的畸轻畸重现象，以及不论贡献大小，一律采取平均主义的奖励办法。在颁发实行条例的同时，还要求各企业教育职工认识国家利益和个人利益的一致性，认识只有在生产不断提高的基础上才能不断改善自己的生活，认识到要早日实现社会主义，必须进行创造性的劳动，用革命精神来对待工作，这样才能使国家的奖励政策发挥更大的作用。

（四）工资制度的改进

从 1953 年起，随着第一个五年计划的开始，国家制订了新的工资制度，改供给制为包干制。在工人中实行 8 级工资制，在国家机关工作人员和企业管理人员中实行职务等级工资制。为了团结原有企业管理人员，不降低他们的工资水平，在实行新的工资标准时，如他们的工资高于新订工资标准，则以"保留工资"形式予以保留。

1955 年，国务院发布《关于国家机关工作人员全部实行工资制和改行货币工资制的命令》。命令规定：自当年 7 月份起将国家机关一部分工作人员中实行的包干制待遇，一律改为工资制待遇。实行工资制度后，工作人员及其家属的一切费用，都由个人负担，现行包干制的一切费用规定同时废除。凡工作人员住用公家房屋，使用公家家具，用水用电，子女送托儿所等，应一律缴租、纳费。实行工资制的同时废除工资分计算办法，改行货币工资制。国家机关工作人员工资标准分为 29 级，最高 1 级为 649.6 元，最低 29 级为 21 元，最高为最低的 31.1 倍。为解决各地区之间存在的物价差额，制定了物价津贴。命令还规定：为了符合同工同酬原则，自当年 11 月份起，取消部分工作人员的保留工资。因取消保留工资及由供给制改为工资制后生活确有困难者，可用机关福利费予以补助。以上规定在企业中也适用。

1956年5—6月，国务院在北京召开全国工资改革方案平衡会议。会议决定，凡是这次进行工资改革的企业、事业和国家机关一律从当年4月1日起实行新的工资标准。这次工资改革的主要目的是：克服工资制度中的平均主义，在进一步执行按劳分配的原则下，使全国的工资达到基本上统一合理。工资改革的主要内容是改善工资等级制度。工资等级制度包括：工资等级、工资系数、工资标准和技术等级标准。这几项因素是相互关联的，在改革中根据产业的特点，把同一产业的工资等级和工资系数统一起来。对工资标准的改革，还需要考虑当前这一产业的工资标准在地区间或企业间的差别。因此，在工资标准上，还只能做到基本统一、合理。关于技术等级标准，应逐步修订得更完备一些。经过这次工资改革，1956年职工平均工资每月增加6.65元，比1955年增长14.5%。并在工资制度方面解决了以下几个主要问题①：

第一，取消工资分和物价津贴制度，实行直接用货币规定工资标准的制度，并且简化工资计算手续，便于企业推行经济核算制度。根据各地区发展生产的需要、物价生活水平和现实工资状况，规定不同的货币工资标准。对于物价高的地区为了避免出现过高的工资标准，可以采取在工资标准以外另加生活费补贴的办法。生活费补贴应该随着物价的调整而调整。

第二，改进工人的工资等级制度，使熟练劳动和不熟练劳动、繁重劳动和轻易劳动，在工资标准上有比较明显的差别。适当地扩大高等级工人和低等级工人之间工资标准的差额；做到高温工作工人的工资标准高于常温工作工人的工资标准，井下工作工人的工资标准高于井上工作工人的工资标准，计件工资标准高于计时工资标准，以克服工资待遇上的平均主义现象。同时，为了使工人的工资等级制度更加合理，各产业部门必须根据实际情况制定和修订工人的技术等级标准，严格地按照技术等级标准进行考工升级，使升级成为一种正常的制度。

---

① 徐之河等：《中国公有制企业管理发展史》，上海社会科学院出版社1992年版，第205—210页。

　　第三，改进企业职员和工程技术人员的工资制度。企业职员和技术人员的工资标准，应该根据他们所担任的职务进行统一规定。每个职务的工资可以分为若干等级，高一级职务和低一级职务的工资等级线，可以交叉。对于技术人员，除了按照他们所担任的职务评定工资以外，对其中技术水平较高的，应该加发技术津贴，对企业有重要贡献的高级技术人员，应该加发特定津贴，务使他们的工资收入有较多的增加。有些高级技术人员的现行工资标准高于新定职务工资标准的，可以给他们单独规定工资，使他们的工资仍然有所增加。对于某些地区和某些产业的工程技术人员，如果按职务统一规定工资标准确有困难的，可以单独规定技术人员的工资标准，但是必须注意与实行职务工资的同类技术人员之间的工资水平适当平衡，差别不能过大。对于事业单位和国家机关中有重要贡献的高级科学技术人员及其他高级知识分子，除了按照他们的工资标准发给工资以外，也应该加发特定津贴。

　　第四，推广和改进计件工资制。各产业都应该制定切实可行的推广计件工资制的计划和统一的计件工资规程，凡是能够计件的工作，要求在1957年全部或大部实行计件工资制。同时，必须建立并且健全定期（一般为1年）审查和修改定额的制度，保证定额具有技术根据和比较先进的水平。实行计件工资标准的时候，由低到高，逐渐增加，并且必须同时修改落后的定额。

　　第五，改进企业奖励工资制度。各主管部门应该根据生产的需要制定统一的奖励办法，积极建立和改进新产品试制、节约原材料、节约燃料或电力、提高产品质量以及超额完成任务等奖励制度。

　　第六，改进津贴制度。审查原有的各种津贴办法，克服津贴方面存在的混乱现象，建立和健全生产上必需的津贴制度。

　　地方国营企业的工人和职员的工资标准和工资制度，应该根据企业的规模、设备、技术水平和原有的工资情况等条件，参照中央国营企业的工人和职员的工资标准和工资制度制定。上述条件与当地同类性质的中央国营企业大致相同的，可以采用中央国营企业的工人和职员的工资标准；条件差于同类性质的中央国营企业的，其工资标准应该低于中央国营企业。对于装卸工人和企业勤杂人员的工资改革方案，由各主管部门提出，经省、自治区、直辖市人民委员会统一平衡后实行。

同年 10 月，国务院发布《关于新公私合营企业工资改革中若干问题的规定》。文件指出：新公私合营企业的工资标准和工资制度，应该逐步向同一地区、性质相同、规模相近的国营企业看齐。新公私合营企业的工人、职员和私方人员的现行工资标准，同当地同类性质的国营企业的工资标准相比较，高了的不减少，低了的根据企业生产、营业情况和实际可能，分期地逐步增加。现行工资标准高于新定工资标准的部分，给予保留。保留的工资，今后应该随着提高工资标准和升级逐步抵销。

新公私合营企业的工资制度，应该根据按劳付酬的原则进行合理的调整，但又要从实际可能出发，采取适当的步骤，逐步地达到统一、合理。对原有的工资制度，要注意吸取其合理的因素。在这次工资改革中，要求企业内部的工资制度达到基本上统一、合理；行业之间、行业内部以及各类人员之间的工资悬殊的状况能够有所改善。

四、计划经济体制下国家对国营企业的管理

国民经济恢复时期，在苏联专家的协助下，国营企业已经初步形成相对集中的管理体制。但是由于私营工业所占比重还很大，就整个工业管理体制来说，还是计划管理与市场调节并行，中小型国营工业企业也多为地方管理或大区政府代管。到了第一个五年计划时期，随着大区一级政府的取消和大中型国营工业企业管理权限上收中央，以及私营工业社会主义改造的完成，国营企业管理体制的演变呈现明显的集权化趋势。国家通过强化中央的决策控制力度、迅速扩大计划控制的范围和构建保证集中决策的组织体系，迅速形成了集权式国营企业管理体制。然而，集中管理的种种弊端很快暴露出来，并成为后期探索改革的直接缘由。①

---

① 董志凯等：《中华人民共和国经济史（1953—1957）》，社会科学文献出版社 2011 年版，第 423—454 页；吴太昌等：《中国国家资本的历史分析》，中国社会科学出版社 2012 年版，第 323—328 页。

（一）中央政府计划决策权威的建立

早在国民经济恢复时期的 1952 年 11 月，中央人民政府政务院按照苏联模式设立了计划委员会，负责有关全局性的决策和协调国民经济发展中各方面的相互关系。中央计划委员会的成立，标志着传统计划经济的核心开始形成。而在新中国刚刚诞生的 1949 年 11 月，政务院之下就成立了重工业部、燃料工业部、纺织工业部、食品工业部[①]、轻工业部、第一机械工业部、第二机械工业部等中央政府七大工业管理部门。[②] 这些工业部门既是政府管理各该行业的职能部门，又是直接管理所属企业生产经营的运营单位，它们与核心计划部门共同构成一个全国的控制中心。进入第一个五年计划时期后，政务院于 1954 年改为国务院，尽管所属工业管理部门的设置变动不大，但在强化计划和中央集权的大背景下，中央集中控制的权力却不断上升。1954 年 2 月，中共中央发出《关于建立与充实各级计划机构的指示》，规定中央和地方的经济管理部门以及大中型企业单位都必须建立和健全计划机构，国务院职能部门设立计划司，各省、自治区、直辖市和地、县设立计划委员会，地方各局设立计划处（科），企业单位设立计划科。这样，就形成了以中央为核心的自上而下的比较完整的集中管理组织系统（见图 2-3）。

决策组织体系的建立是形成中央决策中心的必要条件。与此同时，中央还通过制度方式保证决策的权威性，即建立中央计划的权威性。1954 年，国务院制定了《国务院关于下达、修改与检查国家计划的几项具体规定（初稿）》[③]。

关于计划的下达，文件规定各部及各省（区市）人民委员会的计划由国务院批准，并由国务院直接下达；中央各部及各省（区市）人民委员会，

[①]　该部于 1950 年 12 月，经中央人民政府委员会第十次会议决定撤销，所管业务分别划归轻工业部和农业部。参见中国社会科学院、中央档案馆编《1953—1957 中华人民共和国经济档案资料选编》（工业卷），中国物价出版社 2000 年版，第 176 页。

[②]　中国社会科学院、中央档案馆编：《1953—1957 中华人民共和国经济档案资料选编》（综合卷），中国物价出版社 2000 年版，第 563—567 页。

[③]　中国社会科学院、中央档案馆编：《1953—1957 中华人民共和国经济档案资料选编》（工业卷），中国物价出版社 2000 年版，第 45—48 页。

接到国家计划后，通过其所属管理机关，将计划分配下达至其直属的基层计划单位；下达计划必须采取最迅速的办法，规定到达基层单位的时间为14天；各级领导机关在分配下达任务时，应以国家批准的计划数字为根据，不得层层增减。

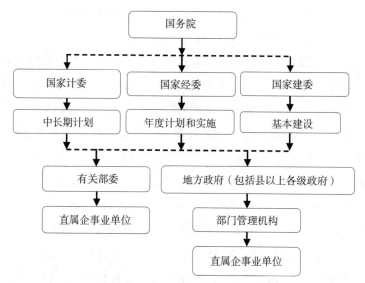

图 2-3　国家经济组织上下管理关系示意图

关于计划的修改，文件规定计划一经批准，一般不予修改，以免影响整个国民经济的平衡。如果确实需要修改者，原则上规定每年统一修改一次。

关于计划的检查，文件规定检查应以国务院批准的年度计划为根据；各级机关要求修改计划的文件未经批准以前，检查计划仍以原批准的文件为准；计划执行情况检查报告中的实际完成数字，均应以统计部门的统计资料或会计的决算资料为根据。

决策的组织体系的形成和中央决策权威的确立，使中央确立了国家控制中心的地位。

（二）中央政府对企业的集中管理

1. 扩大中央直属国营工业企业的数量

国民经济恢复时期，国家对国营企业的管理实行统一领导和分级管理。

到了"一五"期间，中央政府的各工业管理部门直接管属的工业企业数量大大增长。这主要通过三个途径实现：（1）撤销大区，将原来由各大行政区直接管理的国有企业转到中央政府各部门手中；（2）随着对资本主义工业的社会主义改造的基本完成，原来的私营工业企业变成了公私合营的工业企业，其中一部分也由国家来直接管理；（3）由国家投资新创办的工业企业投产之后，也由中央政府有关部门直接管理。这样，到了"一五"计划末的1957年，尽管总体工业企业数量在大幅度减少，但中央直属国营企业却增加到9300多个。

2. 对企业的运营实行指标控制

为了保证"一五"计划的有效实施，政府针对国民经济恢复时期工业结构中各种私有制工业仍然占有很大的比重的实际，在"一五"期间实行了直接计划管理、间接计划管理和市场调节等三种管控模式。对国营企业实行直接计划管控模式，即由国家向这些企业直接下达指令性生产指标。这些指标共有12项，其中包括：总产值、主要产品产量、新种类产品试制、重要的技术经济定额、成本降低率、成本降低额、职工总数、年底工人人数、工资总额、平均工资、劳动生产率和利润。在"一五"期间，实行指令性直接计划管理的国营企业数量不断上升。对多数公私合营企业和私人资本主义工业以及一部分手工业实行间接计划管控模式，主要由国家采用各种经济政策、经济合同和其他经济措施，把它们的经济活动引导到国家的计划轨道上。对于各类小商品生产，则一般不列入国家计划，由市场进行自动调节，但这部分的比重逐渐缩小了。

3. 将有关国计民生的工业品生产纳入国家的直接计划

在第一个五年计划时期，随着国家直接控制的物资品种和数量的增加，工业生产中的间接计划和市场调节部分快速减少。据统计，1952年，公私合营工业、私人资本主义工业和个体工业产值占工业总产值的55.2%，直到1955年还占到41%[①]，但到"一五"计划后期，工业生产中的间接计划部分被大大缩减。1953年，国家计划委员会统一管理、直接下达计划指标的产品是115种；到1956年就增加到380多种，其产值占到工业总产值的60%左右。

---

① 　国家统计局编：《中国统计年鉴（1984）》，中国统计出版社1984年版，第194页。

4. 对国营企业的财务实施严格的统收统支

国民经济恢复时期强力推行的统收统支制度，在第一个五年计划时期继续实行，国营企业在财务收支上全面贯彻了这一制度。国营企业在生产运营中所需资金，包括固定资产更新改造需要的技术措施费、新产品试制费和零星固定资产购置费，以及定额流动资金等，按企业隶属关系，由中央政府或地方政府的财政拨付，超定额流动资金由国家银行贷款。国营企业除了需要依照中央人民政府财政部的规定缴纳税款外，还需要按照隶属关系把全部折旧基金和大部分利润上缴中央政府财政部或地方政府，企业只能按照国家规定提取一定比例的计划利润和超计划利润作为企业奖励基金。在恢复时期的 1952 年 1 月，政务院财政经济委员会曾经规定：各产业部门的国营企业可以提取计划利润的 2.5%—5% 和超计划利润的 12%—25% 作为企业奖励基金。[1]“一五”时期，对提取奖励基金的条件和比例做了一些修改。同时，为了发挥企业超额完成国家计划的积极性，还对中央部门直属的企业超计划利润的分成和使用，进一步做了规定。1955 年和 1956 年，国务院先后两次作出《关于国营企业超计划利润分成和使用办法》，规定国有企业超计划利润的 40% 留归主管企业部门使用，60% 上缴国家预算。[2] 各主管部门可以将超计划利润留成的一部分，分给企业使用。使用范围包括：弥补企业因超额完成生产任务或者因其他原因而发生的流动资金的不足；弥补基本建设计划内已列项目的资金的不足，弥补技术措施费、新产品试制费和零星基本建设支出的不足；经国家专案批准的基本建设项目（包括职工宿舍），以及其他用途（如各项奖金等）。至于地方国有企业超计划利润的分成和使用，可由省、直辖市、自治区按照具体情况自行规定。[3] 尽管如此，国有工业经济中财权高度集中的状况并未改变。据计算，“一五”期间，国有企业奖励基金和超计划利润提成 5 年合计仅有 12.4 亿元，相当于同期企业上缴国家财政

---

[1]　中国社会科学院、中央档案馆编：《1953—1957 中华人民共和国经济档案资料选编》（财政卷），中国物价出版社 2000 年版，第 542、543 页。

[2]　中国社会科学院、中央档案馆编：《1953—1957 中华人民共和国经济档案资料选编》（财政卷），中国物价出版社 2000 年版，第 549 页。

[3]　中国社会科学院工业经济研究所情报资料室编：《中国工业经济法规汇编（1949—1981）》，经济管理出版社 1981 年版，第 111 页。

总数的 3.75%。①

5. 逐步强化对劳动用工和工资的中央管控

1954 年大区撤销以前，企业在劳动用工方面的政策是在中央统一政策指导下，以大行政区管理为主。各大区和中央各主管工业部门分别编制劳动计划，报经中央政府批准后由地区、部门分别按各自的计划执行。无论是国营企业还是私营企业均可以在国家政策允许的限度内自行增减职工，企业有录用和辞退职工的权力。国营、合作社营、公私合营和私营企业招用较多职工时，由劳动部门统一介绍，企业选择录用；招收少量职工时，可自行在当地招收，但须向劳动局备案。

随着 1954 年大区的撤销，许多国营企业转归中央直属，企业的劳动用工就逐步转到以中央集中管控为主。企业职工人数计划由国家逐年批准下达，劳动计划和劳动管理权逐渐集中于中央。1955 年，企事业停止从社会上录用新职工；必须增加时，中央部属企事业单位必须经主管单位报省（区市）人民委员会批准后报劳动部备案；各省（区市）所属企事业单位须经主管单位报省（区市）人民委员会批准后报省（区市）劳动局备案。1956 年，决定企事业单位在国家批准的劳动计划指标内招收新工人时，可由企业事业单位直接报请当地劳动部门协助招收，不必再报上级主管部门和上一级劳动部门审批。由于审批权的下放，新招工人数大大超过计划数。1957 年初，国务院再次规定，一律停止从社会上招工。同时，为了适应大规模经济建设的需要，国家对职工分配的范围进一步扩大到对大学毕业生、中专和技工学校毕业生，一直到复员退伍军人，统统须事先纳入国家的统一分配计划。

此外，如前文所述在 1956 年进行的全国工资改革中，国营企业实行了全国统一的工资制度。经过这次工资改革，企业职工的工资标准统一了，职工定级、升级制度均由国家统一规定，地方和企业均失去了决定权。

6. 对工业企业基建项目的集中控制

工业企业的基本建设是"一五"时期的重点。在基本建设的项目控制方面，特别是大中型基本建设项目的控制方面，绝大部分投资都是由中央政府直接安排的，这可从"一五"计划实际执行的结果看出。在整个"一五"

---

① 汪海波：《新中国工业经济史（1949.10—1957）》，经济管理出版社 1994 年版，第 147 页。

期间，国家预算内投资达到 531.18 亿元，占基本建设投资总额的 90.3%。[①] 其中，属于中央政府直接管理的项目投资占 79%，属于地方政府直接管理的项目投资占 21%。除了基本建设项目由中央政府各主管部门控制外，还通过对重点建设项目的集中管理，如从人、财、物的调度，到设计施工到生产准备的安排等统一集中管理，保证国家基本建设计划得以贯彻执行。

"一五"时期，基本建设项目审批权的安排原则是高度集中、逐级递减。依据有关文件规定，国务院各部门和各省、直辖市、自治区管理的各类基本建设项目在 500 万元到 3000 万元间的，需经国家建设委员会审核，国务院批准；60 万元至 500 万元之间的各类基本建设项目需经国务院各部或各省、直辖市、自治区人民委员会审核批准；60 万元以下的各类基本项目，其审核和批准程序，分别由国务院各部和各省、直辖市、自治区人民委员会自行规定。[②] 不难看出，地方政府审批权限与中央政府审批权限无法相比，企业就更没有投资决策权了。

（三）高度集中的管理体制的改进

1956 年社会主义改造基本完成以后，随着国营企业（包括大批的新加入的"公私合营"企业）的迅速扩大，政府如何既有效地管理数量众多的企业，又使其保持经营的灵活性和积极性，就成为一个迫切需要解决的重大问题。

随着中央集中过多，地方在经济建设方面的灵活性主动性受到抑制。对于这个问题，中共中央在 1956 年初即有所觉察。

1956 年 4 月，毛泽东经过调查了解，在《论十大关系》中专门论述了中央与地方的关系，他指出："目前要注意的是，应当在巩固中央统一领导的前提下，扩大一点地方的权力，给地方更多的独立性，让地方办更多的事情。""我们不能像苏联那样，把什么都集中到中央，把地方卡得死死的，一点机动权也没有。""中央要发展工业，地方也要发展工业。就是中央直属的工业，也还要靠地方协助。至于农业和商业，更需要依靠地方。总之，要发

---

① 国家统计局编：《中国统计年鉴（1981）》，中国统计出版社 1981 年版，第 303 页。

② 中国社会科学院工业经济研究所情报资料室编：《中国工业经济法规汇编（1949—1981）》，经济管理出版社 1981 年版，第 209、210 版。

展社会主义建设，就必须发挥地方的积极性。中央要巩固，就要注意地方的利益。"对于如何改善中央集权过多的弊病，毛泽东提出了如下设想："中央的部门可以分成两类。有一类，它们的领导可以一直管到企业，它们设在地方的管理机构和企业由地方进行监督；有一类，它们的任务是提出指导方针，制定工作规划，事情要靠地方办，要由地方处理。"①

1956 年 9 月，在党的第八次全国代表大会上，周恩来同志对于如何划分中央与地方的关系作了重要讲话，他提出了如下七条原则："（1）明确地规定各省、自治区、直辖市有一定范围的计划、财政、企业、事业、物资、人事的管理权；（2）凡关系到整个国民经济而带全局性、关键性、集中性的企业和事业，由中央管理；其他的企业和事业，应该尽可能地多交给地方管理；企业和事业在下放的时候，同他们有关的计划、财务管理和人事管理一般地应该随着下放；（3）企业和事业的管理，应该认真地改进和推行以中央为主、地方为辅或者以地方为主、中央为辅的双重领导的管理方法，切实加强对企业和事业的领导；（4）中央管理的主要计划和财务指标，由国务院统一下达，改变过去许多主要指标由各部门条条下达的办法；（5）某些主要计划指标和人员编制名额等，应该给地方留一定的调整幅度和机动权；（6）对于民族自治地方各项自治权利，应该作出具体实施的规定，注意帮助少数民族地区政治、经济、文化的发展；（7）改进体制要逐步实现，某些重大的改变，应该采取今年准备、明年试办、到第二个五年计划期间全面实施的步骤，稳步进行。"②周恩来提出的上述原则，体现了大权集中、小权分散，既要统一领导、又要因地制宜的精神；为了改变"条条分割"，对中央管理的主要计划和财务指标，由国务院统一下达；在改革步骤上，实行经过试点稳步前进的方针。

为了改革经济体制，国务院于 1956 年 5 月至 8 月召开了全国体制会议，会后又经过一年多的酝酿，经过中共中央、国务院、全国人大常委会的讨论批准，到 1957 年底，国务院公布下达了《关于改进工业管理体制的规定（草案）》《关于改进商业管理体制的规定（草案）》和《关于改进财政管理体

---

① 《毛泽东文集》第七卷，人民出版社 1999 年版，第 30、31 页。
② 中共中央文献研究室：《周恩来经济文选》，中央文献出版社 1993 年版，第 314 页。

制的规定（草案）》三个文件，并决定从1957年开始施行。上述三个文件，总的精神是调整中央与地方、国家与企业的关系，把工业、商业、财政方面的一部分管理权力下放给地方和企业，以便充分发挥它们的主动性，调动它们的积极性，因地制宜地完成中央的统一计划。在划分中央与地方的关系方面，其主要内容有下列几点：

1.调整现有企业的隶属关系。把由中央各部直接管理的一部分企业，下放给地方管理。文件规定：重工业各部门所属的企业，凡是属于大型矿山、大型冶金企业、大型化工企业、重要煤炭基地、大电力网、大电站、石油采炼企业、大型和精密机械工厂、军事工业和其他技术复杂的工业，依旧归中央各部门管理外，其他企业凡属可以下放的，都应根据情况，逐步下放；轻工业、食品工业和商业部的企业，除了若干大型企业地方认为管理有困难的以外，其余都由地方管理；建筑行业的土建部分在许多地区应逐步下放给地方统一管理。

2.扩大地方的财权。地方预算在执行过程中，收入超过支出，地方可以自行安排使用，年终结余，全部留给地方在下年度使用。为了鼓励地方积极完成国家的出口计划，中央将所得外汇，给地方一定比例的提成。

3.扩大地方在物资分配方面的权限。对当地的中央企业、地方企业和地方商业机构分配到的物资，在保证各企业完成国家计划的条件下，地方有权进行数量、品种和使用时间方面的调剂。

4.扩大地方在计划管理方面的权限。关于商业计划指标，国务院每年只颁发收购计划、销售计划、职工总数、利润指标，同时允许地方在执行该计划过程中，对收购计划和销售计划总额有上下5%的机动幅度。

5.商业价格实行分级管理。三类农副产品的收购价格与销售价格、次要市场和次要工业品的销售价格，由地方根据中央各商业部门规定的定价原则自行定价。

6.扩大地方的人事管理权限。凡是属于中央各部下放给地方管理的企业，在人事管理方面，都按照地方企业办理；地方对仍旧归中央各部管理的企业的所有干部，在不削弱主要企业的条件下，可以进行适当的调整。

上述文件在扩大地方权限的同时，也对地方权限做了适当的限制。例如，在财政方面，规定"地方由于改进财政体制而多得的收入，应该有一个限度，它的原则是使地方可以有适当数量的机动财力，同时又能保证国家重点建设的需要"①。由于改进财政体制地方多得的财政收入，三年累计一般不应超过 20 亿元。在物资管理和商业流通方面，规定省、市、自治区管理的企业所生产的统配物资和部管物资，如果生产数量超过了国家计划规定的数量，超过计划的部分，当地政府可以按照一定比例提成，自行支配使用，但是原定的品种计划不能改变；为了避免盲目增产，如地方要求中央所属的机械制造企业超产时，其超产品种如果属统配或部管物资范围内的，需要得到中央有关部门的同意。在人事管理方面，国务院管理范围的干部，地方调动时，应该报请国务院批准；中央主管部门管理的干部，地方调动时，应该同该主管部门协商。

五、国营工业企业的经济效益

1957 年，中国第一个五年计划规定的任务已经提前超额完成。由于党和政府的正确领导与全国人民的努力，中国在基本建设和工业生产等方面，取得了令人瞩目的成就，社会主义企业大规模的创建，社会主义工业化的初步基础已经建立起来。

工业企业在工业总产值中的比重增大。"一五"期间中国社会主义工业企业（不含手工业）在工业总产值中所占比重迅速增大，从 1952 年的 56% 增长到 1957 年的 68.2%。国家资本主义工业企业由于已经实行全行业公私合营，同社会主义工业企业实质上已无多大差别。尚未改造的资本主义工业企业，在全国工业总产值中的比重已不到 0.1%。

"一五"期间施工的工矿建设单位在 1 万个以上，其中限额以上的有 921 个，比计划规定的单位数增加 227 个。到 1957 年底，全部建成投产的有 428 个，部分投产的有 109 个。由于进行基本建设而新增的固定资产达到 440 亿元，其中新增工业固定资产达到 214 亿元，超过了旧中国近百年所积累的工

① 中共中央文献研究室编：《建国以来重要文献选编》第十册，中央文献出版社 1994 年版，第 681 页。

业固定资产的 60% 左右。苏联帮助建设的 156 个重大建设项目，到 1957 年底，有 135 个已经施工建设，有 68 个已经全部建成或部分建成投产。东欧各国帮助我国建设的 68 个工程项目，到 1957 年底，有 64 个已经施工建设，有 27 个已经建成投产。这 921 个限额以上的建设项目，是我国现代化工业的骨干部门，其中许多是过去所没有的新工业，如飞机、汽车、拖拉机、发电设备、重型机械、新式机床、精密仪表、电解铝、无缝钢管、合金钢、塑料、无线电和有线电的制造工厂等。这些新工业的建立，改变了旧中国落后的国民经济的技术面貌和部门结构，使中国工业化的物质技术基础得以初步建立，并在一定程度上改善了旧中国遗留下来的不合理的现代工业布局。

（一）工业技术水平迅速提高

第一个五年计划是一个主要依靠大规模投资促进经济增长的计划，但除了规模的增长，以工业技术进步为标志的工业发展质量也发生了很大的变化。工业技术的进步具体表现在工业设备和技术装备水平的大幅度提高，行业机械化程度的不断提升上。

由表 2–7 可知，在国民经济恢复时期的 1952 年，国营企业每一工人装备的生产用固定资产为 3525 元，而到了“一五”期末的 1957 年，增长到了 5138 元，是 1952 年的 1.47 倍，年平均增长速度达到 7.8%。体现用电设备增加的每一工人耗电量，在“一五”期间的年均增长率为 12.1%。国营工业企业每一工人使用的动力机械总能力相应的年均增长率为 12.4%。

表 2–7　工业企业劳动技术装备程度

	每一工人装备的生产 用固定资产（元）	每一工人耗用的 电力（千瓦时）	每一工人使用的动力 机械总能力（马力）
1952 年	3525	1397	1.73
1957 年	5138	2469	3.1
1952—1957 年 平均增长速度（%）	7.8	12.1	12.4

注：本表不包括集体所有制企业。

资料来源：中国社会科学院、中央档案馆编：《1953—1957 中华人民共和国经济档案资料选编》（工业卷），中国物价出版社 2000 年版，第 1134 页。

"一五"期间行业的机械化程度不断提高。以煤炭和木材工业为例，煤炭企业回采工作面运煤机械化 1957 年达到 75.14%，比 1952 年提高了 20.75 个百分点；平巷运输机械化 1957 年比 1952 年提高 7.26 个百分点；铁路装车机械化更提高了 25.72 个百分点。木材企业中的楞到材陆运作业机械化比重提高最快，1957 年比 1952 年提高了 52.5%；集材作业机械化比重提高了 27.8 个百分点；贮木场到材陆运作业机械化比重提高了 17.5 个百分点。[①]

另外，工业技术的进步还体现在一些重要设备和材料的自给率上。由表 2–8 可知，在重要材料中的钢材自给率由 1952 年的 61.1% 提高到 1957 年的 84.8%，提高了 23.7 个百分点，其中提幅最大的为大型型钢达到 50 个百分点，薄钢板的提高幅度也达到了 38.6 个百分点，而 1952 年，薄钢板的自给率仅有 7.8%。此外，化学农药的提高幅度达到 44.1 个百分点；磺胺药更高达 78.4 个百分点；机器设备的自给率也由 50% 左右提高到 60% 左右。

表 2–8　重要设备、材料的自给率

单位：%

	1952 年	1957 年
钢材	61.1	84.8
其中：重轨	*64.7	89.9
大型型钢	*44.3	94.3
中厚钢板	*48.8	55.9
薄钢板	*7.8	46.4
优质型钢	*93.9	93.9
硅钢片	—	57.6
无缝钢管	—	63.1
接缝钢管	*39.0	86.3
化学肥料	43.7	36.6
化学农药	28.9	73.0
聚乙烯、聚苯乙烯、聚氯乙烯	—	14.3
磺胺药	8.1	86.5

① 中国社会科学院、中央档案馆编：《1953—1957 中华人民共和国经济档案资料选编》（工业卷），中国物价出版社 2000 年版，第 1137 页。

续表

	1952 年	**1957 年**
解热药	1.1	30.8
维生素	—	0.8
水泥	*99.9	97.5
石油	*28.2	30.2
机器设备	50 左右	60 以上

注：带"*"符号的为 1953 年的资料。

资料来源：中国社会科学院、中央档案馆编：《1953—1957 中华人民共和国经济档案资料选编》（工业卷），中国物价出版社 2000 年版，第 1140 页。

图 2-4　1956 年，国营 112 厂生产的第一批喷气式战斗机

图 2-5　1956 年 7 月，中国第一批国产汽车——解放牌载重汽车在长春第一汽车制造厂试制

（二）企业经营效率提高

"一五"时期的国营工业企业规模不断扩大，自有资金从 1952 年的 137.6 亿元增加到 1957 年的 314.0 亿元，年均增长 17.9%。其中生产自有资金由 103.4 亿元增加到 249.6 亿元，年均增长 19.3%。国营工业企业拥有的固定资产原值也由 1952 年的 158.1 亿元，扩大到 1957 年的 352.5 亿元，年均增长 17.4%。其中生产用的固定资产原值，也由 1952 年的 133 亿元，增加到 1957 年的 293.1 亿元，年均增长 17.2%。[①] 由于企业管理水平的提升和

---

① 中国社会科学院、中央档案馆编：《1953—1957 中华人民共和国经济档案资料选编》（工业卷），中国物价出版社 2000 年版，第 1128、1129 页。

不断的改革，再加上工业技术的进步，"一五"时期的工业企业经济效率和经营效益也有了显著的提升。

如果以1952年不变价格计算，国营独立核算企业全员劳动生产率，1952年为5423元，1957年提高到8234元，上升了51.8%，平均每年增长10.4%（见表2-9）。"一五"期间，因提高劳动生产率而使其对工业产值的贡献率① 大为提高。恢复时期这一指标为48.0%，"一五"时期达到59.8%，提高了11.8个百分点（见表2-10）。

表2-9 工业企业的全员和生产工人劳动生产率（不包括集体所有制工业企业）

年份	全员劳动生产率		生产工人劳动生产率	
	平均每一职工的年产值（元）	为上年（%）	平均每一职工的年产值（元）	为上年（%）
1949年	3885		5260	
国民经济恢复时期				
1950年	4314	111.0	5732	109.0
1951年	4974	115.3	6737	117.5
1952年	5423	109.0	7506	111.4
第一个五年计划时期				
1953年	5861	108.1	8546	113.9
1954年	6591	112.5	9288	108.7
1955年	7242	109.9	10274	110.6
1956年	8615	119.0	12172	118.5
1957年	8234	95.6	12048	99.0

注：按1952年不变价格计算；包括了独立核算及非独立核算的工业企业。
资料来源：董志凯等：《中华人民共和国经济史（1953—1957)》，社会科学文献出版社2011年版，第987页。

从资金的利用效果看，"一五"时期，国营工业企业的资金利用效率较恢复时期都有大幅的提升，其中每百元全部资金实现的利润和税金1957年

---

① 指在企业生产过程中，某一投入要素的产出增长率与所有投入要素的总和产出增长率的比。

与 1952 年相比增加了 36.2，增幅最大（见表 2–11）。

表 2–10　提高劳动生产率对发展工业生产的作用

	国民经济恢复时期	第一个五年计划时期
在工业总产值增长额中：	100	100
由于提高全员劳动生产率而增加的产值占的比重	47.6	58.6
由于增加职工人数而增加的产值占的比重	52.4	41.4
在工业总产值增长额中：	100	100
由于提高工人劳动生产率而增加的产值占的比重	50.3	64.8
由于增加工人人数而增加的产值占的比重	49.7	35.2

注：本表是按不包括集体所有制工业企业的总产值计算的。

资料来源：董志凯等：《中华人民共和国经济史（1953—1957）》，社会科学文献出版社 2011 年版，第 986 页。

表 2–11　独立核算国有工业企业主要经济效益指标

年份	每百元固定资产实现的利润（元）		每百元全部资金实现的利润（元）		每百元固定资产净值实现的利润和税金（元）	每百元全部资金实现的利润和税金（元）	每百元工业总产值实现的利润（元）
	按原值计算	按净值计算	按原值计算	按净值计算			
1952	19	28	14.5	19.2	37	25.4	14.1
1953	23.4	34.2	17.7	23.1	45	30.4	15.9
1954	21.7	31.3	17	22.5	42.3	30.4	15.9
1955	20.9	30.4	16.6	22.1	41.4	30	15.9
1956	21.1	30.1	16.8	22	43.9	32.1	13.9
1957	23.6	32.9	18.5	23.9	47.7	34.6	16.9
1952—1957 年的变化率（%）	24.2	17.5	27.6	24.5	28.9	36.2	19.9

注：各年均按 1970 年不变价格计算。

参考资料：国务院全国工业普查领导小组办公室、国家统计局工业交通物资统计司：《中国工业经济统计资料（1986）》，中国统计出版社 1987 年版。

第三章 "大跃进"时期的国营企业（1958—1960）

发端于 1958 年，结束于 1960 年，连续 3 年的"大跃进"运动，是我国在探索社会主义工业化道路实践中的第一次严重失误，教训惨痛。我国经济发展勉强 3 年高涨后，又不得不以连续 5 年的收缩为代价。这期间经历了新中国成立以来最困难的时期。

国营企业作为大跃进的主导力量，虽然为超越发展作出了贡献，也因"左"的指导思想而深受其害。

在这个曲折的发展历程中，人们开始认识到：在社会主义经济建设中，主观能动性固然可贵，但从国情出发和尊重客观经济规律更为重要。社会主义经济建设虽然需要依靠群众、走群众路线，但把经济工作发展成群众运动则往往是不可取的、有害的。

一、"大跃进"赶超战略产生的背景和进展

新中国成立后，我国人民在战争的废墟上很快恢复了国民经济，又在抗美援朝战争的同时，提前完成了农业、手工业和资本主义工商业的社会主义改造，在中国第一次形成了社会主义公有制的经济基础；通过第一个五年计划的顺利实施，第一次基本建立起计划经济体制。

当时，我国正处在一个重大的历史转折时期，从新民主主义革命转向社会主义建设时期。毛泽东说："中国共产党是领导阶级斗争胜利了的党，

现在的任务就是要向自然界作斗争，就是要搞建设。"①1956年9月，党的八大标志着和宣布了中国"由革命到建设"的转变。实践证明，八大的路线符合中国国情，是完全正确的。

1956年，波兰和匈牙利发生的万名国营企业工人因待遇问题上街游行的事件，对毛泽东和我们党引发了极大的震动，仿佛中国也存在这种现实的危险，再加上国内有极少数资产阶级右派分子利用帮助党整风的机会发动进攻，就更加重了这种危机感。1957年9月召开的中共八届三中全会上，毛泽东在会上作了《做革命的促进派》的讲话，他提出，"八大"关于国内主要矛盾的提法是不对的，还是七届二中全会的提法正确：无产阶级和资产阶级的矛盾，社会主义道路和资本主义道路的矛盾，是当前社会的主要矛盾。实践证明，八届三中全会修改党的"八大"关于我国主要矛盾的论断，动摇了"八大"路线的根基，助长了"左"的指导思想的发展。

八届三中全会，也是改变"八大"经济发展方针，批评反冒进的开端。毛泽东在10月9日的闭幕会上说：1955年来了一个高涨，1956年吃了亏，来了一个右倾，来了一个松劲。主要是扫掉了三个东西，一是多快好省，一是《全国农业发展纲要》，一是促进委员会。还说，共产党应该是促进委员会，只有国民党才是促退委员会。毛泽东提出，要"复辟"被扫掉的这三个东西。②

1958年1月的南宁会议，2月的政治局会议，3月的成都会议，毛泽东逐步把批评反冒进推向了高潮。他认为反冒进是方针性的错误，反冒进给群众的积极性泼了冷水，反冒进不符合马克思主义，甚至认为，反冒进在前，右派进攻在后。毛泽东的这些违反客观规律的分析和结论，在反右派运动的声浪中，使党内没有了不同意见。"大跃进"成为中国政治经济生活的主流。

"大跃进"运动的发动，是从农业开始的。1957年冬天就推开了序幕，此后经过南宁会议、成都会议，各级领导干部在农业生产方面的调子和所提出的生产指标越来越高，而1958年夏秋季各地频频释放的农业"高产卫星"，使"大跃进"一开始就走到偏路上去了。

---

① 《关于正确处理人民内部矛盾的问题》，《毛泽东著作选读》甲种本，人民出版社1964年版。

② 中共中央文献研究室：《毛泽东年谱》第三卷，中央文献出版社2013年版，第223页。

本来，赶超战略是每个发展中国家工业化的正确选择，令人遗憾的是，中国社会主义工业化的赶超战略，就是在这样"左"的政治环境下展开的。

（一）大跃进的背景

1957 年 11 月，毛泽东访问苏联，他从赫鲁晓夫那里知道，虽然苏联在一个月前成功地发射了世界上第一颗人造地球卫星，在高科技领域的某些方面，苏联领先些，而就整个经济来看，还是美国领先。最主要的钢铁一项，苏联的产量才只是美国的二分之一（见表 3–1）。要赶上美国，苏联还要很多年时间。但苏联有信心，在 15 年后赶上并超过美国。

毛泽东从与赫鲁晓夫的谈话中看到了中国工业的差距，同时作为另一个社会主义大国的领导人，毛泽东也给赫鲁晓夫送去了自己的信心。毛泽东在莫斯科十月革命 40 周年庆典上提出："中国从政治上、人口上说是个大国，从经济上说现在还是个小国。他们想努力，他们非常热心工作，要把中国变成一个真正的大国。赫鲁晓夫同志告诉我们，15 年后，苏联可以超过美国。我也可以讲，15 年后我们可以赶上或者超过英国。"他算了一笔账：当年打希特勒的时候，美国和丘吉尔手里有 7000 万吨钢，苏联实际只有 900 万吨钢，美英还不是要来请求苏联帮助它们，并把易北河以东和中国的东北及朝鲜北部都划为苏军占领。"这件事很有说服力，说明物质量多少不完全决定问题，人是主要的，制度是主要的"，并且，"历史上从来都是弱者战胜强者"。①

表 3–1　1957 年中国钢产量与世界其他国家钢产量的比较

	1957 年钢产量（万吨）	为中国钢产量的倍数
美国	10225	19.11
苏联	5116	9.56
联邦德国	2800	5.23
英国	2205	4.12
法国	1410	2.64

---

① 《在莫斯科共产党和工人党代表会议上的讲话》，《毛泽东文集》第七卷，人民出版社 1999 年版。

续表

	1957 年钢产量（万吨）	为中国钢产量的倍数
日本	1257	2.53
中国	535	

资料来源：《当代中国的钢铁工业》，当代中国出版社 1996 年版，第 66 页。

　　毛泽东在莫斯科向全世界讲的这番话，说出了全国人民的共同心声。大家都坚信，在迅速取得一连串伟大胜利的中国人民面前，似乎没有什么事情是做不到的。

　　1958 年 5 月召开中共八大二次会议。会议期间，各工业部门党组纷纷向中央和毛泽东写了贯彻成都会议精神、赶超英国和美国的工作报告，提出了本部门的赶超计划和工作设想。比如机械部门提出在二五计划期间，机械工业的产品产量平均每年递增率要达到 50%。冶金部门提出二五期间钢产量平均每年的递增率要达到 41.5%，实现 5 年超过英国 15 年赶上美国的任务。煤炭部门提出二五期间煤产量要达到 7 亿吨，两年赶上英国，10 年赶上美国。化工部提出化肥产量 5 年超过美国。铁道部门提出全民办铁路，二五期间修铁路 3 万公里，15 年内全国铁路总长度要达到 27 万公里。纺织部门提出 5 年内主要纺织品产量超过英国，赶上美国。轻工部门提出造纸工业的产品产量5年超过英国。水利电力部门提出5年内全国初步实现电气化。第一汽车制造厂介绍了"苦战半个月三万变七万"，班产百辆车的记录。包

图 3–1　1958 年高举"三面红旗"的游行队伍

头钢铁厂提出要实现"产量增加一番速度快一倍投资省一半的目标"。

毛泽东在讲话中，还要求大大缩短超英赶美的时间，争取7年赶上英国再加上8年或者10年赶上美国。他批评了那些不同意把指标定得过高的意见，说他们是"观潮派""秋后算账派"。会议通过了根据毛泽东的倡议而提出的"鼓足干劲、力争上游、多快好省地建设社会主义"的总路线。

在八大二次会议的报告中，虽然也提出不能"把多快好省的这个统一方针分割开来"，但更强调多、快，强调速度。报告提出：我国正处在"一天等于20年"的伟大时期，"建设速度问题，是社会主义革命胜利后摆在我们前面的最主要问题"，并批评"有些人不认识提高速度的重要性"。

1958年6月21日，《人民日报》发表社论《力争高速度》，更明确地反映了社会主义建设总路线所包含的追求经济超速度增长的思想。社论提出："速度问题是建设路线问题，是我国社会主义事业的根本方针问题。""'快'这是多快好省的中心环节，快了就能够'多'，这不用说。快和好省在某些条件下虽然互相矛盾，而在根本上却也互相促进的。为了快，就必须动员起来力争上游，敢想敢干敢独创。于是，千千万万又好又省的合理化建议和发明创造就出来了，一系列又好又快的政策就出来了。没有快的需要，他们怎么会出来呢？就是出来，又怎么受到人民的赏识和支持呢？"

（二）二五计划指标的几次大调整

1958年上半年，钢铁生产指标的密集和大幅的调整，最具有"大跃进"的代表性。

1958年2月3日，薄一波向一届人大五次会议作关于1958年国民经济的报告，提出1958年的钢产量指标为624.8万吨，比1957年实际产量535万吨增长17%。这个指标是对各项生产条件进行综合平衡之后提出来的，也考虑了15年左右赶上英国的目标。[1]

1958年4月14日，国家经委按照南宁会议关于三本账的部署，汇总地方报上来的1958年钢产量指标为711万吨，报告党中央。4月15日毛泽东写了《介绍一个合作社》一文，根据时任冶金部长王鹤寿在《钢铁工业的发

---

[1] 薄一波：《若干重大决策与事件的回顾》下卷，中共党史出版社2008年版，第487页。

展速度能否设想的更快一些》报告中的观点，明确宣布："我国在工农业生产方面赶上资本主义大国，可能不需要从前所想的那样长的时间。"他在送出此文时给刘少奇、周恩来等同志时写的一封信中还写道："十年可以赶上英国，再有十年可以赶上美国。"①

1958 年 5 月 18 日，毛泽东在《卑贱者最聪明，高贵者最愚蠢》的批语中，采纳李富春的意见，稍加变通，明确提出："7 年赶上英国，再加 8 年或者 10 年赶上美国。"② 鉴于设想赶上英国的时间在逐步缩短，5 月 26 日到 30 日召开的中央第四十八次政治局扩大会议，将 1958 年钢产量指标定位 800—850 万吨。

1958 年 6 月 18 日晚，毛泽东召集中央政治局全体常委和彭真、李富春、李先念等中央领导谈话。关于钢铁生产，毛泽东表示他赞成提高钢产量指标。经过研究 1958 年钢产量的预计完成数改为 1000 万吨，1959 年钢产量指标改为 2500 万吨。6 月 22 日毛泽东对薄一波所作的《关于 1958 年计划执行情况和 1959 年设想的汇报提纲》作出了批示："赶超英国不是 15 年也不是 7 年，只需要 2—3 年，2 年是可能的。这里主要是钢。只要 1959 年达到 2500 万吨，我们就在钢的产量上超过英国了。"毛泽东把薄一波的汇报提纲改用正副两道标题，正标题是《两年超过英国》，副标题是《国家经委党组向政治局的报告》。③

1958 年 6 月 19 日，毛泽东问王鹤寿去年是 530 万吨，今年可不可以翻一翻？为什么不能翻一番？王鹤寿按主席意见提出了 1958 年钢产量指标为 1100 万吨的计划，后来公开宣布为 1070 万吨，即以 1957 年钢产量 535 万吨为基数翻一番。④

短短 4 个月的时间里，在钢铁生产的外部基本条件没有大的改变的情况下，钢铁的当期产量计划从 624.8 万吨提高到 1070 万吨（见表 3–2），这种冒进主义，被称为工业战线放"卫星"。

①　薄一波：《若干重大决策与事件的回顾》下卷，中共党史出版社 2008 年版，第 489 页。

②　薄一波：《若干重大决策与事件的回顾》下卷，中共党史出版社 2008 年版，第 490 页。

③　薄一波：《若干重大决策与事件的回顾》下卷，中共党史出版社 2008 年版，第 492 页。

④　薄一波：《若干重大决策与事件的回顾》下卷，中共党史出版社 2008 年版，第 493 页。

表3–2 1958年钢产量指标增长表

	当年钢产量指标（万吨）	赶超英国时间
2月3日	624.8	15年
4月14日	711	10年
5月18日	800—850	7年
6月18日	1000	2—3年
6月19日	1070	2年

8月30日，毛泽东听取了鞍钢、武钢、太钢等几个大厂党委书记的生产汇报，尽管不少同志慷慨激昂，保证完成任务，但毛泽东还是不放心，因为只剩下4个月，时间太紧迫，他念了一首古诗："夕阳无限好，只是近黄昏。"

毛泽东在协作区主任会议上，强调要大搞群众运动，同时强调纪律。针对当时生铁供应紧张，调度不灵，个别地方赶着大车去鞍钢要铁，不给不走，毛泽东一再强调："冤各有头，债各有主"，"完不成生产或调度计划，要按纪律办事，要铁的纪律，不要'豆腐纪律'"。①

立即行动起来，完成把钢产翻一番的伟大任务

最近举行的我们党的中央政治局扩大会议决定，为了适应我国农业大跃进的新形势，为了高速度地发展我国工业，我国今年钢的生产量，要比去年翻一番，就是说从去年的五百三十五万吨跃增至一千零七十万吨，这是一个有历史意义的振奋人心的伟大号召。全力保证实现钢产翻一番，是全党全民当前最重要的政治任务。

钢铁工业是工业建设的基础，国家工业化离不了钢铁。农业的机械化和电气化，也依赖于钢铁工业的发展。今年我国工业建设，无论在规模和速度上都大大超过我国历史上任何一年，超过第一个五年计划时期总和的各项基本建设工程，和需要大批生产的机械设备，都要求供应大量的钢铁。今年农业丰收的结果，将有数以百亿元计的资金要购买生产资料，农村办工业的规模将大大超过以往的几个月。所有

---

① 薄一波：《若干重大决策与事件的回顾》下卷，中共党史出版社2008年版，第497页。

这些，都要求生产更多的钢铁。而且还必须预计到，明年是我国人民"苦战三年"的带有决战性质的一年，我国工业和农业将有进一步的大发展。面对着这样庞大的需要，我国的钢铁工业在今年内显然必须有一个飞跃的发展。

钢产翻一番，从五百多万吨剧升到一千多万吨，这样的规模和速度不仅在我国而且在世界历史上都是空前的。我国的钢产量在1952年只有一百三十五万吨，在第一个五年计划期间从居世界第十八位上升到第九位，平均每年递增了31%，五年共增加了四百万吨。今年一年的增长就要超过过去五年增长的总和。美国是资本主义国家中钢铁工业最发达的，它的钢产量在近四十年中从来没有达到一年增长一倍的速度，就是最高产量年的绝对生产量，在正常的和平时期也从来没有超过五百万吨。毫无疑问，实现钢产翻一番，不但在国内而且在国际上都有伟大的政治意义。人们将会看到：社会主义制度较之资本主义制度有多么无法比拟的优越性；英勇勤劳的中国人民，在我们党的社会主义建设总路线的鼓舞下，无论在农业战线上还是在工业战线上，创造了多么难以想象的奇迹。

能不能实现钢产翻一番？对于这个问题不是没有人表示怀疑的。但是，我们的回答是肯定的。我们有充分的理由相信，一千多万吨钢的生产任务一定能够完成。

实现钢产翻一番的最重要的条件，是目前我国正在形成的全民炼钢铁的热潮。由于我们根据党的社会主义建设总路线，采取中央企业和地方企业同时并举、大型企业和中小型企业同时并举、土法冶炼和现代化冶炼同时并举的方针，全国各地和广大群众充分发挥积极性和创造性，几个月来钢铁工业遍地开花。全国正在建设的现代化钢铁企业提出了投资省一半、速度快一倍、产量翻一番的口号；许多原有的钢铁厂由于发掘潜力而产量剧增。各地兴办的中小型钢铁厂比去年大大增加，并且陆续投入生产。全国广大农村和城镇中新建的炼铁土高炉在7月间达三万多个，到8月间又突增至十七万多个。办钢铁工业的神秘观点被打破了，人民群众的土办法和小高炉的作用发挥起来了，分散在全国一半以上的县份的贫富不等的铁矿被采掘出来了。钢铁工业的队伍从过去的几十万人扩大到几百万人了。因此，今年以来钢铁产量逐月上升，特别是 7 月份以后。与此同时，为扩大炼钢能力所必需的冶炼设备的制造，最近也开始大量增加，预计到 9 月下半月和 10 月上半月将大批投入生产，届时我国炼钢能力将比现在增加一倍以上。而目前已有的现代化的钢铁厂、半土半洋的小高炉和十几万的土高炉还有很大的潜力，新建企业的建设进度还可以加快，所有这些，都表明大大增加钢铁产量的可能性是完全存在的。正因为这个缘故，党中央政治局在最近举行的扩大会议决定号召全国人民为今年生产一千零七十万吨钢的目标而奋斗。

当然，为了达到钢产翻一番的宏伟目标，必须克服一系列的困难。为了迅速增加钢的产量，必须保证生铁的大量供应，保证冶炼设备的加速制造并尽早投入生产。负担今年生铁产量任务将近一半的十几万个土高炉，目前有一些尚未投入生产，有一些生产还不够正常，有一些出铁率比较低，或者产铁质量不够好。冶炼设备的制造任务十分艰巨，冶炼原料和燃料的运输也很紧张。为了克服这些困难，需要中央有关部门和各级党委在中央的集中统一的领导下，共同负责、分级管理，加强协作，保证重点，充分动员和发挥人民群众的积极性和创造性，尽最大努力完成今年生产一千零七十万吨钢的伟大任务。

从今天起到年底只有一百二十二天了。一千零七十万吨钢的任务必须完成，一吨也不能少。任务是繁重的，时间是紧迫的，古语说得对，"一寸光阴一寸金"。为了完成钢产翻一番的任务，一小时也不能浪费。全党全民必须同时间赛跑，从现在起立即行动起来，鼓足干劲，苦战四个月。企业的负责人员必须身临最前线，跟工人群众同吃同住，共同想办法，共同负责完成每天的计划。省市自治区党委的第一书记必须把领导钢铁生产当作首要任务，每个星期检查一次生产的进度，采取最有效的办法，调动各方面的力量，组织各方面的协作，解决生产中的一切困难问题。我们相信，在党的社会主义建设总路线的光辉照耀下，只要我们加强党的领导和充分发动群众，一千零七十万吨钢的伟大任务不但一定能够完成，而且一定能够超额完成。

（《人民日报》社论，1958 年 9 月 1 日）

（三）1959 年的纠偏与 1960 年的再跃进

1959 年 7 月 2 日至 8 月 1 日，党中央在江西庐山召开了政治局扩大会议。这次会议的原定议题是总结经验教训，调整指标，研究若干具体政策，进一步"纠左"，动员全党完成 1959 年"大跃进"任务。

会议期间的 7 月 14 日，彭德怀同志对庐山会议出现的"护短"情况很焦虑。他在会议中给毛泽东写了一封信，对 1958 年"大跃进"和人民公社化运动以来产生的"左"倾错误及其经验教训陈述了自己的意见。彭德怀等同志总结经验教训的深度和广度，引起了毛泽东的不满。在后半段召开的八届八中全会上，毛泽东转变会议风向，错误地发动了对彭德怀同志的批判，进而在全党错误地开展了反右倾机会主义的斗争，并错误地把彭德怀、黄克诚、张闻天、周小舟打成反党集团。①

"反右倾"在经济上造成的严重后果，就是打断了纠"左"的积极进程，掀起了继续"跃进"的高潮。在"反右倾，鼓干劲"的口号下，各种"大办"一拥而上，如大办钢铁，大办粮食，大办县、社工业，大办水利，大办养猪场等等。在城市则大办城市人民公社，大办街道工业等等。

由于各种"大办"，庐山会议前有所收敛的"一平二调"的"共产风"又大刮起来。平调范围从土地、粮食、房屋、生产工具，到劳力以及生活家具，无所不有；平调单位从省、地、县，到公社和生产队，一级比一级搞得厉害。两年持续"跃进"，虽然重工业项目，靠着拼体力、拼设备、拼资源，有较大幅度的增长，如钢产量 1959 年达到 1387 万吨，1960 年达到 1866 万吨，煤、铁等也增长较多，但重工业的这种"单兵突进"，进一步加剧了国民经济的比例失调，轻工业急剧下降，而遭到最大破坏的是农业，连年减产。

---

① 薄一波：《若干重大决策与事件的回顾》下卷，中共党史出版社 2008 年版，第 598、602、608、611 页。

二、"大跃进"中的国营钢铁企业

（一）以钢为纲的提出

新中国成立初期，面对国际局势，毛泽东有个著名的说法，"一个粮食，一个钢铁，有了这两个东西就什么都好办了"[①]。

1949 年 12 月，在战争的硝烟还没有散去的时候，新中国第一个讨论工业的会议，就是重工业部召开的钢铁会议。

1956 年 2 月，毛泽东在听取重工业部报告的时候，明确地主张钢产量每 5 年翻一番。[②]

1958 年，在钢指标不断向上攀升的同时，钢铁工业在整个工业经济中的地位也被提高到"纲"的地位。6 月 18 日晚，毛泽东在中南海召集中央全体常委及北京市和部分部委的领导人谈话，表示赞成提高钢产量指标。在场的人们当时头脑都比较热，也都表示同意提高钢产量指标。谈话间，毛泽东对薄一波说：农业有了办法了，叫作"以粮为纲，全面发展"，你工业怎么办？薄一波答：工业就"以钢为纲，带动一切"吧！毛泽东对此表示赞

图 3-2　1958 年 8 月 13 日《人民日报》"早稻亩产 3.69 万斤"

---

① 薄一波：《若干重大决策与事件的回顾》下卷，中共党史出版社 2008 年版，第 486 页。
② 薄一波：《若干重大决策与事件的回顾》下卷，中共党史出版社 2008 年版，第 492 页。

成。7月1日，《人民日报》发表了《以钢为纲》的文章。从此，产生了农业"以粮为纲"，工业"以钢为纲"的方针。①

（二）全民大炼钢铁运动

为了完成1958年生产1070万吨钢的紧迫任务，中央北戴河会议决定实行全民大炼钢铁，毛泽东和党中央采取了一系列措施。

1. 实行第一书记挂帅

毛泽东在北戴河会议上强调，农业问题已经解决，要求第一书记从现在起把工作重点转到工业上来，抓工业主要是抓钢铁。1958年9月1日的《人民日报》社论提出："全党全民必须同时间赛跑，从现在起立即行动起来。""企业的负责人员必须身临前线，跟工人群众同吃同住，共同想办法，共同负责完成每天的计划。省市各自治区党委的第一书记必须把领导钢铁生产当作首要任务，每个星期检查一次生产的进度，采取最有效的办法，调动各方面的力量，组织各方面的协作，解决生产中的一切困难问题。"

2. 大搞群众运动，全党全民大办钢铁

1958年8月，《人民日报》发表社论提出，"要把高速度发展的可能性变成现实，还必须认真贯彻大中小相结合、'土''洋'相结合的方针"。"小的'土'的炼铁炉、炼钢炉，比起大型的和中型的现代化钢铁厂来，技术的确是落后的，但是却具有现代钢铁厂所没有的优势。这就是投资少、设备简单、技术容易为群众所掌握、建设时间短。以小型的和'土'的设备为主，我们就可以在目前技术骨干缺乏、钢材供应不足、现代设备供应不上、资金也不十分充裕的情况下，发动全党全民来办钢铁工业。"

当时，不仅炼铁和炼钢大搞小（小转炉、小土炉）、土（土铁炼钢）、群（群众运动），而且在地质、煤炭、电力、机械、交通运输等方面也搞起了"小土群"，出现了全民大办地质、全民大办小煤窑、全民大办交通运输、全民大办水利等热潮。

建设小高炉的高潮在全国迅速掀起，从3立方米、8立方米、13立方米、28—55立方米，到处都在抢建。小高炉的建设和生产受到了各方面客

---

① 《鞍钢大事记》1948—1985。

观条件的限制，仍然不能满足。形势逼人，又逼出一条"小土群"的路子来，即抢建土高炉。到 1958 年底，这样的土高炉建起了 24 万座。建设小高炉、土高炉，需要大量的劳动力，除了从机关、学校、工厂动员外，不得不大量动员农民参加。小高炉、土高炉需要大量的矿石和煤炭，又不得不动员大量的农民上山开矿、挖煤、砍树。1958 年，究竟动员了多少人参加大炼钢铁，没有精确地统计，据报纸公布，约有 6000 万人参加了大炼钢铁运动。

3. 一切为了保钢

钢产量 1070 万吨的指标，完全超越了客观实际的可能，交通运输、煤炭、电力等部门的生产都达不到钢铁翻番的要求。国家规定除供机械铸铁所需的生铁外，其余全部拨给钢厂炼钢，把大炼钢铁当作压倒一切的中心任务。

1958 年 9 月 5 日，《人民日报》发表题为《全力保证钢铁生产》的社论，提出"生产 1070 万吨钢，是我国人民当前一项头等重要的任务，我们必须为实现这个任务全力以赴，只能超额完成任务，而决不能少一吨钢"，要求"各部门、各地方都要把钢铁的生产和建设放在首要的地位。当钢铁工业的发展与其他工业的发展，在设备、材料、动力、人力等方面发生矛盾的时候，其它工业应该主动放弃或降低自己的要求，让路给钢铁工业先行"。

（三）钢铁企业

1958 年 6 月 28 日，冶金部成立了钢产量翻番的专门工作组，从 7 月 1—19 日，分别向 41 个钢铁企业布置新建一批小转炉，要求在一个季度内建成，

图 3–3 江苏省江阴县马镇人民公社的小"土炉群"

担负当年钢铁翻番的任务。从 7 月份开始，冶金战线已经在为翻番而紧张工作了。

　　1958 年 8 月 17 日，中共中央在北戴河召开政治局扩大会议，各大钢铁企业领导干部都参加了会议。9 月 5 日，中共中央召开全国各省市委电话会议，动员"钢铁大跃进"。之后，一个史无前例的全民大办钢铁运动，在全国范围内轰轰烈烈地展开。

　　1958 年 10 月 15—21 日，是中央确定的"钢铁生产高产周"，钢铁"卫星"放得更大。《人民日报》宣称：在这一周内，钢的平均日产量比以前 14 天的平均日产量增长了 85%，生铁的平均日产量比以前增长了 303%，其中钢的最高日产量达到 10 万多吨，生铁的最高日产量达到 37 万吨。日采煤炭 100 多万吨，铁路装车日均 3.5 万多车。在此期间，毫无钢铁工业基础的广西壮族自治区也"后来居上"，接连放了几颗特大"卫星"。

　　全国各大、中型钢铁企业也不得不竞相"创高产""放卫星"。国务院副总理李富春在鞍山市 3 万职工群众大会上所作的报告中说：鞍钢的任务就是为完成生产 450 万吨钢而奋斗。鞍钢有 11 万职工，比较熟练掌握了炼钢的生产技术，拥有中国第一、世界少有的现代化生产设备，又有丰富的原料，一定能够放"卫星"、创奇迹。①

　　鞍山钢铁公司 1958 年钢产量要求由上年的 291 万吨"跃进"到 450 万吨。为此，全公司开展"夺钢大战"，采取了一系列保钢措施。首先是追加投资，增大冶炼设备能力，加快容积为 1513 立方米的 10 号高炉和炉容量为 500 吨的第三炼钢厂 4、5 号平炉的建设施工速度，原定 1958 年竣工的 39 项重点工程都超前完工。其次是深挖原有生产设备的潜力，强化冶炼及轧钢操作强度，甚至不惜采用超负荷运转等各种违章作业措施。炼钢厂改变过去一直沿用的苏联高炉维持中等冶炼强度的操作法，改行"精料、大风、高温"操作方针，以提高高炉的利用系数和冶炼强度；炼钢厂各平炉采取扩大熔池面积措施，实行超装熔炼；两个初轧厂的均热炉均采用"高烧"加热工艺，初轧机都采用双键轧制法；各成材厂则通过加大压下量，减少轧制道次，提高小时生产能力，不惜拼设备以夺高产。

---

① 《鞍钢大事记》1948—1985。

图 3-4   1958 年，鞍钢又一座大型固定式平炉投入生产

为了完成"跃进"计划，鞍钢除先后建成 10 号高炉、第三炼钢厂 5 座大型平炉、半连续轧板厂、冷轧薄板厂以及选矿、烧结等项目以扩大主体生产设备能力外，还在厂区内外加紧修建了 141 座小高炉、34 座小转炉和各种土炉子。仅建设"小洋群"就从各厂矿抽调 9000 多人，以后又都陆续停产，造成巨大浪费。①

据中央工业工作部 1959 年 1 月 12 日报告，鞍钢下放给辽宁省后，1958 年 10、11 月间，在省委书记处书记杨春甫主持下，搞多装快炼，乱拔"白旗"（把坚持技术规程和管理制度的工程技术人员和行政管理人员当作"白旗"，宣布停职反省）。在炼铁厂拔掉一面"大白旗"，七面"小白旗"。所谓"大白旗"，就是蔡和森同志的儿子、留苏归来的炼铁专家、总工程师蔡博。第一炼钢厂厂长竟在大会上宣布："一九五四年以来的厂长调度命令全部无效，并且像土改时烧地照一样烧掉。"由于乱破规章制度、乱拔"白旗"，炼铁厂连续发生了一系列新中国成立以来少见的恶性事故，死 22 人。当时全国最大的第 10 号高炉，投产不到一个月，就发生 9 起重大事故。其他钢铁企业也是重大事故不断。②

在这种氛围下，一些企业不顾质量，追求数量，生产了一大批质量不合格的钢铁。一些企业拼设备，不能按计划检修，长期超负荷运转，损坏严

① 《鞍钢大事记》1948—1985。

② 薄一波：《若干重大决策与事件的回顾》下卷，中共党史出版社 2008 年版，第 504 页。

重，最后不得不停产检修。

还有许多钢铁厂也抢建了一批"小洋群"的炼铁、炼钢设备。如太钢、武钢、包钢等大企业仓促搞起"小洋群"，耗费了大量的资金、设备、材料。鞍钢在樱桃园、弓长岭矿区建了一批100立方米的小高炉，在灵山建了一座小型转炉炼钢厂。

用小高炉、土高炉生产出来的铁，不仅质量差，成本费用也高的惊人。1吨生铁的成本费，大高炉是100元，小高炉则为345元，而1吨铁的国家调拨价只有150元。1958年土法炼铁、炼钢的亏损，至少高达50亿元，这还不包括因提高调拨价格和土铁质量差，而使炼钢厂增加的支出和减少的收入。

经过几个月的突击蛮干，加上相当程度的浮夸虚报，钢铁产量迅速增长。如以1—8月的每月平均钢产量为100，则9月份为178，10月份为341，11月份为440。12月19日，全国已生产钢1073万吨，正式宣布提前完成钢铁量翻番任务。年底，则宣布钢产量为1108万吨，生铁产量为1369万吨，超额完成了1958年钢产量翻番的任务。

为完成1070万吨钢的生产目标，国家和社会投入了巨大的人力、财力、物力，不少地方矿产资源遭到破坏，森林被砍光，老百姓做饭的锅被砸光。生产出来的钢铁质量又怎么样呢？在1108万吨钢中，合格的钢只有800万吨；在1369万吨生铁中，土铁占416万吨。有些小高炉生产的铁，含硫量超过2%、3%，有的甚至高达6%。这种高硫铁不能炼钢；若用于铸造，也会因铸件发脆、太硬而无法加工。

1960年是3年"大跃进"的最后1年。1960年的夺钢大战，要的是好铁、好钢，并且要能够成材，难度很大。这与1958年主要依靠"小土群"完成任务有很大的不同。冶金部一方面把希望寄托在大中型钢铁企业，另一方面想把条件好的"小洋群"改造成中小型钢铁联合企业。

在大型钢铁企业方面，经过前两年的奋战，鞍钢建成了第三炼钢厂，有500吨平炉2座，370吨平炉3座。武钢的2座高炉、5座平炉也陆续建成。上海形成年产近300万吨的炼钢能力；天津建成年产近50万吨的炼钢能力；北京建成北京钢厂和北京特殊钢厂；包钢抢在当年建成3座大平炉，也参加了夺钢的战斗行列。

在改造"小洋群"方面，冶金部党组于 4 月 18 日向中共中央报送《继续大办"小洋群"和"小洋群"升级问题的报告》，中共中央于 5 月 16 日批准报告。报告提出在全国 1300 个钢铁"小洋群"中，选择资源、设备、厂址条件好的 200 个，建成年产 5—30 万吨钢的中小型联合企业；再选 700 个，建成年产 5 万吨以下的小型联合企业。但这个规划基本上没有实现，最后保留下来的只有几十个。

这一仗打得很艰苦，各钢铁厂都在拼设备，提高钢产量。到了年底，终于生产出来 1866 万吨钢和 1175 万吨钢材。由于钢铁企业设备能力不平衡，缺少轧钢设备，当年积压了大批钢锭。全年全行业利润仅为 3.83 亿元，是"一五"以来最少的一年，比 1957 年的 10.65 亿元下降了 65%。

三、"大跃进"中的其他国营企业

（一）综述

1958 年开始的"大跃进"运动，调动了国营企业职工改变国家落后面貌的强烈愿望，广大职工发挥了极大的社会主义积极性，以强烈的主人翁责任感，不计报酬、不辞劳苦、以厂为家、夜以继日地生产工作，为国家创造出不平凡的业绩。

在大跃进的年代，国有企业职工把革命精神和科学态度结合起来，不仅创造出许多共和国历史上的第一次，也创造出一大批载入历史的第一流速度和第一流业绩。本书仅举 1958 年的几个例子。

1958 年 5 月 12 日，新中国第一台国产小轿车在长春第一汽车厂试制成功。这台车起名"东风"，是红旗轿车的前身。1959 年 9 月，20 辆红旗轿车送往北京，供国庆十周年阅兵式使用。

1958 年 8 月 1 日，我国第一台数字计算机——"103"机，在北京有线电厂诞生。在世界第一台计算机诞生 10 年后，中国向苏联学习，填补了我国在计算机领域的空白。

1958 年 9 月，大连机车车辆工厂试制出我国第一台内燃机车——"巨龙"号。此前两年，大连厂先后派出两批技术人员赴苏联学习考察内燃机车设计制造技术，并在苏联专家指导下，于1958年6月完成了全部设计工作，9月工厂即试制出两台巨龙型干线客货运内燃机车。该型号机车曾配属北京铁路局北京机务段服役。

1958年11月27日，新中国第一艘万吨远洋货轮建成下水。这艘货轮由苏联专家帮助设计，大连造船厂建造，采用当时最新的技术装备，载货量13400吨，续航能力12000海里。该船于1958年9月开工建造，从船台铺底到船体建成下水，只用短短58天时间。其船台周期记录，是当时世界的最好水平，标志着中国船舶工业水平的飞跃。

1958年10月28日，世界上第一台与6000千瓦空冷汽轮发电机同样大

图3-5 "跃进"号万吨轮

图3-6 "巨龙"号内燃机车

图3-7 "103"计算机

小，而发电容量为 12000 千瓦的双水内冷汽轮发电机，在上海电机厂试制成功。同年 12 月，上海电机厂负责双水内冷汽轮发电机设计工作的汪耕赴苏联列宁格勒参加国际发电机冷却技术会议。在这次会上，当我国代表提到我国已试制成功 12000 千瓦双水内冷汽轮发电机时，会场为之轰动。那些行家们不相信，说是翻译翻错了（俄文里水和氢的发音很相似）。当我国代表再次重申的确是"双水内冷"时，引起与会各国代表的极大重视，并将我国的成果载入这次国际会议论文集中。

（二）机械及装备制造业企业

在工业"大跃进"中，只有机械工业与钢铁工业一起并列为"元帅"，另外还有一个"元帅"是粮食。机械工业的第一重要地位，使它不能不与钢铁工业一起冲上了"大跃进"运动的头阵。为了满足国民经济各部门"大跃进"所急需的机械设备，仿照全民大炼钢铁的做法，机械工业部门提出"全民动手，快马加鞭，提供更多更好的机器，保证社会主义建设的高速发展"的口号，并采取各种措施，加速推进机械工业的"大跃进"。

对机械工业进行大规模投资建设。一机部系统"一五"时期施工的主要基建项目 100 多个，而"大跃进"时期猛增到 2000 多个，其中大中型项目 200 多个。全部建成投产的项目有 20 多个，主要是机床行业的武汉重型机床厂、成都量具刃具厂、哈尔滨第一工具厂；重型机械行业的沈阳重机厂、第一重机厂、洛阳矿山机器厂；仪表行业的西安仪表厂；电工行业的哈尔滨三大动力厂二期工程、哈尔滨和西安绝缘材料厂、哈尔滨电缆厂、武汉锅炉厂、湘潭电机厂、西安电力电容器厂、西安高压电瓷厂、保定变压器厂；轴承行业的洛阳轴承厂；农机行业的洛阳第一拖拉机厂、石家庄农业机械厂、湖南动力机械厂等。部分投产的项目有近百个，其中有兰州石油化工机器厂、郑州砂轮厂。

机械工业在"大跃进"中完工的厂房有 1100 万平方米，是"一五"时期 164 万平方米的 6 倍；在"大跃进"中安装的 1000 吨以上自由锻造水压机 15 台，比"一五"时期多安装 13 台。为了加快机械工业的投资速度，中央下放了机械工业的基本建设审批权，简化了审批手续，让各地放手去干。

经过大规模的基建投资，机械工业在"大跃进"中迅速形成了西安、兰州、郑州、合肥、杭州、成都等新的机械工业基础，其他不少地方也相继建立起一批机械工业的骨干企业。但是，也造成了非常大的损失。（1）各省市之间、部门之间，都自成体系，搞"大而全"，重复投资、重复建设的现象非常严重，没有处理好全国机械工业布局与专业化协作的关系。（2）由于抢时间赶进度，工程质量严重下降，有的厂房还未投产就要进行修理、加固，有的不得不降级使用，甚至报废。（3）由于机械工业的基建规模过大、战线过长，分散了财力和物力，致使一些国家急需的重点骨干机械项目反而没能按时建成。（4）建设项目内部也不平衡，冷热加工不协调，前后左右不配套。（5）由于机械工业投资过高，与国民经济发展要求不相适应，致使大量项目没有建成就不得不停建缓建。

据不完全统计，机械工业 315 个建设单位的"癞痢头"工程，就有 400 万平方米，其中 177 万平方米厂房虽然基本建成，但没有设备，不能发挥生产效益，其余多为半截工程，造成很大浪费。

（三）轻工业企业、纺织业企业及商业企业

1. 轻工业企业

轻工业也受到了"大跃进"高指标和浮夸风的影响。1958 年 3 月，轻工业部召开全国轻工业工作会议。根据国民经济计划的第二本账，要求 1958 年列入计划的 23 种产品的总产值，比 1957 年增长 44% 以上，并要求在第二个五年计划期间，轻工业总产值平均每年递增 30%，这是轻工业部系统正式提出来的高指标。

与此同时，轻工部还提出，要在 1957 年生产纸及纸板 91 万吨、糖 86 万吨、酒精 6 万吨的基础上，1962 年达到各年产 1000 万吨的水平。由于这些高指标的影响，各地区、企业纷纷制定了各自的生产高指标，使轻工业生产脱离了健康发展的轨道。

为了确保"钢帅升帐"，轻工业被迫"停车让路"，计划分配给轻工业的钢材，不论是生产用、基建用还是维修用的统统削减指标，供应轻工业的设备订货合同纷纷取消；为保证钢铁生产所需物资的运输，轻工业的原材料、燃料和产成品的运输停下来，大量积压在铁路沿线和港口码头；各地轻工业企业一些职工和设备被抽调去大炼钢铁；生产日用陶瓷的企业改成生产耐火材料，甚至用烧陶瓷的炉窑去冶炼钢铁。

在这种情况下，轻工业要"既让路，又跃进"，就想办法去挤农业，采取"在人民公社大办轻工业"的措施，要求每个县在 40 天内办 200 个社办工厂。这种脱离实际办起来的"小土群"企业，由于片面强调土法上马，因陋就简，结果是设备陈旧，生产工艺落后，消耗大，成本高，产品质量差。表面看，轻工业总产值 1958 年增长了 14.2%，1959 年增长了 40%，其实里面有很多水分。从 1960 年起轻工业就连续三年出现了负增长，1962 年轻工业的总产值比 1957 年还少 3%。[①]

"大跃进"促使一些企业片面追求高速度，不顾品种、质量和安全。当时生产的纸张颜色发黑，表面粗糙，摸着很厚。我国轻工业出口产品的质量，本来在国际上有着较好的声誉，"大跃进"几个月就垮下来了。1959年 5 月 28 日邓小平对此提出了批评，并指出要"注意轻工业产品的质量问题"[②]。

由于轻工业生产受挫，某些生活必需品时有脱销，铁锅、饭碗、刀剪等不仅城市买不到，农村也买不到，凭证限量供应的商品一下子就增加到30 多种。

"大跃进"运动使指导思想上"左"的东西进一步膨胀起来，违背客观经济规律，许多地方追求"一大二公"，把当时有少数先进的手工业合作社发展为合作工厂当作普遍要求，掀起了手工业合作社转厂的热潮。

到 1959 年 5 月，全国 10 万多个手工业合作社的近 500 万名社员中，37.8% 转为国营工厂，13.6% 转为联社经营的合作工厂，35.3% 转为农村人民公社的社办工厂，只剩下 13.3% 保留原有的合作社形式。转厂过度的结果是刮起了对集体资产的平调风，此后虽有所纠正，但仍多次发生，屡禁不止，落下了妨碍集体经济健康发展的病根；并且把集体企业仿照国营企业来办，在分配上实行平均主义，社员多劳不能多得，收入减少，劳动热情大大减退；在管理体制上，原有灵活多样，精打细算的特点，民主办社，勤俭办社的优良传统都丢掉了，取而代之的是"吃大锅饭"；在集体经济的领导管

---

① 中华人民共和国国家经济贸易委员会编：《中国工业五十年》第九卷，中国经济出版社 2000 年版，第 861 页。

② 薄一波：《若干重大决策与事件的回顾》下卷，中共党史出版社 2008 年版，第 500 页。

理体制上也受到多方冲击。小商品生产下降，品种减少，服务网点撤点过多，消费者意见很大。

2. 纺织业企业

第二个五年计划规定 1962 年棉纱产量达到 800—900 万件。"大跃进"开始后，生产指标步步加码，指标越提越高，提出要在两年时间内完成国家规定的"二五"计划。全国各地纺织企业出现了追求高速高产的浪潮。

1958 年和 1959 年，纺织工业生产确实有了较大的增长。1957 年棉花丰收，原料比较丰富，各地纺织职工热情很高，高速高产，1958 年全国棉纱产量达 695 万件（对外公布为 610 万件），比上年增长 49.5%，棉布产量由 50.5 亿米增加到 64 亿米，增长 27.9%。1959 年棉纱产量又增加到 845 万件（对外公布为 820 万件），比上年又增长 21.3%，棉布产量为 75.7 亿米，比上年增长 17.2%，其他纺织品也都有较大的增长。

1958 年棉花确实取得了较好的收成，但是比原来预计的高指标要低很多。1958 年 12 月根据各地上报，当年棉花产量可以达到 7000 万担，但是最后落实下来只有 3938 万担，能用于纺织生产的只有 3000 万担左右。1959 年棉花产量又降为 3418 万担。1959 年生产 845 万件棉纱，差不多用尽了全部库存和周转棉，原料不足的矛盾暴露了出来。于是，纺织业不得不减少生产，1960 年棉纱产量降为 602.5 万件，棉布产量减为 54.5 亿米，以后又继续下降。到 1962 年降到最低点，棉纱为 302 万件，棉布为 25.3 亿米，退到了 1952 年的水平，成为新中国成立以来纺织生产的最大一次起落。[1]

"大跃进"初期，为实现纺织生产的增长，企业付出了沉重的代价。一是机器磨损严重，断头率急剧增加，生产效率明显下降，劳动强度增大，有的甚至纺纱变成了纺白花，自动布机变成普通布机；二是产品质量波动，棉纱一等一级品率下降，捻度减少，强力下降，纱疵增加，印染布缩水、褪色等问题严重；三是原材料消耗直线上升，机配件和机物料消耗成倍以至几十倍地增加，单位产品用电也大幅度上升，浪费现象十分惊人；四是企业管理混乱，设备长期超负荷运转，不按期检修，工艺操作自由化，把正常规章制

---

[1] 中华人民共和国国家经济贸易委员会编：《中国工业五十年》第九卷，中国经济出版社 2000 年版，第 1037 页。

度视为束缚工人积极性的条条框框而一脚踢开，造成无政府主义泛滥。

"大跃进"期间，棉纺织建设规模达到500多万锭。随着棉花减产的形势日趋明显，原计划进行的基本建设规模不可能继续下去，到1959年只建成一个西北国棉七厂，大部分在建项目在1960年开始被迫停工。从1958年至1960年这三年，纺织工业基本建设投资共18.5亿元，比"一五"时期的投资还要多出1亿多元，但投资的效果却很差。

（四）商业企业

50年代中期，国营商业企业提倡售货员要做到"百问不烦，百拿不厌"，对开创商业新风起到了积极作用。

1958年，北京天桥百货商场全面改善服务态度，提高服务质量，收到显著效果。商业部在全国开展了以改善服务态度提高服务质量为中心的"学天桥、赶天桥"的红旗竞赛活动，使服务质量又有了新的提高和发展。

图3-8 北京市天桥百货商场

大跃进时期，在"左"的思想影响下，商业企业在所有制方面也急于过渡。原有的国营商业以外的商品流通渠道，如合作社商业、公私合营商业、合作商店、合作小组、个体商贩以及农村集市等，有的升级与国营商业合并，有的关闭。流通的渠道单一化，导致了基本上由国营商业独家垄断的情况。

图 3-9　北京百货大楼特级售货员张炳贵

　　1958 年，中央确定供销合作社正式由集体所有制过渡到全民所有制，并与国营商业合并。据统计，到 1959 年 7 月底，全国合作商店、合作小组中的小商小贩（不包括并入国营商业的）有 206 万人，比 1957 年减少 150 万人。减少的人中，100 万人左右并入国营商业，50 万人左右转入工农业。①

　　国营商业为了跟上"大跃进"形势，盲目追求高速度，不切实际地提出了"大购大销"的口号。辽宁商业企业提出"生产什么，收购什么；生产多少，收购多少；需要什么，供应什么；需要多少，供应多少"的口号。因为这个口号体现了"大购大销"的基本精神，商业部及时向全国宣传和推广，商业企业纷纷"放卫星"，比赛谁的购、销、调、存商品数额最大。

　　"你也不姓工，我也不姓商，咱们都姓国"是北京商业企业提出的口号，在"工商一家"的口号下，商业企业为了支援工业减少环节，撤销了商品检验机构，有的地区还实行了所谓的"工商库存合一"，即工厂的原材料仓库和成品仓库都由商业企业管理，工厂需要的原材料由仓库直拨，工厂生产的产品随时转为商业库存，商业企业凭工厂的生产报表拨付货款。

　　"大购大销"运动给多家造成了严重损失。商业部门收购了大量质次价格高，甚至没有使用价值的商品，还存在商品下落不明、资金大量浪费的现象。据统计，到 1958 年底，商业部系统未收回的预付货款、预购定金、赊

①　万典武：《当代中国商业简史》，中国商业出版社 1998 年版，第 129 页。

销欠款合计 33.9 亿元，占全部流动资金的 11.1%。1958 年底，商业部开始纠正"大购大销"的错误。

四、"大跃进"中分权式计划经济下的
国营企业同地方政府的关系

（一）工业体制演变的思想来源

"一五"计划后期，随着社会主义改造的基本完成，中央和国务院开始着手研究经济体制改革的问题。毛泽东在《论十大关系》中，总结了苏联经济发展中管得过死的问题，提出了"两个积极性比一个积极性好"的论断，主张把权利分别赋予中央、地方、生产单位和劳动群众。

向国营企业放权让利，借鉴了南斯拉夫"企业自治"的模式。在中共八大上，是否应给予国营企业一定的自治权利成为一个热门的话题。刘少奇在会上所作的《政治报告》中提出，应当保证企业在国家的统一领导和统一计划下，在计划管理、财务管理、干部管理、职工调配、福利设施等方面，有适当的自治权利。然而，随着 1957 年中共对南斯拉夫"自治社会主义理论"进行了批判，"企业自治"被看成"南斯拉夫修正主义"，所以，这样的制度变迁被放弃。

向劳动者个人放权让利，是与 50 年代中期其他社会主义国家的潮流相一致的。但随着强调"政治挂帅"，使得"物质刺激"与主流意识形态相冲突。在这样的政治环境下，分权式改革的重点只能是中央向各级地方政府"下放"权利。

1957 年 9 月的中共八届三中全会上，中共中央经济工作五人小组组长陈云作了《关于改进国家行政管理体制问题和工业增产问题的报告》。会议原则通过了陈云组织起草的《关于改进工业管理体制的规定（草案）》《关于改进商业管理体制的规定（草案）》和《关于划分中央与地方对财政管理权限的规定（草案）》，并且将这三个《规定》提交给全国人民代表大会常务委员会，全国人大常委会批准自 1958 年开始实行。这三个文件的制度变革主要体现在以下方面：

1. 下放计划权。将原来由国家计委统一平衡、逐级下达的计划管理体制改变为"以地区综合平衡为基础的、专业部门和地区相结合的计划管理制度"，实行以地区为主、自下而上地逐级编制和进行平衡，使地方经济能够"自成体系"。地方政府获得了如下权利：可以对本地区的工农业生产指标进行调整；可以对本地区内的建设规模、建设项目、投资使用等进行统筹安排；可以对本地区内的物资调剂使用；可以对重要产品的超产部分，按照一定比例自行支配使用。

2. 下放企业管辖权。提出国务院主管部门所管理的企业，除极少数重要的、特殊的和试验性的企业仍归中央继续管理外，其余企业，一律下放给地方政府管理。这样，原来由中央各部所属的企业和事业单位，有88%下放到各级地方政府，有的还下放到街道和公社；中央直属企业的工业产值占整个工业产值的比重，由1957年的39.7%下降到1958年的13.8%。

3. 下放物资分配权。第一，减少由国家计委统一分配和由各部门管理的物资的品种和数量。第二，对保留下来的统配、统管物资，也由过去的中央"统筹统配"，改为"地区平衡、差额调拨"，中央只管各地区之间供需差额的平衡和调出调入。第三，在供应方面，除铁道、军工、外汇国家储备等少数部门外，不论中央企业还是地方企业所需物资，都向所在省、市、自治区申请，由后者分配和供应。

4. 下放基本建设项目审批权、投资和信贷管理权。对于地方兴办限额以上的大型建设项目，只需将简要计划任务书报国家计委批准，其他设计和预算文件一律由地方政府审批；限额以下的项目，完全由地方政府决定。

5. 下放财政权和税收权。将中央和地方之间的财政收支划分从"以支定收、一年一变"改为"以收定支、分级管理、分类分成、五年不变"；税收基于不同的税收项目也做了分成。另外，中央直属企业的利润也变为中央和所在地方的共同所有。

6. 下放劳动管理权。各地招工计划经省（直辖市）确定以后就可以执行，不必经过中央部委批准。

（二）1958年国营工业企业下放地方的实施

1958年4月11日中共中央和国务院发布《关于工业企业下放的几项规

定》，提出："为了加快我国社会主义建设的速度，提早实现工业化，在工业管理体制方面做如下改变：国务院各主管工业部门，不论轻工业或者重工业部门，以及部分非工业部门所管理的企业，除开一些主要的、特殊的以及'试验田'性质的企业仍归中央继续管理以外，其余企业，原则上一律下放，归地方管理。"

6月2日中共中央作出《关于企业、事业单位和技术力量下放的规定》，规定了下放企业、事业单位和技术力量的17条具体办法，主要是尽快更多地下放。按照上述要求，中央不直接管理的1165个企事业单位，下放885个，下放比例76%。其中，下放比例最高的是纺织部，全部下放；轻工业部次之，达到96.2%；再次是化工部，达到91%，机械部民用部分为81.7%，冶金部为77.7%；煤炭部74.1%；水利电力部72.5%；其他部都在60%以上。

在不到半个月的时间内，中央要求把各部门管理的近900个企事业单位下放到省市区，并完成交接工作，可见当时改进管理体制的决心。

表3-3 1958年中央工业各部门下放企业、事业统计表

部别	企业、事业总数	下放数	留部数	下放比例（%）
轻工业部	130	125	5	96.2
纺织工业部	201	201	0	100
小计	331	326	5	98.5
冶金工业部	166	129	37	77
一机部				
民用	164	134	30	81.7
军用	139	26	113	18.7
化工部	62	56	6	91
煤炭工业部	116	86	30	74.1
水利电力部	69	50	19	72.5
石油工业部	31	19	12	61.5
建工部	87	59	28	67.8
小计	834	559	275	67
总计	1165	885	280	76

（三）1960 年部分国营工业企业又上收中央

由于企业下放过猛，加之下半年开展的全民大办钢铁运动，不仅打乱了企业间原有的生产协作关系，而且出现了各地大上基本建设项目，大量增加职工，以及平调国营企业设备、材料的问题，从而导致计划失控，工业生产秩序混乱。

为了扭转经济发展混乱的局面，《人民日报》于 1959 年 2 月 24 日发表题为《全国一盘棋》的社论。3 月 11 日，国务院发出《关于调整若干个企业隶属关系的通知》，决定将有关全局的 34 个企业由地方交归国务院有关部领导。4 月 28 日，国务院又发出通知，批准 21 个企业由地方交归国务院有关部领导，24 个企业原由地方管理改由国务院有关部门和地方双重领导。从此，中央又逐步上收企业的管理权。

在 1961 年开始的经济调整期间，又把下放地方的大部分企业陆续收归国务院有关部领导，使计划、基本建设、物资、财政和企业管理方面的混乱状况有所扭转，国民经济恢复了正常的秩序。这样，以下放企业管理权为中心内容的改进体制的工作，又以上收企业管理权而宣告结束。

五、"大跃进"中的国营企业管理

（一）管理制度的变迁

我国的国营工业企业管理制度，是在"一五"期间借鉴苏联经验的基础上形成的，曾经起到过重要作用，实践中也暴露了一些问题。1956 年，毛泽东提出改进经济体制时，就针对企业管理制度方面的问题提出过一些改革意见。因此，在 1957 年颁发的《关于改进工业管理体制的规定》中，相应提出了工业企业管理制度的若干改革措施，其中最主要的是扩大企业经营人员对企业管理的权限。

1958 年"大跃进"开始以后，经济建设中大搞"两条腿走路"，国营工业企业管理权限下放，群众运动成为发展工业经济的重要方式，这就使"一五"期间形成的生产组织形式和规章制度，受到剧烈的冲击。

毛泽东最早对这一时期出现的新的管理制度作出了理论上的概括。1959年底到 1960 年初，毛泽东在读苏联《政治经济学教科书》时说："对企业的管理，采取集中领导和群众运动相结合，工人群众、领导干部和技术人员三结合，干部参加劳动，工人参加管理，不断改革不合理的规章制度，等等。"他还说："我们要破除各种各样的迷信，其中包括苏联建设经验的迷信，例如对'马钢宪法'的迷信。"（以马格尼托哥尔斯克冶金联合工厂经验为代表的苏联一长制管理方法）[1]

（二）鞍钢宪法的产生

1960 年 3 月，毛泽东在中共中央批转《鞍山市委关于工业战线上的技术革新和技术革命运动开展情况的报告》的批示中，以苏联经验为借鉴，对我国社会主义企业的管理工作作出科学的总结，强调要实行民主管理，实行干部参加劳动，工人参加管理，改革不合理的规章制度，工人群众、领导干部和技术人员三结合，即"两参一改三结合"的制度。[2]1961 年制定的"工业七十条"，正式确认这个管理制度，并建立党委领导下的职工代表大会制度，使之成为扩大企业民主，吸引广大职工参加管理、监督行政，克服官僚主义的良好形式。当时，毛泽东把"两参一改三结合"的管理制度称之为"鞍钢宪法"，使之与苏联的"马钢宪法"相对立。

毛泽东代表中央写的批示说：鞍钢是全国第一个最大的企业，"过去他们认为这个企业是现代化的了，用不着再有所谓技术革命，更反对大搞群众运动，反对两参一改三结合的方针，反对政治挂帅，只信任少数人冷冷清清的去干，许多人主张一长制，反对党委领导下的厂长负责制，认为'马钢宪法'是神圣不可侵犯的"。现在这个报告，"不是马钢宪法那一套，而是创造了一个鞍钢宪法。鞍钢宪法在远东，在中国出现了"。指示要求大中企业，一切大城市都要把它当作一个学习文件，有领导地"实行伟大的马克思列宁主义的城乡经济技术革命运动"。[3]

---

[1] 中共中央文献研究室：《毛泽东年谱》第四卷，中央文献出版社 2013 年版，第 326 页。

[2] 中共中央文献研究室：《建国以来重要文献选编》第 13 册，中央文献出版社 2011 年版，第 97 页。

[3] 中共中央批转鞍山市委《关于工业战线上的技术革新和技术革命运动开展情况的报告》，1960 年 3 月 22 日。

（三）"大跃进"带来的企业管理问题

1959 年 5 月 16 日，中央工业工作部在《关于目前企业管理工作中的若干情况和问题的报告》中，指出了"大跃进"中国营工业企业存在的主要管理问题。[①]

1. 党委包揽企业全部工作

有些企业在强调党委统一领导的同时，没有注意加强企业生产行政管理方面的厂长负责制，没有注意在生产行政工作方面正确贯彻执行民主集中制的原则。

企业党委大包大揽，对企业全部工作，包括生产行政工作，实行统一领导，全面安排，讨论和决定企业工作中的重大问题，并且在必要时对某些重大问题直接召开全厂职工大会或几级干部会议进行部署，或者组织执行，这是完全正确的。但是，现代化工业企业是一个有机的整体，生产过程分工很细，连续作业，需要全厂各个部门、各个科室、各个车间、各个工段和生产小组严密地配合和协作。因此，日常生产工作必须有集中统一的指挥和严密细致的组织工作，需要在党委统一领导下，建立以厂长负责制为核心的生产行政管理上的责任制度和指挥系统。

由于对现代化工业企业这个特点注意不够，没有认识实行党委领导下的厂长负责制的重要意义，有些企业党委对于许多应当由厂长负责处理的日常生产行政事务，也往往直接处理；有些企业党委还成立了书记处、党政联合办公室，由党委委员分工负责、"分片包干"，直接领导生产行政工作。这样，厂长统一指挥生产的职权实际上就被取消了，或者大大削弱了，使企业生产工作处于一种无人统一指挥的状态。企业的计划、生产、技术、劳动、财务等工作方面也都由于指挥不统一和生产行政管理责任制的削弱而出现了调度不灵、互不配合、不敢负责等混乱现象。

还有一种情况是：有些企业的党委书记把"书记挂帅"变成了书记包揽一切，不仅生产行政工作，而且连工会、共青团的日常工作都一把抓。因此

---

① 中国社会科学院、中央档案馆编：《1958—1965 中华人民共和国经济档案资料选编》（工业卷），中国财政经济出版社 2011 年版，第 284 页。

群众反映：我们的党委书记不是"大权独揽、小权分散"，而是"大权独揽、小事都管"。

2. 管理机构过于简化

有些企业在精简管理机构的时候，过分追求简化，没有充分考虑到现代化工业企业管理工作的需要。过去那种机构重叠、编制庞大的缺点是必须克服的，切实加以精简是完全必要的，但是有些企业做的过了头，把不应该取消的机构也取消了，不应该合并的也合并了。例如把计划、设计、技术检验、技术安全、设备动力、工艺等一些重要的科室撤销了，或者把集中业务性质不同的科、室合成一个机构，甚至把所有科、室并成一个或两三个办公室。有的企业管理人员也精简过多，原来管理人员过多时占职工总数百分之二十、三十、四十，现在却减少到只占百分之二、三、四。

由于机构过分简化，就使得企业管理工作中若干必须经常进行的重要业务难以坚持下去，大大削弱了职能机构的应有作用，企业领导也就不可能依靠这些机构全面地掌握和分析生产情况，适时地调度和指挥生产。另外，有些企业还曾经不适当地推行无人管理和工人自我管理，如所谓"八自"和"十八无"等。"八自"是：工人自编计划，自搞定额，自编工艺，自行设计，自行调度，自搞半成品，自行检验，自行统计。"十八无"是：无人管理工具，无人管理考勤，无人发放材料，无人分配活，无人道检（即工序检验），无人管半成品，无人管计划等等。有些企业的干部甚至认为，既然实行工人自我管理和无人管理，专职的管理干部就可有可无，而且工人参加生产小组管理的各种业余管理员也是多余的了。

有的同志还提倡在企业中实行干部和工人"共同劳动、共同管理"，认为这是向共产主义新兴企业过渡的一种好办法。这些做法，实际上就会走到取消"两参""三结合"的制度。像这样突出的问题虽然是个别的，但是把大搞群众运动和集中领导对立起来，把自下而上的群众民主和自上而下的集中管理对立起来，误认为加强管理就会束缚群众积极性，误认为有了工人参加管理就可以削弱甚至取消专职管理机构和人员，这样的错误思想，在有些地方的企业干部中曾经是比较普遍的。

3. 管理权力下放过度

有些企业在改变管理权力过分集中、实行权力下放时，做得过了头，把应当由厂长集中管理的业务，不适当地下放给车间甚至生产小组。例如产品检验工作，过去全部由厂级检验机构直接负责，车间、工段和小组不能过问，也不吸收工人群众参加，这当然是有缺点的。但是，在纠正这个缺点的时候，有些企业把检验权全部下放车间、工段和小组，或者虽然规定由厂部掌握"头"（原材料）、"尾"（成品出厂）和"关键"的检验，事实上也没有认真执行；有些企业实行了工人群众自行检验和互相检验产品的办法以后，放松了或者取消了专职人员的检验，没有把工人群众的"自检、互检"和专职人员的检验结合起来。

所有这些做法，是造成当时许多产品质量下降的重要原因之一。又例如，将工艺的某些修改权限下放车间和吸收工人参加工艺修改，这本来是一件好事情；但是有些企业将工艺的管理权限统统下放，连工艺规程的某些重要部分的修改都不加控制，这样就造成工艺纪律松弛，影响产品的规格和精密。有的企业甚至把产品的某些设计和图纸的修改权力也下放到车间和工段，发生乱改设计图纸的混乱现象。又例如，有些企业将设备检修工作统统交给车间和生产小组负责，缺乏自上而下的控制和监督，结果往往不按期检修，以致设备损坏严重，设备事故增多。又例如，有些企业在纠正过去财务管理控制太死的缺点以后，又发生了权力过于分散的现象，不仅生产车间可以自行采购原材料和推销产品，而且发展到不经任何批准手续，人人可以自由采购的程度。

4.合理的规章制度也被废除了

过去企业的规章制度中有许多不合理的部分，1958年进行的改革是完全必要的。此后随着生产技术的发展和职工政治、文化、技术水平的提高，还要不断地对规章制度进行必要的改革。但是有些企业在改革规章制度的工作中，出现了某些不够慎重、不够恰当的做法，把某些合理的规章制度也废除了，或者破了旧的以后没有建立新的去代替，结果是某些工作无章可循。

更普遍的是，在企业管理权力下放和工人参加管理以后，领导上放松了对规章制度的监督执行；有些同志甚至把规章制度一律看成是束缚工人群众积极性、创造性的东西，或者把规章制度同"一长制"混同起来，统统称之为教条主义的东西。

在这种思想影响下，许多企业干部对于合理的规章制度也都不敢坚持执行，结果就使许多规章制度无形废弛，造成有章不循的严重局面。当时许多适宜的工时定额、材料消耗定额、在制品管理、废品统计、考勤、保安规程和原始记录等制度，虽然并没有宣布废除，但是也不执行或者不认真执行了。

许多老工人对这种现象是有意见的，他们说："没有定额管理制度，领导上眼睛都瞎了，不知道谁好谁坏。我们也没有个奋斗目标，不知该向谁学习"。有一个厂的老工人批评他们工厂的劳动纪律松弛现象说："我们厂有'十大随便'，上班随便，下班随便，干活随便，吃饭随便，休息随便，讨论随便，开会随便，旷工随便，干不干随便，哪个厂也没有我们厂随便。"由于新工人的增多和纪律不严格，这种"随便"现象，在不少企业中都程度不同地存在着。

（四）国营企业利润分配制度的建立

1958 年，为了调动国营工业企业增产节约、加强经济核算、改善财务管理的积极性，国务院发布了《关于实行企业利润留成制度的几项规定》。

根据《国务院关于改进工业管理体制的规定》和《国务院关于改进商业管理体制的规定》中的有关原则，确定中央经济各部所属企业实行利润留成制度，将企业实现的利润按照一定的比例留给企业，由企业在规定的范围内，自行安排使用。具体规定如下：

1. 企业留成比例，以主管部为单位计算确定。留成比例确定以后，基本上五年不变。主管部可以在本部企业留成所得总数的范围内，根据各个企业的具体情况，分别确定它们的留成比例；并且可以酌量提取一部分，由部集中掌握，调剂使用。

2. 企业留成比例以第一个五年计划期间各部所使用的下列资金作为计算基数：（1）预算拨付的技术组织措施费、新产品试制费、劳动安全保护费、零星固定资产购置费等四项费用（商业部门还包括简易仓棚修建费）；（2）按规定提取的企业奖励基金和社会主义竞赛奖金；（3）较规定提取的超计划利润留成部分。将以上几笔数字加在一起，同各部在同一时期内所实现的利润总数做比较，分别算出一定的比例。这个比例就是今后各部应有的企业留成比例。

各部所属的公私合营企业，由于合营的时间先后不一，所以在计算留成比例的时候，一律以 1957 年一年的数字为基数。

3. 企业留成所得应当根据大部分用于生产，同时适当照顾职工福利的原则，在下列范围以内统筹使用：（1）用于企业所需要的四项费用和简易仓棚的开支；（2）用于补充流动资金的不足和计划以内的基本建设投资的不足；（3）用于其他经过批准的基本建设项目的投资；（4）用于社会主义竞赛奖金和其他各种不包括在工资总额以内的奖金的支出；（5）用于职工福利设施和职工生活困难补助的支出。

根据财政部 1960 年底的统计报告，截至当时国营企业的利润收入是实行留成办法的，即是把利润收入的大部分（约 87% 左右）上缴国家，小部分（约 13% 左右）留归企业，用来解决企业所需的"四项费用"以及职工生活福利方面的开支。

这个制度自 1958 年 5 月 22 日由国务院颁发施行以后，各部门各企业单位提取的利润留成资金：1958 年约为 30 亿元，1959 年约为 51 亿元，1960年预计可能达到 60 亿元左右。[①]

六、"大跃进"中的国营企业技术引进与技术革新

（一）苏联及东欧国家对中国工业发展的支持

"一五"时期，从苏联及东欧国家引进的"156 项"重点工业项目的建设在我国历史上发挥了重要作用。这些项目在 50 年代中后期和 60 年代初期陆续投产并形成生产能力，它从根本上改变了旧中国工业的落后面貌，使我国初步建立了比较完整的国民经济体系和工业体系，为我国工业化进程奠定了坚实的基础。

其中，苏联援建的 156 项工程项目，1957 年底全部竣工投产的共 50 个，

---

① 中国社会科学院、中央档案馆编：《中华人民共和国经济档案资料选编（1958—1965）》（财政卷），中国财政经济出版社 2011 年版，第 310 页。

1958 年和 1959 年新增加竣工投产 48 个，到 1962 年，除个别项目外，156 项工程全部竣工投产。①

1. 重型矿山机械工业

这个领域过去是空白，"一五"时期集中力量新建三个大型企业：苏联援建的以生产大型轧机、冶炼设备、锻压设备和大型铸锻件为主的富拉尔基第一重型机器厂（简称第一重机厂），自行设计的以生产轧机、锻压设备、大型起重设备为主的太原重机厂，苏联援建的以生产矿井提升和洗煤设备为主的洛阳矿山机器厂。

此外，还重点改造了一批老厂，包括以生产破碎机、球磨机和大铸锻件为主的沈阳重机厂，以生产洗选设备、运输设备为主的沈阳矿山机器厂，以生产工矿车辆、炼焦设备为主的大连工矿车辆厂（现名大连重机厂），以生产桥式起重器为主的大连起重机厂，以生产履带挖掘机、卷扬机为主的抚顺挖掘机厂，以生产轧钢润滑设备和地质钻机为主的太原矿山机器厂等。在工程机械方面，建设了苏联援建的沈阳风动工具厂。

2. 电机电器工业

新中国成立前，我国只能少量生产低压小功率一般产品。"一五"时期重点建设了苏联援建的哈尔滨三大动力设备厂（锅炉厂、汽轮机厂、发电机厂），引进捷克斯洛伐克技术以生产 1.2 万千瓦以下的火电机组为主的上海三大动力设备厂（锅炉厂、汽轮机厂、发电机厂），苏联援建的西安 4 个电器设备和电材工厂（开关整流器厂、电力电容器厂、高压电瓷厂、绝缘材料厂），还有苏联援建的哈尔滨电表仪器厂、哈尔滨电碳厂、沈阳电线电缆厂、湘潭电机厂直流电机车间和自行设计建设的沈阳变压器厂、沈阳高压开关厂、沈阳低压开关厂、哈尔滨绝缘材料厂、武汉锅炉厂等。

3. 机床工具工业

过去只能生产一些简单的老式机床和工具，"一五"时期重点建设了苏联援建的以生产立车、龙门刨、龙门铣、卧式镗床等重型机床为主的武汉重型机床厂和一批产品专业化机床厂，包括苏联援建的沈阳第一机床厂（车

① 马泉山：《中国工业化的初战——新中国工业化回望录（1949—1957）》，中国社会科学出版社 2015 年版，第 292 页。

床）、中国自行设计建设的齐齐哈尔第一机床厂（立车）、沈阳第二机床厂（立钻、镗床）、上海机床厂（磨床）、无锡机床厂（磨床）、北京第一机床厂（铣床）、济南第二机床厂（龙门刨）、南京机床厂（六角车床）等。工具方面，新建了苏联援建的哈尔滨量具刃具厂和民主德国设计的郑州砂轮厂（第二砂轮厂），中国自行设计的成都量具刃具厂。

4. 交通运输设备

"一五"时期汽车行业重点建设了苏联援建的第一汽车制造厂和自行设计的北京汽车附件厂（后名北京汽车厂）。机车车辆行业重点建设了大同机车厂、长春客车厂和株洲货车厂，改建齐齐哈尔货车厂和大连机车车辆厂。造船行业重点建设生产各种军用舰艇和民用船舶的江南、沪东、渤海、武昌、广州、大连等造船厂。

5. 农业机械

过去没有基础，新建了苏联援建的洛阳第一拖拉机厂，并开始建设自行设计的天津拖拉机厂。

6. 石油化工机械

开始建设苏联援建的以生产炼油化工设备和石油钻机为主的兰州石油化工机器厂，建设自行设计的以生产各种采油设备为主的兰州通用机械厂。

7. 轴承

新建了苏联援建的洛阳轴承厂，建设和扩建了哈尔滨轴承厂和辽宁省瓦房店轴承厂。

8. 仪表工业

新建了民主德国设计的西安仪表厂。

9. 内燃机

新建了苏联援建的洛阳柴油机厂和陕西兴平柴油机厂，扩建了自行设计的上海柴油机厂、天津动力机厂等。

这些重大项目的建成投产，使新中国的机械装备工业从无到有地建立了汽车、拖拉机、发电设备、石油化工设备、冶金矿山设备、工程机械等制造业，扩大和加强了机床工具、机车车辆和造船工业。主要产品产量比1952年分别增长几倍到几十倍。沿海老工业城市的机械工业得到迅速提高，并初步形成哈尔滨、洛阳、西安、兰州等一批新的机械工业基地。中国机械工业的生产技术水平和组织管理水平都有了很大的提高，奠定了装备制造业的基础。

（二）手工操作领域机械化半机械化的全民技术革新运动

1959 年，在国营工业企业里普遍展开了以技术革新和技术革命为中心的群众运动。该运动声势之大、范围之广，前所未有。

在 4 月份以前，技术革新是以机械化、半机械化、自动化、半自动化为主的"四化"阶段。5 月份以后在"四化"大发展的基础上，又进入了以超声波化、煤气化、管道反应化为主的推广新技术、创意新产品阶段。

完全用手工劳动的、设备落后的国营企业，在大搞技术革新和技术革命；完全用国外设备装备起来的现代化大工厂，也在大搞技术革新和技术革命。大量普遍存在的笨重体力劳动，手工操作以及机械化操作过程，落后的手工工具、交通工具以至现代化的机床、设备和车辆，主要的生产设备和工厂食堂的用具，洗衣房的洗衣设备等，在技术人员和企业职工以及企业服务人员面前都是技术革新和技术革命的对象。

他们做工时想革新，吃饭、睡觉时想革新，在公园里、电车上也议论着革新，出现了千千万万的"革新迷"。有的从小孩玩跷跷板游戏中得到启发，解决了自动开关的设计难题；有的仔细观察人们玩高尔夫球时红灯怎样发亮，想到解决停车装置的关键问题；有的从算盘珠的滑动上，想到解决笔尖自动检验的关键问题；有的从卖小菜的秤杆上，学到了杠杆原理，搞成了装卸机械。有的工人在吃饭时用筷子摆图案，有的在地上用粉笔画样，有的抓起一把泥土捏成模型。

现代化的大型工厂企业中，技术革命的尖兵也往往是出在那些手工操作和笨重体力劳动比重较大的车间和工段。以上海市为例，上海电机厂剪冲车间是全厂手工操作比重最大的车间，外来参观的人很少到那里去，工人们憋着一肚子气，他们发愤图强，在两个月的时间里，连续 4 次闹革命，把机械化、半机械化程度提高了，并且建立了 4 条自动生产线。上海电机厂由一个剪冲车间迅速地发展到各个车间，全厂 70 多工种，没有一个不闹革命的，短短两个月，实现革新项目 4000 多个，全年可以为国家节约 330 万工时。上海汽轮机厂用盐卤砂造型，缩短了造型时间，节约造型材料，铸件清砂方便，光洁度高，盐卤中的氯化镁成了球化剂，使普通的铸铁件成为球墨铸铁，增加了铸铁件的强度，为整个翻砂行业技术改造作出了很大的贡献。中国染料二厂将过去用反应锅反应的间歇产生改变为在管道中进行连续反应，不仅可以提高燃料质量，增加产量，节约人力物力，减少作业面积，改善劳动条件，而且冲破了原来的化学反应理论。这种新工艺适用于许多化工生产，当时已推广到医药、油漆、合成树脂等300余种产品上去。

图3-10　鞍钢革新能手王崇伦

即使是设备全新的企业、车间和工序，技术革新和技术革命不仅有必要，而且潜力很大。

鞍钢无缝钢管厂就是一个用最新的设备装备起来的现代化工厂。这个厂的职工在1958年发扬不断革命精神，群众大闹技术革命，全厂在基本上不增加设备的情况下，无缝钢管产量比1957年增加了将近一倍。1959年，这个厂的职工群众继续大闹技术革命，无缝钢管产量又比1958年有很大的跃进。

长春第一汽车厂也是一个以全新设备、全新技术装备起来的现代化工厂。它的原设计能力是班产50辆（一个班在8小时内生产50辆解放牌汽车部件）。在1958年的大跃进中，全厂职工鼓足干劲，破除迷信，对设备、工艺和产品设计进行全面的技术改革，仅仅半个多月的时间，全厂没有向国家要分文投资，没有增加一台设备，就使生产能力翻一番，即班产100辆。

1959 年他们在此基础上，继续进行全面的技术革新和技术革命。全厂大部分设备能力都已经达到或者超过了班产 150 辆，其中近 30% 的生产设备能力达到了班产 250 辆，达到原设计能力的 5 倍。哈尔滨量具刃具厂、哈尔滨轴承厂、大连机床厂、洛阳轴承厂等现代化企业也积极用简易设备革新，制成生产自动线，提高了生产效率。

1958 年，本来是丰收年。由于 9 月以后开始的全民大炼钢铁以及其他的各种"大办"，过多的抽调农村劳动力，而且主要是壮劳力，农业与工业劳动者的比例由上年的 13.8∶1 下降到 3.5∶1。大量的运输工具和牲畜也用于大炼钢铁，结果导致许多地区大批的粮食和棉花因无人收割而烂在地里，据中央农村工作部估计，农产品有 10% 左右未收回。生猪、大牲畜、水产品等产量也都比 1957 年下降较多，在城镇人口大量增多的情况下，市场供应情况开始紧张。

在大炼钢铁的推动下，1958 年一些基础工业有了较大幅度的增长。与 1957 年相比，煤炭产量由 1.31 亿吨增加到 2.7 亿吨；发电量由 193 亿度增加到 275 亿度；金属切削机床产量从 2.8 万台增加到 8 万台。但这些数字有浮夸，有的是靠拼设备取得的，并没有牢固的基础，而且企业的正常管理受到了严重冲击。算总账，大跃进是得不偿失的。

党中央在 1958 年冬季开始察觉到大跃进中出现的"左倾"错误，并着手纠正。由于没有从理论上厘清问题的性质，且由于 1959 年庐山会议开始的"反右倾"斗争，纠正工作中断。直到 1961—1965 年的国民经济调整中，这个错误才得到基本纠正。

第四章　第一次国民经济调整时期的
国营企业（1961—1965）

"大跃进"不仅导致了国民经济比例严重失调，带来了严重的经济困难，在连续 3 年的自然灾害中，又引发了严重的农业减产和饥荒，给人民生活造成极大困难。毛泽东虽然没有认识到经济工作指导思想上"左"倾错误的严重程度，但 1960 年 4 月，他在中央上海工作会议上所作的《十年总结》中，说明他在北戴河会议、武昌会议、上海会议上同意了过高的钢指标，是和当事人一同犯了错误。毛泽东承认在一定程度上犯了错误，这在客观上使国民经济进行调整有了可能。

由于"左倾"思想影响，调整工作经历了一波三折，直到 1962 年七千人大会，全党才统一了认识，下决心调整，仅用了 3 年时间，国民经济就恢复到"大跃进"前的最好水平。

一、国民经济调整方针的提出

1960 年 7 月 5 日至 8 月 10 日，中共中央在北戴河召开会议。这次会议强调不再全面"跃进"，建议对国民经济进行全面整顿。会议还要求，今后计划不再搞两本账，只搞一本账，不留缺口。北戴河会议后，周恩来多次听取国务院各行业管理部门的汇报，要求在"保钢"的同时，使钢的前后左右能够协同前进，不要寅吃卯粮、毫无余地、左支右绌、前后脱节。为了给 1961 年、1962 年以及第三个五年计划留下一定余地，周恩来感到有必要对国民经济进行调整。

（一）中央"调整、巩固、充实、提高"方针的提出

1960 年 8 月 30 日至 9 月 5 日，周恩来分四次听取国家计划委员会党组关于 1961 年国民经济计划安排情况的汇报。这时，李富春等人已经根据中央上海会议和北戴河会议的精神，特别是周恩来的意见，对 1961 年国民经济计划安排提出了一个原则性的意见，即应以"整顿、巩固、提高"的方针安排经济工作，以新增生产能力为辅。

周恩来听取汇报后，对这个方针的提法做了重要的改动。他认为，这个方针的提法，与其提"整顿"，不如提"调整"，这样可以使内容更加广泛，突出扭转比例失调的含义，更切合当时经济形势的需要。他还建议在"调整、巩固"后面加上"充实"两个字。在周恩来的指示下，最终形成了完整的"调整、巩固、充实、提高"的"八字方针"。

中央在批转这个报告的意见中明确提出：1961 年"使各项生产、建设事业的发展中得到调整、巩固、充实和提高"。这是中央以文件形式第一次正式提出调整国民经济的"八字方针"。

1961 年 1 月 14—18 日，在北京召开了党的八届九中全会。会上，李富春作了《关于 1960 年国民经济计划执行情况和 1961 年国民经济计划主要指标的报告》。全会批准了这个报告，正式通过了"调整、巩固、充实、提高"的政策方针。后来，中央又多次召开会议，进一步制定了一系列贯彻落实的政策和措施，对国民经济进行了坚决的全面的调整。

（二）国民经济调整的三个阶段

中央提出"调整、巩固、充实、提高"的"八字方针"是不容易的，而把这一方针确实落实到经济领域的各行各业，更加不容易。

首先是急于求成的"左倾"思想没有得到必要的清算，人们对于整个经济困难的严重程度认识不足，对于要不要大幅度压缩看法不一致，一些干部仍然在等待机会上大项目。一些同志虽然认识到经济形势的严峻性，但由于怕被说成否定"三面红旗"，不敢大胆进行调整；还有一些人担心政策多变，今天搞调整，明天又挨批，对"八字方针"采取观望态度。所以，调整工作举步艰难，一波三折。

国民经济的调整大体上经历了三个阶段。

1961 年初至 1961 年 8 月庐山会议前为第一阶段，可以称为"徘徊阶段"。基本建设和工业生产规模没有压缩到切实可靠的阶段，工业生产下降的趋势仍在继续。

1961 年 9 月至 1962 年底为第二阶段，可以称为"统一认识和后退、整顿阶段"。特别是 1962 年 1 月召开的七千人大会，毛泽东带头做自我批评，倡导民主集中制。思想统一后，中央先后采取了一系列强有力的果断措施，国民经济开始好转。

1963 年 9 月至 1965 年底为第三阶段，可以称为"调整、恢复和发展"阶段。中央顶住"左倾"思想重新抬头的压力，继续进行调整，终于使国民经济重新回到健康发展轨道。

（三）国民经济调整的措施

1. 减少城镇人口，精简职工

城镇人口在 1961 年已经减少 1000 万人的基础上，1962 年、1963 年再减少 2000 万人，职工人数在 1961 年已经减少 870 万人的基础上再减少 1000 万人。这是减少粮食销量和工资开支，解决市场不平衡最有力的措施。

2. 压缩基本建设规模，缩短基建战线

1960 年基建投资完成 384 亿元，1961 年减到 123 亿元，1962 年计划减少到 46 亿元，后来实际完成 56 亿元，加上自筹，完成 67 亿元，累计率从 1960 年的 39.6% 降到 1961 年的 19.2%，1962 年进一步降到 10.4%。其中，大中型基本建设项目由 1960 年的 1815 个减少到 1961 年的 1409 个，1962 年进一步减至 1003 个。这样，就有可能腾出人力、物力、财力去加强农业和轻工业生产，使人民生活逐步有所恢复。

3. 缩短重工业战线，实行某些必要的关、停、并、转

1960 年钢产量 1866 万吨，1961 年压到 870 万吨，1962 年初计划是 750 万吨，后来调整为 600 万吨，实际完成 667 万吨。煤炭 1960 年实际产量为 3.97 亿吨，1961 年完成 2.78 亿吨，1962 年计划 2.51 亿吨，后来调整为 2.39 亿吨，实际完成 2.2 亿吨。

关、停、并、转实际上 1961 年已经开始。全民所有制企业 1960 年减少

2.5 万个，1962 年又减少 1.8 万个，两年共减少 4.37 万个，相当于 1960 年 9.6 万个的 44.8%，职工人数减少了 966 万人，主要是"大跃进"时期发展起来的地方小企业。但关停那么多企业，在当时争论是很大的。一种意见，要关停旧的从小高炉、小机械、小煤矿下手，因为这类企业效率太低，消耗太高，产品质量又不好。以消耗来说，小高炉生产一吨生铁，消耗焦炭两吨多，而鞍钢只需要 600 多公斤就够了。另一种意见是，担心这样做会犯路线错误，所以宁停鞍钢一定要保小高炉。最后还是按第一种意见办了，取得了很好的效果。

二、国民经济调整方针在国营企业的实施

国营企业是贯彻国民经济调整方针的主力军，无论在缩短基本建设战线，还是提高产业水平、保证市场供应都作出了卓越的贡献。特别是在执行关、停、并、转国营企业和精简国营企业职工中，国营企业都作出了极大的牺牲和奉献。

（一）钢铁工业的调整

1. 把钢产量指标坚决降下来

1961 年钢产量指标由最初的 2040 万吨降到 1900 万吨，仍无法完成，最后不得不降到 850 万吨。1962 年钢产量指标，一开始定为 750 万吨，比 1961 年实际产量 870 万吨减少 120 万吨。为了贯彻 1962 年调整计划，又降至 600 万吨，当年实际产量为 667 万吨。

2. 缩短钢铁工业战线，精简职工，充实农业生产第一线

60 年代初，周恩来亲自到鞍钢进行实地考察，并和鞍钢的同志一个厂一个厂地算细账，统一了思想，把鞍钢 20 万职工精简到 12 万人，在全国起到了示范作用。后来，在大中型钢厂、矿山中，明确规定凡是 1958 年以后自农村来的新职工，都动员回乡参加农业生产。还坚决停办"小洋群"，把人送回农村，加强农业。据统计，1960 年底钢铁企业职工人数为 373.3 万人，1961 年底降到 174.6 万人，1962 年底又降到 75.7 万人，两年共减少职

工 297.6 万人。

3. 压缩基建投资，停止大部分项目的建设

"大跃进"期间，国家钢铁工业累计投资 114.72 亿元，平均每年约为 38.42 亿元，展开的建设规模过于庞大，国家无力续建。1961 年基建投资规模减为 11.88 亿元，1962 年进一步减为 5.07 亿元，必须把大部分在建的项目停下来。

鞍钢、武钢、包钢、酒钢等大项目停了下来，各省市自治区的钢铁厂也大部分停止了建设。大多数项目是有计划地停下来的，损失较少。也有个别项目停得太仓促，造成了混乱。

但是，为了配合国民经济按比例发展，该上的基建项目在压缩总投资的情况下，也要调剂资金把它搞上去。如马钢车轮轮箍工程，原是苏联援建项目，1960 年苏联政府背信弃义，单方面撕毁协议，还停止对中国出口车轮轮箍，使中国本来薄弱的铁路运输雪上加霜。1961 年春，邓小平召集会议，专门讨论这一问题，他说，"走国家工业化的道路，没有车轮，火车就'没鞋穿'，铁路也就瘫痪了，如何实现工业化？"[1]

按照会议决定，1961 年 3 月 7 日成立了马钢车轮轮箍厂筹备处，1962 年 5 月开始大规模施工，1963 年 10 月建成平炉系统，11 月建成轮毂系统，11 月 18 日，国产第一只车轮轮毂试轧成功。一年半完成建设任务，投资 1.27 亿元，占 1962 年钢铁工业全行业投资 5.07 亿元的 25%。

4. 关停并转，保护设备

1961 年和 1962 年前 7 个月，重点钢铁企业停产的主体设备，高炉为 36%，平炉为 57%，电炉为 37%，转炉为 97%。关闭中小企业近 2000 家，直属企业的基建项目中如酒钢、包钢等 242 项工程停止施工。

（二）轻工行业的调整

1. 压缩基建战线，同时，对"大跃进"中涌现的"小土群"企业分情况进行关停并转，轻工业系统的职工从 1960 年的 914.2 万人精简到 1963 年的 546.1 万人。

---

[1]　赵海：《马钢高速车轮：跑出新时代的"中国速度"》，《科技日报》2018 年 4 月 13 日。

2. 整顿国营轻工业企业的管理工作，使全行业的技术、经济管理水平提高了一步；对过渡为全民所有制的集体企业大部分退了回来，对转为联社统负盈亏的大集体企业，相当一部分重新划小核算单位。到 1964 年，集体所有制企业恢复到 1957 年的水平，市场上手工业品供应丰富起来。

3. 针对"大跃进"造成的粮食和经济作物减产，轻工业生产用的农业原料供应困难等情况，轻工业采取调整原料结构的措施，一方面扩大工业原料的比重，增产日用机械、日用搪瓷、日用五金、日用化工等产品，发展手表、感光胶片、塑料制品、合成洗涤剂等新兴行业；另一方面加强农产品原料的基地建设，促进葡萄、酒花、糖料、果蔬、烟叶、乳品、大麦、芳香植物的恢复和发展。

4. 试办了烟草和盐业两个托拉斯①，为改革工业管理体制做了有益的探索，取得了初步的成效。

（三）纺织行业的调整

1. 精简职工。关、停、并、转和大部分基建项目停缓建，并动员那些"大跃进"时进厂的农民返回农村，加强农业生产；同时动员家在农村的职工"回家就业"，以减轻城镇粮食供应的负担。据统计，纺织部系统的职工人数由 1960 年的 200 万人减为 1962 年的 129 万人，两年内共减少 71 万人。

2. 调整生产战线，把棉纱、棉布等主要产量指标降下来，对纺织工业企业试行关停并转。先后关停并转了 100 多个纺织厂和几十个纺织机械厂，开工的棉纺锭由 1961 年的 975 万锭减为 1963 年的 616 万锭，关停了 359 万锭，即使开工的 616 万锭中还有一部分厂实行轮流生产，整个纺织工业系统的设备利用率只有 60%。1964 年随着棉花供应的正常，关停的企业陆续开始复工生产。

3. 纺织工业基本建设的调整工作，早在 1960 年下半年就已经开始，1960 年棉花产量仅 2126 万担，收购量 1866 万担，比 1959 年下降了 1200—1300 万担，并且还有继续下滑的趋势，给纺织工业生产带来了严重的困难；

---

① 托拉斯，是英文 trust 的音译，垄断组织的高级形式之一，由许多生产同类商品的企业或产品有密切关系的企业合并组成。托拉斯源起于美国，一战后世界各国广泛采用这种企业组织形式。

农业原料的大幅度减产，一方面批示纺织加工项目下马停缓建，另一方面也迫使纺织工业部门必须加快发展化学纤维，以弥补农业原料不足。

1960 年 4 月，中共中央和国务院批准将人造纤维工业划归纺织工业部门。1958 年下放的丹东和保定两个化纤厂，仍由纺织工业部直接管理，人造纤维的原料、产品和设备，都由纺织工业部门统筹安排。国务院副总理邓小平在纺织工业部 1960 年 7 月一份关于建设一批粘胶纤维厂的建议上批示："我看是值得的，还有合成纤维也必须考虑。"国务院副总理李先念也批示："建议及早动手，迟办不如早办。"[1] 这样，化学纤维这一原料工业的发展与建设，被提上了重要的议事日程。

20 世纪 60 年代，世界上涤纶、腈纶、锦纶三大合成纤维迅速发展，这些品种都是采取石油化工路线，以石油为起始原料。当时中国石油工业正处在起始阶段，基础还很薄弱。纺织工业部根据国内资源状况、技术条件、市场需求和人民消费水平，选择了先发展维纶（以石灰石为起始原料）和腈纶的途径。

1963 年，国家决定从日本引进年产 1 万吨维纶及其原料聚乙烯醇的成套设备和技术，兴建了北京维尼纶厂和北京有机化工厂（后者属化工部），这是新中国成立以来，从资本主义国家引进的第一个成套化纤项目，1963 年 8 月正式动工兴建，1964 年 9 月建成，1965 年试生产。

1965 年，又从英国引进了年产 8000 吨腈纶短纤维的成套设备和技术，以兰州石油化学工业公司生产的丙烯腈为原料，建设了兰州化学纤维厂（该厂于 1969 年建成投产）。与此同时，上海第二化纤厂以上海高桥化工厂生产的丙烯腈为原料，新建了一条年产 2000 吨腈纶生产线，于 1969 年先于兰州化学纤维厂竣工投产。这是我国发展合成纤维的起点。

（四）商业的调整

1961 年 6 月 19 日中共中央作出了《关于改进商业工作的若干规定（试行草案）》（即商业四十条），同年 12 月 15 日商业部也相应制定了《商业工作条例（试行草案）》（即商业一百条），为落实国民经济调整方针，明确了

---

① 迎接建党九十周年《钱之光传》摘登（二十七），《中国纺织报》2011 年 7 月 19 日。

工作内容。

1.恢复和建立国营商业公司，调整管理体制

为了更好地组织全国的商品流通，国务院于 1962 年 5 月 5 日作出《关于商业部系统恢复建立各级专业公司的决定》。在总的管理体制方面，仍然实行上级业务部门和当地商业行政部门双重领导的制度。

到 1965 年，商业部共有百货、纺织品、五金交电、化工原料、石油、煤建、食品、糖业烟酒、医药、中药材等 10 个专业总公司和饮食服务、蔬菜、民族贸易、劳保特需用品等专业局。

2.恢复供销合作社

1962 年 4 月 26 日，中共中央、国务院作出了《关于国营商业和供销合作社分工的决定》，这次仍然按照城乡分工和商品分工相结合的原则进行划分，大体上恢复到 1957 年以前的分工状况，同时做了一些必要调整。

3.恢复合作商店合作小组

1960 年 1 月中央决定有计划有步骤地将并入国营商业和供销合作社的小商小贩划出去，让他们再度走合作化道路。

4.稳定基本生活必需品的供应及价格

1960 年以后，各种副食品和以农产品为原料的工业品，都出现供应不足的情况，市场上排队争购的现象比过去大大增加，争购最普遍的是饮食品和针织品，因此，1960 年饮食业在顾客用餐时对主食品普遍收粮票。1960 年 8 月起，经中央批准对 9 种主要针织品收取布票。

表 4-1　北京、上海、天津三大城市凭票证券供应商品统计表

地区	项目	年份 1957	1958	1959	1960	1961	1962（6 月）
北京	社会商品零售额（万元）	138047	178100	214700	248235	202300	87700
	凭票证供应商品 品种（个）	6	6	12	50	69	102
	金额（万元）	33923	47738	57118	101139	87230	39273
	占零售额（%）	24.6	26.8	26.6	40.7	41.1	44.8
上海	社会商品零售额（万元）	255573	269995	297987	321417	291937	135300
	凭票证供应商品 品种（个）	7	9	15	25	42	92
	金额（万元）	75590	84047	97531	125398	153920	82400
	占零售额（%）	29.6	31.1	32.7	39	52.1	60.9

续表

地区\项目	年份	1957	1958	1959	1960	1961	1962（6月）
天津	社会商品零售额（万元）	92900	102800	121500	131300	122500	53042
	凭票证供应商品 品种（个）	3	8	11	26	34	98
	金额（万元）	20800	22780	28597	32368	39967	17812
	占零售额（%）	22.4	22.2	23.5	24.7	32.6	33.6

资料来源：《当代中国商业》，中国社会科学出版社1998年版，第116页。

1962 年上半年，北京市的票证共有 20 种，即粮票、面票、油票、高级油票、布票、鞋票、肉票、糕点票、饼干票、豆票、儿童副食票、针织品票、购粮证、居民购货证、个人购货证、煤油证、专用供应证、菜证、菜票、购货券。凭证供应的商品共有 102 种，其中凭居民购货证供应的商品 24 种，主要是副食品，凭购货券供应的商品 56 种，都是日用工业品。

1962 年购货券大约按工资总额 5% 发放，即 20 元工资发 1 张，每月发一次，全年大约发 71 张。凭每张券大体可买 1 元钱的商品。事实证明在商品十分匮乏的条件下，实行凭票证供应对保证人民生活最低限度的基本生活需要是有作用的。

表4-2　上海、天津主要商品收券标准

品名	单位	上海（张）	天津（张）
人造棉及制品	1 市尺	1.5—2.5	2—4
毛线及成衣	1 市两	2—4	1—4
呢绒及成衣	1 公尺	8—20	21—41
丝绸及成衣	1 市尺	1—4	2—5
丝绸被面	1 条	10—15	30
丝绵	1 市两	4	2.5—3.5
棉毯	1 条	5—10	6—20
毛毯	1 条	8—20	10—50
塑料雨衣	1 件	1—2	15

续表

品名	单位	上海（张）	天津（张）
手帕	1 条	0.5—1	0.2—1
胶鞋	1 双	2—12	12—25
电池	2 只	1	2
铝锅	1 只	2—10	8—22
铝壶	1 只	6—10	18
铝饭盒菜盒	1 只	1—4	12—15
搪瓷面盆	1 只	3—5	12—14
搪瓷口杯	1 只	1—3	1—5
搪瓷痰盂	1 只	2—4	12
热水瓶	1 只	1—3	1—6
手表	1 只	50	40—100
缝纫机	1 架	20	50
各种箱子	1 只	3—15	5—20
茶叶	1 市两		4
白酒	1 市斤		15
啤酒	1 市斤		1
露酒	1 市斤		3
水产罐头	1 听		8
水果罐头	1 听		3

资料来源：中国社会科学院、中央档案馆编：《1958—1965 中华人民共和国经济档案资料选编》（商业卷），中国财政经济出版社 2011 年版。

（五）精简国营企业职工

由于各地"大上"基本建设项目和劳动权利下放地方，1958 年一年国营企业职工总数就由 2451 万人增加到 4532 万人，净增 2081 万人，增长 84.9%。这些职工是从农村大量招入的，使城镇人口增加了 3000 万人。早在 1959 年 6 月，中央就指示，在 1959 年内，要把县以上企业职工人数减少 800 万到 1000 万，但是，"反右倾"斗争展开后，各地又开始大上项目，再次从农村招收了一大批职工，使精简职工的措施受阻。1960 年，职工总人数达到 5969 万人，城镇人口由 9949 万人增加到 13000 万人，增加了 3000 多万人。

1961 年中央工作会议以后，各地贯彻调整方针，全年实现减少城镇人口 1300 万人，精简职工 950 万人。但是，由于城镇人口和职工过多而给经济造成的困难，还没有完全解决。

中央决定，1962 年上半年，全国再减少城镇人口 700 万人，基建职工应占 500 万人，争取在春耕或夏收前完成。要求各企业单位根据生产任务，进一步整顿劳动组织和精简人员。1958 年以来来自农村的新工人，仍然是精减的主要对象，应当尽可能地动员他们回乡参加劳动。

1962 年 5 月 27 日，中共中央、国务院发出《关于进一步精简职工和减少城镇人口的决定》，要求全国职工数在 1961 年末 4170 万人的基础上，再减少 1056—1072 万人，其中，工业减少 500 万人，基本建设减少 230 万人，交通运输邮电减少 40 万人，财贸减少 80 万人等。全国城镇人口在 1961 年末 1.2 亿人的基础上，减少 2000 万人，同时，相应减少吃商品粮的人口。

表 4–3　全民所有制工业职工年末人数

单位：万人

年份	工业职工年末人数			比上年增长（%）		
	合计	轻工业	重工业	合计	轻工业	重工业
1952	510	232	278			
1953	594	262	332	16.5	12.9	19.4
1954	610	264	364	2.7	0.8	4.2
1955	580	244	336	−4.9	−7.6	−2.9
1956	717	292	425	23.6	19.7	26.5
1957	784	298	450	4.3	2.1	5.9
1958	2316	566	1750	2.1 倍	89.9	2.9 倍
1959	1993	575	1418	−13.9	1.6	−19.0
1960	2144	572	1572	7.6	−0.5	10.9
1961	1597	460	1137	−25.5	−19.6	−27.7

续表

年份	工业职工年末人数			比上年增长（%）		
	合计	轻工业	重工业	合计	轻工业	重工业
1962	1178	361	817	−26.2	−21.5	−28.1
1963	1119	335	784	−5	−7.2	−4.0
1964	1159	366	793	3.6	9.3	1.1
1965	1238	434	804	6.8	18.6	1.4

（六）实施调整方针的效果

经过 5 年的艰苦努力，到 1965 年，国民经济终于实现了全面恢复和好转。

1964 年 12 月，周恩来在第三届全国人民代表大会上所作的《政府工作报告》中指出，"经过调整，工业和农业的关系比较协调了，工业内部的关系也比较协调了，工业支援农业的能力也进一步加强了，企业内部的生产能力绝大部分已经填平补齐、成龙配套，设备损坏和失修的情况已经改善"。他在报告中庄严宣布："调整国民经济的任务已经基本完成，工农业生产已经全面高涨，整个国民经济已经全面好转，并且将要进入新的发展时期。"

1961—1965 年的调整时期，工业建设以成龙配套、填平补齐为重点，使前几年建设起来的工矿企业逐步发挥作用；与此同时，不失时机地建成了一些重要的项目，改建扩建了一批厂（矿），新兴工业部门迅速发展，新产品、新品种不断涌现，使工业现代化的物质技术基础得到了加强。

1.冶金工业根据国民经济发展的需要，加强薄弱环节的建设，开发了大量的新产品、新品种，基本适应了国民经济各部门调整生产后对冶金工业的需求。有色金属工业加快了建设步伐，1961—1965 年基本建设投资占冶金工业投资的比重，由"大跃进"时期的 20% 提高到 40% 左右，保证了一批有色金属矿山的建设。这一时期建设的白银有色金属公司、洛阳有色金属加工厂等，都是国内有色金属工业的骨干企业。1965 年，有色金属的产量超过了历史最高水平，采掘效率、选冶回收率、加工成品率、资源综合利用水平等主要技术经济指标都创造了历史最高纪录。

2. 机械工业开发了新品种，提高了成套能力，形成了冶金设备、采矿设备、电站设备、电气材料与电器、石油化工设备、船舶、飞机、机车、汽车、轴承、金属切削机床、工具、通用机械、轻纺机械、工程机械、仪器仪表等 10 个基本行业，组成门类比较齐全的机械制造体系。5 年中开发新产品 4000 多种，其中不少是大型关键产品。如 2.5 万吨合成氨设备，1961 年先后在上海吴泾、浙江衢州安装投产，到 1964 年累计生产 10 套；同时还研制成功年产 5 万吨合成氨及 11 万吨尿素的成套设备，1966 年在石家庄化肥厂安装投产。

1961 年开始 9 套大型设备的制造，其中包括 3 万吨压力模锻水压机、1.2 万吨压力卧式挤压水压机、辊宽 2800 毫米冷轧薄板机、直径 80—200 毫米轧钢机、辊宽 2300 毫米热轧薄板机、辊宽 700 毫米 20 辊带钢轧机、1000 吨压力油压机、直径 2—8 毫米轧钢管机。这些设备大部分在 1967 年、1969 年制造完成，其中 1.2 万吨锻造水压机于 1962 年 6 月在上海重型机器厂试车完毕投入试生产，标志着中国重型机器制造能力达到了新的水平。

成套炼油设备、特别是 1964 年、1965 年 5 月炼油装置的试制成功，推动石油工业的发展。这一时期，精密机床的研制生产发展较快。到 1965 年中国能制造的精密机床达 7 大类 30 种。这一时期发展起来的还有 10 万千瓦成套火电设备，10 万千瓦成套水电设备，8 吨载重汽车等重大新产品。60年代中期，机床产品达 540 种，主要机器设备的自给率达 90%。

3. 能源工业形成了煤炭、石油、电力三足鼎立的能源结构。长期依赖进口的石油经过几年的油田开发建设实现了生产自给，炼油和石油化工业得到了相应发展。随着山西晋城、安徽淮北、河南焦作、鹤壁和平顶山等几十个煤矿企业的建设，逐步形成了一个包括地质、设计、施工、洗选等比较完善的现代采煤工业。电力工业也组成了水电、火电相结合、大中小型电站相配合的电力工业体系，全国大部分地区实现了联网，为国民经济顺利发展提供了动力保证。

4. 化学工业除加快发展化肥、农药等产品外，还建立了自己的石油化学工业。1964 年从西欧引进技术，在兰州化学工业公司动工兴建高压聚乙烯、聚丙烯、丙烯腈等装置，成为我国第一个石油化工基地。到 1965 年底，全国石油化工主要产品生产能力为：乙烯 5000 吨，合成橡胶 1.5 万吨，塑料

3000 吨。另有在建的生产能力：乙烯 3.6 万吨，高压聚乙烯 3.4 万吨，聚丙烯 5000 吨，合成纤维 1 万吨，合成酒精 2.5 万吨，合成氨 10 万吨等。新兴石油化工工业在调整中迈出可喜的步伐。

5. 电子工业、原子能工业、航天工业得到了较快的发展，成为国民经济中重要的工业部门。我国从 60 年代初开始生产原子能设备，只用两三年时间就能分别研制出第一套原子能反应堆和核原料加工设备及核物理实验设备，为独立自主发展原子能工业作出贡献。原子能的研制是从 1961 年 7 月开始的，在研制过程中，我国攻克几千个技术难关，进行上千次科学实验，研制了 2 万多台关键设备，终于在 1964 年 10 月 16 日成功地引爆了第一颗原子弹，次年 5 月 14 日又引爆了第二颗原子弹，这是中国原子能工业进入新阶段的标志。

这一时期，国家对电子工业的发展也很重视，1963—1965 年共投资 5.29 亿元，新开工建设项目 57 个，建成投产 38 个，其中有 22 个大中型骨干企业。同时，这一时期注意发挥原有基础工业的作用，对一些老厂进行重点改造，形成了初具规模的工业体系。1965 年，电子工业完成新产品定性项目 760 多项，已能生产各种雷达、广播电视发射设备、电视中心设备、无线电设备、原子射线仪器、各种气象仪器，水声设备、电话交换机、电子计算机、电视机等。

此外，建筑材料、轻工、纺织等工业也增添了不少新的门类和品种，造船业、交通运输也得到了相应发展。这一时期，我国已能设计制造万吨级远洋货轮。从 1963 年起，还注意解决职工住房不足、文教卫生设备不足的矛盾，使住宅建设和文教卫生设施有了长足发展。到 1965 年，我国已经初步建立了一个具备相当生产规模和一定技术水平的工业体系。

1965 年，我国的工农业生产已经超过 1957 年的水平。其中，农业总产值 833 亿元，比 1957 年增长 10%；工业总产值 1402 亿元，比 1957 年增长 98%。

经过调整，我国的工业体系建设和技术进步都取得了可喜发展。到 1964 年，我国能够生产的钢的品种已达 900 多种，钢材品种达到 9000 多种，钢材自给率超过 95%。中国机械制造所需要的金属材料已经基本立足国内；制造汽车、拖拉机所需要的近 2000 种钢材，大部分已经自给，制造万吨远洋轮和 2.5 万吨氮肥设备所需要的 1000 多种钢材，也绝大部分由国内供应。

三、国民经济调整时期的工业体制和企业管理

（一）《国营工业企业工作条例》（工业七十条）的提出和全面实施

1961 年 9 月 16 日，中共中央颁发了《国营工业企业工作条例（草案）》（简称《工业七十条》），这是当时为了克乱求治、整顿工业企业的一个重要文件，也是我国第一部关于国营企业管理方面的章程。它的颁布试行，对于贯彻"八字方针"，恢复和建立正常的生产秩序，发挥了积极的作用。对于企业管理的法制建设，也进行了有益的探索。

1961 年 6 月 12 日，以修改《农村六十条》为主要议题的中央北京工作会议，毛泽东在全体会议讲话中，谈到要用《农村六十条》教育干部时，指出"城市也要搞几十条"，毛泽东的这个意见，实际上就成为制定工业企业工作条例的缘起。

当时起草这个条例叫作《国营工业企业管理条例》，8 月 23 日，提交在庐山召开的中央工作会议讨论。

据薄一波回忆，毛泽东和周恩来在最后审阅这个条例时，不约而同地在条例题目上，圈掉了"管理"两字，所以，最后定下来的文稿就叫《国营工业企业工作条例》。[①]

条例的主要内容包括：

1. 规定国家与企业之间实行"五定""五保"。"五定"是定产品方向和生产规模；定人员、机构；定主要的原料、材料、燃料、动力、工具的消耗定额和供应来源；定固定资产和流动资金；定协作关系。"五保"是企业对国家保证产品的品种、数量和质量；保证不超过工资总额；保证完成成本计划，并力求降低成本；保证完成上缴利润；保证主要设备的期限。"五定"的内容实际上是企业生产条件的五个方面，"五保"的内容实际上是企业对社会应尽的五项义务。条例规定，"五定""五保"一经确定三年基本不变，但是每

---

① 薄一波：《若干重大决策与事件的回顾》，中共党史出版社 1991 年版，第 674 页。

年可以按照年度计划要求调整一次。

2. 条例对企业的各个方面、各个环节的责任制度做了具体规定。责任制度的核心是行政管理方面的厂长负责制，但这绝不是说要恢复脱离党委领导、脱离群众、独断专行、单纯的自上而下发号施令的"一长制"，而是在党委领导下、建立一个厂长负责的统一的生产行政的指挥系统。此外，还要在以厂长为首的行政领导下，建立和健全技术责任制、财务责任制和其他的责任制，使企业的生产、技术、财务都有专人负责，使各个岗位的职工，人人都有专职，克服和防止责权不明无人负责的现象。

3. 条例规定了中国共产党在企业中的党委是企业工作的领导核心。企业党委的领导职责是：贯彻执行党的方针、路线、政策，依靠企业的行政领导，依靠群众，保证完成国家计划和上级行政主管机关布置的任务；讨论和决定企业工作中的各项重大问题；检查督促各级行政领导人员对国家计划、上级指示、企业党委决定的执行。企业党委应当把调查研究和做好思想政治工作放在第一位，不要去代替厂长，包办行政事务，而要好好地领导和支持以厂长为首的全厂统一的生产行政指挥系统行使职权。

4. 将职工代表大会制度载入条例。条例规定每个企业都必须认真实行职工代表大会制度。企业的职工代表大会制是吸收广大职工群众参加企业管理和监督行政的重要制度。企业各级的职工代表大会和职工大会，要讨论和解决企业管理工作中的重要问题，要讨论和解决职工群众最关心的问题，要保证大会决议的实行，切实避免形式主义。企业各级的职工代表大会和职工大会，有权对企业的任何领导人员提出批评，有权向上级建议处分、撤换某些严重失职、作风恶劣的领导人员，并有权越级控告。实行职工代表大会制度，是新中国成立初期企业民主改革的一个创造。

5. 明确规定企业技术人员和职员是工人阶级的一部分。条例指出，技术人员和职员是工人阶级的一部分。要对他们加强政治教育，鼓励他们学习政治，学习技术、业务，鼓励他们同工人群众密切结合，并且给他们一定的条件，使他们向又红又专的目标努力。不能把钻研技术、钻研业务看作是"走白专道路"。这是在1962年春为广大知识分子"脱帽加冕"的前夕，党中央对技术人员和企业职员作出的公正的政治评价。

6. 规定企业必须实行全面的经济核算，讲求经济效果。条例规定，每个企业都必须实行全面的经济核算。凡是产品方案和生产规模的确定，技术措施和生产方法的确定，综合利用和多种经营的安排，以及一切生产、技术、财务活动，都要保证质量，讲究经济效果，都要真正体现多快好省的根本要求。企业的厂部、车间、小组三级都要实行经济核算，建立和健全经济活动分析制度。

7. 重申社会主义分配原则是按劳分配。条例规定：国营工业企业的工资奖励制度必须体现按劳分配的原则，克服平均主义。工人的工资形式，凡是需要计时工资制的，就应当实行计时工资制；凡是需要和可能实行计件工资制，就应当实行计件工资制；目的是为了提高劳动生产率。计时工资制包括标准工资和奖金。实行计时工资制的单位，按照职工超额完成任务的情况，合理地评定和分配奖金，不许平均分配。

8. 规定企业的主要管理权力集中在厂部。条例规定：国营工业企业的内部管理，一般分为三级：（1）厂部；（2）车间或分厂；（3）工段和小组，企业的主要管理权力，集中在厂级。

9. 条例规定了每个企业在行政上只能由一个主管机关管理，不能多头领导。关于企业管理体制的这些规定，有利于企业生产的正常进行，有利于保障国营工业企业全民所有制不受侵犯和企业的独立经济核算权。

《工业七十条（草案）》一直发到企业党委。中央要求全体国营工业企业要一字不漏地读给全体职工听，同时要求各地区、各部门选择不同行业和大、中、小不同类型的企业试行，并根据条例的规定整顿企业。

《工业七十条（草案）》同广大干部和职工群众见面后受到广泛拥护。由于工业调整和企业整顿双管齐下，使一些在"大跃进"中受到破坏的国营工业企业较快地恢复了元气，各项工作也有了很大的进步。但是由于"文化大革命"的开始，这个条例成为"文化大革命"批判的靶子，没有得到很好的执行。

（二）总工程师和总会计师制度的建立

1. 国营工业企业总工程师制度

根据《国营工业企业工作条例》的要求，1963 年 4 月 26 日国家经委颁布了《工业企业生产技术责任制条例（草案）》。这个条例是我国工业企业管理史上第一个总工程师制度的条例。

这个条例规定，要在厂长（经理、局长）的领导下，建立以总工程师为首的生产技术责任制，加强对企业生产技术的领导。条例规定：总工程师是企业生产技术总负责人，是企业的第一副厂长（副经理、副局长）。它在厂长（经理、局长）的领导下，对企业生产技术工作负全部责任。

条例规定了总工程师的11项基本职责。条例还明确了企业应当根据自己的生产特点，设立主管生产、技术、实验研究、安全技术、机械动力和技术监督等方面的生产技术职能部门。除技术监督部门厂长（局长）直接领导外，其余均由总工程师直接领导。

总工程师在厂长（经理、局长）离厂期间，代行厂长（经理、局长）职责。

根据工作需要在总工程师领导下，可以设置副总工程师作为助手。必要时也可以设立总工艺师、总设计师、总冶炼师、总地质师等，领导各有关生产技术方面的具体工作，或兼任有关生产技术部门的行政领导职务。

2. 国营工业企业总会计师制度

1963年10月18日，国务院转发了国家经委和财政部《关于国营工业、交通企业设置总会计师的几项规定（草案）》，这是我国国营企业史上第一个关于总会计师制度的规定。

规定强调所有国营工业、交通企业（包括联合企业所属厂矿），都应当根据《国营工业企业工作条例（草案）》的规定，设置总会计师。没有条件设总会计师的企业，可先设置副总会计师或者指定专人履行总会计师的职权。总会计师应当由副厂级专职干部担任。担任总会计师的人员，一般不要兼任其他行政领导职务，特别是不要兼任供销副厂长的职位。总会计师的任免，应按副厂长及干部的任免办法办理。规定明确总会计师是厂长在经济方面的助手，应当在厂长领导下履行包括经济核算、财务成本计划等十条职责并享有以下权限：

企业内部各职能科室、各车间在经济核算和财务会计工作上，必须服从总会计师的统一组织和业务领导。企业有关经济核算、财务管理和会计核算等方面一般业务性制度、办法，应由总会计师审查批准。带有重要原则问题的制度、办法，应由总会计师审查后，提交厂长或常务会议决定。这些制度、办法，企业的有关科室、车间和有关人员都应当遵照执行。

企业财务会计人员的任免，必须先征求总会计师的意见。财务会计主管人员或财产物资主管人员调动工作、办理交接时，应当由总会计师或者由总会计师指定人员监交。

企业违反财经政策、法令制度，不遵守财经纪律，总会计师如不提出意见加以制止，也不向厂长、党委和上级机关反映的，应与过失人员负连带责任。企业的财务会计工作混乱，违反经济核算原则，不讲求经济效果，财产、物资损失浪费，总会计师如不提出意见和采取措施加以纠正的，应对这种情况负责。

（三）企业政治工作机关的全面建立

1963 年 12 月 16 日，毛泽东在写给林彪、贺龙、聂荣臻等五人的信中提出，"国家工业各个部门现在有人提议从上至下（即从部到厂矿）都学解放军，都设政治部、政治处和政治指导员，实行'四个第一'和'三八作风'。我并建议从解放军调几批好的干部去工业部门那里去做政治工作（分几年完成，一年调一批人，如同石油部那样）。据薄一波同志说：现在已有水利电力部、冶金工业部、化学工业部正在学习石油部学解放军的办法在做。我已收到冶金部学解放军的详细报告，他们主张从上到下设政治部、处和指导员。看来不这样做是不行的，是不能振起整个工业部门（还有商业部门，还有农业部门）成百成千万的干部和工人的革命精神的"①。

按照这一指示，1964 年，工业交通战线上开展了大学解放军的群众运动，训练了 5 万名政治工作干部，从上至下初步地建立了政治工作机关，开始注意进行经常性的思想政治工作，并且加强了对"四清"运动的领导。

1965 年 5 月 11 日，中共中央颁布《关于在全国工业交通系统建立政治工作机关的决定》。决定提出：为了加强工业交通系统的思想政治工作，各级党委必须把工业交通系统的政治工作机关建立起来，并且逐步地建立起一套由毛泽东思想挂帅的、适合工业交通部门情况的政治工作制度。

---

① 中共中央文献研究室：《毛泽东年谱（1949—1976）》第三卷，中央文献出版社 2013 年版，第 293 页。

1. 中央设置中央工业交通政治部，统一领导和管理全国工业交通系统的思想政治工作。中央委托国家经济委员会党组管理中央工业交通政治部的日常工作。

2. 中央工业交通各部党委，设置政治部。它在中央工业交通政治部和各部党委的领导下，管理直属企业、事业单位的思想政治工作。

3. 各中央局设置工业交通政治部。它在中央局和中央工业交通政治部的领导下，管理本地区工业交通系统的思想政治工作。

4. 各省、自治区、直辖市党委以及其他大、中工业城市的党委，设置工业交通政治部。它在同级党委和上级工业交通政治机关的领导下，管理本地区工业交通系统的思想政治工作。省、自治区的工业交通厅、局，可视工作需要，设政治工作机关。

5. 小城市和专区、县的党委是否设置工业交通政治工作机关，由省、自治区和直辖市党委决定。

6. 工业交通企业（包括托拉斯）、事业单位，根据规模大小和任务繁简，分别设置政治部、政治处或者政治教导员、政治指导员。

政治部（处），由党委的组织、宣传等部门组成，在本单位党委和上级工业交通政治机关的领导下，管理思想政治工作。政治部（处）的主任，由本单位党委的副书记担任。行政系统的干部部门，由政治机关领导；保卫部门，仍属行政建制，但是，有关政治保卫工作，由政治机关领导。工会和共青团，由党委直接领导，政治部（处）受党委委托，对它们每个时期的中心工作和重要工作，进行统一安排和指导，积极地发挥它们的作用。

小型企业和大、中型企业的车间，设置政治教导员或者政治指导员，由党总支书记或者支部书记担任。政治教导员、政治指导员，在上级工业交通政治机关和本单位党组织的领导下，负责所有单位的思想政治工作。

在生产班组，设置不脱离生产的政治宣传员，协助政治指导员在群众中进行思想政治工作。

大型企业政治部一般可设4部1室，即组织部、宣传部、干部部、武装部、办公室。政治部人员较少的，上述机构可以适当合并。

政治部受企业党委的委托，统一领导工会和共青团的工作，但要保持其原有组织的独立性。政治保卫工作由组织部管理，其他保卫工作由行政系统的保卫处（科）管理。统战工作由宣传部管理。

中型企业的政治处，可以设科，也可以不设科，设干事若干人。

小型企业，大、中型企业的车间，设立政治教导员或政治指导员，工段伙伴组，设不脱产的政治宣传员。

企业的政治工作人员（不包括工会工作人员）占全体职工的比例，要控制在 1%—7%。大型企业的比例应比小型企业的比例小一些。

全国工业交通业的政治部，叫中华人民共和国工业交通业政治部。

国务院工业交通业各部政治部的名称，按产业名称叫，如中华人民共和国冶金工业政治部、中华人民共和国铁道部政治部、中华人民共和国地质政治部。

各中央局工业交通业政治部按中央局的名称叫，如中共中央华东局工业交通业政治部。

各省、自治区、直辖市工业交通政治部也按地区名称叫，如山东省工业交通业政治部、上海市工业交通业政治部。

工业交通业企业政治部（处），均按单位名称叫，如郑州铁路局政治部、第一汽车制造厂政治部。

（四）工业托拉斯企业的提出和试点

新中国成立以来，我们一直在探索国营工业企业的管理体制和有效管理方法。"一五"期间，主要是集中过多；"二五"期间，又下放多了一些，而且层层下放，放过了头；1960 年后，又上收来一些企业。但对企业的管理上，一直是偏重于行政办法，管理多头多级，管理机构重叠、庞大。

为了解决工业管理中的这些矛盾，中央提出，要探讨用符合工业发展客观规律的办法来管理工业，并且提出试办托拉斯的意见。

根据中央的指示，1963 年 12 月召开的全国工业、交通工作会议期间，国家经委对试办托拉斯的问题进行了酝酿，并向毛泽东做了汇报。1964 年 1 月 7 日，毛泽东对改进工业管理体制问题做了重要指示，他说，目前这种按行政办法管理经济的办法，不好，要改。用了那么多人，就不是按经济办法办事。[1]

---

[1]　薄一波：《若干重大决策与事件的回顾》，中共党史出版社 1993 年版，第 827 页。

国家经委同国务院工业、交通各部经过多次研究，在 1964 年 6 月间草拟出初步方案，即《关于试办工业、交通托拉斯的意见报告（草稿）》，商定第一批先试办 12 个托拉斯。

报告提出在 1964 年先试办 12 个托拉斯，其中全国性的 9 个，地区性的 3 个。

全国性的 9 个托拉斯分别是：轻工业部所属的烟草公司和盐业公司，第一机械工业部所属的汽车工业公司。农业机械工业部所属的拖拉机、内燃机配件公司，纺织工业部所属的纺织机械公司，冶金工业部所属的制铝工业公司，化学工业部所属的橡胶工业公司和医药工业公司，地质部所属的地质机械仪器公司。

地区性的 3 个托拉斯分别是：煤炭工业部所属的华东煤炭工业公司，水利电力部所属的京津唐电力公司，交通部所属的长江航运公司。上述托拉斯公司按以下办法管理：第一，国家以托拉斯为统一的计划单位和经济核算单位，有关计划、财政、物资、劳动等各项经济管理体制均以它为基础；托拉斯向国家承担经济责任。第二，托拉斯内部实行集中统一管理，统一规划和安排生产建设，综合利用资源，逐步形成产供销紧密衔接、专业化和协作生产密切结合、大中小工厂相互匹配的生产体系。例如：在计划管理方面国家通过主管部门向托拉斯下达计划，由托拉斯统一生产经营，统一管理企事业单位并对完成国家计划全面负责。

1. 基本建设方面

托拉斯有权制定长远的和年度的发展计划，但其基本建设项目必须统一纳入国家计划，在批准的计划范围内计划安排。

2. 财务管理方面

国家将固定资产和流动资金（包括必要的物资储备基金）划拨给托拉斯统一管理，托拉斯依照规定上缴利润和折旧基金，缴纳税款（内部协作配套产品免纳税款）。国家用利润留成办法解决托拉斯所需的四项费用（新产品实施费、技术组织措施费、劳动安全措施费、零星固定资产购置费）和所属企业一般研究实验项目所需费用，并以托拉斯为单位统一提取企业奖励基金和大修理基金。托拉斯在规定的范围内有权调剂使用归它管理的固定资产、流动资金、分成收入和其他各项基金。

3. 物资管理方面

以托拉斯为单位统一向国家申请统配物资，托拉斯可以自行管理调拨内部协作配套的产品而不必物资部门分配，统一经营自销产品批发业务，有权对所属企业的产供销活动实行集中统一管理，并统一对外签订经济合同。

4. 劳动管理方面

由托拉斯统一掌握并调剂使用国家批准的劳动计划和工资总额，有权在所属企事业单位之间调动干部和职工。

试办方案还规定，全国性的托拉斯，在主管部的授权下可以行使某些行业管理权限。

从多数托拉斯试办的情况看，已经开始显示出托拉斯的一些好处。

烟草公司将全国 104 个卷烟厂调整为 62 个，精减职工 13000 多人（占全行业人员的四分之一），而卷烟的综合生产能力，从原来的 330 万箱增长到 480 万箱。劳动生产率比上年提高 42%，给国家上缴的税收、利润共达 11.3 亿多元，比上年增加 45%，质量也有了比较显著的提高。

医药公司根据中央的指示收上来 187 个药厂，关停并转了 125 个药厂（或车间），精减职工 4700 人。

华东煤炭公司开始实行全公司集中管理，统一核算，经济核算工作有了加强，扭转了连续 4 年的亏损。精减 1 万多人，清查出多余设备 18000 多台。

北京电力公司进行了管理体制和机构改革，将主要管理权力集中到公司和厂部两级，使工厂集中主要精力管好生产。通过这些改革，北京热电厂等 5 个工厂的人员从原来的 3300 人减为 2000 人。

四、国营企业企业精神的产生

共和国的国营企业精神，源于延安时期的大生产运动，从那时起培育了一种自力更生、艰苦奋斗的革命精神。新中国成立以后又加以丰富和发展。从 50 年代初恢复建设时期的鞍钢老英雄孟泰、技术革新能手王崇伦、青岛国棉六厂工人"细纱工作法"创始人郝建秀等一群英雄人物给国营企业带来了新的影响，热爱祖国、以厂为家的社会主义企业精神蔚然成风。伟大共产主义战士雷锋、县委书记的好榜样焦裕禄都在国营企业工作过，应该说共和国国企精神对这些英雄人物的成长都起到过积极的作用。

中国的国营企业同国内外其他企业相比，最大的不同点，是它独特的企业精神。这种精神是发源于中国传统文化，发扬于革命战争年代，形成于社会主义革命和建设时期的巨大精神财富，也是一种政治优势。这其中，产生于60年代的大庆石油会战的"大庆精神"，是当代国营企业企业精神的杰出代表。

（一）大庆石油会战的成功

50年代中期，我国著名地质科学家李四光打破西方石油地质形成学说迷信，提出了"新华夏沉降带"的石油地质学理论。1959年，根据这个理论，我国在东北松辽平原找到了工业性油流。这一年，正是新中国成立10周年"大庆"，这个油田被命名为"大庆油田"。

1960年，在我国经济最困难的时期，党中央决定从全国各地抽调工人、干部和技术人员，集中力量在茫茫荒原上进行勘探开发。一年探明油田面积并进行试采实验，三年建设起中国最大的石油基地，产量达全国石油总产量的三分之二，在石油地质理论、油田开发和炼油工艺方面取得突破性进展。

会战初期，几万人一下子拥到一个大草原上，上面青天一顶，下面荒原一片。当时，几万人里，包括几千名工程技术人员，其中有大学教授、博士，都到了那个地方。天寒地冻，一无房屋，二无床铺，沼泽陷足，蚊子叮咬。不仅生活条件特别艰苦，生产条件也很困难。几十台大钻机，在草原上一下子摆开了，可是，设备不配套，不齐全，汽车、吊车不足，没有公路，道路泥泞，供水、供电设备更不够。特别是，冬季转眼就要来了，几万人在草原上能否站住脚，也是个大问题。

困难的情况下，到底是打上去，还是退下来；到底是坚持下来，硬啃下来，还是被困难吓住，躺下来？大庆油田的同志们，硬是鼓足干劲，苦干、硬干加巧干，团结一致，千方百计打了上去。

运输困难，几万吨设备器材，硬是采用人拉、肩扛加滚杠的办法，从火车上卸下来，连五六十吨重的大钻机，也是用这个办法，拖到几公里外的井场上安装起来。

大庆油田是当时世界上特大油田之一。从 1959 年第一口井见油，到 1960 年底探明油田储量，只用了一年多一点的时间。而苏联重大的油田——罗马什金油田，也是他们勘探速度最快的油田，从 1948 年到 1951 年，用了三年多时间。

苏联部长会议正式命名的格林尼亚功勋钻井队，1960 年用 11 个半月的时间，打井 31300 米。而大庆油田的 1212 钻井队，1961 年只用了 9 个半月的时间，就打井 31746 米，超过了苏联的这个功勋钻井队。

大庆油田三年多，累计生产原油 1000 多万吨，在已开发区域内，所有生产井全部做到了井场无油污，井下无落物。这是苏联油田生产管理上没有做到的事情。因为地底下的压力很大，管道上稍微有一点漏孔，油就会冒出来。这反映了大庆油田的建设水平和管理水平。

1960 年到 1963 年，大庆油田四年共有国家投资 7.1 亿元，上缴利润 9.44 亿元，折旧 1.16 亿元，合计 10.6 亿元，投资回收率达到 149%。大庆油田的建设，真正做到了又多、又快、又好、又省。

更重要的是培养锻炼出干劲大、作风好、有组织、有纪律、能打硬仗的石油工人队伍，形成中外闻名的大庆精神和铁人精神。

大庆油田勘探与开发，完全是我们中国人自己搞起来的，没有 1 个洋人插手。事实证明，我们国家完全能够依靠自己，自力更生，高速度、高水平勘探大油田，开发大油田，而且比过去照抄别人搞得更快、更好。

在大庆石油会战中，涌现出一批英雄模范人物，其中最突出的代表是"铁人"王进喜。

王进喜于 1923 年 10 月 8 日出生在甘肃省玉门县赤金村一个贫苦农民家里，五岁时随父亲乞讨，九岁时便开始给地主放牛、放羊，以抵租还债，16 岁到玉门油矿当小杂工，后来当上钻井工。新中国成立后，在党的培养教育下，他迅速成长。1956 年 4 月 19 日加入中国共产党，担任了钻井队长。他一直是劳动模范。1959 年王进喜出席了全国群英会。他在北京看到公共汽车上背着个庞大的煤气包。感到作为一个石油工人不能为国家提供更多的石油很难过，心里憋足了一股气，要拼命为国家多找石油，多生产石油。

图4-1　井喷中大庆铁人王进喜跳进泥浆池用身体搅拌

　　1960年3月25日，王进喜带领1205钻井队，从玉门到达大庆参加石油会战。火车一到萨尔图，他见到一望无际的大油田欣喜若狂，便急忙找到调度室，一不问吃，二不问住，只问我们托运的钻机到了没有？我们的井位在哪里？这里的钻井最高进尺是多少？当知道井位在马家窑时，就带领全体人员冒着寒冷的天气，步行到井场附近找了一个破马棚安家落户。第二天他带领一部分队员到火车站等钻机，有的同志主张在钻机来到前休息一下，王进喜说："我们是来会战的。不能一到战场就先休息。"于是就带领大家帮助车站卸货，当了几天义务装卸工。钻机运到后因大型起吊设备不够，轮到他们井队还要等几天，王进喜说："要早日拿下大油田，不能等，我们要有也上，无也上。"他们就以撬杠、大绳、木头、钢管为工具，采用人拉肩扛的办法，把转机从火车上卸下来，又经过三天三夜的苦干，把60吨重的钻机部件化整为零搬到井场，而后又用土办法就位并安装起来。他们的钻机卸的快、拉的快、安装的也快。钻机安装起来后，开钻配水泥浆没有供水设备，王进喜就带领大家到附近1公里外的水泡子，破冰取水，用脸盆端，用水桶提，保证了及时开钻。开钻后，王进喜带领全队职工吃在井场，住在井场，日夜不离，连续苦干，只用了五天零四个小时就高速优质的打完了他们到大庆后的第一口井。创造了当时的最高纪录。附近的老乡看到石油工人这么不要命的干工作深受感动，房东赵大娘提了一筐鸡蛋到井场慰问，见到工人就说："你们这个王队长真是个'铁人'呐，快劝他回来休息休息。"

王进喜这种心甘情愿吃大苦，耐大劳，临危不惧，不惜牺牲个人的一切，为国家和人民多找石油，多生产石油的崇高精神，是中国工人阶级优秀品质的鲜明体现。后来，王进喜的这种革命精神就被誉为"铁人精神。"

（中共大庆市委党史研究室：《大庆油田史》，
中共党史出版社 2009 年版，第 50 页）

（二）"工业学大庆"号召的提出

大庆石油会战的成功，仅仅 3 年时间，就打破了国外的石油封锁，实现了石油基本自给，这件事不仅轰动了全世界，也极大地振奋了整个民族的精神。是什么力量推动了这样巨大的成功？成功的背后，大庆油田又给了我们什么启示？

1964 年 2 月 5 日，中共中央关于传达石油工业部《关于大庆石油会战情况的报告》的通知中，做了如下揭示：

1. 狠抓六个方面的工作

（1）组织职工大学毛泽东著作，用毛泽东思想武装职工的头脑。这是思想政治工作和队伍建设的一个根本问题。1960 年会战一上手，大庆油田就组织职工大学《实践论》和《矛盾论》。正如会战职工所说的，我们是从"两论"起家的。会战职工中，有学习毛泽东著作小组 3000 多个，参加学习的有几万人，其中学习比较好的 5000 多人；分发毛泽东著作单行本 82000 多册，印制毛泽东语录 28 万多册。例如："王铁人"，过去就是个放羊娃，识字很少。会战以来，坚持学习毛主席著作，学完了《毛泽东选集》四卷。仅《关心群众生活，注意工作方法》这篇文章，就反复学了 39 遍。大庆的一些技术干部，学了毛泽东著作，思想觉悟大有提高，开始懂得用辩证唯物主义的观点，去分析、研究、解决油田工程技术问题。他们学习了毛泽东著作，思想就开窍了，做起工作来，也变得聪明了，对国外的东西，也能批判地接受了。

（2）狠抓阶级教育，提高职工的阶级觉悟，这是思想工作的基础。

（3）狠抓大表扬，大树标兵，开展总结评功运动。

（4）在日常生产和生活中，抓紧进行一人一事的活的思想工作。这种一人一事的思想工作，可以随时随地进行，非常管用。它最能触到人们的思想深处，一把钥匙开一把锁。这是他们做思想政治工作的一个重要方式，也是指导员的一个重要工作方法。因为职工中的思想问题不仅大量存在，而且随时会出现，光靠运动来解决还不够，必须在生产、工作中随时随地来解决。会战队伍中，干部与工人经常谈心，工人互相之间谈心的活动是比较普遍的。正因为依靠群众随时随地地做思想工作，群众中大量的思想问题，就不会成堆，就能及时得到帮助，及时得到解决。

（5）狠抓"五好"评比竞赛。搞好"五好"竞赛，坚持定期的检查评比很重要。大庆的做法是：以"五好"单位为中心，基层每月一检查，指挥部每季重点检查，会战区每年7月试评，年底进行总评。

（6）充分发扬政治、生产技术和经济民主。政治民主主要是保证每个职工有向一切违反党和国家的政策、法令的现象作斗争的权利；保证每个职工在一定的会议上有批评干部的权利。大庆在各种会议上或生活会上，工人都可以插话，对干部进行面对面的批评，正确的意见，干部就立即接受，保证职工有充分的政治权利。

生产技术民主，主要是广泛地吸收工人参加生产技术管理，把群众管理和专业管理结合起来，经常发动群众讨论生产上的作业计划，讨论规章制度，讨论生产技术上的重大问题，大搞技术革新。

经济民主，主要是工人参加经济核算的活动，搞班组核算。还要管理食堂，就是要求食堂日清月结，要分伙食尾子。每年还讨论生活规划，讨论农副业生产分配方案。

充分发扬政治、生产技术和经济民主，就能调动企业职工的积极性，使企业指挥高度集中，增加职工队伍的组织性、纪律性。

2. 坚持做到"四个为主"

政治思想要吃透"两头"，即，一头吃透党的各个时期的方针政策和上级指示，一头吃透职工的思想，坚持"四个为主"。

（1）职工的思想问题，往往与存在实际困难有关系。解决职工的思想问题，要一手提高职工思想，一手解决应当解决而又可能解决的实际困难，但必须以提高思想为主。

（2）在对职工的思想教育中，有表扬和批评两手，批评是必要的，但要以表扬为主。不但要表扬先进的，对于落后的，只要有好的一面，也要表扬；不但领导和积极分子出来表扬，还要发动群众相互表扬；不但要拿具体事情来表扬，而且要提到政治思想高度来表扬。这样，就能激励人们的上进心、荣誉感，充分调动人们的积极性。

（3）对职工中的缺点、错误，要进行正面说服教育，在一定情况下可以执行必要的纪律，但必须坚持以正面说服教育为主。对绝大多数职工的缺点和错误，通过摆事实，讲道理，从正面来耐心说服教育，提高认识，就能得到解决。如果动不动就采取批判、斗争，粗暴简单的办法，必然会挫伤群众的积极性，影响内部团结，解决不了思想问题。

（4）对职工的思想教育，有自上而行地进行教育与群众性的相互教育两个方面，而应以群众性的相互自我教育为主，职工中日常大量的思想问题，应当主要是依靠党团员、积极分子，通过班组座谈和个别谈心的方法去解决。这样就能最及时、最实际地解决群众的思想问题。

3. 明确树立三个观点

一是生产观点。政治是灵魂，是统帅，什么时候也是如此。但是，政治工作必须从生产实际出发，为生产服务。阶级教育，总结评功，"五好"竞赛，都必须围绕生产进行，在生产上起作用。因此，政治工作必须做到生产过程中去，做到科学实验中去，做到日常生活中去，了解人们在干什么，想什么。透过这些来分析人们的思想活动，用正确的思想把人民武装起来，指出正确的方向。这样，政治工作就会有的放矢，生动活泼，就能把政治和经济、政治和技术统一起来，精神力量就会变成物质力量，在生产上发挥巨大的威力。

二是群众观点。政治工作还必须从大多数人出发，从积极方面出发。一支队伍中，有积极方面，也有消极方面，有先进的部分，也有落后的部分。做工作，什么时候也必须从大多数出发，调动积极因素，克服消极因素，推动先进，改变落后。这样，企业里的好人好事，就会层出不穷，整个队伍就会共同提高，不断前进。反之，如果工作不是从积极方面出发，而是从消极方面入手，不但消极的东西得不到克服，落后的部分得不到改造，而且正气得不到上升，革命精神得不到发扬，队伍就会没有生气，没有战斗力。

三是革命观点。政治思想工作是做人的革命化工作。通过长时期艰苦细致的思想教育工作，发扬革命精神，培养革命风气，使人人革命化。使人们明确意识到自己是在干革命，自己所做的平凡的工作，都是革命工作的一部分，做好本岗位的工作，就是对革命尽了力量，作出了贡献。这样，人们就会勇气十足，浑身是劲，奋不顾身地来进行工作。

（三）大庆精神对国营企业文化的影响

1963 年，毛泽东提出了"工业学大庆，农业学大寨，全国学习解放军"的号召。其中，体现中国工人阶级风貌的大庆精神，对国营企业先进文化的形成起到了时代引领作用。

1. 为国争光、为民族争气的爱国精神

祖国在大庆人心中永远是第一位的。他们心中时时刻刻想着祖国的振兴、民族的崛起。大庆人对待祖国的忠心耿耿，始终牢记"三个至上"：国家利益至上、国家需求至上、国家荣誉至上。大庆人在大家和小家面前，选择的永远是大局；在大我和小我面前，选择的永远是无我。

2. 艰苦奋斗、不畏艰难的创业精神

回顾大庆石油会战时期，在当时困难的时间、困难的地点、困难的条件下，"有条件要上，没有条件创造条件也要上"绝不是一句空洞的口号，大庆工人们用鲜血和汗水淋漓尽致地演绎了这一光荣的革命精神。在大庆艰苦创业的过程中，体现大庆人艰苦创业的"六个传家宝"（人拉肩扛精神、干打垒精神、五把铁锹闹革命精神、缝补厂精神、回收队精神、修旧利废精神）和不怕苦、不怕死、不怕任务重、要求高、时间急、不怕连轴转、不怕掉几斤肉的五不怕精神，这些烙满时代印记的大庆精神依然十分鲜明，是大庆人艰苦创业的真实写照。

3. 讲究科学、"三老四严"的求实精神

大庆人一直信奉"对工作精益求精，为革命练一身硬功夫、真本事"，"要为油田负责一辈子"，"干工作要经得起子孙万代检查"的科学求实精神。对待革命事业，要当老实人，说老实话，办老实事；对待工作，要有严格的要求、严密的组织、严肃的态度、严明的纪律、大庆人坚持解放思想、实事求是，发扬"三老四严"的光荣传统，要求"人人出手过得硬，事事做到规格化，项项工程质量全优，台台在用设备完好，处处注意勤俭节约"，努力学习科学知识，刻苦钻研业务水平，创造了石油工业史一个又一个奇迹。

4. 埋头苦干、不求回报的奉献精神

铁人王进喜是大庆奉献精神的集中体现。为了国家和民族的利益，在重重困难面前，他带领全队以"宁可少活二十年，拼命也要拿下大油田"的顽强意志和冲天干劲，苦干了5天5夜，打出了大庆第一口喷油井。在打第二口井时，为了压制井喷，王进喜顾不上腿伤，甩掉拐杖，奋不顾身跳进齐腰深的泥浆池，用身体搅拌，最终制服了井喷。这是何等的英雄气概，是何等的奉献精神。

大庆精神是大庆职工价值观、工作作风、道德准则的集中体现，也是大庆开发建设的强大精神动力，这种精神给了全国所有国营企业以极大的鼓舞和影响，随着毛泽东"工业学大庆，农业学大寨，全国学解放军"的号召，60年代大庆精神在共和国国营企业中蔚然成风，全国各地区各行业涌现出许多个"大庆式"企业。

五、备战思想和国营工业企业的三线建设

20世纪60年代初，中国周边形势十分严峻。当时我国面临的国际环境是：美国在侵朝战争失败后又发动了侵略越南的战争，把战火烧到我国南大门外，威胁着我国的安全。在此以前，1962年美国多方支持国民党武装特务部队窜犯我东南沿海和广东沿海地区，妄图建立大规模进犯大陆"游击走廊"；印度政府不断蚕食我国领土，在中印边界东西两段同时向我国发动大规模的武装进攻；侵略我国长达14年的日本，还未同我国恢复正常的邦交；我国北部中苏边界气氛也很紧张。

为了抗御外敌，毛泽东提出"三线"建设的战略构想：他把全国划分为前线、中间地带和战略后方，分别简称为一线、二线和大三线。从1964年开始，通过建设"三线"企业、搬迁国营企业的方式，有效地加强了"三线"工业建设，同时第一次改变了旧中国百年以来的工业布局。

（一）60 年代中期的我国工业地理布局

直到 60 年代中期，旧中国遗留下来的工业布局不合理的状况仍然没有得到根本的改变，绝大部分工业仍然偏集在沿海地区。据国家经委 1965 年提供的数据显示，一、二线地区工业总产值约占全国的 90% 左右。

从几个主要工业部门来看：钢铁工业，当时大约 1500 万吨钢的生产能力中，分布在一线占 68%，在二线的占 26%，在三线的占 6%；机械工业，一机部系统的 1475 个机械厂，分布在一线的占 77.5%，在二线的占 15%，在三线的只占 7.5%；电力工业，一、二、三线的比重，大体是三、二、一的比例；纺织工业，即将建成 1000 万枚棉纺锭，分布在一线的占 62%，在二线的占 24.5%，在三线的占 13.5%。交通运输方面，布局也很不合理。

铁路，全国没有形成铁路网，后方的重要战略干线还没有修通，当时 36000 公里铁路中，在三线地区的只有 6000 公里。

公路的状况也是如此，省际间断头路多，很多主要干线连不上，通不过，三线地区和一、二线后方地区的公路条件很差，有的地方还没有公路，不能适应当时的需要，更不能适应今后国防建设和国民经济的发展需要。

以钢铁工业为例，旧中国的钢铁工业，约有 80%—90% 的钢产量集中在东北地区，特别是辽宁省，这是日本侵华掠夺中国资源造成的。1943 年是历史最高水平，产钢 92.3 万吨，其中鞍山钢产量为 84.3 万吨，占全国总产量的 91.3%。[1]

新中国成立后，钢铁生产迅速恢复，到 1952 年产钢 135 万吨，其中沿海地区的钢产量为 116 万吨，占全国总产量的 85.8%；其中辽宁省钢产量为 94.3 万吨，占全国总产量的 69.9%。而西南、西北两个地区合起来，钢产量为 5.1 万吨，占全国总产量的 3.8%。

进入第一个五年计划时期后，为了从战略上改变这个畸形的不合理布局，苏联援助建设的 156 个项目中，在东北地区重点建设鞍钢、本钢、北满钢厂外，还安排在华中地区建设武钢和华北地区建设包钢。特别是鞍钢、武

---

[1]　中华人民共和国国家经济贸易委员会编：《中国工业五十年》第九卷，中国经济出版社 2000 年版，第 455 页。

钢、包钢都是要建成年产钢 300 万吨以上的大钢铁基地，对改善中国钢铁工业布局具有十分重大的意义。

1956 年，毛泽东在《论十大关系》中，提出了中国经济区域问题，提出了要处理好沿海与内地工业的关系，强调要注意工业布局平衡，还提出了要处理好中央和地方的关系，强调重视发挥地方的积极性。

根据这个精神，冶金工业部提出钢铁工业的建设要实行大中小相结合的方针，并制定了"三大、五中、十八小"的方案，即在建设好既定的鞍山、武汉、包头三大钢铁基地的同时，在北京、山西、安徽、湖南、四川五省市各建设一个中型钢铁厂，再在东北地区的吉林，华北地区的河北、山西，华东地区的江苏、浙江、安徽、江西、福建、山东，中南地

图 4-2　1961 年 8 月我国第一条电气化铁路——宝成铁路通车

区的河南、湖北、广东、广西，西南地区的四川、贵州，西北地区的甘肃、新疆，共 18 个省各发展一个小型钢铁厂。这个方案实施后对改善中国钢铁工业的战略布局起了很大作用。

（二）毛泽东三线建设战略思想的提出

改善工业布局，调整一线，建设三线，加强国防进行备战，是毛泽东和党中央富有远见的重大战略部署。所谓一、二、三线，是按我国地理区域划分的，沿海地区为一线，中部地区为二线，后方地区为三线。三线分为两大片，一是包括云贵川三省的全部或大部分及湘西、鄂西地区的西南三线；一是包括陕、甘、宁、青四省区的全部或大部分及豫西、晋西地区的西北三线。三线又有大小之分，西南、西北为大三线、中部及沿海地区省区的腹地为小三线。

1964 年 4 月 25 日，军委总参谋部作战部提出一份报告，对经济建设如何防备敌人忽然袭击的问题进行了分析，认为有些情况相当严重：（1）工业

过于集中。全国 14 个百万人口以上的大城市，就集中了约 60% 的主要民用机械工业和 52% 的国防工业。（2）大城市人口多。全国有 14 个百万人口以上和 25 个 50 万至百万人口大城市，大都在沿海地区，防控问题尚无有效措施。（3）主要铁路枢纽桥梁和港口码头多在大城市附近，还缺乏应付敌人突然袭击的措施。（4）所有水库的紧急泄水能力都很小，一旦遭到破坏将酿成极大灾害。

总参作战部的这份报告，引起了毛泽东和党中央的高度重视。

（三）三线建设的初步实施和国营工业布局的调整

根据中央的决定，各有关部门迅速展开西南、西北三线建设的具体部署。部署从三个方面进行：一是在三线建设新的工厂，扩建部分工厂，由国家计委负责组织。二是把一线的独生子（即全国仅此一家的重要工厂）和配合后方建设所必需的工厂搬迁到三线，由国家建委负责组织；三是组织好全国的工业生产，为三线建设提供设备和材料，由国家经委负责。

据不完全统计，1964 年下半年到 1965 年，在西南、西北三线部署的新建和扩建、续建的大中型项目达 300 余项。这一期间，从一线搬迁到三线的工厂有 400 个。军事工业方面，在西南地区规划了以重庆为中心的常规兵器工业基地、以成都为中心的航空工业基地、以长江上游重庆至万县为中心的造船工业基地；在西北地区规划了航天工业、航空工业、常规兵器和光学仪器等工业基地。

图 4-3　四川攀枝花钢铁公司

　　钢铁工业"三线"建设，重点在西南，兼顾西北。

　　1.新建钢铁企业

　　除攀枝花钢铁基地外，在西南"三线"，还扩建了成都无缝管厂、重庆钢铁公司、重庆特殊钢厂、昆明钢铁厂、贵阳钢铁厂、遵义合金厂，新建了长城特殊钢厂、遵义金属制品厂、峨眉铁合金厂、乐山冶金轧辊厂和水城钢铁厂。在西北"三线"，恢复建设了酒泉钢铁公司、兰州钢铁厂、略阳钢铁厂。同时建设了从辽宁本钢分迁到青海的西宁钢厂，大连钢厂援建的陕西钢厂，鞍钢援建的石嘴山钢丝绳厂。

　　2.企业（研究机构）迁建搬家

　　（1）1964年，从大连钢厂迁5吨电炉两座到贵阳钢铁厂。1964年再从本溪钢铁厂迁2吨锻锤1台。从鞍钢迁焦炉两座和焦化产品回收设施到贵阳钢铁厂，以增加三线炸药生产需要的甲苯和化工需要的原料。

　　（2）1964年，从本溪钢厂迁3吨电炉1座，1965年再从本溪钢厂迁电炉、锻锤、轧钢机，从石景山钢铁公司迁冷拔车间到青海西宁钢铁厂，建设西宁特殊钢厂，首先解决常规武器需要的特殊钢。

　　（3）精密合金是国防尖端和电子遥控的关键金属材料，当时只有上海、大连两地生产。1964年从大连钢厂迁第二钢丝车间，1965年再从大连钢厂迁精密合金车间到西安钢厂或陕西其他合适地方，建设特殊金属制品厂。

　　（4）当时飞机、导弹用的高温合金生产都在一线，而且数量不足，急需转移三线，扩大生产。1965年，拟把上钢五厂现有的和抚顺钢厂计划扩建的高温合金和不锈钢的生产设备，以及鞍钢的20辊精密带钢轧机，迁往四川江油长城钢厂。

　　（5）1965年，将鞍钢第二中板厂（增加靶板、不锈钢等措施）迁往重庆钢铁公司。

　　（6）1965年，将计划建设的鞍山钢铁研究院，迁往四川西昌或其他合适的地方，建设西昌钢铁研究院（所）。

　　（7）1965年，将北京钢铁研究院一分为二，在四川江油长城钢厂附近建设四川分院，专门研究合金钢和高级合金。

　　西南、西北"三线"建设，对改善中国钢铁工业战略布局起了重大作用。由于受到林彪所谓"靠山、分散、进洞"的影响，也造成了许多浪费和损失。

六、自主国防工业体系的建立

在中华人民共和国建立以前，中国仅有一些生产轻武器和弹药的小型工厂。新中国成立以后，国防工业从小到大、从低级到高级、从仿制到自行研制，逐步建立了一个门类比较齐全的国防工业体系。

国防科技方面的国营企业（研究院、所），在我国国防尖端科学技术的发展和自主国防工业体系的建立方面，有独特的、不可或缺的贡献，可以说功勋卓著。

（一）核工业与原子弹

1955年，中央作出了发展核技术和核工业的决定。1956年4月，毛泽东在中央政治局扩大会议上提出发展尖端技术的问题。他从巩固国防安全的角度提出，不仅要有更多的飞机大炮，而且要有原子弹，要想不受人欺负就不能没有这个东西。

1958年5月31日，中共中央书记处总书记邓小平批准二机部上报的"五厂三矿"（衡阳铀水冶厂、包头核燃料元件厂、兰州铀浓缩厂、酒泉原子能联合企业、西北核武器研制基地，以及郴县铀矿、衡山大浦铀矿、上饶铀矿）选点方案。

1958年6月21日，毛泽东在中共中央军事委员会扩大会议上说："搞一点原子弹、氢弹、洲际导弹，我看有十年工夫是完全可能。"[1]

1958年7月1日，我国研究性重水反应堆和回旋加速器建成。为此，《人民日报》发表消息和社论。

1959年6月20日，苏共中央致信中共中央拒绝提供原子弹教学模型和技术资料。其后不久，周恩来向时任第三机械工业部（后改为第二机械工业部）部长的宋任穷传达中央决定："自己动手，从头摸起，准备用八年时间

---

[1]　中共中央文献研究室：《毛泽东年谱》第三卷，中央文献出版社2013年版，第373页。

搞出原子弹。"①

1960 年 3 月，由我国著名核物理学家王淦昌领导的研究小组在杜布纳联合核子研究所发现了世界上第一个荷电负超子——反西格玛负超子。

1960 年 9 月 10 日，中共中央任命刘杰为二机部党组书记，9 月 30 日又任命刘杰为二机部部长。

1960 年 11 月 18 日，铀纯化厂生产出第一批符合纯度要求的二氧化铀产品。

20 世纪 50 年代，资本主义国家普遍对新中国进行经济和技术的封锁，中国对来自苏联和东欧的经济技术援助十分珍惜。然而，苏联的援助并不无私可靠。1960 年，二机部部长刘杰率代表团赴苏联谈判两种导弹 7 个项目等的设计和设备供应期限问题。苏方采取了既不拒绝又不积极援助的态度。设计要在 1961—1963 年才能完成，设备要在 1965—1968 年才能供应，把建设时间拖 8 年之久。虽经反复谈判，苏方始终坚持原来的意见不变。此后不久，7 月份苏联政府就照会中国政府，撤离全部在华专家，并带走全部设计图纸。8 月 16 日，苏联外贸部通知中国，停止对中国签订合同，并对核子仪器、微波设备仪器、电子管等已达成协议的商品提出撤销供应。

得知苏联政府撤走专家的照会后，1960 年 7 月 18 日，毛泽东在北戴河中央工作会议上说："要下决心，搞尖端技术。赫鲁晓夫不给我们尖端技术，极好！如果给了，这个账是很难还的。"②

1961 年，中央作出了以研制"两弹"（原子弹和导弹）为中心，加快国防科技和工业发展的重大决策。

二机部部长刘杰 1962 年提出制造中国第一颗原子弹的两年规划，得到毛泽东等党和国家领导人的赞同。"两年规划"中提出 1964 年爆炸第一颗原子弹是个总目标和总任务。为了鼓舞士气，二机部决定以苏联撕毁协议时间"596"作为中国第一颗原子弹工程的代号，激励大家造出中国的争气弹。1962 年 11 月 17 日，刘少奇主持的中央政治局会议讨论并批准了二机部的报告，决定在中央直接领导下，成立以周恩来为主任的中央 15 人专门

---

① 《中国核工业发展的历史镜头》，《中国青年报》2005 年 1 月 15 日。

② 毛泽东：《要下决心搞尖端技术》（1960 年 7 月 18 日），《新中国成立后毛泽东关于军队和国防建设的文献选载》，《党的文献》1996 年版，第 7 页。

委员会（包括副总理贺龙、李富春、李先念、薄一波、陆定一、聂荣臻、罗瑞卿，以及国务院、中央军委有关部门负责人赵尔陆、张爱萍、王鹤寿、刘杰、孙志远、段君毅、高扬等）。

1963 年 11 月 20 日，西北核武器研制基地成功进行整体聚合爆轰出中子试验。

1963 年 11 月 29 日，六氟化铀工厂生产出第一批合格产品；兰州铀浓缩厂于 1964 年 1 月 14 日取得了高浓铀合格产品。

1964 年，王淦昌与苏联科学家几乎同时独立地提出了用激光打靶实现热核聚变的科学设想，成为世界上首创惯性约束受控热核聚变实验方法的奠基人之一。

1964 年 10 月 16 日，我国第一颗原子弹爆炸试验成功。

图 4-4　我国第一颗原子弹爆炸成功

（二）航天工业与人造卫星

1. 东风系列导弹的研制

中国的航天事业是从导弹研制开始的。为"两弹一星"的创立和发展，钱学森、梁思礼等一批海外归国的科学家作出了杰出的贡献。同时，作为航天工业生产、研制部门的国营航天科技企业，也同样作出了杰出的贡献。

中国的航天工业在 50—60 年代，经历了由仿制到自行设计、独立研制的过程，历经艰难。

1957 年，苏联赠送中方两枚"P-2"导弹，一枚用作研究，一枚进行仿制。

1958 年 5 月，我国开始了仿制苏联"P-2"导弹的工作，当时起名"1059"导弹。6 月 28 日，苏联运来第一批"P-2"导弹系统的图纸资料，到 11 月 20 日，又陆续运来了约 10000 册资料，其中包括生产图纸、技术条件、计算资料、标准件、工艺规程和部分工装模具、实验设备以及冶金资料。

应该说苏联专家在帮助我国科技人员和工人消化资料、掌握操作技术方面做了大量有益的工作。但是"1059"导弹的仿制工作仍面临图纸资料不成套，缺少原材料和专用设备，技术力量薄弱等大量问题。

为此，科技人员通过测试苏联的样机，绘制出结构图和原理图，在企业技术工人的配合下，研制出合格产品。研制导弹所需原材料，除从苏联进口少量特殊钢号、特殊规格的外，大部分原材料由国内企业试制生产。

"1059"的生产以焊接为主，而试制生产企业的装配工艺以铆接为主。企业克服设备缺乏、焊工少的困难，边仿制边培训工人，完成了装配生产。其中氩弧焊在当时是一种比较新的焊接工艺，但氩气要靠进口，北京氧气厂连续试制成功后保证了生产的需要。

1959 年 10 月，在"1059"导弹进行总装的关键时期，赫鲁晓夫单方面撕毁了中苏两国政府签订的《国防新技术协定》，并在 1960 年撤走了最后 3 名专家。聂荣臻在苏联专家撤走的第二天说："中国人民是聪明的，并不比别的民族笨，要依靠我国自己的专家和工人，搞出自己的导弹。"[1] 总装工作在我国技术人员和工人的共同努力下，艰难地进行下去了。

1960 年 11 月 5 日，我国仿制的第一枚导弹"1059"在酒泉实验基地发射成功。

早在 1960 年初，中国航天科技企业依靠自己的专家、技术人员和工人队伍，同时依靠全国的大协作就开始进行了"东风二号"导弹的试制工作。

---

[1]　航天工业部第一研究院院史编辑委员会：《航天工业部第一研究院大事记（1957～1987）》，1987 年，第 53 页。

　　这是我国在仿制基础上，自行设计、独立研制的第一枚地地中近程弹道导弹。经过两年的艰苦努力，1962 年 3 月 21 日，第一枚"东风二号"在酒泉基地发射，虽然首次飞行遭遇了失败，但这次失败使航天科技企业认识到我们在导弹设计试制方面的弱项，必须加强地面设施的建设，建立起系统研制、生产的工程管理体制。

　　经过艰苦努力，射程 1000 公里的第二枚"东风二号"导弹，在 1964 年 6 月 29 日试射成功。

图 4-5　发射架上的东风二号导弹

　　1965 年，为提高导弹的实战价值，中央作出了"东风二号"导弹射程提高到 1200 公里以上的决定，改进后被称为"东风二号甲"，并决定了第一发"两弹结合"（导弹和原子弹结合）试验用"东风二号甲"。

　　中央领导对"两弹结合"的试制高度关注，在试制中周恩来总理提出了一个"严肃认真，周到细致，稳妥可靠，万无一失"的要求，这个"十六字方针"成为当年航天科技企业的企业精神。

　　1966 年 10 月 27 日，"东风二号甲"导弹和核弹的"两弹结合"试验一举成功。《人民日报》发了号外，全国人民为我国第一枚导弹核武器的诞生而万分振奋。

　　紧接着由我国航天科技企业独立研制的液体地地中程导弹"东风三号"经过两年零四个月的研制，于 1966 年 12 月 26 日首次飞行试验成功，为我国研制战略导弹奠定了基础。

2. 人造地球卫星的研制

1957 年 10 月 4 日，世界上第一个人造地球卫星由苏联发射成功，随后美国、法国、日本相继发射人造卫星。

1958 年 5 月 17 日，毛泽东在中国共产党第八次全国代表大会第二次会议提出："苏联人造卫星上天，我们也要搞人造卫星，我们也要搞一点，要搞就搞得大一点。"①

图 4-6　调试东方红一号卫星

1964 年，中国相继成功发射了第一枚弹道式导弹、爆炸了第一颗原子弹。一系列进展为发展人造卫星奠定了基础，卫星计划被重新提上议事日程。

1965 年 1 月 8 日，钱学森建议中国暂停研制的人造地球卫星应该重新上马并列入国家任务，得到了聂荣臻副总理的赞同。同年 5 月，周恩来总理指示中国科学院拿出第 1 颗人造卫星的具体方案。负责卫星总体组的钱骥带领年轻的科技工作者很快便拿出了初步方案。该方案由钱骥等直接向周恩来总理做了汇报。

1965 年 7 月，在周恩来总理主持的中央专委会议上原则批准了中国科学院《关于发展中国人造卫星工作规划方案建议》，确定将人造卫星研制列为国家尖端技术发展的一项重大任务，还确定整个卫星工程由国防科委负责组织协调，卫星本体和地面检测系统由中国科学院负责，运载火箭由七机部负责，卫星发射场由国防科委试验基地负责建设。

因为是 1965 年 1 月份正式提出建议（即钱学森的建议时间），国家就

① 《中国第一颗卫星东方红 1 号上天纪实》，《人民网》，2010 年 4 月 14 日。

将人造地球卫星工程的代号定名为"651"任务。这样，中国的人造地球卫星事业从多年的学术和技术准备，转入有计划、有步骤地开展工程研制的时期。

1965 年 9 月，在中国运载火箭技术取得一定进展的情况下，中国科学院开始组建了由赵九章任院长、代号叫"651"的卫星设计院（公开名称为"科学仪器设计院"），并把中国第 1 颗卫星命名为东方红一号。从此，中国人造地球卫星研制工作正式开始。

1965 年 10 月 20 日至 11 月 30 日，召开了中国第 1 颗人造地球卫星总体方案论证会，最后确定东方红一号卫星属于科学探测性质。东方红一号的发射时间定在 1970 年，成功的标志，即第 1 颗人造地球卫星的总体要求是："上得去，抓得住，听得到，看得见"。所谓"上得去"就是首先要保证卫星飞上天；"抓得住"就是卫星上天以后地面设备能对卫星实施测控；"听得到"就是卫星要播送音乐，且可被地面接收和听到；"看得见"就是卫星在轨飞行时能让地面上的人用肉眼直接看得见，以便鼓舞人心。

1967 年初，中央正式确定中国第 1 颗人造地球卫星播送《东方红》乐曲，以便让全世界人民都能听到中国卫星的声音。

1970 年 4 月 24 日 21 时 35 分，中国第 1 颗人造地球卫星东方红一号用长征一号运载火箭从甘肃酒泉卫星发射场发射，21 时 48 分进入预定轨道。

我国科技工业领域的国有企业，早期许多是以研究院、所的形式存在的，科学研究与生产研制一体化，为我国国防科技发展作出了卓越贡献。仅以中国航天科技集团的沿革为例：

中国航天科技集团公司沿革

中国航天科技集团公司源于 1956 年 10 月 8 日成立的国防部第五研究院，经过第七机械工业部、航天工业部、航空航天工业部、中国航天工业总公司的历史沿革，经国务院批准，于 1999 年 7 月 1 日正式组建成立。

一、国防部第五研究院时期（1956.10—1964.11）：1956 年 10 月 8 日，我国第一个导弹研究机构——国防部第五研究院正式成立。钱学森、刘亚楼、王秉璋先后任国防部第五研究院院长。

二、第七机械工业部时期（1964.11—1982.4）：1964 年 12 月 26 日，三届全国人大一次会议通过成立第七机械工业部的决议。王秉璋、汪洋、宋任穷、郑天翔先后任第七机械工业部部长。

三、航天工业部时期（1982.4—1988.7）：1982 年 3 月 8 日，五届全国人大常委会第 22 次会议通过关于国务院机构改革问题的决议，第七机械工业部改称为航天工业部。

四、航空航天工业部时期（1988.7—1993.6）：1988 年 4 月 9 日，七届全国人大一次会议通过国务院机构改革方案，决定撤销航空工业部和航天工业部，组建航空航天工业部。

五、中国航天工业总公司时期（1993.6—1999.7）：1993 年 3 月 22 日，八届全国人大一次会议批准撤销航空航天工业部，分别成立中国航空工业总公司和中国航天工业总公司（国家航天局）。1993 年 6 月，中国航天工业总公司（国家航天局）正式成立。

六、中国航天科技集团公司（1999.7—）：1999 年 7 月 1 日，根据九届全国人大一次会议精神，经国务院批准，中国航天科技集团公司正式成立。

（三）国营机械工业企业的军民、战平转换体系

1958 年 8 月，中央根据当时的国际情势审时度势，作出了必须在"全国范围内把能拿武器的男女公民武装起来，以民兵的形式，实行全民皆兵"的决定。同时还在北戴河会议上作出了"军事工业和民用工业结合，平时战时结合"的"军民、战平"结合的战略安排。

根据这个战略安排，国务院提出，在战时，应当动员全部国民经济的潜力，特别是机械工业的潜力来满足战争的需要；在平时，应当利用军事工业的剩余（闲置）能力来满足国民经济发展的需要。如此，不论国防工业还是民用工业都可以发挥生产力，而且可以减少基本建设的项目，为国家节约资金。

据国家经委的测算，民用机械能够在战时转产军工产品的潜力是很大的。例如，年产 1500 辆拖拉机的工厂，可以改成一个年产 3000 辆轻型浮动

坦克的工厂；年产 60000 万吨设备的重型机械厂，可以改成一个年产 1500 辆中型坦克的工厂；机车车辆厂也可以改产坦克；重工机具厂、采油炼油机械厂、矿产机械厂等，只要准备一些专用设备和车间，都可以制造各种大炮；金属切削机械厂和纺织机械厂都可以制造各种枪。地方各种机械制造厂和农具厂，各工业部和地方的机械修理厂，都可以制造各种炮弹、弹头等。

同时，军事工业在和平时期生产民用机械和日用品的潜力也很大，例如各种炮厂可以转产金属切割机床、电铲等，飞机工厂可以转产联合收割机、有轨电车，坦克工厂可以转产拖拉机等。

根据国家经委对 2000 余个当时现有的计划新建的民用机械工厂的粗略估算，到 1962 年，仅一机部可以转产军工产品的产值，约占该部全部产值的 15%，约占该部内地企业全部产值的 25%。

第五章 "文化大革命"和恢复、整顿时期的国营企业（1966—1977）

1966 年 5 月至 1976 年 10 月的"文化大革命"，使党、国家和人民遭到新中国成立以来最严重的挫折和损失。[①]

在这场运动中，党内"左"的思想进一步发展，严重破坏了新中国成立 17 年来国营企业在管理方面取得的成绩与经验，国营企业在实践中逐步形成的科学管理制度与体系遭受毁灭性的重创。无政府思潮泛滥，工业企业的生产指挥系统陷入瘫痪，各项专业管理也遭到了严重的破坏。工业企业生产秩序混乱、劳动生产率和其他各项经济指标普遍下降，整个国民经济陷入崩溃的边缘。十年"文革"期间，时任国务院总理周恩来排除干扰、顶着压力开展了恢复生产、恢复经济秩序的诸多努力，邓小平也曾短期主持中央领导工作，着手开展整顿经济秩序，但最终抵不过强大的"左"倾思潮势力的冲击。直至十年"文革"结束后的两年间，以邓小平为代表的老一辈革命家，提出并实施一系列拨乱反正的方针和措施，才使得社会主义企业管理的思想、理论和制度向着正确的方向开始迈进。国营企业的经营与管理就是在这样的复杂形势下，艰难地向前发展。

一、国营企业在"文革"的大动乱中陷入全面瘫痪

正如许多研究者提出的，"文化大革命"是一个极为复杂的历史现象。

[①] 《中国共产党中央委员会关于建国以来党的若干历史问题的决议》，人民出版社 2009 年版，第 24 页。

本书只对这一时期的国营企业进行还原和叙述，而把当时政治、思想、经济、生活、文化教育等作为当时的时代背景。

（一）"文化大革命"席卷企业界

1. 上海工总司成立及"安亭事件"

1966 年上半年，国营企业形势是相对稳定的。国家经委在这一年的 3 月份就连续发布了 3 份文件：3 月 17 日的文件主要是关于改革企业的奖励制度，并得到时任国家主席刘少奇同志的肯定，并准备在各地选择若干企业进行改革试点；3 月 28 日，发出《加强矿山工作》的文件，"指出要改革采矿方法和生产组织、劳动组织，发挥矿山的生产潜力"；3 月 29 日，发出题为《一定要把设备维修好》的文件，要求"进一步发动群众，管好、用好、保养好设备，争取 1966 年有半数设备达到五好要求"。

但是到了下半年，情况开始急剧恶化。1966 年 6 月 12 日，上海最大的棉纺工厂之一的上海十七厂医务室旁，出现了一张大字报《剥开党委的画皮看看真相》，这是上海工业界第一张炮轰党组织的大字报，它的最下端有 7 人署名，第一个名字是王洪文。

到 11 月 6 日，上海国棉十七厂、上海玻璃机械厂、八二二厂、国棉三十一厂、合成纤维研究所、良工阀门厂等 17 个工厂串联组成"上海工人革命造反总司令部"（简称工总司），公然提出"我们要夺权"，王洪文被推举为造反司令。王洪文时年 31 岁，出身农民，16 岁参军，曾赴朝参战，复员后到上棉十七厂当了一名保全员，后进保卫科。王洪文先从大字报开始，一路高调走上造反、武斗、夺权的政治运动中。他亲自组织了震惊全国的"安亭事件"，这是一场为了满足个人强烈的政治欲望而排除异己的流血事件，标志着造反派组织与政府公然对抗、最终解散政府机关的开始。随后"康平路事件""一月革命"的陆续发动，最终解散了上海市委市政府，"判了上海市旧市委、旧人委的死刑"。①

2. 北京"全红总"成立及"联合公报"

随着上海工人造反派的夺权行动两天后，1966 年 11 月 8 日，北京工人

① 吴晓波：《跌荡一百年》下卷，中信出版社 2014 年版，第 309 页。

造反派组成"全国红色劳动者造反总团"（简称"全红总"），他们的口号是"造现行合同工、临时工制度的反，铲除一切反毛泽东思想的大毒草"。12月1日，在江青的煽动下，开始占领全国总工会大楼和劳动部。1967年1月2日，"全红总"与全国总工会、劳动部签发了一个《联合通告》，这是一个打着保护劳动者名义的彻头彻尾的无政府主义宣言，打乱了60年代初期建立起来的经济秩序和城市人口调整秩序，把临时工、农民工全部转正、合同化，进一步加重了企业和城市的负担和压力。这是中华人民共和国成立以来，第一次由一家群众组织牵头向全国进行政策通告。从此，中国的众多工业城市陷入混乱。

1966年秋天开始的夺权行动，致使各地的党政机关几乎全部瘫痪，商务部部长姚依林被造反派全国通缉，周恩来总理紧急将他送往中南海。12月18日开始，在"中央文革小组"的鼓动下，矛头开始指向国家主席刘少奇，并成立了刘少奇、王光美专案组。正因为如此，刘少奇一家才有了后来的遭际。①

（二）企业生产和管理陷入全面瘫痪

"无产阶级文化大革命"的浪潮席卷整个中国大地，"左"倾思想和无政府主义思潮严重侵蚀了全国的工业企业，打乱了正常的生产和工作秩序。"左"倾思想在企业管理中的重要表现为：突出阶级斗争的作用，通过政治运动整人，打击了一批有技术和管理技能的知识分子；以搞群众运动的方式进行工业生产，扰乱了生产秩序；片面强调思想政治工作的作用，忽视工资和奖金等物质激励手段和作用；急于求成忽视经济规律，延续了"大跃进"时期的"左"倾冒进。

李华忠主编的《鞍钢四十年》记载了这家中国最大钢铁企业的"文革"之乱。1966年6月6—16日的10天间，鞍钢贴出大字报25万张，公开点名的干部职工有3127人，其中厂处级以上的有160人。在随后的两年里，党委及生产指挥系统被砸烂，全公司33174名干部中，有20220被列为审查

---

① 刘平平等：《胜利的鲜花献给您——怀念我们的爸爸刘少奇》，《工人日报》1980年12月6日。（另收入《历史在这里沉思——1966—1976年纪实》第一卷）

对象，他们分别被认定为"叛徒""特务"、走资派、三反分子、变色龙、小爬虫、国民党残渣余孽、地主阶级孝子孝孙、反动技术权威，还有 2618 名领导干部和 500 多名技术人员连同万名职工家属被下放到农村接受"贫下中农的再教育"，其中又有 22 人在劳改中非正常死亡。生产部门被打倒后，鞍山钢铁公司的名称被取消了，代之以"鞍钢指挥部"，实行政治建厂，宣告要砸烂旧体制、彻底闹革命，建设没有规章制度的工厂。各厂矿撤销了生产车间、工段和班组，按军队建制，改为营、连、排、班，在生产中大搞"三忠于""四无限"，数千条规章制度被全数废止，实行无规则作业和自由操作。

由于生产指挥系统瘫痪，生产秩序被打乱，企业一片混乱，产量持续下降，质量倒退和生产事故连连发生。1967 年鞍钢的生铁、钢和钢材产量比上一年下降 32.4%、42.6%、41.5%，产量倒退 10 年。海军建造的鱼雷快艇，刚一出海便沉入海底。铁路钢轨断裂事故也时有发生。

在 1967 年、1968 年的"打倒一切、全面内战"和"祖国山河一片红"的形势下，生产工作秩序混乱，经济形势急剧恶化：经济指挥系统和管理机构基本瘫痪，大批有经验的干部靠边站，计划管理和经济管理已经难以为继。1967 年的计划没完成，1968 年的计划甚至没有制定，这一年成为我国建立计划经济以来唯一没有国民经济计划的一年。大规模的武斗和大量工人离开生产岗位，交通运输阻塞，煤炭生产量下降。煤炭供应困难，铁路运输紧张，直接影响到钢铁、电力等基础工业行业，进而影响其他行业，1967 年大批企业停工停产。仅以钢厂为例，全国 32 座大型高炉已有 14 座停产，4 套大型轧机有 2 套停开，29 套成品轧机有 14 套停开。钢产量 1967 年为 1029 万吨，较上一年减少 503 万吨，1968 年又下降到 904 万吨。企业停产涉及民生上，则是社会生活必需品的供应不足，产量与质量同步下降。除煤、粮、油、蛋、肉及轻工业产品供应短缺外，仅 1968 年城镇居民棉布定量供应，全国平均每人只有 9 尺布，比 1967 年减少了 4.6 尺。据统计，这两年损失的工农业生产总值达到 1100 亿元。

表 5–1　1966—1968 年主要工业产品产量表

产品名称	单位	1966 年	1967 年	比上年增减 %	1968 年	比上年增减 %
钢	万吨	1532	1029	−48.9	904	−13.8
成品钢材	万吨	1035	718	−30.7	666	−7.2
生铁	万吨	1334	963	−27.7	857	−13
木材	万吨	4192	3250	−29	2791	−16.4
化肥	万吨	94.6	62.2	−48.8	42.2	−48
化学农药	万吨	26.2	22.4	−14.5	17.1	−31
矿山设备	万台	5.19	3.77	−37.7	2.93	−28.7
发电量	亿度	825	774	−6.6	716	−8.1
化学纤维	万吨	7.58	5.22	−31	3.6	−31
布	亿米	73.1	65.6	−10	64.3	−2
原煤	亿吨	2.52	2.06	−22.3	2.2	+6.8
汽车	万辆	5.59	2.04	−174	2.51	+23
拖拉机	万台	1.18	0.85	−28	0.89	+4

表来源：徐之河等：《中国公有制企业管理发展史续篇：1966—1992》，上海社会科学院出版社 1996 年版，第 19 页。

表 5–2　全民所有制独立核算工业企业主要财务指标表

财务指标	1965 年	1976 年	1976 年比 1965 年（%）
每百元固定资产原值实现利润	20.9	12.1	−42.1
每百元资金实现的利税	29.8	19.3	−35.2
每百元固定资产净值实现的利税	39.8	29.0	−27.1
每百元工业产值实现的利润	21.3	12.6	−40.8
每百元工业产值占用的流动资金	25.5	36.9	+44.7
每百元销售收入的成本	69.0	74.8	+8.4

表来源：《中国工业的发展》，第 90 页。

（三）"革委会"取代党委领导下的"厂长负责制"

1966 年秋，在"文革"狂潮严重影响工业生产正常进行的危机时刻，时任国务院总理周恩来积极组织、巧妙地开展斗争，坚持对国民经济各部门、特别是工业部门的管理。1966 年 9 月 14 日，中共中央发出《关于抓革命促生产的通知》（工业六条），要求工业等部门，立即组织和加强各级生产业务组织机构，号召职工坚守各自的岗位。周恩来主持了 1966 年 11—12 月间的全国计划和工业、交通会议，并针对当时经济管理的混乱情况，在会上指示：（1）组织国务院业务组，抓工交企业的生产，管理经济工作；（2）工交战线搞"文化大革命"必须保证生产活动的正常进行。国务院业务组按照周恩来的指示，迅速起草了《工交企业进行文化大革命若干规定》（简称"十五条"），规定工厂不能停产闹革命，工人参加"文化大革命"只能在业余时间，学生不能到工厂串联，工矿企业要分期、分批、业余闹革命。意图极力维持工交企业的正常生产秩序，但这些努力很快被"文革"洪流冲垮了。

从 1966 年"文革"开始，由学生造反运动到工人夺权运动，工厂基本停工停产，陷入到无政府状态。为了夺取对企业的领导权，"文革"期间，企业内部的领导制度发生了重要变化：如 1967 年 5 月，南昌飞机制造公司，工厂被自上而下的造反群众组织"夺权"后，党委和行政科室都不能正常工作，领导机构和管理系统陷入混乱。1968 年 1 月，经江西省革委会批准，正式建立了工厂革委会，下设办公室、生产指挥部、政治部、后勤部等办事机构。8 月，在毛泽东的关于建立革委会的指示下，全国各个国有企业相继建立了革委会，完成了由"群众夺权"向"革委会"过渡，党委领导下的厂长负责制解体。随着"文革"深入，1968—1969 年起，军代表派驻到各个大型企业，军代表基本统揽一切大权。1968—1978 年间，大连瓦房店轴承厂就实行的是革委会的领导体制。该厂 1967 年 1 月 3 日，各派群众组织开始夺权，企业党委瘫痪，厂长行政指挥权由生产委员会代替。随后，企业由 15 个车间成立的"三结合"革命领导小组的基础上成立了瓦房店轴承厂革委会，由军代表担任主任，统揽一切大权，集党、政、工、团、群、财、文、职工代表大会所有职能于一身，直至 1978 年 6 月。而此时期的国有企业，基本都建立了这样的领导机构。1971 年 9 月林彪叛逃身亡，周恩来组织国务院下文要求企业整顿，部分企业才开始通过整顿，陆续建立起党委，开始进入到党委"一元化"领导时期。但由于当时的指导思想还是"左"倾思想占据领导地位，加之"四人帮"的破坏，虽然组织制度上提出党委"一元化"领导，但实际上并没有真正实现党对企业的领导。①

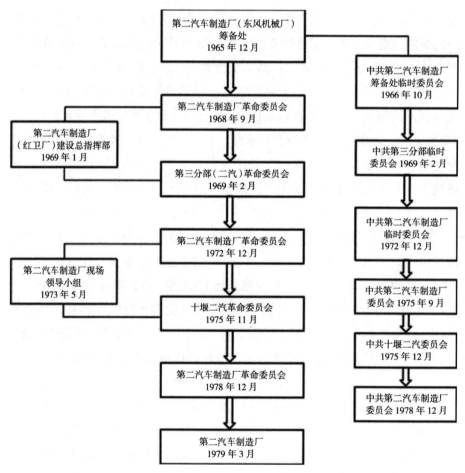

图5-1　第二汽车制造厂机构演变示意图（图表来源于该厂厂史）

---

① 韩岫岚：《中国企业史》现代卷上，企业管理出版社 2002 年版，第 706 页。有删减。

（四）商业改革解散个体经济

商业改革（又称"城乡商业改革"）是"文化大革命"中与教育、卫生、文艺等领域里"继续革命"的一项重要任务。由于它与商品经济的内在联系更能展现出社会主义理论和实践的探索路径，也就更能揭示"文化大革命"的特色。

自 1966 年 8 月起，全国迅速掀起了商业界"破四旧"的运动，红卫兵与商业职工以狂热的激情投身到这场革命中。随着"全面夺权"高潮迭起，大批领导干部被当作"走资派"打倒，领导机关受到冲击而陷入瘫痪，商业行政管理系统和商业经营系统与各部门、各地的联系基本中断。商业的规章制度几乎统统被废除，不计成本、不讲核算、不要积累、不遵守财务制度的无政府主义盛行。管理失控，服务下降，企业亏损严重。凡是老字号的招牌都冠以资产阶级色彩被强行更改。北京的东安市场改为东风市场，广州的陶陶居改为东风居，上海的五味斋改为人民饭店。仅上海一商局所属的 8 个公司的 3700 多家零售店，改变名称的有 3000 多家，店名重复的有 349 家。大量的商品被认定为资产阶级、封建主义的消费品遭到下架停售。仅北京百货大楼停售的商品达 6800 多种，占原经营品种的 22%。传统服务项目被取消，一律改成自我服务。比如理发店除剪头外，洗、吹、烫全部取消，澡堂子里的搓澡服务被停止。甚至在照相馆里出现了全家福不照，男女靠近不照等极端告示。

在极左思潮和无政府主义高涨的背景下，这一时期商业领域里的一个突出现象是解散个体经济和升级集体经济。[1]1968 年 10 月，江西省将全省合作商店、合作小组和有证商贩全部解散。53000 余名人员中，下放农村劳动的有 18800 人，占 34.38%；老弱病残劝退回家的 19200 人，占 37.33%；留在国营企业工作的 15000 人，占 28.3%（绝大部分是新招的职工）。1970 年全国商业局长会议后，有的地区将合作商店全部转为国营，有的将全部的小商小贩赶到农村劳动。共和国自 1956 年完成对资本主义工商业改造后，仅存有小规模的个体经济被彻底摧毁。

---

[1] 《中华人民共和国商业大事记（1958—1984）》，中国商业出版社 1990 年版，第 642 页。

二、"文革"中艰难反复的国营企业整顿

（一）清理阶级队伍给企业带来的危害

1969 年，党的"九大"召开，标志着"文化大革命"的第一阶段宣告结束。毛泽东认为，以"大乱"改变原有社会政治状况的目的已经达到，下一阶段应该走向"大治"。早在八届十一中全会通过的《十六条》中提出的"斗、批、改"是：斗垮走资本主义道路的当权派，批判资产阶级和反动学术"权威"，批判资产阶级和一切剥削阶级的意识形态，改革教育，改革文艺，改革一切不适应社会主义经济基础的上层建筑。当时也叫"一斗、二批、三改"。九大以后的"斗、批、改"是：建立三结合的革命委员会，大批判，清理阶级队伍，整党，精简机构，改革不合理的规章制度，下放科室人员。

随着毛泽东在北京亲自抓了"六厂二校"（北京针织总厂、北京新华印刷厂、北京化工三厂、北京北郊木材厂、北京二七机车车辆厂、北京南口机车车辆机械厂、清华大学、北京大学）的点后，其经验在全国推广：以阶级斗争为纲，废除利润挂帅、物质刺激、生产第一、专家治厂的反革命修正主义企业路线。正如《北京日报》1969 年 3 月 17 日社论《认真学习六厂一校的先进经验》① 所说，它根本的一条是"狠抓阶级斗争和路线斗争，认真学习，努力掌握毛泽东关于无产阶级专政下的继续革命的理论，广泛发动群众，不停顿地向一小撮阶级敌人发动猛烈的进攻"。于是一场持续的"以大批判开路"的新的"斗、批、改"不仅席卷企业界，还延伸到教育界、文化艺术界等领域。

山西大同煤矿仅在"清理""群专"时期，"揪出"局机关所谓阶级敌人248 人，查出所谓重大反革命事件 62 起。其中 29 起冤案错案，涉及 5135 人，触动 1286 人，致死 20 人，伤残 625 人，被逼自杀 106 人。由于"清理"的重点以党员、干部为主，致使各级党组织和领导机构陷入瘫痪。1967 年煤

---

① 当时八三四一部队还未进驻北京大学，所以这里说六厂一校。

炭产量仅完成国家计划的 46.55%。①

企业界的"斗、批、改"及清理阶级队伍的危害是：把新中国成立 17 年来的伟大成就和一切政策法规、工作条例、规章制度等视为"修正主义、资本主义的货色"；把反对只抓政治忽视生产的正确主张，称为"唯生产力论"，横加批判；把加强经济核算、提高企业利润的各种措施，统统说成是"利润挂帅"；把兼顾国家、集体、个人三者利益和关心群众生活当成"物质刺激"而戴上"修正主义"的帽子；把学习外国先进技术和管理经验当作是"洋奴哲学""崇洋媚外"。

图 5-2　工人停产批判洋奴主义

其结果，仅清队，全国被株连的达 1 亿人，制造了数以百万计的冤假错案，使大批干部和群众的身心受到严重的伤害。② 同时造成了广大职工思想极大的混乱，动摇了对共产党和社会主义的信念，助长了无政府主义的泛滥，给生产、科研、教育、文化各个领域带来了巨大的破坏，造成了百花凋零、万马齐喑、思想被禁锢的局面。

思想的混乱，秩序的混乱，管理的混乱是当时企业的普遍状况。用政治、军事、群众运动的手段抓管理和抓生产，必然导致惨痛的教训。1969 年 2 月，鞍钢以"群众大会战"的方式开建齐大山露天采矿厂，因缺乏科学管理，"大会战"成了"大混战"，炸药混杂堆放导致大爆炸，当场死亡 22

---

① 《大同煤矿厂志》，第 549—552 页。

② 席宣：《文化大革命简史》（增订新版），中共党史出版社 2006 年版，第 196 页。

人，重伤 30 人。①

自"文革"爆发后，二汽就被武汉军区接管，这里也日日上演着劳民伤财的荒唐剧。为了响应"工业学大庆"的号召，军管小组提出要发扬"干打垒精神"。"干打垒"原本是东北地区农村的一种简易造房技术，1959 年大庆"油田大会战"时，被油田工人用于建造住房。结果二汽打着要"学大庆"的口号，把原本用红砖建成的整齐厂房全部拆除，换成"干打垒"的墙体，这一建就是 60 万平方米。这种厂房材质粗劣、质量低下，根本不适合当制造汽车的车间，可是谁也不敢提出异议，这种"干打垒"的做法还被当成经验在全国进行了推广交流。②

（二）恢复国民经济计划编制的艰难与再次跃进

1968 年 12 月，周恩来指示编制 1969 年国民经济计划。按当时的条件，组织了一个由军代表、老干部和群众组织代表参加的 30 余人的计划起草小组负责这项工作，并草拟了《1969 年国民经济计划纲要（草稿）》。1969 年 2 月召开全国计划座谈会，讨论了草稿，并把它交给各地代表带回，边讨论，边补充。由于国内外政治局势逐步趋于稳定，有了执行的条件，所以 1969 年基本上刹住了前两年生产下降的趋势，经济开始回升。这一年的工农业生产总值比 1968 年增长 23.8%。这样高的增长速度，显然是带有恢复的性质。

1970 年 2 月 15 日至 21 日，国务院召开全国经济计划工作会议，拟定了《1970 年国民经济计划第四个五年计划纲要（草案）》。有计划，就有人抓，有人管，这要比前两年无人抓，无人管无疑是一个进步。但由于指导思想指挥不当，必然会产生新的问题。由于会议按照中共"九大"关于国际形势的分析，要做好"打大仗"准备的总原则，所以提出了"以阶级斗争为纲，狠抓战备，促进国民经济新飞跃"为口号，把"集中建设大三线战略后方"作为"四五"计划的重点。

"四五"计划因为受到江青、林彪两个反党集团的干扰没能下发，但却

---

① 吴晓波：《跌荡一百年》下卷，中信出版社 2014 年版，第 314 页。

② 吴晓波：《跌荡一百年》下卷，中信出版社 2014 年版，第 333 页。

对经济工作产生了很大影响。为了实现高指标，人们习惯的不是以科学技术水平提高劳动生产率的方法，而是增资增人的老办法。结果导致 1970 年以后，为大幅度扩大基本建设规模，大量增加职工，导致了 1971 年底出现了四个突破：全国职工总数突破 5000 万人，工资支出突破 300 亿元，粮食销售总额突破 800 亿元，货币发行量突破了警戒线。这"四个"突破，表明整个国民经济出现了危险的倾向。①

（三）整顿企业秩序、恢复企业经济核算

1. 为恢复企业正常管理秩序的努力

1971 年的"九一三"事件后，林彪集团覆灭，周恩来主持中央工作。他抓住有利时机，以批判林彪极"左"思潮的形式，对我国的经济进行调整。在周恩来的主持下，1971 年 12 月—1972 年 1 月，国务院召开全国计划工作会议，并起草了《1972 年全国计划会议纪要》，强调要整顿企业管理，要落实干部、工人和技术人员的政策，反对无政府主义，在企业管理中要把产品质量提到第一位等与恢复生产秩序密切相关的问题。针对企业管理方面，提出要恢复和健全岗位责任制、经济核算、考勤制度、技术操作规程、质量检验制度、设备管理和维修制度、安全生产等 7 项重要规章制度，抓好产品、产量、品种、质量、原材料和燃料动力消耗、劳动生产率、成本和利润等指标。

1972 年 10 月，经国务院批准，国家计委、财政部和农林部联合召开关于加强经济核算、扭转企业亏损会议。会议指出，和历史较好水平相比，当时工业利税少交 100 多亿元，工业流动资金多占用 100 多亿元，基本建设尾巴拖占资金 100 多亿元等问题。会议批判了林彪散布的"政治可以冲击其他"的谬论，重新肯定了"政治和经济工作一道做"的原则。会议从多方面研究和拟定了加强经济核算制，为企业的经济核算创造条件，改进国家企业亏损的管理制度和严格财经纪律等扭亏增盈的措施。提出国营工业企业在完成七项指标后，可以从利润中提出奖励基金。这是"文革"以来，利用批判

---

① 赵德馨：《中华人民共和国经济史（1967—1984）》，河南人民出版社 1989 年版，第 190—191 页。

林彪"左"倾思潮，在企业管理整顿中的一大突破。

1972年起，国务院在工业企业整顿中，主抓产品质量，并开展了一系列工作。1月，针对援外飞机质量和汽车质量差的问题，周恩来提出要在当月把质量问题提到日程上来解决。3月，对出口罐头变质问题进行全国通报。4月，周恩来对广州出口商品交易会展品的质量问题作出重要批示，要求搞好土特产品、轻工产品的质量。国务院通过制定一系列质量管理制度，推动了全国的工业企业的产品质量提到企业管理的日程上来。

1972年，国务院召开全国技术革新经验交流会。在部分省、市、大型企业技术革新的经验进行交流后，会议指出要加强企业固定资产更新改造基金的管理，并提出要广泛应用电子技术，提高工业生产自动化水平；采用新工艺、新技术，改革老工艺等促进技术进步的措施以提高产品质量。国务院在批转《全国技术革新经验交流会议综合简报》中指出，要充分挖掘现有企业的潜力，今后发展要着眼于现有企业的改造，尽量采用先进技术。这次会议对推动全国工业企业技术革新和技术改造，起到了积极作用。

1972年4月，国务院决定开展一次清产核资工作，并要求通过这项工作，使工交企业的流动资金节约20%。对于清产核资中清理出来的多余和挤压的物资，要求边清查边调剂处理。首先，用于计划内的生产和建设所产生的残次呆滞物资，要采取加工改制、修旧利废等办法利用起来；确实无法利用的物资和设备，要经上报核准，可以报废和核销。为了加强这项工作，国务院还成立了领导小组。通过清产核资，国营工业企业的物资管理工作得到了加强。

大同煤矿的厂志中记载了这个时期企业管理和生产的恢复和好转情况：从1971年开始，局党政采取了一系列措施，开始加强经济管理，先后制定了经济核算、财务管理等19项财务管理制度。1972年7月，全局开始清产核资工作，至年底前完成。共清出多余挤压材料、配件价值1355万元，占库存总数的36.06%；清出各种闲置设备819台；清查了253个小仓库，清出已摊销成本的账外物资470.6万元，相当于大库物资的13.59%。全局将成本计划指标进行层层分解，横向分到矿各有关职能部门，纵向分到所属各区、队、班组，并形成一套适合局特点的管理办法。1972年，全局的计划管理已从"文革"的瘫痪中开始恢复正常秩序。

为了加强企业及社会的管理秩序，保护、解放党内外干部和专家、技术骨干成为周恩来总理的一项重要工作。随着"批林整风"运动在全国各个领域的展开，周恩来适时地推动了解放干部的工作。1972 年 4 月，他指示人民日报社起草一篇党的干部政策的社论，并亲自审阅。这篇题为《惩前毖后，治病救人》的社论于 4 月 24 日在《人民日报》发表。社论指出，"对一切犯错误的同志不论老干部、新干部，党内的同志、党外的同志，都要按照'团结—批评—团结'的公式，采取教育为主的方针。"这篇社论在当时影响很大，有力地推动了解放干部的工作，使大批老干部和专家、教授等，从关押、审查、批斗的状态中解脱出来，重新走上工作岗位，许多同志更是担任了各级领导工作。其中影响最大的是 1973 年 3 月 10 日，恢复了邓小平的组织生活和国务院副总理的职务。邓小平重新出现在中国的政治舞台上，为后来的工业企业整顿和国民经济的恢复提供了有力的领导支持。

1972 年 4 月至 6 月，国务院和国家计委先后发出《关于严格控制增加职工》和《加强工资基金管理》的两个文件，规定未经国务院批准，新增职工人数不得超过计划。同时，动员一部分 1970 年超指标招收的职工返回农村。这样，"四个"突破得到了有效的控制。

2. 积极开展技术引进工作

为了加强我国工业的物质技术基础，在毛泽东的支持下，周恩来克服"左"倾思想的重重阻碍，坚持发展对外技术交流，积极引进国外先进技术和设备，为提高我国工业和其他部门的技术物质基础作出了重大贡献。1972年，我国恢复了中断多年的成套设备和新技术的引进工作。1973 年，经毛泽东、周恩来批准，我国从国外引进共 43 亿美元的成套设备和单机（加上后来的追加项目，共 51.4 亿美元），其中包括 13 套大化肥、4 套大化纤、3套石油化工、43 套综合采煤机组、3 个大电站、1.7 米轧机及透平发动机、斯贝发动机等。这是新中国成立以来最大一次规模的技术引进工作。这些引进项目到 1979 年底陆续建成投产。①

这些当时具有世界级技术水平的设备和项目的陆续引进和投产，使得我国工业在"文革"中遭受到严重破坏的情况下，仍然在一部分企业中，保

---

① 席宣：《文化大革命简史》（增订新版），中共党史出版社 2006 年版，第 229、230 页。

证了工业生产的物质技术基础有明显的增强，使我国的工业技术水平和生产能力有了显著提高。比如，从原联邦德国和日本引进的 1.7 米轧机成套设备，建在武汉钢铁公司。这个工程的全部总投资为 38.9 亿元，其中国外引进费用 22.8 亿元，折合外汇 6 亿美元，国内费用 16.6 亿元。这套设备的引进，对增强轧制冷轧钢板的能力，减少进口，发挥了巨大的作用。从日本引进的三套生产乙烯为主的大型石油化工联合装置，分别建在北京化工总厂、上海石油化工总厂、辽阳石油化工总厂。这几套生产装备的投产，对于当时棉布严重的供应紧张问题，起到了缓解的作用。

张贤亮在《"票证"的副作用》一文中曾这样记载了当时人们对穿上一件新衣的期盼：在相当长的日子里，人们为能够穿上一件新衣而愁白了头。当时有很多流行语描述这种景象，比如："新三年、旧三年、缝缝补补又三年"，"老大穿新的，老二穿旧的，老三穿补的"。当时，中国纺织工业的原料以棉花为原料，而棉花的产量长期徘徊在 4000 万担左右的水平上。1971年棉花的产量为 4300 万担，比上一年减少了 7.6%，远远满足不了市场需求。纺织部曾经主持开发化学纤维，但是合成纤维的技术问题始终解决不了。用涤纶制成的衣裤被称为"的确良"，当时几乎一衣难求。引进设备后，每年可生产合成纤维 24 万吨，可织布 40 亿尺（的确良）。

当时引进设备和技术的重点集中在民生产业——与"吃穿用"相关的项目占全部建设投资的 63.8%。这些项目的落成，无疑对于国民经济的意义是决定性的，也可以被看成为 1978 年对外开放的一个前奏。[①]

表 5–3　1966—1972 年中国进口商品结构（%）

年份	生产资料	生活资料	年份	生产资料	生活资料
1966	72.2	27.8	1970	82.7	17.3
1967	76	24	1971	83.9	16.1
1968	77.2	22.8	1972	79.4	20.6
1969	84.4	17.6			

图表来源：中华人民共和国国家经济贸易委员会编：《中国工业五十年》第五部下，中国经济出版社 2000 年版。

---

① 吴晓波：《跌荡一百年》，中信出版社 2014 年版，第 334 页。

3.国家外交取得重大成就为企业对外经贸创造了条件

在 1971—1973 年，我国的外交战线取得了巨大的胜利。1971 年 10 月25 日，第二十六届联合国大会以 76 票赞成、35 票反对、17 票弃权的压倒多数，通过了恢复中华人民共和国在联合国一切合法权利，并立即把蒋介石集团的代表从联合国一切机构中驱逐出去的提案。我国在联合国长期被非法剥夺的权利得到恢复。

1972 年 2 月 21 日至 28 日，时任美国总统尼克松访华，毛泽东于 21 日会见了尼克松并认真、坦率地交换了意见。中美两国政府于 2 月 28 日在上海发表《联合公报》，宣布两国在对抗 20 多年后，开始走向和解与关系正常化。《联合公报》承认只有一个中国的原则，并最终确认美国从台湾撤走其全部军队和军事设施。《联合公报》还讨论了两国人民在经济、科学、文化等方面的交流问题。尼克松的访华和中美《联合公报》的发表，在美国引起强烈反响，在国际上的震动很大。

1972 年 9 月 25 日—30 日，日本内阁总理大臣田中角荣，应周恩来的邀请访问我国，中日双方以两国邦交正常化问题为中心举行会谈。毛泽东于27 日会见了田中角荣，双方进行了认真、友好的会谈。两国总理于 9 月 29日在北京发表了《中日两国政府联合声明》，宣布自声明公布之日起，结束中日两国之间的不正常状态和建立外交关系。

到 1972 年底，加拿大、意大利、奥地利、土耳其、联邦德国、澳大利亚、新西兰等 41 个国家先后同我国建立或恢复了外交关系，差不多是1949—1969 年 20 年间同我国建立外交关系国家的总和（47 个）。国际间关系的改善，为我国开展技术交流，发展对外贸易，创造了有利的条件。毛泽东、周恩来在外交关系上的重大决策，开始打破了长期以来西方封锁和我们自己的闭关锁国的不正常状态，为开辟新的外交格局奠定了基础。

正因为我国在外交战线上取得了如此重大的成就，自 1973 年开始的大批量的技术引进工作就有了可能。1973—1976 年间，毛泽东和周恩来等老一辈共和国领导人，为我国尽快地恢复和发展国力，把新中国成立以来最大规模的一次技术和成套设备引进工作的设计和实施完成了。这为国家的基础工业建设、民生工程的提高和改善奠定了基础，同时为提高国营企业的生产能力和核心竞争力创造了条件。

三、恢复生产秩序的再次整顿与波折

（一）加强经济管理工作的企业整顿

1973 年 1 月召开的全国计划工作会议上，批判了林彪一伙破坏党的经济工作领导，分裂工人阶级队伍，反对有计划地发展国民经济，反对抓生产、抓业务，破坏党在现阶段的经济政策的罪行。针对经济工作的问题，国家计委草拟了《关于坚持统一计划，加强经济管理的规定》，并提交这次会议讨论。内容中提出：加强统一计划的领导，搞好综合平衡，反对各行其是；严格控制基建，不许乱上项目；中央集中控制职工总数、工资总额、物价等，各地无权自定；中央下放的大中型企业不能再层层下放；企业实行党委领导下的厂长负责制；坚持按劳分配原则，广泛推行计时工资加奖励、计件工资等 10 条原则。提出坚持党对经济工作的领导，要既抓政治，又抓生产；坚持政治与业务的统一，政治要挂帅到业务上来；经济工作应该要越抓越细等等。这在当时的历史背景下，该文件对于整顿、恢复和加强经济管理工作有着十分重要的意义。该文件获得了 28 个省、市、自治区代表的热烈赞同，而上海代表在张春桥的支持下表示反对。

周恩来致力于加强经济工作管理的各种措施，由于受到"四人帮"的阻挠和破坏，不能不减弱其作用。通过国务院各部门一系列会议的召开和一系列文件的贯彻，深入批判了极"左"思潮，加强经济工作管理的指导思想在广大企业中还是产生了积极的影响。大同煤矿厂志中记载：1974 年 9 月，根据煤炭部提出的"走老矿挖掘改造，充分提高原有生产矿井综合生产能力，增加生产的道路"精神，大同矿务局发动群众开始制定长远规划。全局共有 1414 名职工参加各级规划组织，先后对全局范围 867 个主要生产环节及专业问题进行了调查和实测，共测得 1.69 万个数据，搞清了三个水平（历史最好、现场实测、技术改造预计达到），并编制出《大同矿务局 1975 年至 1985 年十年发展远景规划》，为企业强化管理和以后的老矿挖潜改造，提供了可靠的依据。

第二汽车厂志中也有相关记载。为克服"出政治车""设计革命""干打垒化"的"左"倾错误领导，以及瞎指挥等造成的恶果，1973年1月，二汽党委在机构整顿调整中，分别成立了工程处、工厂设计处、基建材料处、基建设备处、修建处和运输工程处，狠抓工程质量和施工准备，调整了项目建设程序，明确"三铸、一锻、一车身"为重点项目。同年5月，湖北省委决定成立中共建设二汽现场领导小组，为项目的进一步实施创造了有利的条件和组织保障。

江青一伙对周恩来的经济整顿恨之入骨。1973年下半年，利用毛泽东关于批判林彪反党集团的极"右"倾向的指示，江青一伙掀起了"反右倾复辟"的黑潮，诬陷周恩来实行的整顿措施是"修正主义的黑线回潮"。1974年1月开始，在全国的"批林批孔"运动中，大肆地攻击周恩来是"现代大儒""宰相""周公"，影射周恩来是"复辟、倒退"，鼓动"二次夺权"，大打内战。各地帮派再拉山头，制造了"武斗"的混乱局面。一些人到处散布"不为错误路线生产"等口号，煽动企业停产停工；一些领导干部重新被打倒；许多领导班子再次瘫痪。刚刚好转的经济形势再次遭到严重破坏。

（二）"凤庆轮事件"的背后

"凤庆轮"是上海江南造船厂于1973年建造的一艘万吨轮。交通部所属的中国远洋运输公司买下该轮后认为，它的主机性能不适于远洋航行，只适合在近海航行。"批林批孔"运动开始后，江南造船厂的造反工人和"凤庆轮"海员贴出大字报《远洋公司还是崇洋公司》，指责交通部的鉴定是崇洋媚外，看不起中国工人，强烈要求凤庆轮远航。交通部被迫同意"凤庆轮"远航罗马尼亚。

1974年，"凤庆轮"奉命出航，把一万多吨的大米运往罗马尼亚。在远航的途中，主机不断发生故障，险情频出，相关实情被刻意隐瞒，国庆节前"胜利"返回上海。张春桥、江青等人抓住这个事情大作文章，上海的《解放日报》马上刊文《乘风破浪胜利前进——凤庆轮首航远洋归来赞自力更生方针的伟大胜利》，将造船与买船对立起来，认定"造船不如买船，买船不如租船"是一种"洋奴"哲学，是一条"修正主义路线"。王洪文还下令把交通部派驻在"凤庆轮"上担任领导工作的干部扣留在上海，进行批斗，责令交通部严肃处理。理由是这名干部拒绝把进口船作为"崇洋媚外""卖国主义"进行批判。

"凤庆轮事件"的背后，其实是"四人帮"加紧夺权的预演。1974年10月11日，中共中央发出通知，决定"在最近期间召开第四届全国人民代表大会"。通知传达了毛泽东的意见："无产阶级文化大革命，已经八年，现在，以安定为好"，要求全党全军要团结。召开人大会议必然要讨论和决定国家领导人的安排和调整。1974年6月1日，周恩来的病情加重住院，"四人帮"意识到这是他们篡夺更多权力的机会。10月4日，毛泽东提议邓小平任国务院第一副总理。江青等对此极为不满，经过预谋后，利用"凤庆轮事件"不断渲染、热化，在政治局会议上突然发难。17日当晚，"四人帮"秘密策划，决定派王洪文到长沙向毛泽东作诬陷周恩来、邓小平的汇报，其目的是由"四人帮"组阁，结果遭到了毛泽东的严厉批评。①

（三）开展全面整顿工业企业

1975年初，在不到半个月的时间里，邓小平被接连委任党、政、军的关键性重要领导职务。这种情况不仅在新中国成立以来没有，在中国共产党领导的革命历史上也是罕见的。1月5日，根据毛泽东的提议，中共中央发出文件，任命邓小平为中共中央军委副主席，兼中国人民解放军总参谋长。1月8—10日召开的中共十届二中全会上，邓小平被选为中共中央副主席、中央政治局常务委员。1月13—17日举行的第四届全国人民代表大会上，邓小平又被任命为排名第一位的国务院副总理。四届人大第一次会议结束后，周恩来总理的病情加重，在毛泽东的支持下，邓小平实际上主持了中央的日常工作。从1975年1月到1976年10月的两年中，神州大地风起云涌，变化巨大，成为10年"文革"中，"左"倾错误思潮"批邓"与正确管理思想"整顿"的一次最大的较量。②

---

① 席宣：《文化大革命简史》（增订新版），中共党史出版社2006年版，第253页。
② 席宣：《文化大革命简史》（增订新版），中共党史出版社2006年版，第272页。

1. 力挽全局的全面整顿

由于"批林批孔"运动的影响以及"四人帮"及其党羽的干扰和破坏，全国的工业、交通、科技、农业等各方面都陷入严重混乱状态。1974年1—5月，全国重点煤矿企业欠产835万吨，比上一年同期下降6.2%；钢产量欠产188万吨，比上一年同期下降9.4%；化肥欠产185万吨，比上一年同期下降3.7%；铁路货运量欠运2100万吨，比上一年同期下降2.5%。在"要当码头的主人，不做吨位的奴隶"的口号下，港口劳动生产率持续下降。1974年1月后，全国在港船舶经常保持在240—250艘，其中有40艘超过1个月，最长的超过100天。1974年1—5月，全国财政收入比上一年同期减少5亿元，财政支出比上年同期增加25亿元，出现5亿元财政赤字。全国工业总产量仅完成全年的35.7%，外贸逆差6.7亿元，市场商品供应紧张。①

邓小平不顾刚刚复出，又有江青一伙破坏的困难处境，根据"四届人大"确定的"把我国建设成为社会主义现代化强国"的目标，根据毛泽东提出的"学习理论、安定团结、把国民经济搞上去"的指示，努力排除各种干扰，从整顿领导班子、批判和消除派性入手，大刀阔斧地对各方面工作进行整顿。

2. 先从铁路入手，打通运输命脉

1975年2月10日，中共中央发出《批转一九七五年国民经济计划的通知》，要求全党"团结一切可以团结的人，调动一切积极因素，坚持抓革命、促生产、促工作、促战备的方针，把国民经济搞上去，当前特别要把交通运输和煤炭、钢铁生产抓上去"。

由于"四人帮"的破坏，徐州、南京、南昌等铁路枢纽的运输长期堵塞，阻碍津浦、京广、陇海、浙赣四条铁路大干线的畅通，并影响其他铁路干线的运输，严重危及工业生产和一些城市的人民生活。为了改变这种局势，2月15日—3月8日，中共中央召开全国省、市、自治区主管工业的党委书记会议，邓小平提出解决铁路问题的三项措施：一是加强集中统一；二是建立必要的规章制度，增强组织纪律性；三是反对派性。3月5

---

① 龚关：《中华人民共和国经济史》，经济管理出版社2010年版，第140页。

日，中共中央发出了《加强铁路工作的决定》（9号文件）。会后，铁道部长万里带领工作组前往问题特别严重的徐州铁路局，雷厉风行地调整领导班子，逮捕了一批破坏分子。徐州铁路局局面很快得到改观，结束了21个月完不成任务的局面。随后，万里前往昆明、郑州，对铁路系统进行整顿。到4月份，仅用一个月时间，堵塞严重的几个铁路局都疏通了，全国20个铁路局有19个局（除南昌外）超额完成装车计划，列车正点率也大大提高。

3. 钢铁和其他工业的整顿

铁路的整顿带动了整个工业的整顿，首先是钢铁工业。1975年5月8—29日，中共中央召开钢铁工业座谈会。邓小平提出钢铁工业要解决"四个问题"：第一，必须建立一个坚强的领导班子。钢铁工业搞不好，关键是领导班子问题，是领导班子软、懒、散。第二，必须坚决同派性作斗争。有的人把党的事业闹的乌天黑地，你还等他觉悟，你能等得及吗？对坚持闹派性的人，该调的调，该批的批，该斗的斗。第三，必须认真落实政策。要特别注意把受运动伤害的老工人、技术骨干、老劳模的积极性调动起来。第四，必须建立必要的规章制度。执行制度宁可严一些，不严就建不起来，过去的规章制度比较繁琐，应该改革。冶金部根据会议精神，对全国钢铁企业展开全面整顿，重点是包钢、武钢、太钢、鞍钢等大型钢铁公司。6月份，全国的钢铁企业整顿初见成效，全国的钢日产量达到72400吨，超过全年计划日平均水平，开始补还欠产。①

钢铁工业整顿初现成效后，邓小平将整顿工作推向全部工业战线。1975年8月3日，邓小平在国防工业重点企业会议上作了重要讲话，工业战线整顿全面铺开。按照邓小平的指示，工交系统所属冶金、煤炭、石油、化肥、电力、机械、森工、水产、建材、纺织、交通、铁道、邮电等13个部门，对1439个重点企业进行了考察，确定需要调整领导班子单位有379个。到1975年7月底，铁路、煤炭、冶金三个重点部门已经调整了133个，占26.3%，其中58个调整后已经有了显著变化，工交系统的经济形势出现明显好转。原油、原煤、化肥、发电、铁路货运等部门，1975年5月、6月都

---

① 席宣：《文化大革命简史》（增订新版），中共党史出版社2006年版，第263页。

创造了历史最高水平。① 在对工业整顿的同时，邓小平也对农业、科技、教育、文艺、军队、国防等领域进行了整顿。

1975 年的整顿从 3 月份展开，7、8、9 月份进入高潮，在极短的时间内取得了明显的成效。铁路运输基本上"四通八达，畅通无阻"，原煤、原油、发电、化肥、水泥、内燃机、造纸等部门连续创造月产量历史最高水平。到 1975 年底，工农业总产值达到 4467 亿元，比上年增长 11.5%，其中工业总产值比上一年增长 15.1%。②

《人民日报》在此期间刊登了一系列企业整顿的情况。河北秦皇岛玻璃厂第一溶制车间工人认真搞好班组经济核算，班班加强管理，"掉炉"事故大大减少，等于为国家多生产玻璃 13800 箱。③ 关于增强质量检验制度，题目为"建立和健全质量检验制度"的报道，介绍了吉林省汪清县柴油机厂，发动群众积极参加生产管理，经过充分酝酿和讨论，建立和健全了群众检验和专业检验相结合的产品质量检验制度，并且在各个车间，普遍加强了岗位责任制，人人严格执行质量标准，产品不合格坚决不出厂。④《人民日报》还报道了一些企业 1975 年在产量、质量等方面取得优异成绩的消息。如大庆油田 1—8 月各项生产计划都完成得很好，其中有 8 项主要生产技术指标创造了历史同期最高水平；上钢二厂积极试制国家急需的小规模、小批量的特殊钢材，1—8 月，他们生产的新产品和为用户服务的短线急需产品的数量，超过上年总量的 43%，有力地支援了农业、国防、轻工、矿山等行业的生产；抚顺矿务局 1—8 月超额完成生产计划，全矿务局 9 月份上、中旬平均日产水平比前 8 个月的平均日产增加 17%。⑤

4. 恢复与健全总工程师、总会计师责任制

1975 年 1 月 25 日，邓小平在就任军队总参谋长后首次召开的总参谋部机关团以上干部会上，强调要整顿部队，从总参谋部、总政治部、总后勤部开始。2 月 5 日，中共中央发出通知，取消军委办公会议，成立中共中央军

---

① 武力：《中华人民共和国经济史》，中国经济出版社 1999 年版，第 728 页。

② 龚关：《中华人民共和国经济史》，经济管理出版社 2010 年版，第 141、142 页。

③ 《依靠群众搞好班组经济核算》，《人民日报》1975 年 9 月 4 日。

④ 《建立和健全质量检验制度》，《人民日报》1975 年 8 月 25 日。

⑤ 《工交战线创优异成绩迎国庆》，《人民日报》1975 年 9 月 26 日。

委常委会。6—7月召开军委扩大会议后，开始了军队的整顿。

1975年7月20日—8月4日召开了国防工业重点企业会议，研究军工企业的整顿问题。军工企业自3月起已经按照中央9号文件精神开始整顿，国防工办也采取"调虎离山"的办法，把各主要企业的造反派头头调到北京开会、办学习班，使生产形势发生了变化。8月3日，邓小平、叶剑英到会讲话。邓小平再次强调，要建立"敢"字当头的领导班子，要发挥技术人员的作用，坚持质量第一，关心群众生活等重要意见。叶剑英在讲话中指出，现在有大大小小的野心家，要大家提高警惕。李先念在讲话中指出，军工企业要建立健全总工程师、总会计师的责任制，保证企业的正常生产秩序。

这次会议后，伴随着叶剑英对6—7月的中央军委会议精神的全力贯彻，邓小平在毛泽东的支持下，坚决而大力地调整了全军各大单位的领导班子。在新的领导班子的支持下，军工企业很快恢复了正常的生产秩序，各项规章制度进一步完善，生产情况全面好转，为保证国防军工企业在"文化大革命"的环境下，迅速崛起并为国防作出不朽的贡献打下了良好和坚实的基础。

（四）《工业二十条》的制定

为了系统地解决工业整顿的问题，经过几个月的研究和准备，国家计委按照国务院的指示起草了包含14条意见的《关于加快工业发展的若干问题》初稿。1975年8月18日，邓小平主持国务院会议对这一文件进行了讨论。邓小平在会上发表重要谈话，认为这个文件应是工业问题的章程，总的精神是加快速度。就工业发展的有关问题，邓小平提出了6条补充修改意见："确定以农业为基础、为农业服务的思想。工业支援农业，促进农业现代化，是工业的重大任务。""引进新技术、新设备，扩大进出口"，以便"换点高、精、尖的技术和设备回来，加速工业技术改造，提高劳动生产率"。"加强企业的科学研究工作，这是多快好省地发展工业的一个重要途径"。[①]他还对整顿工业管理秩序，抓好产品质量，恢复和健全规章制度，

---

① 《邓小平文选》第2卷，人民出版社1994年版，第28—30页。

坚持按劳分配原则等方面，谈了指导性看法。会后，由国务院政研室胡乔木主持，按邓小平谈话精神对文件进行修改。修改过程中征求过 20 个企业负责人和在京开会的 12 个省委负责人的意见。稿子从最初的 14 条增加为 20 条，简称《工业二十条》。《工业二十条》提出了发展工业一系列重大方针政策问题。

《工业二十条》的主要内容有：（1）不能把搞好生产当成"唯生产力论"和"业务挂帅"来批判，学习理论必须与促进安定团结，促进生产发展相结合；（2）要调整"勇敢分子"当权的领导班子，要把坏人篡夺的领导权夺回来；（3）继续在职工中划分造反派和保守派是错误的；（4）建立以岗位责任制为中心的生产管理制度，建立强有力的能独立工作的生产指挥系统；（5）必须虚心学习外国一切先进的东西，有计划有重点地引进国外先进技术；（6）坚持实行不劳动者不得食、各尽所能、按劳分配的社会主义原则；（7）所有干部、群众、科技人员要走又红又专的道路；（8）必须加强纪律性，对违反纪律的行为要批评教育，严重的要给予警告，甚至开除厂籍。

《工业二十条》是在"文化大革命"的历史条件下，试图纠正工业生产中的"左"倾错误，系统整顿工业企业的一个重要文件。它旗帜鲜明，切中时弊。虽然由于"四人帮"的干扰破坏未能形成正式文件下发，但是通过各种范围的讨论，仍然起到了广泛的影响，对推动工业整顿和发展起到了积极的作用。与此同时，国务院有关部门也先后起草了企业管理、基本建设管理、物资管理、财政管理、物价管理、劳动管理等条例。这些文件由于同样的原因没有作为中央正式文件发出。

值得提出的是，胡耀邦在邓小平的支持下，1975 年 7 月被中央派到中科院工作。9 月 26 日，胡耀邦领导中科院向国务院作了《关于科技工作的几个问题》（简称《汇报提纲》）的汇报。针对当时把知识分子当成专政对象、大部分科技人员不敢钻研科学技术等不正常现象，《汇报提纲》提出加强科学研究，整顿研究室、所领导班子的意见，提出"科学技术也是生产力，科研要走在前面，推动市场向前发展"等建设性意见，得到邓小平的赞赏。邓小平强调说，"我们有个危机，可能发生在教育部门，把整个现代化水平拖住了"。这些讲话和《汇报提纲》都没能正式下发。在不久后的"反击右倾翻案风"中，《工业二十条》《汇报提纲》及《论总纲》被"四人帮"作为"三大毒草"而横加批判。人们这时才知道其中的内容，并感到"三大毒草"如此切中要害，痛快淋漓。

（五）国营贸易体制的初次试水

1973 年 4 月，中国粮油食品进出口总公司布置香港华润公司所属的五丰行，尽快购买原糖 47 万吨。当时国际市场原糖求大于供，货源紧张，中国一旦购买，必将刺激价格上涨。陈云指令五丰行通过香港民间商人，先在伦敦和纽约的原糖交易所购买期货 26 万吨，平均每吨 82 英镑，然后，立即向巴西、澳大利亚等国买进现货 41 万吨，平均每吨 89 英镑。中国的求购信息传出后，交易所的期货价格果然大幅上扬，涨至 105 英镑。陈云再指令将所有的期货尽数抛出。经过这次试水，五丰行和香港商人收获 300 万英镑。事后，陈云专门就此事报告国务院，他写道："对于商品交易所，我们应该研究它，利用它，而不能只是消极回避。"①

这次尝试，为沉闷太久的国内经济带来了新鲜的空气。陈云复出后，主抓外贸工作，曾经盛传陈云提出并交给银行部门的十道题目：西方 1969—1973 年的货币发行量是多少？外汇储备是多少？其中黄金储备是多少？现在世界黄金产量是多少？作为经济繁荣、衰退、危机的标志，工业除了钢铁之外，还有哪些行业？西方各国渡过危机的办法是什么？每次危机的间隔时间多少？美国 1973 年对外赤字多少？对外国银行给我们透支便利的利害估计等等。从这些题目可见，刚刚劳动改造回来的中国领导人的确是从头开始，重新了解世界。

1975 年的全面整顿，不仅使国民经济由停滞、下降迅速转向回升，而且在与"左"倾错误和"四人帮"的斗争中，唤醒了全国人民的空前觉醒，加速了"四人帮"走向灭亡的过程。王年一在《大动乱的年代》中这样评价：从某种意义上说，没有 1975 年的整顿，就没有 1976 年的"四五运动"。全面整顿又是后来党所进行的拨乱反正伟大斗争的前导，从思想和组织等方面做了重要准备。

---

① 《陈云同志与我外经贸事业的发展》，《中国共产党新闻网》，2007 年 5 月 17 日。

1975 年 11 月，一场突如其来的运动——"反击右倾翻案风"直奔全面整顿，席卷全国。1976 年 1 月 8 日，周恩来总理逝世。2—3 月协助邓小平进行全面整顿的各个领域的领导们纷纷遭到批判，离开领导岗位。刚刚好转的经济形势急转直下，生产秩序再次陷入混乱。

1976 年 7 月 6 日，朱德逝世。9 月 9 日，为中国人民的解放事业和共产主义事业奋斗一生的毛泽东主席辞世。巨星陨落，举国哀悼。在他逝世后的 10 天里，共有 200 多个国家、政党、组织以及著名人物发来了唁电或唁函，60 多个国家、政党送来花圈。30 多个国家和政党也先后举行了追悼大会。①联合国总部在毛泽东逝世的当天就降半旗致哀。

图 5-3 联合国第三十一次大会上 140 个国家的代表肃立为毛泽东主席逝世默哀

毛泽东逝世后，江青集团加快了篡权的步伐，矛盾已到不可调和的地步，党和国家的前途面临着严重的危机。10 月 6 日，中央政治局执行党和人民的意志，一举粉碎"四人帮"，历时 10 年之久的"文化大革命"随之结束。

---

① 王年一：《大动乱的年代》，人民出版社 2009 年版，第 449 页。

四、"文革"中国防工业与地方企业的崛起

（一）"两弹一星"及军工项目的投产

1964 年 10 月中国第一颗原子弹装置爆炸成功后，中共中央、中央军委根据当时的国际形势，作出了加速发展国防尖端技术的战略部署。在以周恩来为首、十几位副总理和部长参加的中央专门委员会指导下，有关各部门制订了一系列计划。二机部计划首先完成空投原子弹、导弹核武器的试验，争取在 1968 年进行中国第一颗氢弹爆炸试验，到 70 年代中期研制成功供地地战略导弹使用的核弹头；七机部拟定了在 1965 至 1972 年研制出 4 种地地导弹，同时发展卫星运载火箭的计划；六机部计划在 1972 年研制成功第一艘中国核潜艇，下水试航；中国科学院提出，争取 1970 年前后发射中国第一颗人造卫星。1965 年，中央批准了上述计划，将其纳入国防科技"三五"计划。1965 年 7 月 15 日，小狗（小豹）被装进（T-7AS2）火箭发射上了太空，并且乘返回舱平安地返回地面。过了两个月，中国再次将一条名为姗姗的小狗送入太空并成功返回。

1966 年 10 月 27 日，中国第一枚导弹核武器发射成功，实现了原子弹、导弹"两弹结合"。12 月 26 日，第一枚中程地地导弹发射成功。12 月 28 日，氢弹原理爆炸试验取得完全成功，标志着中国氢弹技术的突破。中国从原子弹试验成功到突破氢弹技术，只用了两年零两个月，比美国、苏联都快得多。1967 年 6 月 17 日，中国进行了首次全当量氢弹空爆试验，采用轰 6 型飞机投掷方式，爆炸威力为 330 万吨 TNT 当量，取得了圆满成功。中国成为世界上第四个掌握氢弹制造技术的国家，标志着中国核武器发展进程有了一个质的飞跃。

人造地球卫星的研制方面，从 50 年代末期起，中国科学院已经做了许多理论探索工作。到 1965 年，进行卫星研制的技术基础已基本具备，国防科委提出了开展卫星研制工作的报告，获得中央批准。1966 年 2 月，中国空间技术研究院正式成立，钱学森任院长。但由于运载火箭的研制受到"文

革"的影响，未能按期完成，本来可以在 1968 年底进行的发射人造卫星计划被迫拖延。1970 年 1 月，一、二两级火箭飞行试验成功；3 月，中央批准卫星及运载火箭运往酒泉发射中心。4 月 24 日，中国第一颗人造地球卫星"东方红一号"发射成功，卫星运行轨道距地球最近点 439 公里，最远点 2384 公里，轨道平面与地球赤道平面的夹角 68.5 度，绕地球一周为 114 分钟，用 20.009 兆周的频率播送"东方红"乐曲。卫星重 173 公斤，在重量和一些技术上超过了美国、苏联的第一颗卫星。这是中国航天空间技术的一个重要里程碑。

导弹核潜艇的研制方面，从 1958 年开始列入计划。由于三年经济困难，1963 年中央专委决定暂时停止，到 1965 年重新列入国家计划，开始研制，分为研制鱼雷核潜艇和导弹核潜艇两步走。1967 年，国防科委审定通过了鱼雷核潜艇工程总体方案，并先后成立了领导小组和各部门、省市、军区领导机构，建成了鱼雷、水声、潜地导弹三个试验场。1970 年 4 月，研制核动力装置的关键设备——陆上模式反应堆建成，7 月进行提升功率试验成功，证明核动力装置可以装艇。1971 年 8 月和 1974 年 4 月，中国第一艘鱼雷核潜艇的泊系试验和航行试验相继完成，结构证明性能良好，可以交付海军使用。1971 年至 1975 年，国防科技工业经历了两次整顿。1971 年 9 月起，周恩来主持中央工作，毛泽东指定叶剑英、李先念、余秋里协助他领导国防科技工业。他们围绕恢复科研、生产秩序，重点抓了加强组织领导、调整计划、整顿质量管理、建立武器定型、调整管理体制等 5 个方面的工作，撤销了林彪一伙儿成立的中央军委国防工业领导小组和其下的各组，成立国务院国防工业办公室，领导二至七机部的工作。经过两年多的整顿，国防科研和生产的形势有了好转。

中国第一颗人造卫星发射成功后，新的目标是发射返回式卫星。当时世界上只有苏联和美国掌握了这项高难度回收技术。经过整顿，科技人员集中力量，先后攻克了 5 大技术难关。1975 年 8 月，第一颗返回式卫星和"长征二号"运载火箭装配、测试完成，运往发射基地。11 月 26 日，第一颗返回式卫星在甘肃酒泉发射场成功发射，准确入轨。绕地球运行 47 圈后，于 28 日 11 时安全降落在四川预定地区。中国卫星发射技术实现了第二个飞跃。

20 世纪 60 年代中期至 70 年代，是我国国防科技尖端技术取得多方面重大突破的一个里程碑阶段，先后制成和试验成功了第一颗原子弹、第一枚导弹核武器、第一颗氢弹、第一艘核潜艇、第一颗人造卫星和第一颗返回式人造卫星。这些成就是从 50 年代起，中国领导人和广大科研技术人员经过不懈的努力和连续科学技术攻关才取得的，也反映了他们在"文革"困难政治环境下的可贵精神，为以后改革开放时期的科学技术赶超世界先进水平，实现现代化目标，奠定了坚实的基础和提供了宝贵的经验。从多种款式的飞机到多种款式的导弹、氢弹、原子弹、鱼雷和导弹核潜艇、返回式卫星、运载火箭、生物航天以及大批配套的生产加工设备，中国用了其他发达国家都无法比拟的速度，在条件极端艰苦的情况下创造出一系列奇迹。

（二）"三线"建设得到进一步发展

"三线"建设的最终目的，是要建设一个工农结合、为国防和农业服务的战略后方工业基地。为此，党中央和毛泽东形成了一系列重要的经济建设指导思想。首先，强调加强"三线"建设时要做好两手准备，即战备和长期建设；其次，还要注意到照顾人民的利益，对老百姓不能搞得太紧张。总之，第一是老百姓，第二是打仗，第三是救灾。后来，毛泽东把它概括为"备战、备荒、为人民"。

根据这些指导思想，"三线"建设首先在投资结构上，要在满足国防工业和交通运输关键项目资金需要的前提下，安排好基础工业和机械工业建设的投资。在建设的布点和选址上，则明确"靠山、分散、隐蔽"6 字方针。按毛泽东的说法是："依山傍水扎大营"，大分散、小集中。也就是说，"三线"建设本身就是大分散，但项目相对集中，以利生产协作。还要充分利用"三线"地区原有小厂或经济调整时期停建缓建的工程，以节约耕地，节省投资，争取时间。

"三线"建设的总体部署，确定分段实施。首先集中人、财、物，以西南的川、黔、滇和西北的陕、甘为主攻方向，然后向中南的"三"（湘西、鄂西、豫西）地区推进。1965 年是"三线"建设拉开序幕的一年，1966 年开始大规模展开，形成"三线"建设的第一次高潮。到 1978 年，经过十几年的建设，三线地区基本建设投资累计达 1623.20 亿元，占同期全国基本建设投资总额 3999.78 亿元的 40.58%。到 70 年代末，"三线"地区的工业固定资产增加到 1543 亿元，相对于初期实现 4.28 倍增长，约占当时全国工业固定资产的 1/3。[①] 原本基础工业薄弱、交通落后、资源开发水平低下的"三线"地区，初步形成了以能源交通为基础、国防科技为重点、原材料与加工工业相配套、科研与生产相结合的战略后方基地。

1978 年，中国和美国通用汽车讨论合作发展重型车，当美方代表来到十堰市考察参观时，曾感慨地称赞十堰是"中国的底特律"。美方代表爱德华看到漂亮的车城，还是十分不解地问：你们为什么要在这么一个大山沟里建一个世界级的大厂呢？其实，二汽的建设过程，基本展现了"三线"建设的时代特征。

1965 年春开始选址，依据中央对"三线"工厂"靠山、分散、隐蔽"的布局要求，第二汽车厂的厂址定在湖北郧阳山区一个只有近百户居民叫十堰的小镇。厂址确定后，人员的内迁工作由长春第一汽车厂负责。一汽将其三级以上的工人和全部技术干部分成三组，由二汽筹建组挑选。当时负责筹建工作的陈祖涛回忆说，一口气从名单中挑选了 2000 多人。这些人都是具备科研和生产经验的熟练工，为响应国家和党的号召，即时做好举家动迁到十堰的准备。1966 年 10 月，中共湖北省委决定成立二汽临时党委，对外称是"国营东风机械厂"。11 月，二汽的设备修造厂率先开始动工。在"文革"期间，由于受到"上海一月风暴"的影响，一度导致生产建设混乱，后几经波折，直至 1970 年开始投产。

经全国自上而下的努力，"三线"建设取得了辉煌的成就：(1)"三线"建设建立了我国巩固的国防战略后方。"三线"建设期间，"三线"地区建立了雄厚的国防科技工业的生产基础和一大批尖端科研试验基地。到 1975 年，"三线"地区的国防工业固定资产、技术力量和设备水平都超过了"一线""二线"地区。在整个国防工业的生产能力中，"三线"地区占 50% 以上，其中核工业约占全国的 70%，航空工业占全国 60%，兵器和航天工业约占全国的一半。[②] (2)"三线"建设建成了一批重要的铁路、公路干线和支线。从 1965 年起相继建成的川黔、贵昆、成昆、湘黔、襄渝、阳安、太焦、

① 武力：《中华人民共和国经济史》，中国经济出版社 1999 版，第 687 页。

② 龚关：《中华人民共和国经济史》，经济管理出版社 2010 版，第 149 页。

焦枝和青藏铁路（西宁到格尔木段）等 10 余条干线，加上支线和专线，共新增铁路 8046 公里，占全国新增里程数的 55%，使三线的铁路占全国的比重由 1964 年的 19.2% 提高到 34.7%。同一时期，公路建设发展很快，新增里程数 22.78 万公里，占全国同期的 55%。这些铁路和公路的建设，较大地改变了西南地区交通闭塞的状况，为以后这些地区的建设起到了重要作用。

"三线"建设也是新中国成立以来，最集中、最重大的工业投资运动。在"三线"建设期间，中央政府把计划内的 50% 的工业投资和 40% 的设计、施工力量投入"三线"，到 1980 年，累计投资 2052 亿元，建成了 1100 多个大中型的工业交通企业、国防科技工业企业、科研院所和大专院校。基本形成了交通、电力、煤炭、化工、石油、建材、钢铁等生产部门相互配套的体系，并且与地方中小企业连成了一个生产系统，同时形成了自上而下的生产指挥系统。

（三）下放企业到地方去

1958 年在大炼钢铁的同时，全国掀起了大办工业的热潮。到 60 年代中期，中央重新提出要重视和支持发展地方工业，特别是要重视支持发展应用适用技术，规模不大的小钢铁厂、小机械厂、小化肥厂、小水电站、小水泥厂等五种小型工厂。

"文革"期间，由于发展地方工业成为战备的一个重要组成部分，又能支援农业机械化建设，特别是 1970 年前后，中央政府陆续出台了有关政策和措施，大刀阔斧地开展一场以向地方放权的经济管理体制的改革。如 1970 年 2 月至 3 月的全国计划会议指出，根据战备需要，全国划分为 10 个协作区，各自建立适应独立作战的工业体系；《第四个五年计划纲要（草案）》又提出冒进的指标，不切实际地提出 1975 年，钢产量要达到 3500 万吨至 4000 万吨（比 1970 年增长 106%—135%），生产能力要达到 4000 万吨以上。为了完成"四五"计划，必须向地方放权，包括投资权、生产计划权、物资分配权等，以充分调动地方的积极性。同时增发了 80 亿元作为支持五小工业发展的专项资金，这些无疑都推进了地方工业的发展。

1969 年，毛泽东亲自批示把鞍山钢铁公司下放给辽宁省。按中央要求，1970 年部直属企业下放完毕。随之，全国展开了一场企业下放的运动。在很短的时间内，包括大庆油田、长春汽车厂、开滦煤矿、吉林化工等关系到国计民生的大型骨干企业在内的 2600 多个中央直属企业、事业和建设单位，不加区别地被下放给各省、市、自治区管理。至 1970 年底，中央各民用工业的直属企业、事业单位由 1965 年的 10533 个减至 500 多个，其中工厂142 个。中央直属企业的工业总产值在全民经济总产值中的比重也由 46.9%下降至 8% 左右。

进入 70 年代，地方"五小"工业迎来了前所未有的发展机遇。1970年，就有将近 300 个县、市办起了小钢铁厂，20 多个省、市、自治区建起了手扶拖拉机厂、小型动力机械厂，90% 左右的县建立了自己的农机修造厂。全国建成投产的小化肥厂有 150 个，小水泥厂 300 个左右，在建的小水电站 12000 多座。到 1971 年，全国已经有半数以上的县建立了"五小"工业企业。"文革"中，尽管整个国民经济遭受重大损失，但地方"五小"工业却出现了蓬勃发展的局面，成为"文革"经济发展的一大亮点，不仅有利于"文革"期间经济发展保持不太慢的速度，也为改革开放后乡镇企业的崛起奠定了一定的基础。①

表 5–4　1966—1976 年的小氮肥工业

年份	全国合成氨总产量（万吨）	小型厂		中型厂		大型厂	
		企业数（个）	产量（万吨）	企业数（个）	产量（万吨）	企业数（个）	产量（万吨）
1965	148.4		18.5	22	130.1		
1970	244.5	300	100	30	144.5		
1973	474.4	961	258.9	38	215.5		
1974	472.5	1078	245.1	42	207.4		
1975	607.7	1199	354.4	45	253.3		
1976	618.5	1319	368.1	47	233.4	4	17
1977	870.4	1450	488	49	257.9	5	124.5
1978	1183.5	1533	658.4	53	319	8	206.1

资料来源：《中国工业经济统计资料》，中国统计出版社 1985 年版，第 128 页。

---

① 龚关：《中华人民共和国经济史》，经济管理出版社 2010 年版，第 164 页。

美国著名学者弗朗茨·舒曼著有的《共产主义中国的意识形态与组织》，从西方的角度分析了中国自1956年开始发展地方工业的原因。提出观点认为，毛泽东早就已经怀疑苏联这套中央计划经济体制，开始思考如何摆脱苏联式计划经济体制。从1958年"大跃进"到"文化大革命"，毛泽东实际上把中国正在建立的中央计划经济基本摧毁掉了。这种仿效苏联的中央集权的计划体制必然使得所有经济工作都依赖于少数中央计划部门和技术专家，而大多数的群众及各级干部都与现代化建设无关。

同时，他认为，毛泽东时代形成的中共领导层结构与苏联东欧共产党的结构非常不同，即中央委员会的构成里面省、地干部占了最大比例，达43%。到"文化大革命"的时候，毛泽东更刻意提高中央委员会中普通工人和农民党员的比例，到中共十大的时候达30%，他要把整个政权权力基础往下放。这也是中国共产党人提出的"一切依靠群众"的重要体现。

五、拨乱反正中的国营企业

（一）十年"文革"后的企业现状

"文革"十年间，由于长期的"左"倾路线错误指导和林彪、江青两个反党集团的破坏，国民经济已濒临崩溃的边缘。除了国防尖端技术取得的重大成就，以及地方工业获得较快的发展外，"三线建设"也极大地增强了西部地区的生产能力，缩小了东西地区之间的差距，为后来的经济发展奠定了坚实的基础。但就国营企业的管理体系以及对国民经济的贡献而言，整顿已经迫在眉睫。

1.经济效益大幅下滑，对国民经济贡献率减少

"文革"中，由于夺权、派性引发的大规模武斗，出现了破坏机器设备、炸毁铁路桥梁、抢夺武器弹药等恶性事件，造成了严重的直接损失，由此引发的停工、停产、减产所造成的间接经济损失，更是难以估计。

在此期间的劳动生产率增长的速度极为缓慢，甚至下降。全民所有制工业全员劳动生产率平均每年的增长速度："一五"期间为8.7%，1963—

1965 为 23.1%."文革"期间的"三五"时期为 2.5%，"四五"期间为 0.3%，大大低于 1950—1984 年 4.5% 的平均水平。[1]

设备利用率极低，投资效率极差。以基本建设投资为例：10 年间，共计新增固定资产 1736.48 亿元，而固定资产交付使用率只有 59.6%，大大低于一五时期的 83.6% 和 1963—1965 年的 87.2% 的水平，甚至低于 1958—1962 年"大跃进"和三年困难时期的 71.5%。

基本建设投资增加的国民收入减少。1950—1966 年，每百元基本建设投资增加的国民收入为 47.28 元，1967—1976 为 28.93 元，下降了 38.8%。因基本建设效益下降，这个时期的国民收入减少 533.43 亿元。[2]

2. 社会生产总值增速缓慢，甚至出现倒退

"文革"期间的 1967—1976 年，社会总产值年均增长 6.8%，其中 1967 年、1968 年出现倒退，分别比上年下降 9.9% 和 4.7%，1974 年和 1976 年

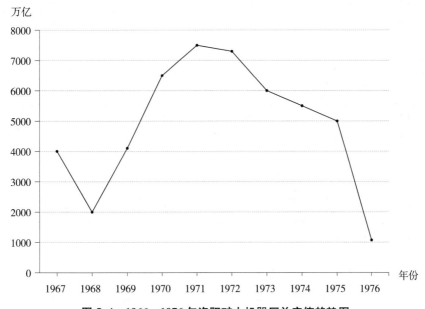

图 5-4 1966—1976 年洛阳矿山机器厂总产值趋势图

资料来源：《洛阳矿山机器厂厂史》，第 49 页。

---

[1] 《中国工业经济统计资料》，中国统计出版社 1985 年版，第 128 页。

[2] 赵德馨：《中华人民共和国经济史（1967—1984）》，河南人民出版社 1989 年版，第 193—194 页。

比上年分别只增长 1.9% 和 1.4%。工农业总产值平均增长 7.1%，国民收入平均增长 4.9%。各项经济指标的年均增长速度都低于"文革"前的 1953—1966 年和之后的 1977—1982 年。国民收入的平均增长率分别比前者的 6.2% 和后者的 7.5% 要低；社会总产值平均增长率分别比前者的 8.2% 和后者的 8.9% 要低。据估算，由于社会动乱的破坏，仅 1974—1976 年三年间，就损失工业产值 1000 亿元，损失财政收入 400 亿元。如按正常年份的增长速度估算，"文革" 10 年间的国民收入的损失达 5000 亿元。①

表 5-5　1966—1976 年洛阳矿山机器厂商品产值完成情况

年份	计划	实际	完成 %	按环比计算增减 %
1966	—	5137.6	—	—
1967	6167	2630	42.6	−48.8
1968	3209	1920	59.5	−27.0
1969	4600	3390	84.3	+102.6
1970	5200	5516	106.1	+41.8
1971	8200	7237	88.3	+31.2
1972	6700	7060	104.4	−2.4
1973	6700	5870	88.3	−17
1974	5600	4194	72.3	−28.5
1975	5400	4910	91	+17.1
1976	4500	921	20.5	−81.2

资料来源：《洛阳矿山机器厂厂史》，第 51 页。

3. 产业发展比例失调，导致欠账严重

"文革"十年间，由于"左"倾的指导思想影响，片面追求生产的高指标，造成积累率过高。"一五"期间积累率为 24.2%，"三五"为 26.3%，"四五"为 33%，其中 1971 年达到 34.1%。在积累内部，生产性积累和非

---

① 董辅礽：《中华人民共和国经济史》上，三联书店（香港）有限公司 2001 年版，第 579、580 页。

生产性积累也存在严重失调的状况，"一五"期间的非生产性积累为 40.2%，而"三五"和"四五"期间却分别下降为 22.5% 和 22.4%。结果住宅、教育、文化卫生保健等方面大量欠账，给人民生活造成很大困难。①

产业比例关系严重失调。由于过于强调备战，造成重工业投资过重，农、轻、重比例失调。"一五"期间，重工业占总投资的比重为 36.1%，而"三五""四五"期间，分别达到 51.1% 和 49.6%。由于过于强调铁路交通新线建设，忽视运输旧线改造，使铁路干线运输能力同生产发展失调。1966—1976 年，工农业生产总值增长了近一倍，其中工业总产值增长了 1.25 倍；全部货物周转量仅增长 77%，其中，铁路货运只增长 28.2%。这与"一五"期间交通运输先行，工农业生产总值增长 67.8%（其中工业总产值增长 1.28 倍），而全部货物周转量增长 1.38 倍，其中铁路货物周转量增长 1.24 倍，形成了鲜明的对比。②

表 5-6　1965—1976 年铁路主要指标完成情况

项目	单位	1965	1966	1968	1970	1973	1974	1975	1976	1976 比 1965 增长 %
工农业总产值	亿元	1961	2300	1992	3101	3968	4024	4504	4579	133.5
铁路货运量	万吨	48358	54150	40970	66552	81294	76973	86746	82116	69.8

资料来源：中华人民共和国国家经济贸易委员会编：《中国工业五十年》第五卷下，中国经济出版社 2000 年版，第 1444 页。

4. 国营企业亏损问题亟待解决

由于管理体制的僵化，各项管理规章制度在动乱中被废除，企业的正常生产秩序被打乱，产品的质量得不到保障，生产事故又不断。国营企业的盈利水平下降，并出现大批企业亏损现象，已成为当时财经工作亟待解决的突出问题。1976 年与 1971 年相比，国营工业企业亏损金额总共增加了 1.2

---

① 董辅礽：《中华人民共和国经济史》上，三联书店（香港）有限公司 2001 版，第 583、584 页。

② 董辅礽：《中华人民共和国经济史》上，三联书店（香港）有限公司 2001 版，第 586 页。

倍。工业企业每百元产值为国家提供的盈利，1971 年为 18.6 元，1976 年降低为 13.6 元。仅此一项，国家每年要少收入 100 多亿元。经历十年的浩劫，国营企业恢复生产的任务十分艰巨。

企业亏损问题的症结在于经济管理的混乱。十年间，由于林彪、江青两个反党集团的破坏，尤其是散布的大量的反科学管理、反马克思主义的错误观点，把企业科学管理的观点搞混乱了，把干部、员工的思想搞混乱了。1977 年 3 月国务院召开的全国计划经济工作会议中，汇总了企业需要讨论和解决的十大问题，在全国范围内开展大讨论：要不要社会主义计划经济？要不要社会主义积累？要不要科学管理？要不要规章制度？要不要经济效益？要不要实行各尽所能、按劳分配的原则？要不要党的领导？要不要引进技术？要不要搞好生产？要不要无产阶级自己的专政？可见在经济思想领域中亟待进行拨乱反正、肃清余毒、统一思想。

5. 职工的生活水平长期得不到提高

"文革"十年间，由于国民经济收入增长缓慢，积累率居高不下，人口急剧增加，必然对人民生活水平的提高造成影响。1976 年与 1966 年相比，城乡居民主要消费品的人均消费水平增长缓慢，甚至是下降。比如粮食的人均消费水平由 189.57 公斤增加到 190.28 公斤，仅增加 0.7 公斤；食用油由 1.76 公斤降到 1.595 公斤；猪肉由 7.04 公斤增加到 7.38 公斤；主要日常消费品种实行配给票证制度，较之"大跃进"期间又有增加。加之国营企业的大量亏损，经济效益下滑，职工的工资水平长期得不到提高，管理制度与奖励制度被废除等，这些都极大地挫伤了职工的积极性。随着上山下乡知识青年返城安置工作的开展，又加重了企业的负担。据资料显示，1978 年全国知青有 1700 万人，就业成为解决回城知青的最大问题。待业青年就是那时诞生的新词汇，而解决知青就业压力就交给了当时的国营企业。①

表 5-7　1966—1976 年期间我国积累率的变动情况

年份	积累率	年份	积累率
"一五"时期	24.2	1972	31.6

① 张志勇：《中国往事三十年》，经济日报出版社 2009 年版，第 66 页。

续表

年份	积累率	年份	积累率
1966	30.6	1973	32.9
1967	21.3	1974	32.3
1968	21.1	1975	33.9
1969	23.2	1976	30.9
1970	32.9	"三五"时期	26.3
1971	34.1	"四五"时期	33

（二）指导思想上的拨乱反正

粉碎"四人帮"后，当时民众呼声最高的两大问题：一是拨乱反正，就是要把林彪、江青集团颠倒的是非改正过来；二是对"文革"和新中国成立以来执行的"左"倾路线所造成的冤假错案进行全面的平反。但是 1977 年 2 月 7 日，《人民日报》《红旗》杂志、《解放军报》发表了"学好文件抓住纲"的社论，明确提出"两个凡是"的主张，即"凡是毛泽东作出的决策，我们都要坚决拥护，凡是毛泽东的批示，我们都要坚决地执行"。很显然，"两个凡是"就是紧箍咒，无法解决民声民愿。

在胡耀邦的组织和领导下，1978 年 5 月 11 日，《光明日报》发表了特约评论员文章《实践是检验真理的唯一标准》。在邓小平的支持下，全国各战线开始了解放思想的大讨论。

真理大讨论，打破了过去长久盛行的个人崇拜和教条主义的精神枷锁，冲破了"左"倾思潮和"两个凡是"。30 年后，胡耀邦长子，时任中央统战部副部长的胡德平为《财经》撰文，回忆这段历史时说，这种检验是无情的，也是公正的，是要还原历史真相的，是要把头足倒立的事物再颠倒过来的。因为它是一场需要巨大思想勇气的思想解放运动。同时，他在这篇长文中专门谈了历史的合力是怎样形成的，并客观肯定了华国锋同志在当时的历史作用。

1978 年 3 月 18 日到 31 日，全国科技大会在北京举行，这次大会是在百废待兴，人民急切"拨乱反正"的背景下召开的。来自全国各地的 5500

多名科技人员参加了大会，有农民、企业、高校、科技部门各行专家，其中也有让全国人民都为之感动的报告文学《哥德巴赫猜想》的主人公陈景润。就是在这次大会上，邓小平做了石破天惊的讲话，提出了"科学是生产力"，"知识分子是工人阶级的一部分"论断。这一论断，纠正了几十年来对待知识分子"左"的倾向。翻开共和国的历史，历次政治运动中，特别是"文革"十年，知识分子经常是被列为审查和批斗的对象。知识分子是被认定为"资产阶级"的"臭老九"。30年后，当年为邓小平起草这一讲话的吴明瑜在接受记者采访时说，科学技术是第一生产力，不是轻而易举的一句话，在当时的分量有千斤重！把知识分子当作是工人阶级的一部分，是自己人，这是极其重要的，这在当时是翻天覆地的变化。正如郭沫若的那篇《科学的春天》中的最后一段话："春分刚过去，清明即将到来。日出江花红胜天，春来江水绿如蓝。这是革命的春天，这是人民的春天，这是科学的春天。让我们张开双臂，热烈地拥抱这个春天吧！"

（三）基于工业企业全面恢复的《工业三十条》

1.《工业三十条》的制定

1978年4月，中央出台《关于加快工业发展若干问题的决定（草案）》（简称"工业三十条"）下发到全国各工业管理机关、各工业交通企业试行。这个文件是在1975年邓小平指示制定的《工业二十条》的基础上修订的，并提出了解决整顿企业的"六条标准"：（1）揭批"四人帮"的斗争搞得好不好；（2）好的领导班子是否建立起来了；（3）企业职工的社会主义经济性是否调动起来了；（4）资产阶级的歪风邪气刹住了没有；（5）以责任制为核心的各项规章制度是否建立和严格执行；（6）八项经济指标（产量、品种、质量、消耗、劳动生产率、成本、利润、流动资金占用）和设备完好及利用率是否有显著进步。决定还明确规定了企业的任务、制度、工作方法和管理制度。

随着"工业三十条"的贯彻与执行，被"文化大革命"期间破坏掉的各项经济制度基本得到恢复和落实。各地根据文件精神进一步抓企业整顿的工作，并分批、分期对初步整顿的企业进行验收。通过整顿，企业的面貌发生了较大的变化，一批老大难的重点企业，如鞍钢、郑州铁路局、上海港等，比较快地改变了落后面貌。

2. 大规模的开展整顿

（1）铁路、交通运输业的整顿

1977 年 2 月至 5 月，党中央、国务院连续召开了几个以对工业、交通企业的整顿为中心内容的会议。2 月召开的全国铁路工作会议指出，铁路是国民经济的大动脉，全国要大治，工农业要大上，铁路必须做到畅通无阻，安全正点、多拉快跑，当好先行。铁路运输上去了，整个国民经济就火了。因此，必须狠抓整顿，迅速恢复和建立行之有效的规章制度。这次会议后对铁路运输再度进行了整顿，调整了铁道部和各地铁路枢纽的领导班子，肯定了 1975 年铁路整顿发出的 9 号文件《关于加强铁路工作的决定》是一个好文件。由于肃清了帮派分子，成效很快显现出来。到 1978 年，铁路货运量和总货运量分别达到 11 亿吨和 24.9 亿吨的历史最高水平。铁路平均日装车数位 62234 车，比 1976 年增长 28.2%。[①]

（2）冶金行业的整顿

继铁路工作会议后，4 月初，国务院召开全国冶金工作会议，会议就贯彻"鞍钢宪法"、搞好企业整顿问题进行认真讨论。会议要求各个冶金企业都要在党委的领导下，建立起由领导干部负责的、有权威的生产指挥系统，都要把岗位责任制等各项制度建立健全起来。所有企业都要放手发动群众，开展社会主义劳动竞赛，大搞增产节约运动，继续大打矿山之仗，打好降低消耗仗，打好设备整修仗，打好基本建设歼灭战和科技攻关仗。这次会议后，经过大量整顿工作，全国钢铁生产逐步回升。到 9 月份，全国钢铁产量超过历史最高月水平。[②]

为整顿经济秩序和恢复生产的需要，中央对工业企业的隶属关系进行了一些调整，主要是加强了铁路、民航、邮电等部门的集中统一领导。铁路运输重新由铁道部集中统一指挥，铁路运输严重堵塞的现象得以迅速解决；对关系到国民经济全局重点的工业企业，由原来的中央和地方的双重领导调整为以中央领导为主，其他企业则由地方或地方为主进行管理。同时，将

[①] 国家统计局：《中国统计年鉴（1983）》，中国统计出版社 183 年版，第 306—312 页。

[②] 国家统计局：《中国统计年鉴（1983）》，中国统计出版社 183 年版，第 380 页。

"文革"时期下放的部分企业收回中央管理；对部分财政、税收、物资的管理权也收回中央。

（3）提高职工生活福利与工资

在市场、物价和城镇职工工资和生活福利方面，也采取了一些措施。1977年7月，国家计委转发了商业部《关于商业、粮食系统检查和整顿市场物价中提出的一些政策问题的意见》，强调了物价必须要稳定，必须要加强生活必需品，包括粮、油、煤炭及农副产品的质量、价格的检查和管理，严格按照国家政策执行，不得擅自定价和随意调价。1978年1月，国务院发出《关于当前市场物价问题的通知》，要求坚持计划价格，反对自由价格，坚决打击利用价格搞贪污盗窃、投机倒把；要认真安排好关于人民生活必需品的生产和供应。在稳定市场、稳定物价的同时，还提高了城镇职工的工资和福利待遇。1977年8月10日，国务院发出《关于调整部分职工工资的通知》，规定从10月1日起提高部分职工的工资。这是自"文革"以来，最大一次范围的工资调整，占全国职工总数60%的3000多万人的工资都得到了提高。1978年2月21日，国务院发出"为法定节假日加班的工人发给两倍标准工资"的通知。5月7日，国务院发出通知，决定实行奖金和计件工资制度。

（4）继续贯彻"工业学大庆"的方针

大庆油田是新中国成立以来，中国工人阶级在毛泽东思想的指引下，发扬自力更生、艰苦创业的精神，打破外国势力的能源封锁，创造石油产业发展的成功典范！大庆精神就其基本成分是科学的管理和群众高涨的热情相结合，代表了中国工人阶级建设社会主义的主流愿望，也是中国工业企业科学发展的成功典范。为了更好地整顿企业，1977年4—5月，党中央和国务院先后在大庆和北京召开7000人参加的全国学大庆会议。

1977年1月19日，中共中央发出《关于全国召开工业学大庆会议的通知》。指出，大庆是毛泽东亲自树立的我国工业战线的一面旗帜。中央号召：工业战线上的广大干部和群众，以优异的成绩迎接全国工业学大庆会议的召开。

《人民日报》在3月22日发表毛泽东1960年3月22日对中共鞍山市委《关于工业战线上的技术革新和技术革命运动开展情况的报告》的批语，

并加了编者按语，认为《鞍钢宪法》"提出了一条马克思主义的办企业路线，是办好社会主义企业的根本大法"。按语还指出，这一批语的发表，对于深入揭批"四人帮"，进一步开展工业学大庆群众运动，有着深远的意义和重大的历史意义。这一按语反映了当时的普遍认识，即大庆精神就是贯彻《鞍钢宪法》的成果，学习大庆精神，其实就是学习《鞍钢宪法》精神。

4月20日至5月13日，全国工业学大庆会议召开。会议分两个阶段，前阶段在大庆，后阶段在北京，共有7000人参加会议。这是粉碎"四人帮"之后，为了抓好工业整顿问题而举行的一次空前规模的会议。会议要求通过建设和普及大庆式企业，推动企业整顿工作。1977年先把那些关系到国民经济全局的重点企业的领导班子整顿好，通过广泛开展劳动竞赛和增产节约运动，使各项技术指标在短时期内达到历史最好水平和国内先进水平。由于未能从根本上摆脱"左"倾思想的影响，会议在许多方面把"大庆经验"同"阶级斗争"和"路线斗争"联系起来，提出了一些不恰当的要求。这次会议后，全国的企业从整顿着手，按照评比"大庆式企业"的六条标准，掀起了建设"大庆式企业"的新高潮。这对建设必要的企业制度、恢复正常的生产秩序起到了巨大的推进作用。

1978年11月21日，国务院发出《关于1978年检查和验收大庆式企业的通知》，要求在两个月内开展一次工业学大庆的大检查、大总结、大评比、大表扬活动。要求经济指标要达到或超过历史最好水平或国内同行业的先进水平，明显地带有那个时期的时代特征，尤其是检查和评比中，搞了一些形式主义的评比、检查和验收工作，助长了在企业管理中追求形式主义的倾向。

表5-8　1976—1978年主要经济指标及增长率

年份	工业总产值（亿元）	国有工业企业的工业总产值增长率	GDP	GDP增长率
1976	3278	−1.3	2961	−1.6
1977	3725	11.8	3221	7.6
1978	4237	14.6	3645	11.7

资料来源：根据《新中国六十年统计资料汇编》整理。

（四）上海企业的整顿与恢复

从 1976—1978 年底，上海市为了医治十年"文革"给国营企业带来的重创和破坏，在"调整、整顿、改革、提高"的方针指导下，在整顿、恢复企业管理和生产方面，做了以下几方面的工作。[①]

1. 整顿各级领导班子，恢复党委领导下的厂长负责制

1976 年冬，上海市首先对上海国棉 17 厂、上海柴油机厂等重点企业派驻了清查工作队，开始了重点整顿工作。到 1977 年底，共派出 245 个清查工作队，通过清查，在稳定大局和解决问题的原则下，调整、改组和健全了各级领导班子。到 1978 年，工业系统有 80% 以上的部门和企业调整了领导班子，恢复了厂长分工负责制。

2. 健全和加强企业管理

在批判"左倾"思潮的基础上，恢复、建立起了各种规章制度和企业管理秩序。如上海第 33 棉纺厂，经过整顿，建立了以岗位责任制为中心的管理制度，从生产准备到产品验收，从工艺管理、操作流程到设备维修，从计划安排到生产调度，做到人人有岗位、个个有责任、事事有人管、件件有标准。经过整顿，上海企业的管理水平普遍得到恢复和提高，企业扭亏为盈工作有了进展，扭转了 1971 年以来企业盈利逐年下降的局面。1977 年 12 月，全市亏损企业比 1976 年减少 50%，上缴利润增长 10%。

3. 企业开展"学大庆"活动，赶超先进水平

根据全国"工业学大庆"的方针，各单位制定赶超本行业、全国和国际先进水平的"三赶超规划"，以推动企业生产技术管理水平的提高。通过学习大庆和制定赶超计划，纺织系统全行业棉纱平均千锭时产量从过去的42 公斤左右上升到 44.8 公斤，其中有 61 个厂达到 46 公斤。1977 年，机电、冶金、仪表、轻工、纺织、化工、手工等 7 个工业局所属企业共实现技术革新 30000 多项。

---

① 孙怀仁：《上海社会主义经济建设发展简史（1949—1985）》，上海人民出版社 1990 年版，第 624—629 页。

4. 开展"质量月"活动，提高产品质量

1978 年，国家经委决定每年的 9 月为全国质量月。是年 9 月 1 日，举行了全国工交战线开展"质量月"活动广播大会，提出揭露产品质量存在的问题和危害，要求建立质量管理制度。上海市根据精神，严肃对待质量低劣问题，建立质量检验机构和管理制度，从而使企业的产品质量有所提高。据统计，1978 年底，全市 645 种主要产品中，有 79.04% 的质量已经恢复到历史最好水平。

5. 开展以增产节约为中心的劳动竞赛

1977 年春，上海轻工业系统的自行车等行业首先开展"学大庆，比学赶帮争先进"的竞赛活动，提出以"三高二低创水平"为目标的社会主义竞赛。"三高"是高产、高效、高质，"二低"是低耗、低成本，"创水平"是创历史最高水平。而后在其他行业陆续开展，全市计有 180 万职工参加竞赛活动。在竞赛过程中，许多企业建立和健全了各项规章制度，加强了生产技术与经济核算等工作，提高了企业的管理水平。

十年"文革"期间，由于党内"左"倾思想占据领导地位，加之出现了林彪、江青两个反党集团的严重破坏，国营企业和国民经济伴随着政治运动的起伏动荡，大体经历了三次大起大落。第一次起落，从 1966 年上半年良好的企业生产环境和国民经济发展局势到下半年"文革"的发动并陷入全面瘫痪；第二次起落，从 1969 年党的九大后，在企业中开展"斗、批、改"，进一步加剧了政治运动对企业生产秩序的冲击，使国民经济遭到严重的破坏。到 1971 年，伴随着林彪集团毁灭，周恩来总理在批判林彪集团的过程中，开展了致力于纠"左"的整顿，企业生产秩序逐步得到恢复，国民经济局势得到好转。但在全局的"左"倾错误的指导下，尤其是受到江青集团的破坏和"批林批孔"运动的冲击，好不容易得到的稍好的生产秩序和经济局势又急转直下。第三次起落，从 1975 年邓小平在毛泽东、周恩来的支持下，坚决排除江青集团的干扰进行全面整顿，企业的生产秩序和国民经济形势都出现了良好的态势。但随之而来的"批邓，反击右倾翻案风"运动，使得来之不易的成果又被冲击和破坏。

由于"文革"期间，排斥和取消"非公有"经济成分，国营企业成为推动国民经济发展的唯一力量。所以，国营企业的兴盛衰败直接影响了国民经济的发展与衰退。在这些大起大落中，共和国的先行者们无论从顶层设计的思想与经验，还是从社会实践的广度与深度，都为后来者留下了丰富而宝贵的思考及选择。所以，1978 年 12 月，在党的十一届三中全会上，在指导思想上彻底纠正了"左"倾思想错误的影响，决定要把全党的工作重心转移到经济建设上来，领导国营企业开创改革与开放新时期，这是历史的必然选择。

第六章　改革开放初期的国营企业
（1978—1991）

　　1978 年 12 月，随着党的十一届三中全会胜利召开，全面纠正了"文化大革命"以及之前的"左倾"错误，恢复了解放思想、实事求是的思想路线，作出了把工作重点转移到国家经济建设上来的战略决策，同时提出了要注意解决好国民经济重大比例严重失调的要求，自此，全面开启了中国改革开放的历史新时期。正是党的十一届三中全会确定的"对内搞活、对外开放"的方针，促进了我国国营企业改革的起步与快速发展，国营企业开始积极进入市场。

　　1984 年 10 月 20 日，党的十二届三中全会通过了指导全国经济体制改革发展的宏伟纲领，标志着我国改革和发展重心的转移，从以国民经济发展为重点转向了以经济体制改革为重点；在改革的重点上，从以农村改革为重点转向了以城市改革为重点，作为城市经济的重要组成部分的国营企业也进入了全面体制改革时期。

　　我国计划经济体制下形成的国营企业制度在特定的历史时期曾对国有资产的形成和积累起到了重要的作用，但是随着经济的不断发展，这种国营企业制度在组织形式、领导体制、劳动用工、分配，以及经营管理等各方面已经无法适应社会化大生产的要求，并严重制约了生产力的发展。尤其是在中共十一届三中全会以前，国营企业制度的弊端已经充分暴露，而且实践也已经证明，以往所采取的一些不触动企业制度本身的改革措施或政策调整对于国营企业的发展无济于事，必须从国营企业的制度变革入手来探寻国营企业的发展之路。改革开放以来，国营企业制度沿着渐进的路径不断变革，在缺乏前人经验可借鉴的情况下以"摸着石头过河"的方式不断"试错"前行，在企业领导体制、组织制度、经营制度、劳动用工制度、分配制度等方面不断进行改革探索，最终确立了完善现代国有产权制度，建立现代企业制度的改革方向。

一、国营企业对外开放与扩大自主权

党的十一届三中全会对我国经济管理存在的弊病，即经济管理权力过于集中的问题，提出了改革的方向。主要是：（1）使企业有更多的经营自主权。（2）大力精简各级经济行政机构。（3）把思想政治工作和经济手段结合起来，充分调动干部和劳动者的积极性。（4）认真解决党政不分、以党代政、以政代企的现象。同时，会议还提出要正确看待外国的经验。盲目排外，把国外的东西一概说成是"资本主义""修正主义"而加以拒绝，是错误的。资本主义国家在组织管理社会化大生产、推进技术进步方面，有许多可取的东西。自此，我国广大国营企业开始加快现代化进程的探索，逐步调整方向，积极投入市场。政府部门开始推行简政放权、全面扩大企业经营自主权等一系列试点。

（一）改革开放初期的企业发展环境

1. 改革开放初期的经济发展状况

新中国成立后到改革开放初期，国营企业一直在我国经济中占据着核心地位。据中国统计年鉴数据显示（图6-1），在1949—1979年间，国营工业企业总产值在全国工业总产值中所占比重经急速上升之后趋缓，至1979年稳定在78.5%。可见。国营企业在中国经济发展中一直起着举足轻重的作用。因此，自改革开放之初，国家便全面启动并持续着力于国营企业的改革与发展，这对我国的经济发展和改善民生都具有重要意义。

从粉碎"四人帮"到党的十一届三中全会之前的两年中，我国的工业生产虽然获得较快的增长，但主要是恢复性质的。经济工作中长期存在的"左"的指导思想并没有得到认真的清理，工业建设中一些"左"的政策还在继续推行。如自1977年至1978年，在工业生产建设中，由于对当时迅速

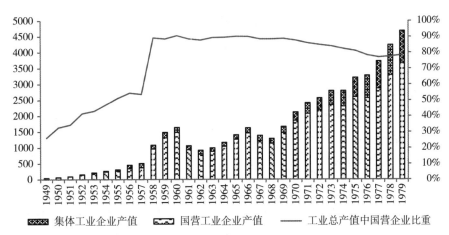

图 6–1　1949—1979 年工业总产值中国营企业所占比重（单位：亿元）

资料来源：中国统计年鉴数据整理所得。

好转的经济形势估计过高，在扩大工业基本建设规模的同时，又盲目地引进设备，在缺乏必要的论证的前提下，仅 1978 年就和国外签订了 22 个大型引进项目，共需外汇 130 亿美元，折合人民币 390 亿元，加上国内配套工程投资 200 多亿元，共需 600 多亿元。

由于经济建设中长期存在"左"的错误一直没有得到纠正，加上过去多年的政治动乱和经济体制上的弊病，使国民经济各方面的比例关系严重失调。主要表现在三个方面：第一，基本建设规模过大，积累率过高，影响了人民生活的改善和国家财力、物力的平衡；第二，重工业增长过快，农业和轻工业增长缓慢，产业结构极不合理；第三，燃料动力供应极其紧张，矿产资源的储采比例严重失调。

2. 改革开放初期的社会环境

一场长达 10 年的文化浩劫几乎让国家走到了崩溃的边缘。1978 年作为中国改革开放元年，中国将向何处去？这一巨大的命题拷问着每一个对前途迷茫的中国人。

任何历史变革首先都是一场观念的变革。《实践是检验真理的唯一标准》打破了人们的精神枷锁，带来了思想大解放。也是这一年，610 万来自全国各地的年轻人纷纷奔赴高考考场。事实上，1977 年邓小平复出后分管科教工作的当年，便推动恢复了此前中断 11 年的高考制度，同时还取消了对考生家庭出身条件的限制。如此多的青年突然获得高考机会，不仅让更多人看到了国家复兴的希望，同时也对这一代人、企业乃至国家的历史命运产生了深远的影响。

这一年，邓小平在视察清华大学时还指出，要增大派遣留学生的数量。教育部经过与美国代表团的艰苦谈判，达成协议互派留学生。以此为开端，负笈求学的机遇，向一代中国人敞开了大门，也借此为我国社会主义现代化建设提供了巨大的智力资源。

尽管这一年的大多数政治变化都以北京为中心，但最重大的经济事件却发生在内地一个偏僻贫穷的小乡村。安徽省凤阳县小岗生产队的 18 位农民在昏暗的煤油灯下神色紧张地在一张契约上按下血红的指印，发誓"宁愿坐牢杀头，也要分田到户搞包干"，打响了中国农村改革第一枪。

这一年，变革几乎每天都在发生。而正式拉开改革开放序幕的党的十一届三中全会，其伟大意义更在于，自此开始"政治生活"已不再是中国老百姓的主要生存方式，中国重新回到了世界经济和平竞争的大舞台上。国门乍开，中国人对外面的一切都感到新鲜与陌生，同时，西方世界也以新奇的目光打量着这个与众不同的国家。"开放"这一观念在逐步由"人"渗透到"企业"经营管理的各个环节，如引进外资、采购专业技术设备、借鉴先进管理经验等。改革开放点燃了我国国营企业全面改革的燎原之火。

（二）开放促改革带动国营企业发展新思路

1. 国营企业引进国外技术设备与管理经验——以宝钢为例

从 70 年代起，毛泽东和周恩来就积极主张从国外发达国家引进设备、技术和管理经验，提高我国工业的技术和管理水平。在"四人帮"的干扰与破坏下，引进工作备受阻挠。粉碎"四人帮"后，这项工作又提到了议事日程上，并且作为加快现代化进程的主要措施大规模地实施。

1979 年 6 月，国务院财经委员会召开全体会议，讨论宝山钢铁总厂的建设问题。这是新中国成立后我国最大的建设项目，也是引进国外设备、技术和管理经验数量最多、动用外汇数额最高的项目。在这次会议上决定宝钢1984 年全部建成，建设总投资 207 亿元，其中外汇投资 44.86 亿美元。除了连轧管机组成套由联邦德国曼纳斯曼·迪马克公司引进外，其他设备均由日本新日铁公司提供。除引进设备外，还引进专利 172 项，技术诀窍 249 项及管理软件。主生产线具有大型化、连续化、自动化特点，主生产过程实现了电子计算机控制，并配有管理计算机系统。

图 6-2　宝钢总厂动工典礼

宝钢在建设过程中，就注意企业管理的现代化，做好人员、物资、技术、管理、经营等方面的准备工作。一期工程所需职工 25000 人，都经过入厂教育、文化补习、政治轮训、老厂实习、技术理论基础教育、理想纪律教育、参加设置安装调试、上岗考核等方面的综合训练，还先后派出 1140 名生产骨干到日本、德国对口厂实习、培训、学习生产操作技术和管理，使广大职工了解宝钢生产工艺和设备的特点，掌握生产操作技术和各项专业管理。一期工程生产所需的各种物资都按期到厂入库并有足够的储备，各种进口备件也都采购就绪。在技术方面，为了消化引进的 421 项技术诀窍和专利，组织力量进行攻关，解决了 1108 项技术难点，有 22 项科研成果通过鉴定，有的还得到部、市的科技成果奖。在经营目标上，宝钢提出：要实现安全、顺利、持续生产，多产符合国际标准的优质产品，争创好的经济效益，为我国钢铁生产技术跃向世界先进水平做贡献，为我国社会主义四化建设做贡献。在管理工作上，制定了各种规章制度，规定各部门的业务流程和职责权限，建立了 178 项专业管理制度和各生产厂、处（部）、室的责任制，干部、工人的岗位责任制，以保证全厂有良好的生产工作秩序。①

---

① 　徐之河：《上海经济 1949—1982》，上海人民出版社 1983 年版。

2. 国营企业引入国外资本——首家中外合资企业成立

党的十一届三中全会确定对外开放方针之后，国营企业积极参与对外开放和引进外资，在很短的时间里，加工装配、补偿贸易、发展三资企业（在中国境内设立的中外合资经营企业、中外合作经营企业、外商独资经营企业三类外商投资企业）等得到了迅速的发展，进一步加速了我国的现代化建设。

1978年，自邓小平访问日本松下电器公司以后，松下电器开始在中国投资，成为第一家进入中国的外资企业。同年12月18日，可口可乐与中国粮油集团签署了一份合作合同，获准向中国出售第一批瓶装可口可乐，在新中国成立后绝迹了30年的可口可乐重返中国。12月19日，美国波音公司宣布，中国将历史性地引进3架波音747客机。

1979年，IBM在与中国中断联系近30年之后，再次来到中国，在沈阳鼓风机厂安装了第一台IBM中型计算机。同年，日本日立公司率先在北京设立办事处，成为第一家进驻北京的日本制造企业。

1979年7月1日五届人大二次会议通过了《中华人民共和国中外合资经营企业法》，以其开创性、奠基性为我国打开国门、引进外资提供了法制保障，从立法上解决了引进外资办企业的一系列问题，使我国国营工业企业参与对外开放进入了一个新的阶段，也标志着中国对外开放迈出了实质性步伐。

1980年4月10日，全国第一家中外合资企业——北京航空食品有限公司被批准成立，取得了国家外资委发放的中外合资企业第"001号"，5月1日公司在北京正式挂牌。

当年正值《中外合资经营企业法》颁布，"喜欢做别人没做过的事"的香港人伍淑清就带着自己的团队来到了内地，开始和有关部门接洽，运作起当时在内地还是新鲜事物的合资企业。伍淑清的父亲伍沾德是做食品行业的，因此考虑也许可以把做食品的经验和中国航空服务业的发展结合起来，和改善内地交通条件结合起来。

在1979年6月份，当时民航局的沈图局长等人和伍淑清的父亲伍沾德进行了长达一年多的协商、谈判。由于没有先例可循，在合资航空食品公司具体报批中，国务院甚至连续三次召集各有关部门，对合同上的 21 项条款逐一斟酌。

　　经过数轮洽谈，双方决定合办航空食品公司，总投资约 600 万美元。在通过国家有关部门审批后，于是，有了中国的"001 号"合资企业。

　　短短半年时间内，北京航空食品有限公司完成了装修厂房、购买设备、人员培训、制定规则、开拓市场等各项准备工作。1980 年 4 月 10 日，伍淑清和中国民航合资的北京航空食品有限公司被批准成立，不仅作为中国第一家中外合资企业，也结束了中国民航没有航空配餐企业的历史。①

图 6-3　北京航空食品成立合资公司签约仪式

图 6-4　北京航空食品——1980 年 5 月开业

　　3. 特区开启了政府与企业合作的新机制——招商局蛇口工业区

　　蛇口工业区诞生于 1979 年，由招商局集团投资 6000 万独资创办，这是中国第一个对外开放的工业区，被称为改革开放的"试管"，我国真正意义

---

① 阎永钦：《一家欣欣向荣的合资企业——北京航空食品有限公司》，《国际贸易》1983 年第 11 期。

上的经济改革便是从这里开始的。在举世瞩目中，一系列改革试验率先在蛇口开展，然后被推广至深圳乃至全国。

1979年7月20日，蛇口点燃了移山填海的第一炮。伴随着一声声巨响，蛇口工业区第一次提出了"时间就是金钱，效率就是生命"的口号。

袁庚，61岁时调任香港招商局常务副董事长，后出任蛇口工业区建设指挥部总指挥。在计划经济体制还占据着垄断地位背景下，他带领广大的创业者进行蛇口工业区全面的改革探索，蛇口这个试验田里冲击着当时的两个禁区——市场经济和行政体制。

1981年，蛇口工业区开始进行住房制度改革，实行职工住房商品化，迈出了全国住房制度改革的第一步。住房商品化解决了职工住房的良性循环问题，职工住房通过商品化的方式能够很好地不断地推出新的住房来满足职工需要，使"住者有其屋"。

同年8月，蛇口工业区在各重点大学及各地公开招聘人才，大批专业人才汇集蛇口，适应了工业区外向型经济发展的需要。袁庚主张废除干部职务终身制，实行聘用制，受聘干部能上能下，能官能民，职务随时可以调整变动。每个干部的原职务、级别记入本人历史档案，在工业区工作时仅作参考，调离工业区按原职别介绍出去。

1983年，蛇口从首届管委会成立开始，受聘用干部接受群众的监督，每年由群众投一次信任票。干部聘任制极大地激发了蛇口发展的活力，开创了新中国人事制度改革的先河。

同年7月，蛇口工业区率先打破平均主义"大锅饭"，实行基本工资加岗位职务工资加浮动工资的工资改革方案，基本奠定了与市场经济相适应的分配制度。蛇口工业区率先在劳动用工上推行劳动合同制，成为中国用工制度方面的一项重大改革。

"蛇口基因"激励着一代代创业者，在这片最初仅有1.24平方公里，后来逐渐扩展到10.85平方公里的热土上，"三来一补"公司数不胜数，招商银行、平安保险、中集集团、华为公司等一批具有世界影响力的现代化企业相继长成。虽然蛇口已结束了改革开放试验田的历史任务，但蛇口所代表的敢闯敢试的精神仍然会激励着特区建设者们继续改革创新的步伐。①

（三）放权让利——国营企业改革的破冰之旅

1. 四川省 6 户企业试点先行

在 1978 年国务院务虚会提出的要引入市场机制、赋予企业生产经营自主权这一精神的鼓舞下，中共四川省委梳理了过去 30 年来的工业发展与现有企业生产经营中存在的问题，发觉加快企业现代化建设最关键的就是要发挥企业的积极性，使企业的干部、工程技术人员和工人都关心企业经营的好坏，而不是像现行管理体制一样把企业的手脚捆得很紧，好像"水牛掉在井里头，有劲使不上来"。比如，部分工厂只需稍加技术改造，便能大幅提高生产，但企业领导连批准盖一个 20 平方米厕所的权利都没有。

基于对国务院务虚会精神的领会及上述考虑，四川省在省委领导下，自 1978 年 10 月起，在宁江机床厂、四川化工厂、重庆钢铁公司、成都无缝钢管厂、南充织绸厂、新都县氮肥厂这 6 个企业进行扩大企业权利、加快生产建设步伐的试点。这 6 户企业改革试点也全面开启了我国国营企业的改革之路。

这 6 户国营企业改革试点的主要举措是放权让利，即政府部门给予企业更多的生产经营决定权，并根据企业完成生产计划的情况和经济核算的情况给予企业留存部分利润，这些留存利润用于给职工发奖金或进行再投资。具体内容主要包括：允许企业在完成国家计划的前提下，增产市场需要的产品，承接来料加工；允许企业销售物资、销售商业部门不收购的产品和试销新产品；允许企业提取企业基金和实行利润留成；允许企业提拔中层干部，不再经上级批准等。

2. 从计划走向市场——宁江机床厂首个自销广告

四川省的 6 家试点企业都取得了扩大企业自主权的显著效果。其中的宁江机床厂，作为四川省灌县的一个县办国营企业，其主要产品是机床，前期主要根据国家机械部下达的指令计划性组织生产，从原材料供应到产品销售均由政府有关部门安排，企业不需操心市场需求，也无权自行安排生产与销

---

① 李华杰等：《蛇口工业区的崛起——对招商局创办蛇口工业区的调查》，《学术研究》1982 年第 1 期。

售。1976年至1978年间，该企业平均年产机床525台。

1978年下半年，物资局以"没有需求"为由将其计划年产量降至200台，但其实企业了解到，由于机电产品分配体制问题，很多企业有需求却分配不到这种机床。为打破"生产靠指标，产品靠统销"的状况，经过与省、市有关政府部门及国家机械部协调，宁江机床厂在保证优先完成国家下达生产任务的前提下，根据市场需要自行安排生产和组织原材料供应，该部分产品由企业自行销售。自从扩大了企业的生产计划权后，宁江机床厂广泛开展了社会需求调查，并于1979年6月25日，在《人民日报》刊登了国内第一份生产资料自行销售的广告，随后4个月就承接了国内外的订货1400台，一下子由"吃不饱"变成"吃不了"，当年交货699台。该厂根据市场需求及时调整了产品结构，1979—1981年，国家下达的指令性任务只有360台机床，仅占该厂全部计划产量的11.45%，而根据市场需要报上级批准后纳入国家计划的机床有2785台，占全部计划产量的80%以上。这个厂的经济效益也有了大幅度的提高，1981年与1979年相比，资金利润率增长77.83%，劳动生产率增长32.7%。[①]

图6-5　宁江机床厂在《人民日报》刊登的国内首个自销广告

3. 四川省扩权试点扩大到100户企业

1979年1月，四川省省委、省政府总结了6个企业进行扩权试点的经验，制定了《四川省地方工业扩大企业自主权，加快生产建设步伐的试点意

① 周太和：《当代中国的经济体制改革》，中国社会科学出版社1984年版，第166页。

见》，并决定从 1979 年起，把扩权试点扩大为 100 个工业企业，同时在 40 户国营商业企业中也进行了扩大经营管理自主权的试点。

四川省扩权试点的主要做法是：在计划管理上，允许企业在国家计划之外，可以根据市场需要自行制订补充计划，对于国家计划中不适合市场需要的品种规格也可以修改；在物资管理上，除少数关系国计民生的产品、短线产品和炸药等危险产品仍由国家统购统配外，大部分生产资料可以进入市场，企业与企业之间可以不经过物资部门直接订立供货合同，也可以在市场上采购来满足自己的需要，企业也可以自销一部分产品；在国家与企业的利润分配方面，在保证国家利益的前提下，企业可以根据自己经营的好坏分享一定的利润，并可用于企业的挖潜、革新改造、集体福利和职工的奖金；在劳动人事管理上，企业有权选择中层干部，招工择优录取和辞退职工。

扩大企业自主权的改革措施，给企业带来前所未有的活力。到 1979 年底，四川省 84 户试点工业企业比 1978 年工业总产值增长 14.7%，利润增长 33%，上缴利润增长 24.2%，均高于非试点企业。四川的经验，对全国工业企业产生了极大的震动。继四川之后，云南、北京等地也相继对所属地方国营工业企业进行了扩大企业自主权的试点。根据中共十一届三中全会的精神，国务院财政经济委员会成立了由张劲夫任组长的经济体制改革研究小组。经济学家和实际工作者在深入调查研究，掌握了大量有关情况之后，以扩大企业自主权为内容的城市经济体制改革试点，逐步在局部范围内开展起来。

（四）全国各地全面实行扩大企业自主权

1979 年 4 月 5 日，中共中央召开工作会议，主要讨论经济调整问题。为了在全国范围内搞好国营企业改革试点，会议明确提出要扩大企业自主权，把企业经营好坏同职工的物质利益挂起钩来，要按照统一领导、分级管理的原则，明确中央和地方的管理权限。根据中央工作会议确定的方针，5 月 25 日，国家经委、财政部等 6 部委联合发出通知，确定在首都钢铁公司、北京内燃机总厂、北京清河毛纺厂、天津自行车厂、天津动力机厂、上海汽轮机厂、上海柴油机厂、上海彭浦机器厂等 8 户企业中进行扩大经营管理自主权的改革试点。

为了规范迅速推开的扩大企业自主权试点，7 月 13 日，国务院颁发了有名的第一个"扩权十条"，即《关于扩大国营工业企业经营管理自主权的若干规定》。同时颁发的还有《关于国营企业利润留成的规定》《关于开征国营企业固定资产税的暂行规定》《关于提高国营工业企业固定资产折旧率和改进折旧费使用办法的暂行规定》《关于国营工业企业实行流动资金全额信贷的暂行规定》等5个文件。这5个文件，是改革开放后关于国营企业改革的第一批文件，对各地的企业改革起到了较好的促进作用。

这5个文件的基本精神就是逐步扩大工业企业的经营管理自主权，其主要内容是：（1）在完成国家计划的前提下，允许企业根据燃料、动力、原材料的条件，按照生产建设和市场需要，制订补充计划。按照补充计划生产的产品，商业、外贸、物资部门不收购的，企业可以按照国家规定的价格自销。（2）实行利润留成，改变按工资总额提取企业基金的办法，把企业经营的好坏同职工的物质利益挂起钩来。利润留成是根据不同企业的具体情况，确定不同的比例。企业用利润留成建立的生产发展基金、集体福利基金和职工奖励基金，有权自行安排使用。（3）逐步提高固定资产折旧率及企业的留成比例。从1980年起，企业提取的固定资产折旧费，70%由企业安排使用，30%按隶属关系上缴主管部门，由主管部门在企业之间有偿调剂使用。固定资产原值在100万元以下的小型企业折旧费，全部留给企业安排使用。

从1979年到1980年，扩大企业自主权的试点工作不断发展，并已具有相当规模。到1980年底，除西藏外，各省、市、自治区参加试点的国营工业企业已达6000多个，占全国预算内工业企业的15%，产值占60%，利润占70%。试点企业在利润留成、生产计划、产品销售、新产品试制、资金使用、奖励办法、机构设置以及人事等方面，都不同程度的有了一些自主权。

由于扩权在某种程度上把企业的责、权、利结合起来，使企业获得了内在的动力，伴随着竞争的展开，又给企业造成了一定的外在压力。根据对5777个试点企业（不包括自负盈亏的试点企业）的统计，1980年完成的工业总产值比上年增长6.89%，实现利润增长11.8%，上缴利润增长7.4%，上缴国家的利润占全部实现利润的87%，企业留利占实现利润的10%，其余的3%用于归还贷款和政策性补贴等，增长利润的大部分也归国家。这表明，扩大企业自主权，实现了增产增收，国家和企业都增加了收入。

从企业层面看，以上海柴油机厂为例，作为国家8个以利润留成为内容的扩权试点单位之一，曾算过这样三笔账：增加生产，企业可得 30% 的好处；降低生产成本，企业可得 50% 的好处；节约流动资金和固定资金的占用费，企业可得 100% 的好处。为了提高经济效益，他们抓住全面经济核算和全面质量管理两个环节，车间和班组由原来的"三要"（即要劳动力、要设备、要材料）变为"三交"，即主动要求上交多余劳动力、上交多余设备、上交积压的原材料等。到 1980 年 8 月，流动资金比 1979 年同期减少 267 万元。全厂组织了 295 个攻关小组，不断解决质量中存在的问题，使废品率下降，"东风"135 系列柴油机产品还获得了国家银质奖和节能产品称号。

二、实行经济责任制，明晰国营企业责权利

党的十一届三中全会后，通过扩大企业自主权的试点，对于增强企业的活力，起到了一些作用。但是，总体上来看，扩大企业自主权的做法不够规范，难以做到正确处理国家、企业、职工三者的关系，对于明确职责、责任和权利方面，也存在缺陷。因此，政府和企业都在探索进一步改革的思路。一部分工业企业借鉴农村实行联产计酬责任制的成功经验，摸索在工业中推行经济责任制，通过明确责、权、利，改变企业吃国家"大锅饭"和职工吃企业"大锅饭"的现象，寻找一种正确处理国家、企业和职工个人三者经济利益关系的企业经营管理制度。1980 年以后开始的经济责任制的试点，很快显示出其优越性，逐步发展成为工业企业改革的一项重要模式。

（一）实行工业经济责任制的背景及发展过程

1. 实行工业经济责任制的历史背景

工业经济责任制，是在扩大企业自主权试点的基础上发展起来的，也是扩权的继续和深入。一方面，1979—1980 年扩大企业自主权的试点取得突破并全面展开，为实行工业经济责任制提供了经验，创造了条件；另一方面，自党的十一届三中全会以后，我国农村普遍推行各种形式的联产计酬责任制，取得了显著成效。农村改革的成功经验，对工业经济责任制的推行起了极大的启示和推动作用。与此同时，1980 年我国出现了严重的财政赤字。

为了增加财政收入，1981年初各地区从落实财政任务着手，对所属企业实行了"包干加奖励"的办法。

正是在这种历史背景下，1981年4月，在国务院召开的工业交通工作会议上，明确提出建立和实行工业经济责任制的要求。此后，首都钢铁公司创造了一整套实行经济责任制的经验，推动了工业经济责任制的进一步完善和发展。

2.经济责任制的发展过程——以山东省国营企业为例

山东省从1979年起，在积极扩大企业经营自主权试点的基础上，进行了工业生产经济责任制的探索和试点。1980年，山东菏泽地区首先实行以承包为特点的经济责任制。1981年夏季，一些地方为了落实财政上缴任务，对企业试行利润包干。这种办法任务明确，考核简单，企业在完成包干任务后可以获得剩余利润的大部分。

山东省推行以利润包干为主要内容的经济责任制，取得了以下效果：(1) 较好地落实了财政上缴任务，有利于国家财政增加收入。全省国营工业企业，1981年1—4月每月平均上缴9711万元，5、6月份实行包干后，每月平均上缴13278万元。(2) 迅速扭转了许多企业长期亏损的局面。一大批企业由靠吃国家财政补贴变为给国家创造财富。如山东省煤炭工业，1981年一季度亏损1357万元，实行了亏损包干后，4月份即扭亏为盈，实现利润57万元，5、6月份利润达到902万元。(3) 兼顾了国家、企业、职工个人三者的利益，实现了国家多收、企业多留、职工多得。济南市纺织行业1981年包干上缴利润7500万元，较1980年增长15%，实际结果在7500万元基础上又增收1256万元，这部分利润国家得55%，企业得40%，纺织局得5%。广大职工的实际收入也相应有了增加。而且在分配中部分地克服了平均主义，调动了职工的积极性。(4) 促进了企业技术改造。企业可以从超收利润分成或减亏留用中积累一些资金，进行设备的更新改造。

1981年4月全国工交会议以后，各种形式的工业经济责任制进一步发展。据山东省13个地、市统计，到1981年7月，在1850个县属以上国营工业企业中，已落实了盈亏包干任务的，占73.1%；其中，440个亏损企业已落实包干任务的，占93.2%；364个微利企业，已全部实行包干。在工业部门中，已有煤炭、电力、冶金、军工、医药等局和齐鲁石化总公司实行了全行业包干。[1]

国家经委根据山东等省市的经验，对全国约占预算内国营工业企业80%的 3.6 万个企业实行了利润包干、比例分成的办法。但是，在不合理的价格体系和不合理的经济结构没有调整的情况下，利润指标并不能正确地反映企业的经营水平，企业的生产经营也缺乏正常的外部条件。推行利润包干，促使部分企业单纯追求利润，造成生产与需要相脱节。1981 年 10 月和 1982 年 10 月，国家体改委、国家经委先后两次召开会议，在全国推广了首钢等企业全面推行责、权、利相结合的经济责任制，把各项经济责任的指标逐项分解、层层实行"包、保、核"、把责任逐级落实的经验，并对首钢、第二汽车制造厂等大企业实行了利润递增包干的办法，增强企业的活力和发展动力。

（二）企业实行经济责任制的内容及形式

工业生产经济责任制是在国家计划指导下，以提高经济效益为目的，责、权、利紧密结合的生产经营管理制度，于 1980 年在全国开始试点，并逐步明确这种制度的内容、实施原则及采取的形式。

1. 实行经济责任制的内容及原则

这种制度的主要内容是责任、权利和利益的统一。根据首钢的实践经验，工业经济责任制的内容，主要包括：在国家与企业的关系上实行上缴利润递增包干制；在企业内部建立责、权、利结合，包、保、核到人的逐级岗位责任制；在技术业务工作上建立专业经济责任制。

在试点过程中，部分企业表现出片面追逐企业利益的倾向，出现了一些问题。为此，国家经委等部门在 1981 年 11 月制订了《关于实行工业生产经济责任制若干问题的意见》，指出实行工业生产经济责任制必须贯彻七项原则：（1）必须按计划和社会需要组织生产，不能利大大干、利小小干，造成产需脱节；（2）必须保证产品质量，不能粗制滥造，向消费者转嫁负担；（3）成本只能降低，不能提高；（4）要保证国家财政收入逐年有所增长；（5）

---

[1]　徐之河等：《中国公有制企业管理发展史续篇》，上海社会科学院出版社 1996 年版，第 142 页。

职工收入的总水平，只能在生产发展的基础上稳定增长；（6）必须奖惩分明，有奖有罚；（7）必须加强领导和国家监督，要有强有力的政治思想工作保证。

2. 典型企业实行经济责任制的几种类型

在工业生产经济责任制试点的基础上，责任制的形式逐步规范化。

国家对企业实行的经济责任制，在分配方面初期有三种类型：（1）利润留成；（2）盈亏包干；（3）以税代利，自负盈亏。后来第 1 种类型改变为第 3 种，逐渐成为两种类型。

以山东省为例，实行经济责任制的形式主要有：（1）行业盈利包干；（2）地区盈亏包干（主要在县或县级市实行）；（3）盈利企业利润包干，超收部分国家与企业分成；（4）亏损（微利）企业实行超亏（减收）不补，减亏（增收）留用；（5）联产计酬，即联系最终产品和上缴利润，并考虑质量、消耗、安全等指标进行考核，达到的发给一定的工资，超额的增发工资，完不成的适当加罚；（6）企业内部实行计件工资或超额计件工资制；（7）浮动工资制；（8）几定一奖；（9）包产到车间、班组、个人等。

企业内部实行经济责任制，采取把每个岗位的责任、考核标准、经济效果同职工的收入挂钩，实行全面经济核算。在分配上采取以下几种形式：（1）指标分解，计分计奖；（2）计件工资；（3）超产奖；（4）定包奖；（5）浮动工资。

我国的小氮肥行业很长一段时期处于严重亏损状态，全国 1300 多个小合成氨厂，1976 净亏损 9.7 亿元，平均吨氨亏损 265 元；1977 年净亏损 8.9 亿元，平均吨氨亏损 185 元；1978 年净亏损 6.1 亿元，平均吨氨亏损 92 元。针对这一情况，一些省市和地区对小氮肥行业实行"定额补贴，超亏不补，减亏或盈利大部分留给企业"的办法，调动了企业和职工扭亏增盈的积极性。同时，各地对小氮肥行业实行合理调整、加强管理、逐步进行技术改造等措施，使小合成氨厂的原料煤、燃料煤和电力的消耗大幅度下降。1981年与 1976 年相比，三种耗能分别下降 43%、34%、43%。至 1982 年一季度，小氮肥全行业盈亏相抵，净盈利 929 万元，结束了多年亏损的历史。①

---

① 　金彦：《小氮肥全行业转亏为盈》，《经济管理》1982 年第 9 期。

（三）工业及商业企业建立健全经济责任制

1. 工业企业采用"包、保、核"方式建立健全经济责任制

贯彻工业生产经济责任制要求在正确处理国家与企业的关系的同时，努力搞好企业内部的经济责任制。在试点中，企业创造了许多成功的经验，建立起一套纵横配套、上下结合、比较完整的岗位经济责任制，同时切实加强企业各项管理基础工作和专业管理工作，提高了企业管理的整体水平。

在建立和完善企业内部经济责任制的过程中，不少企业摸索出一套将企业对国家的承包任务落实到企业内部各环节，各层次、各部门的责、权、利相结合，由"包、保、核"相联系的责任体系的方法，对工业生产责任制的深入发展，起到了保证作用。以首钢为例，首钢实行企业内部的经济责任制，把经济责任层层落实到人。首先是责，以责定权，以责定利。在具体做法上，抓住了"包、保、核"三个环节：

（1）层层包，包到人。就是把企业对国家承担的经济责任制和全部管理业务，层层落实到每个厂矿、车间和每个职工的肩上，形成一个宝塔形的包、保体系。（2）包保结合。实行经济责任制，既要包，又要保，把单位之间、岗位之间互相保证的具体协作要求，也逐级落实到人。由于把上下左右、纵横交错的协作关系都作为经济责任，纳入了经济责任制，把企业组成一个统一的整体，就能做到共同为提高经济效益而努力。（3）严格考核。在考核上坚持不讲情面，不讲客观原因，不搞"好人主义"，在规章制度面前人人平等。在考核时，首先按"包、保"条件一条一条严格考核，另外，还有"三个百分之百"：对规章制度必须百分之百地执行，任何人违反规章制度都要百分之百地处罚，百分之百地取消奖金。实行内部经济责任制之后，起初全公司每月几乎都有 8%—10% 的职工拿不到奖金，其中很多人是因为违反了规章制度。严格要求使劳动纪律有了很大好转。①

石家庄造纸厂在马胜利厂长的领导下，通过承包经营，把一个亏损企业，改造成一个全国先进企业，成为轰动全国的新闻。从 1981 年到 1983 年，

---

① 周冠五：《工业经济责任制是企业依靠群众提高经济效益的新路子》，《经济体制改革手册》，经济日报出版社 1986 年版，第 938 页。

国家向这家厂补贴了 16 万元。1984 年马胜利自荐当厂长，保证当年实现利润 70 万元。通过全市性的答辩会，他的承包方案得到通过，在全厂职工的支持下，1984 年石家庄造纸厂实现利润 140 万元，1985 年实现利润 280 万元，1986 年实现利润 320 万元。

马胜利进行的"组阁"承包，打破了干部职务终身制，大胆启用一批能人、实干家。在承包中，他们按照责、权、利相统一的原则，在全厂实行了定岗、定职、定责、定奖，对生产经营的各个环节，按产量、质量、利润、成本四项指标，实行总厂对分厂、分厂对车间、车间对工段、工段对班组、班组对机台的层层承包。总厂对分厂实行各项指标、奖金、工资一包到底的大包干办法。为了解决分配上的"大锅饭"问题，根据各部门、各岗位的劳动强度、技术高低等不同情况，实行以生产定分配，以贡献定报酬的原则，劳动所得同工作量挂钩，谁承包谁负责谁得利。设备、动力等服务部门采取部门考核和服务对象考核相结合的办法，即自己部门按岗位责任制可支配奖金额的 40%，其余 60% 由被服务部门考核支配，厂里平衡协调。①

2. 商业企业全面推行经营承包责任制

在商业企业中，推行经营承包责任制也成为深化商业体制改革的重大措施。1981 年 5 月，商业部召开全国基层商业、饮食服务业工作座谈会，交流了试行经营责任制的经验。7 月，商业部发出《关于加强基层商业经营管理体制改革的领导和组织试点总结经验的通知》，并在调查研究的基础上，总结了山西省潞城县等试行经营责任制的经验。1981 年，全国实行各种形式经营责任制的独立核算企业有 23800 个，占商业企业总数的 40%。从行业看，实行经营责任制的企业占本行业企业总数的比例是：饮食业为 65%，服务业为 41.3%，零售商业为 29%，商办工业企业为 23%。1982 年全国商业工作会议以后，各地进一步推行经营承包责任制。据不完全统计，截至 1982 年 3 月，全国商业系统实行经营承包责任制的门店有 10.3 万个，占全部门店总数的 56.6%。其中，山西、内蒙古、吉林、广东、湖北、湖南、四川、云南等省区超过 60%，黑龙江省达到 87%，北京市达到 91%。还有些城市全面推行了经营承包责任制，如石家庄、佳木斯、抚顺市及太原市的第

---

① 丁力等：《承包、租赁、股份制》，经济科学出版社 1988 年版。

一商业局系统。[①]

各地商业部门实行经营承包责任制的形式多样，从国家与企业的利润分配关系来看，主要有：利润基数包干，完成基数留成，超额分成，完不成以留成赔补；利润包干，超额分成；利润递增包干，超额分成或留用；亏损包干，减亏分成，超亏不补；全额利润分成或利润包干，超额留用；对一部分小企业实行国家所有，集体经营，照章纳税，自负盈亏；有的小店实行集体和个人租赁经营；有的地方还试行职工离店经营。从企业内部分配关系来看，主要是采取利润包干的办法，多是层层包干。从企业与职工的分配关系看，有联销计酬、超额累进提成、计件或超额计件，百分计奖等。

商业企业推行经营承包责任制取得了明显成效：（1）企业有了内在动力，搞活了经营，扩大了购销，提高了效益；（2）加强了经济核算，经营管理水平有所提高；（3）兼顾了国家、企业、职工三者的利益；（4）改善了服务态度，提高了服务质量；（5）促进了企业领导班子的建设和民主管理。

商业企业在推行经营承包责任制的过程中，有些企业只搞了利润包干和超额分配，内容不够全面，办法不够完善，因此出现了企业与企业、企业内部在分配上苦乐不均的现象。有的甚至单纯追求利润和奖金，降低服务质量，侵害消费者利益。

（四）首都钢铁实行经济责任制的经验

1. 首钢实行经济责任制内容

自 1979 年，首钢作为国家第一批经济体制改革的试点，逐步建立起以承包为中心的经济责任制，首钢实行经济责任制包括两个部分：一是扩大企业自主权，明确企业对国家承担的经济责任，在企业与国家的关系上实行经济责任制；二是在企业内部实行层层落实到人的经济责任制。这两个方面是不可分割的整体。

首钢对国家承担的经济责任包括：上缴利润逐年递增，国家计划产量和产品调拨量全面完成，按国家批准项目进行技术改造，以及职工物质文化生活得到相应改善等；首钢内部的经济责任制，则是按照责、权、利相结合的

---

① 郭今吾主编：《当代中国商业》上，中国社会科学出版社 1987 年版，第 408 页。

原则，把企业对国家应负的经济责任，和职工参与决策制定的企业经营目标与任务，层层落实到人，建立岗位经济责任制。

在首钢内部把全部经济责任层层落实到人，主要是抓"包、保、核"三个环节。包是全面包、层层包，包到人，把企业对国家承担的经济责任和全部管理业务层层包到每个厂矿（处室）、车间（科室）、班组，一直到每个职工肩上；保就是在包的同时，还要保，把企业内部单位之间、岗位之间的互保条件，也逐级落实到人，成为经济责任制的一项重要内容；核就是对每个单位，每个岗位的所有包、保任务，都要逐条制订具体的考核办法，与分配挂钩。这样，就在首钢内部形成了一个宝塔形的包、保、核体系（如表6–1、表6–2所示）。

表6–1　首钢处室经济责任制内容示例

项目	内容	考核办法	项目	内容	考核办法
包干任务	一、完成国家下达的产品产量任务，精矿粉、生铁、钢、初轧坯、钢材、铸铁管、焦炭七项产品产量；	按分月进度累计考核，每有一个指标未完成不提奖；	包干任务	十、杜绝死亡事故，消灭重大操作、质量、设备、火灾、交通等事故；	发生死亡事故扣奖20%。其它重大事故扣有关单位奖10%。不合格扣奖2%；
	二、完成公司全年实现利润4.715亿元；	按分月进度考核；		十一、按时做好绿化和厂容卫生；	
	三、完成出口联营增利300万元；	按月经营作业计划考核；		十二、外销精矿粉、化肥、合成氨和钢废料按计划落实和发运；	未完成各扣奖2%；
	四、全部人数368人；	减人不减奖，增人不增奖；		十三、月库存占用资金350万元（包括包装材料资金）；	未完成扣奖5%；
	五、专业经济指标共11项：精矿粉、生铁、钢坯、300小型钢材、一轧钢材、500/400钢材、电焊管、冷拔材、铸铁管九项产品合同完成率100%。产品出口、技术进出库哦合同履约率100%；	按分月精度考核；		十四、包全年翻译收入3万元；十五、包全年管理费用27万元；十六、完成领导交办的各项任务；	未完成扣奖5%（按分月累计进度考核）；按分月累计考核，未完成扣奖5%；完成好的加奖2—10%；完成不好的扣奖2—10%；
	六、全面贯彻落实，认真执行专业经济责任状；严格执行三个百分之百；	按月考核，落实得不好扣奖10—100%；		十七、包试验厂一万吨高合金钢轧制成的合格钢材，在两个月内推销出去；	按经营作业计划分月进度考核，未完成扣奖5%；
	七、发货品种、规格、数量、到站、收货人准确率100%；	每发生一次差错扣奖2%—10%；		十八、一烧结网络的引进：1.一季度组织好设备到货的开箱、验收等有关涉外工作；	未完成扣奖5%；
	八、完成销售利润率；	按分月计划进度考核，未完成扣奖5%；		2.二季度做好执行合同的有关涉外工作，确保五月中旬设备投入试运转。	未完成扣奖5%；
	九、未经技术检验的产品拒绝发货。	每发生一次扣奖5—20%；			

资料来源：首钢1983年经济责任制资料汇编（首钢经济研究所）。

表6-2　首钢岗位经济责任制内容示例

项目	责任制内容及标准	考核办法	数据来源
一、指标	1. 产量：完成小组班产炉数； 2. 质量：工艺废品≤4吨 整炉废 3. 品种：按计划进行冶炼： 年计划没有的品种改判按工艺废品考核； 月计划没有的品种改判一炉5分； 日计划没有的品种改判一炉1分； 4. 钢铁损失：避免出钢扣洒钢、洒铁及操作不当回炉； 5. 操作小指标： （1）一次拉准率：C0.14—0.24% T1640—1670℃不加C粉不后吹； （2）高温钢比：沸腾钢＞1670，静钢＞规定上限温度≤15%； （3）矿石，白云石上下段合格率≥80%； （4）定尺炼成率：C0.16—0.24%。	按事故影响时间考核，每8分钟扣1分最多扣30分； 按月累计，降低1吨加1分，超1吨扣1分，＞10吨每吨扣2分，≥14吨按整炉废考核； 整炉废：扣50%，此外产量、品种、消耗、废钢、安全五项，未完成一项加扣10%； 改判一炉扣5分，改炼＞1炉每增加1炉扣1分； 零星损失按每吨扣2分，回炉＞20吨，每增加5吨扣1分； 静钢每增加2吨扣1分（普沸不足20吨，静钢可按1:2补齐）； <50%少1%扣2分，＞55%每增加5%加1分； <15%降5%加1分，＞15%增1%扣2分； <80%每少5%扣1分，白云石无故不加每炉扣3分； 本表计划完成不合炉数＞1炉扣1分； 因炼钢成分不合，影响班计划完成，每炉扣2分。	工段技检科 工段 车间 统计组 统计组 统计组 技检科
二、岗位责任	1. 确定装入制度和冷却制度： （1）根据炉令期、冶炼品种和定尺要求，按烧结规定确定装入量，当加入铁合金超过1吨和铁水剩余比较多的情况下，应考虑他们对出钢量的影响；	没有按规定确定装入量，按违规登记扣除当月全部奖金，因考虑不周到生产出钢量波动，按有关规定考核；	工段

资料来源：首钢1983年经济责任制资料汇编（首钢经济研究所）。

　　这种分为五层的包、保、核体系，既包又保，包保结合，每一层的单位之间、岗位之间互相联系，互为条件，把企业全体职工的生产经营活动有机地、协调地组织起来，做到了把企业对国家应负的经济责任，和职工参与决策制定的企业经营目标和各项管理业务，层层落实到人。

　　同时，对每个单位、每个部门，直至每个人的每一项经济责任，每一条包、保任务都坚持按照规定的标准逐条考核，把考核结果积累起来，作为奖罚、分配的依据。不能强调客观原因而降低考核标准。只要国家没有得到实惠，企业的经济效益没有大幅度地提高，单位和个人就不能得到经济利益。坚持这样做，可以更好地促使承担任务的单位和个人发挥主观能动性，千方百计克服困难，完成自己承担的全部经济责任。

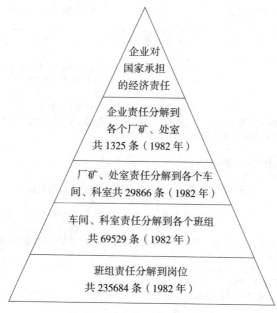

图6-6　首钢经济责任制图解

2. 首钢实行经济责任制效果

首钢自1979年实行扩权试点，在实行利润递增包干之后，带来了经济效益的空前提高。1978年实现利润1.9亿元，为改革前的历史最高水平，以此为基数，1979—1983年5年间累计新增利润7.89亿元，每年平均递增20%。1983年与1978年相比，总产值增长55.1%，净产值增长1.23倍，实现利润增长1.56倍，综合效益指标逐年提高，产值利润率39.71%，较1978年提高15.66%；资金利润率为37.17%，提高18.83%；销售利润率为40.47%，提高11.32%。

1981年经国务院批准，首钢开始实行上缴利润递增包干办法，国家不再拨给投资，原材料提价因素由企业承担。以1978年实现利润18951万元为基数，首钢五年累计新增利润78951万元，平均每年递增20%，大大超过产值平均每年递增9.2%的速度。1983年全国冶金行业55项主要可比技术经济指标中，首钢有31项夺得全国冠军。高炉利用系数、入炉焦比、转炉利用系数、钢铁料消耗和精矿粉品味等指标，连续保持国际先进水平。首钢实行递增包干办法以后，一切经济活动都以提高经济效益为中心，企业面貌发生了巨大变化。同时，保证了国家持续稳定地增收，而且国家不再向企业进行投资，因而对国家财力的增长也很有利。

表6-3　首钢改革前后五年上缴利润和投资对照表

单位：万元

项目	1974—1978 年	1979—1983 年	增减（%）
上缴利润总额	73888	138578	+87.6
国家投资	45506	12503（结尾工程投资）	-72.5

首钢实行上缴利润递增包干后，为技术改造开辟了可靠的资金来源。他们精心安排，先上见效快、效益大的项目，积累了资金再用于新的项目。五年中，他们投入了3亿元的自筹资金，先后完成42个重点技术改造项目，其中一半以上都是两年之内就收回了投资，五年收益达3.5亿元。如1982年首钢初轧厂对650轧轮机进行改造，增加两个连压机，投资1107万元，不到一年就收回了全部投资。

实行递增包干还促进了企业强化和改进企业管理，以保证经济效益的不断提高。首钢不断发展和完善经济责任制，取得了巨大的成绩，就是一个证明。

三、"利改税"激发企业内生动力

作为中国渐进式改革的主角，国营企业通过此前的放权让利改革和推行经济责任制，获得了极大的生机和活力，国家的财政状况也明显好转。然而，如果没有利益分配上的明确界定，即便企业的生产积极性被暂时释放出来，它与上级行政主管部门的矛盾也不可能得到根本解决。为解决这一问题，中央政府决定从税制改革入手，开始"利改税"酝酿并付诸实施。从1979年开始，"利改税"的试点首先在湖北省光化县、广西壮族自边区柳州市、上海市和四川省的部分国营企业中进行，并于1980年第四季度起扩大范围。1983年，国家开始启动第一步"利改税"改革措施；1984年，国家又紧接着实施了第二步利改税改革措施。但具体实施以后，都没有达到设计者和决策者的预期效果。

（一）两步"利改税"的发展历程

放权让利的改革和推行企业经济责任制给企业带来了生机和活力，也使得财政状况明显好转。但是，当允许企业有了一定的利润留成和奖金分配权后，却出现了"苦乐不均"和"鞭打快牛"的情况；同时还出现了企业增收、国家没有多得的现象。为了克服"苦乐不均"和"鞭打快牛"现象，为企业创造公平竞争的经营环境，划清政府财政收入和企业可支配收入的界限，理顺国家与企业的分配关系，解决企业吃国家"大锅饭"问题，同时调解经济责任制带来的负面作用，国务院于1983年初决定停止《关于实行工业生产责任制若干问题的意见》规定的利润分配制度，当年4月份国务院批转财政部《关于国营企业利改税试行办法》，决定对国营企业实行"利改税"。该办法规定，国营大中型企业按实现利润的55%上缴所得税，并在此之外根据企业实际情况征收不同幅度的利润调节税，而对小型国营企业实施八级超额累进税制度（详见表6-4）。伴随着两步"利改税"措施的出台，还配套进行了企业财务体制的改革（折旧基金的分配政策），流动资金供应体制的改革和固定资产投资管理体制的改革（两个"拨改贷"政策）。

表6-4　八级超额累进所得税税率表

级数	所得额级距	税率（%）
1	全年所得额在 300 元以下的部分	7
2	全年所得额超过 300—600 元的部分	10
3	全年所得额超过 600—1000 元的部分	20
4	全年所得额超过 1000—2500 元的部分	30
5	全年所得额超过 2500—10000 元的部分	35
6	全年所得额超过 10000—30000 元的部分	40
7	全年所得额超过 30000—80000 元的部分	50
8	全年所得额超过 80000 元以上的部分	55

对国营企业实行利改税，是经营管理体制改革的一个重要方面。第一

步"利改税"从法律上保证了国家财政收入的稳定和均衡入库，既巩固了国家财政的收入形式，又未触及企业税后利润的分配问题，并为进一步改进国家与企业的关系开创了条件。实施的结果，除少数经过特别批准的企业仍然继续实行利润包干的办法，不实行利改税政策，上下都比较满意，进行得也很顺利。但由于第一步"利改税"按照基数法来确定的企业所得额，所得税后的利润，又采取递增包干上缴、固定比例上缴、定额包干上缴或缴纳调节税等办法上缴国家，企业创造利润越多，上缴国家的越多，仍存在"鞭打快牛"的现象。因此，有关部门开始酝酿进行第二步的税利改革，从税利并存逐步过渡到完全的以税代利。

第二步是完全以税代利阶段。1984年9月19日，国务院批转了财政部《关于在国营企业推行"利改税"第二步改革的报告》，决定从1984年9月开始实施第二步"利改税"方案，从1985年1月1日起开征。第二步"利改税"的主要内容：一是将工商税按纳税对象划分为产品税、增值税、盐税和营业税；改变企业利润上缴形式，国家对国营企业实现利润分别征收所得税和调节税，调节税后的剩余利润为企业留利。二是允许企业在征收所得税前从利润中归还贷款。三是调节税采取一户一率的办法分别核定，国营大中型企业基期利润扣除按55%计算的所得税和1983年合理留利后的部分，占基期利润的比例为调节税税率。企业当年利润比核定的基期利润增长部分，减征20%调节税，并由"环比"改为"定比"；一定7年不变。核定的基期利润扣除55%所得税后，余额达不到1983年合理留利水平的大中型企业，不再征收调节税，经批准，可以在一定期限内减征一定数额的所得税。四是放宽小型企业标准，对小型国营企业所得税试行新的八级超额累进税率，对少数税后利润较多的企业仍按规定收取一定承包费。五是对亏损企业和微利企业继续实行盈亏包干。六是增加资源税、城市维护建设税、房产税、土地使用税和车船使用税。

国营企业第二步利改税试行办法（节选）

国发〔1984〕124号

为了促进城市经济体制改革，进一步搞活经济，调整和完善国家与企业之间的分配关系，保证国家财政收入的稳定增长，并使企业在经营管理和发展上有一定的财力保证和自主权，调动企业和职工的积极性，特制定本办法。

一、第二步利改税，将现行的工商税按照纳税对象，划分为产品税、增值税、盐税和营业税；将第一步利改税设置的所得税和调节税加以改进；增加资源税、城市维护建设税、房产税、土地使用税和车船使用税。国营企业应按照国务院颁布的有关税收条例（草案）和征收办法执行。

（一）产品税。对生产应纳产品税产品的国营企业，在应税产品销售后，应按照规定计算缴纳产品税。

从一九八四年十月一日起，卷烟提价收入部分，也按规定缴纳产品税。原由预算拨补的烟叶提价补贴和名牌烟价外补贴，同时取消。

（二）增值税。对生产应纳增值税产品的国营企业，在应税产品销售后，应按照规定计算缴纳增值税。通过实行增值税，避免重复纳税，促进专业化协作生产的发展，适应调整生产结构的需要。

计算缴纳增值税时应扣除的项目，应按照国家统一规定办理，不得任意扩大或缩小范围。

（三）盐税。对生产、经营和进口盐的国营企业，在销售或进口盐时，应按照规定计算缴纳盐税。

（四）营业税。对从事商业、物资供销、交通运输、建筑安装、金融保险、邮政电讯、公用事业、出版业、娱乐业、加工修理业和其他各种服务业的国营企业，在商品销售或取得营业收入后，应按照规定计算缴纳营业税。

国营商业批发环节的营业税，先在石油和五金、交电、化工行业征收；国营商业其他行业以及物资、供销、医药、文教和县以上供销社等批发环节的营业税，暂缓征收。

国营建筑安装企业承包工程的收入，暂缓征收营业税。

（五）资源税。对从事原油、天然气、煤炭、金属矿产品和其他非金属矿产品资源开发的国营企业，在应税产品销售后，应按照规定计算缴纳资源税。

目前先对原油、天然气、煤炭征收资源税，其余的暂缓开征。

对合理开发资源的矿产企业（包括小煤窑），国家需要扶植发展的，可以给予减税照顾。

（六）城市维护建设税。凡缴纳产品税、增值税、营业税的国营企业，应按照规定计算缴纳城市维护建设税。

（七）房产税。对拥有房产的国营企业，应按照规定计算缴纳房产税。

（八）土地使用税。对使用属于国家所有土地的国营企业，应按照规定计算缴纳土地使用税。

（九）车船使用税。对拥有行驶车船的国营企业，应按照规定计算缴纳车船使用税。

（十）所得税。对盈利的国营大中型企业，应按照 55% 的固定比例税率计算缴纳所得税；对盈利的国营小型企业，应按照新的八级超额累进税率计算缴纳所得税。

（十一）调节税。盈利的国营大中型企业在缴纳所得税后，应按照核定的调节税税率，计算缴纳调节税。

上述城市维护建设税、房产税，土地使用税和车船使用税，保留税种，暂缓开征。另外，国营企业缴纳的屠宰税、烧油特别税、农（牧）业税、建筑税以及奖金税等，仍按原有规定征收。

二、核定调节税税率时，以企业一九八三年实现的利润为基数，在调整由于变动产品税、增值税、营业税税率以及开征资源税而增减的利润之后，作为核定的基期利润。基期利润扣除按 55% 计算的所得税和一九八三年合理留利后的部分，占基期利润的比例，为核定的调节税税率。

核定的调节税税率，自一九八五年起执行。

三、国营小型盈利企业，按新的八级超额累进税率缴纳所得税以后，一般由企业自负盈亏，国家不再拨款。但在核定基数时，对税后利润较多的企业，国家可以收取一定数额的承包费，具体办法由各省、自治区、直辖市人民政府确定。税后不足一九八三年合理留利的，经过批准，可在一定期限内减征一定数额的所得税。

四、营业性的宾馆、饭店、招待所和饮食服务企业、都按新的八级超额累进税率缴纳所得税。企业缴纳的所得税，比第一步利改税办法多缴的部分，由同级财政列作预算支出，拨给主管部门用于网点建设、技术改造和重点扶持。

五、军工企业、邮电企业、民航企业、外贸企业、农牧企业和劳改企业，以及少数经批准试行上缴利润递增包干等办法的企业，暂不按本办法缴纳所得税和调节税，但应按有关规定缴纳其他各税。其利润和资金占用费的上缴以及职工福利基金、奖金的列支办法，仍按原规定执行。

本办法自一九八四年十月一日起试行。过去颁布的有关规定与本办法有抵触的，一律以本办法为准。

这次利改税政策从 1983 年一直延续到 1986 年。利改税实际上带有很强的不规范性，国营企业除了按照统一规定的 55% 的比例纳税之外，还要根据各自的盈利状况缴纳比例不同、随意性很大的调节税，而且所得税的税率太高，导致了许多问题。从完善我国税收体制角度来看，两步"利改税"应该是一大进步，但由于外部体制改革不配套和当时历史条件的局限性，利改税未能摆脱旧体制的束缚，存在明显缺陷和不足。两步"利改税"混淆了国家作为国有资产所有者和社会经济管理者双重身份的区别，将作为投资收益的利润与作为社会义务的税收混为一谈。两步利改税本身存在的不足，加上它出台的时机正好是经济过热后的宏观经济整顿和紧缩，在两步"利改税"推行后，出现了全国国营企业实现利润连续 22 个月滑坡的局面。从 1987 年开始，利改税的积极作用尚未发挥就被承包经营责任制改革所取代了，利改税也因此宣告终结。

（二）北京市"利改税"国营企业试点情况

北京市从 1980 年下半年开始，在 10 个国营企业中实行了"独立核算，以税代利，自负盈亏"的试点，通过两年半的实践，表现出了明显的优越性：（1）经济效益明显提高，保证了征、纳双方收入的稳步增长。1979—1981 年平均利润每年递增 16.5%；在两年半实现利润总额中，国家所得占 82.4%，企业所得占 17.4%。（2）以税代利优于利润留成。既能保证国家财政收入稳定，又能使企业承担的风险和责任增加，使企业有了发展生产、提高经济效益的内在动力。（3）促进企业扬长避短，在经济调整中寻求出路。试点企业中有一半因国民经济的调整而处于限产、减产或产品滞销的境地，这些企业通过主动地根据市场的需要改变服务方向，调整生产结构，加强经营管理来摆脱困境。如北京光学仪器厂，喊了多年的产品更新换代，没见什么成效。搞"利改税"不到 3 年，该厂的产品结构就发生了巨变。1982 年，主要产品除老 6 秒经纬仪和光学天平外，全都是新产品，并成为当时国内经纬仪系列产品销量最大的企业。（4）企业财力增加，促进了企业技术改造和职工福利事业的发展。由于企业的折旧基金全部留给了企业，并将占实现利润总额 2% 的新产品试制费，按试点前三年平均值计算的科研、技措贷款，预留给企业，企业可将上述几部分资金统筹安排，捆绑起来使用。

（三）"利改税"对国营企业的双重影响

实行利改税的改革办法，在处理国家与企业之间的分配关系上，较之其他办法有更多的优越性。实行利改税，对于进一步扩大企业自主权，促进企业完善经营管理责任制，逐步克服企业吃国家"大锅饭"的状况，是有积极意义的，可以促进企业增强内在的发展动力。另一方面，实行利改税，对于更好地运用税收这一经济杠杆，鼓励先进，鞭策落后，促进国民经济的发展，保证国家财政收入的稳定增长，以及进一步增强财务管理和财政监督等方面，在当时的情况下，都具有重要的意义。

由于利改税显著地减少了国营企业对利润的分享，国营企业的生产积极性受到了明显影响，从而财政收入也没有出现预期的增长局面。同时，从 80 年代中期开始，中国的乡镇企业和私营企业迅猛发展，外资企业迅速崛起，国营企业遇到了来自于其他所有制企业的越来越激烈的竞争和严峻的挑战。加之经济形势的变化，一些国营企业在 80 年代中后期陷入明显亏损。面对国营企业生产积极性降低、国家财政收入不乐观、一批国营企业陷入亏损的不利局面，国营企业改革新举措的推出将不可避免。国营企业需要更多新改革举措来应对因改革旧问题而出现的新问题。

四、国营企业与政府关系的探索

在贯彻计划经济为主，市场调节为辅的原则，合理解决经济管理中条块结合的同时，还需要正确处理国家和国营企业之间的关系，以增强企业活力，提高企业素质，这也是发展社会生产、提高社会经济效益的基础。

要实现企业经营机制的转换，必须重新规范政府与企业的关系，转变政府职能。政府同国营企业的关系，应如政府与集体企业、"三资"企业、个体企业和私营企业的关系一样，政府通过对市场的调控来实现对企业行为的引导。

政府职能应由直接管理转变为间接管理，应真正将政府经济管理职能与企业职能划分清楚，政府和企业应各司其职、各尽其责。实行政企分开的根本是政资分开，要把现有的国有资产管理部门从政府中分离出来，成立专门的国有资产管理部门，成为企业性的经济组织，负责国有资产的管理、保值和增值，同时政府将不再是国有资产所有者的代表，政府部门要减少和消除对企业的直接干预，政府的职能将主要是制定规划、经济政策，运用各种经济杠杆，引导和监督企业的行为，协调各种关系，承担社会服务，保证整个国民经济的有序运行。企业的职能是搞好生产经营活动，承担经济效果，解脱办社会事务的职能。

对那些必须继续国有国营的少数企业，不必要求也不可能要求政府机构完全不干预企业的经营管理事务，只是政府机构要力求减少对企业不必要的干预，而对其他企业，则完全实现政企分开、政资分开，政府和企业不存在行政隶属关系，政府不能干预这类企业的经营活动。①

社会主义企业是在国家计划指导下相对独立的经济实体，是自主经营、自负盈亏的商品生产者或经营者，有自我改造和自我发展的能力，并实行独立经济核算。长期以来，由于忽视或否认企业特别是国营企业这种相对独立性，实行任务靠上面下达，材料靠上面调拨，产品靠上面分配，盈利往

---

① 陈佳贵主编：《中国国有企业改革 30 年研究》，经济管理出版社 2008 年版。

上面交，亏损由上面补的"统收统支"、吃"大锅饭"的管理办法，形成国家对企业既统得过多，管得过死，又没有严格要求，优劣不分。在这种外无压力，内无动力的情况下，大多数企业的素质相对较差。此前的历次经济体制改革多局限于调整中央和地方的管理权限，很少涉及国家与企业之间的关系。党的十一届三中全会后，从农村实行多种形式的生产责任制，工业实行经济责任制，商业实行经营责任制，到工商企业实行利改税制度，才初步改变了企业在实质上无责、无权、无利的状况，使国家与企业的关系发生了新的变化。

（一）国营经济历史地位的确定

1984 年 10 月 20 日，中共十二届三中全会通过了《中共中央关于经济体制改革的决定》。十二届三中全会指出，国营企业是工业生产、建设和商品流通的主要的直接承担者，是社会生产力发展和经济技术进步的主导力量。我国国营企业，包括工业、建筑业、交通业、商业和服务业的企业，已有 100 多万个，职工共达 8000 多万人。仅城市工业企业提供的税收和利润，就占全国财政收入的百分之八十以上。这些情况表明，国营企业生产和经营的积极性、主动性、创造性能否充分发挥，8000 多万职工的积极性、主动性、创造性能否充分发挥，就是说国营企业是否具有强大的活力，对于我国经济的全局和国家财政经济状况的根本好转，对于党的十二大提出的到 20 世纪末工农业年总产值翻两番的奋斗目标的实现，是一个关键问题。具有中国特色的社会主义，首先应该是企业有充分活力的社会主义。而现行经济体制的种种弊端，恰恰集中表现为企业缺乏应有的活力。所以，增强企业的活力，特别是增强全民所有制的大、中型企业的活力，是以城市为重点的整个经济体制改革的中心环节。[①]

《中共中央关于经济体制改革的决定》（以下简称《决定》）的公布和实施，使国营企业改革进入了一个全面展开的阶段，在社会主义有计划的商品经济的认识背景下，遵循企业所有权与经营权相分离的思路，从企业内部的领导体制、劳动人事制度、工资分配制度以及各项专业管理制度，到企业外

---

① 《中共中央关于经济体制改革的决定》，人民出版社 1984 年版。

部的企业管理体制、计划体制、财政体制、金融体制等宏观经济管理体制，以及价格体系、市场体系、法律体系等宏观经济体系，都吹响了全面系统改革的号角。

根据马克思主义基本原理同中国实际相结合的原则，《决定》明确提出进一步贯彻执行对内搞活经济、对外实行开放的方针，阐明了加快以城市为重点的整个经济体制改革的必要性、紧迫性，规定了改革的方向、性质、任务和各项基本方针政策，开启了社会主义初级阶段经济体制的全面设立。

1. 公有制基础上有计划的商品经济的提出

《决定》在理论上的重大贡献，是突破了把计划经济同商品经济对立起来的传统观点，确立了"社会主义计划经济必须自觉依据和运用价值规律，是在公有制基础上的有计划的商品经济"的理论。强调"商品经济的充分发展，是社会经济发展的不可逾越的阶段，是实现我国经济现代化的必要条件。只有充分发展商品经济，才能把经济真正搞活，促使各个企业提高效率，灵活经营，灵敏地适应复杂多变的社会需求，而这是单纯依靠行政手段和指令性计划所不能做到的"。

有计划的商品经济观点的提出，否定了过去那种认为社会主义经济是公有制基础上的计划经济，在社会主义条件下，应当限制商品经济发展的观点。同时《决定》也指出："即使是社会主义的商品经济，它的广泛发展也会产生某种盲目性，必须有计划的指导、调节和行政的管理，这在社会主义条件下是能够做到的。"《决定》的这些论述，解决了马克思主义的社会主义学说史上一直未能很好解决的重大问题，即发展社会主义商品经济问题，从而为全面改革我国现行经济体制、大力发展有计划的商品经济，提供了理论依据。

2. 增强企业活力是改革的主要目标

《决定》指出改革的基本任务，是建立起具有中国特色的、充满生机的社会主义有计划的商品经济体制。为了实现这个目标，《决定》着重阐明了搞活企业、在横向联系中培育市场和加强宏观调控三大问题。强调社会主义有计划的商品经济是一个统一体，它的运行过程离不开企业——市场——宏观调控这三个主要环节。它以社会主义企业作为经济运行的基础单位，而企业的一切活动都要通过市场来进行，同时国家为了防止商品经济发展的盲目性又要对市场活动进行宏观调控。这就不可避免地要有领导地实现这三者的有机统一，只有这样才能使我国的社会主义商品经济蓬蓬勃勃地发展起来。所以，"增强企业的活力，特别是增强全民所有制的大、中型企业的活力，是以城市为重点的整个经济体制改革的中心环节"。

3. 调整国家与全民所有制企业的关系

《决定》指出："围绕这个中心环节，主要应该解决好两个方面的关系问题，即确立国家和全民所有制企业之间的正确关系，扩大企业自主权；确立职工和企业的正确关系，保证劳动者在企业的主人翁地位。"而要解决好这两方面的关系，"势必牵动整个经济体制的各个方面，需要进行计划体制、价格体系、国家机构管理经济的职能和劳动工资制度等方面的配套改革"。为了增强企业的活力，"在服从国家计划和管理的前提下，企业有权选择灵活多样的经营方式；有权安排自己的产供销活动；有权拥有和支配自留资金；有权依照规定自行任免、聘用和选举本企业的工作人员；有权自行决定用工办法和工资奖励方式；有权在国家允许的范围内确定本企业产品的价格，等等。总之，要使企业真正成为相对独立的经济实体，成为自主经营、自负盈亏的社会主义商品生产者和经营者，具有自我改造和自我发展的能力，成为具有一定权利和义务的法人。"通过这一系列改革措施，也在一定程度上建立了规范化现代企业制度的雏形，同时也开启了简政放权的社会改革。

（二）简政放权、政企分开，搞活国营企业

在扩大企业自主权的同时，各级政府也在逐步摸索简政放权，实现政企分开的改革方案。机械工业部在机械工业管理体制改革方面起步较早，主要做法是：（1）简政放权与企业扩权同步改革，逐步实现政企分开；（2）下放企业，打破界限，发展联合；（3）机械工业面向全行业，改革管理职能，加强行业管理；（4）打破部门界限，统筹规划，使设备制造部门和使用部门紧密结合。机械工业部采取了改革管理体制的一系列具体措施，使机械工业企业的扩权工作开展得比较顺利，取得了巨大的成绩。

1980年初，广东省清远县撤销了各工业局，由县经济委员会直接管理工交企业，并明确规定县经委在人财物、产供销方面享有一定的自主权，县经委再将这些权分别不同情况下放给企业。中共广东省委、省政府充分肯定并推广了清远县的改革经验。到 1982 年底，全省有 40 多个县（市）学习"清远经验"，改革了工业管理体制。江门市还试行由行业协会执行协调企业关系服务的职能，逐步取消产业部门主管局及行政性公司。广东省从 1984 年 7 月起，逐步下放省属工矿企业。到 1987 年，102 个省属工矿企业中，除少数骨干企业外，均已下放给所在市管理。

1981 年，铁道部首先对上海铁路局等 11 个部属企业进行了扩权试点。1982 年 4 月，铁道部对全部所有企业下放计划、财务、物资等 17 条权限。1984 年 6 月，铁道部发出《关于贯彻国务院进一步扩大国营工业企业自主权暂行规定的补充规定》，再次对计划、财务、物资、劳动工资、干部任免等方面放权 36 条。部属企业本着"层层放权、权放一格"的精神，先后下放相应的管理权限。

民用航空部门确定了政企分开、简政放权的民航管理体制改革的基本方针。1984 年 9 月，中国民航局发布了《关于进一步扩大地区管理局自主权的暂行规定》，在生产经营、基本建设、资金运用、人事管理、工资奖励等方面，进一步下放权力。地区管理局也对所属企业相应扩大了自主权。

公路交通部门把直属的交运企业下放到中心城市，并下放相应的权力，扩大企业的经营自主权。福建省交通厅制定了《企业扩权 24 条》，使企业在资金运用、内部机构设置、人员分配和安排、联合经营等方面拥有自主权。

水运部门继天津、大连、上海港实行"双重领导、以市为主"的领导体制后，1986 年交通部进一步扩大了直属企业经营自主权，指令性运输计划已由过去的 17 项缩减为 2 项。①

政企分开是搞活国营大中型企业的一个必要步骤。当时采取政府部门简政放权的办法，虽然取得了一些成效，但由于政府部门的认识还不统一，采取的措施不够得力，因而基本上并未触动政企不分的弊端，企业具有的只是生产经营及收入分配方面的部分权利，而其他应有的经营自主权如投资管理、资产处置等权利依旧掌握在政府部门手中，因而该阶段的政企分开是初步的，也是很不完整的。但毋庸置疑的是，简政放权的一个重大意义是逐步放开了市场。企业在完成国家计划后可面向市场生产并自主销售，使得指令

---

① 朱元珍等：《经济体制改革手册》续一，经济日报出版社 1989 年版，第 700 页。

性计划的范围不断缩小，市场的规模越来越大，企业也在这一过程中逐步具备了市场意识。

（三）财政管理体制改革的两个层面

财政管理体制改革包括两个方面。一方面，为了贯彻落实"调整、改革、整顿、提高"的方针，适应逐步实现四个现代化的需要，从1980年起，国家对省、区、市实行"划分收支、分级包干"的财政管理体制；另一方面，为了改变统收统支的局面，开始改革国家与企业的财政管理体制。

1. 中央与地方财政的管理体制改革

实行"划分收支、分级包干"财政管理体制的基本原则是：在巩固中央统一领导和统一计划，确保中央必不可少的开支的前提下，明确各级财政的权利和责任，做到权责结合，各行其职，各负其责，充分发挥中央和地方两个积极性。

（1）按照经济管理体制规定的隶属关系，明确划分中央和地方财政的收支范围。

（2）地方财政收支的包干基数经确定后，凡是地方收入大于支出的地区，多余部分按一定的比例上缴；支出大于收入的地区，不足部分从工商税中按一定的比例留给地方，作为调剂收入；有些地区，工商税全部留给地方，收入仍然小于支出的，不足部分由中央财政给予定额补助。分成比例或补助数额确定以后，原则五年不变，地方多收可以多支出。

（3）民族自治区仍实行民族自治地方的财政管理体制，保留原来的某些特殊规定。边远地区等经济基础较差地区，为帮助其加快发展，中央财政根据财力的可能设立支援发展资金，实行专案拨款，有重点使用。

2. 国家与企业的财政管理体制改革

在处于财政管理体制基础环节的国家与国营企业利润分配关系改革，从实行企业基金制度、利润留成制度、利改税到多种形式的盈亏包干制度，逐步推进的同时，又先后从四个方面进行了改革。

（1）从1978年开始，国家把企业折旧基金的留用比例，由原来的40%提高到50%。1979年又规定，凡是固定资产原值在100万元以下的工交企业所提折旧，全部留给企业。

（2）1979 年以后，原来由财政拨款的企业定额流动资金，改为主要由银行贷款。1983 年 6 月，企业流动资金改由人民银行统一管理后，又规定企业必须留用的生产发展基金中拿出 10%-30% 补充流动资金。

（3）从 1980 年起，企业的技术改造资金，也开始由财政拨款改为主要由银行贷款。1980 年 6 月国务院在批转国家经委等部门《关于加强工交企业挖潜、革新、改造工作的暂行规定》中，明确规定技术改造资金由银行管理。

（4）从 1978 年起，进行了基本设施投资由财政拨款改为银行贷款的试点。从 1981 年起，对实行独立核算、有还款能力的企业的基本建设投资，全部实行由财政拨款改为银行贷款。

（四）"拨改贷"进一步调整国家与企业的分配关系

为配合"利改税"政策的执行，国家在流动资金供应体制与固定资产投资管理体制上，均进行了配套改革。1979 年 8 月 28 日，国务院批转国家计委、财政部《关于基本建设投资试行贷款办法的报告》及《基本建设贷款试行条例》，试行将基建拨款改为银行贷款，贷款业务由中国人民建设银行办理。这就是有名的"拨改贷"的开始。自此，国家相继颁布了若干"拨改贷"的规定，从基本建设投资到企业流动资金等相关政策，详见表 6–5。

表 6–5 "拨改贷"的相关政策

"拨改贷"相关政策	内容概述
1980 年 11 月国家经委、财政部、建设银行联合通知	决定从 1981 年起，将国家经委、财政部安排的部分挖潜、革新、改造资金由国家拨款改为试行银行贷款
1980 年 11 月国务院批转国家计委等《关于实行基本建设拨款改贷款的报告》	决定从 1981 年起，凡是实行独立核算、有还款能力的企业，进行基本建设所需的投资，除尽量利用自有资金外，一律改为银行贷款。即今后国家建设的项目，国家不再出资，由建设者即以后的经营者自己向银行贷款，贷款的本金和利息都由经营者自己归还
1983 年 6 月 25 日，国务院批转中国人民银行《关于国营企业流动资金改由人民银行统一管理的报告》	决定从当年 7 月 1 日起，除按照原来的体制由财政拨付企业的定额流动资金仍然留作企业的"自有流动资金"之外，需要增加的流动资金，由企业自筹，或者通过向银行贷款解决，国家财政不再向企业增拨流动资金

续表

"拨改贷"相关政策	内容概述
1984 年 12 月 14 日，国家计委、财政部、中国人民建设银行颁发《关于国家预算内基本建设投资全部由拨款改为贷款的暂行规定》	决定自 1985 年 2 月 1 日起，凡是由国家预算安排的基本建设投资，无论企业还是事业单位，全部由基本建设拨款改为银行贷款。至此，所有国营单位的基本建设和更新改造投资全部改为银行贷款

资料来源：根据相关法规条例整理。

以上一系列政策措施的制定及贯彻实施，当时主要是基于两点考虑：一是增强国营企业使用资金的成本意识，改变企业"无偿"使用国有资金，企业吃国家资金"大锅饭"的状态，并以此达到对企业资金需求加以控制的目的。二是减少财政支出，减少国家财政对国营企业的负担。

实行"拨改贷"以后，造就了一大批没有资本金的"国营企业"，其中包括赫赫有名的天津钢管公司、唐山碱厂、淄博化纤总厂、齐齐哈尔亚麻厂等。天津钢管公司是为了兴建天津钢管工程（天津"大无缝"）而组建的，属于国家"八五"计划重点建设项目，因为生不逢时，遇到"拨改贷"，只好全部由银行贷款建设。1995 年工程竣工以后，公司净欠银行贷款 134.64 亿元，企业还没有投产，当年就要还本付息 26.83 亿元，平均日付息 300 多万元。1996 年和 1997 年两年，公司分别要还本付息 18.12 亿元和 19.26 亿元，与企业同期销售收入大致相当，每年仅贷款利息就占到企业销售收入的 27%。鉴于"大无缝"技术装备国际一流，管理费用和销售费用也低于国内同行，产品供不应求等利好因素，在建立现代企业制度试点中，作为百家试点企业，经国务院批准，国家分三次向企业注入了 70 亿元的资本金。然而就是这 70 亿元的天文数字，也没能解决企业问题。国家注入的资金一分也没有用于生产经营，全部用来还账，也只解决了企业的少部分债务，而且因为是分三次注入的，资金效果大打折扣。

"拨改贷"进一步调整了国家与国营企业之间经济利益分配关系，将国营企业所需的生产经营资金由过去的财政无偿拨款改为银行有偿贷款，从而形成了国营企业有偿使用资金制度和负债经营方式。"拨改贷"对国营企业的利益分配体系产生了深远影响。

"拨改贷"的实施，使企业形成了明确的资金成本意识，但在社会资金无法进入国营企业的历史背景下，也促使了大量国营企业后来不得不走上高负债经营之路。如在 1980 年时，国营工业企业的资产负债率仅为 18.7%，1993 年上升到了 67.5%。1996 年全国清产核资时，企业资产负债率平均已达到 71%，其中相当一批企业在扣除资产损失和潜亏挂账后，负债率大于100%。

"拨改贷"一方面理顺了政企财务关系，但另一方面，没有同步建立政府对国营企业注入或补充资本金的制度，而实际上这是国营企业出资人的应尽责任，结果导致一批新建企业完全没有资本金、负债率畸高、生存困难，也为其日后进行债转股埋下伏笔。

五、全面推行承包经营责任制

虽然在国营企业承包经营责任制和股份制方面还存在分歧，但国营企业的改革发展还是在全面体制改革的号角声中踏浪前行，砥砺奋进。特别是在中共十二届三中全会以后，国营企业的改革实践沿着"确立两个正确关系"（即确立国家与全民所有制企业之间的正确关系、确立职工和企业之间的正确关系）的路子推进。

（一）承包经营责任制焕发了国营企业的活力

1. 承包经营责任制的全面推行

经过 1986 年的实践，对承包理论的认识跃上了一个新高度，国营企业中推行承包经营也出现了新的高潮。据 23 个省、自治区、直辖市统计，到1986 年底，预算内工业企业的承包面已达 78%，大中型企业已达 80%。其中北京、河北、吉林、江苏、广东、河南、湖北、四川等省、市均在 85%以上，长期承包的大中型企业占 64%，其推开速度之快、规模之大超出了人们的预料。[①]1986 年 12 月 5 日，国务院发布《关于深化企业改革，增强

---

① 《中国经济年鉴（1989）》，中国经济年鉴社 1989 年版。

企业活力的决定》，进一步对深化企业改革的关键——所有权与经营权的分离，提出了三条具体思路：一是在小型企业和一些亏损微利的中型企业中实行租赁制；二是在大中型企业中推行多种形式的经营责任制；三是在有条件的大中型企业中进行股份制试点。

图6-7　国营企业承包第一人——石家庄造纸厂厂长马胜利（左）

在大面积地推行企业承包制的实践中，呈现出如下特点：

（1）引入人才竞争机制。对不少中小型企业的经营者采用了招标选任的办法，为经营人才脱颖而出开辟了新渠道，为经营人才平等竞争开辟了新天地。人才竞争机制的引进，从企业经营者到广大职工队伍实行干部选聘制、工人组合制，有力地推动了企业人事劳动制度的改革。如青岛市有74户企业、5700名职工实行了劳动组合制，促进了企业内部劳动力的合理流动。这方面改革的深化，从企业内部因素来看，对于增强企业活力具有决定性的意义。竞争招标的办法，也改变了"一对一"的谈判格局，有利于承包基数确定的合理化。

招标竞争出能人

袁　胜

邯郸地区的企业承包，成果之丰引人瞩目。其成功的秘诀就是两个字：招标。这两个字并不简单，对以往厂长、经理的任用制度来说，它是一场意义重大的革命。邯郸地区正是通过招标，把竞争引入人才的遴选之中。厂长、经理究竟由谁来当？不是上级指派，也不是逐级往上提。可以说是由上级和群众一起来选举吧！然而选举者投这一票，不是走过场，也不是凭印象。被选举的人，也就是投标者，必须拿出自己治厂、治店的方案来，必须显示出自己超过他人的才华来。就像俗话说的，"是骡子是马拉出来遛遛"，让人们在"遛"中识别"千里马"。

邯郸的招标选贤，是没有框框的。中标者中，有年长的行家，也有20岁刚出头的年轻人；有大学毕业生，也有农民；有本厂、本店的职工，也有外地的专业人员。不任人唯亲，不论资排辈，连年经营亏损的人让位，敢于改革、善于经营、回天有术的人上台。这就实现了古今称道的一句话：不拘一格选人才。

在邯郸的招标承包中，原班子中标的不算少，可他们中标前后的表现、优劣大不一样。这又是什么道理？答案是环境改变了。招标前，体制束缚着他，才华难施展；铁交椅养懒了他，脑筋懒得动。现在，束缚解除，重担压肩，干得好，名利双收，干不好，丢饭碗，失交椅，就地消化。招标承包既给他们提供了施展才能的舞台，也鞭策着他们奋蹄、展翅。

（《人民日报》1988 年 1 月 2 日）

（2）引入风险共担和收益共享机制。有些企业在这方面进行了探索，实行了全员抵押承包。如抚顺石油化工厂等企业，从经营者到生产者，全厂职工根据承担责任的大小，分别以工资、奖金及交纳不同数额的抵押金充作风险基金。在完不成承包合同规定的上缴财政任务时，除相应扣减企业的留利外，还要按合同规定，相应扣减全体职工的部分工资、奖金及其抵押金。由于企业与全体职工部分承担了风险，同时根据奖惩大体对应的原则，在企业超收时，职工得以按合同规定进行分红，因而加大了企业以及包括经营者在内的全体职工的压力与动力。

（3）"两保一挂"的承包模式。由北京市第一机床厂等 8 家重点企业带头实行的"两保一挂"的承包内容具有重大意义。实行"两保"，既保上缴国家利润，又保完成重点技术改造任务，有利于企业增长后劲。实行"一挂"，工资总额与企业实现的经济效益挂钩，有利于在消费基金宏观受控的前提下，推进企业内部分配制度，进一步调动职工积极性。"两保"的承包内容在全国一部分重点企业中采用。实行"一挂"办法企业的面就要更广一些。实行"两保一挂"，一般都促进了企业重点技术改造任务的完成，并带来了增强企业活力的效果。

（4）引进联合机制，出现了企业承包企业这一新生事物。如河北省石家庄造纸厂跨省市承包了 28 个造纸厂，成都市已有 9 户企业承包了 10 户企业。企业承包企业，既具有承包制的特性，利于实行两权分离的原则，扩大企业经营自主权，转变企业经营机制，提高企业经济效益；而且它能突破"三不变"原则中"隶属关系不变"这条原则，在承包期内，承包企业得以领导被承包企业，得以集中被承包企业的经营权，形成实质上的紧密联合。

（5）在一些地区已萌生了企业承包租赁市场。如阜新市组建了企业承包租赁市场，为有关客户提供承包信息，网罗与推荐承包经营者，进行承包法律、政策咨询服务等，对促进承包租赁的发展起到了积极作用。

据国家统计局统计，截至 1987 年底，全国大中型国营工业企业中，实行多种形式的承包经营责任制的企业占 82%；小型国营工业企业中，由集体或个人经营、租赁或承包的企业占 46%；大中型国营商业企业有 60% 以上实行了承包经营责任制。[①] 而且，承包制全面推行后果然不负众望。仅仅两个月，就一举扭转了全国工业企业实现利润连续 22 个月下滑的局面，当年即增加财政收入 60 多亿元。到 1988 年底，即全面推行承包经营责任制后 20 个月，全国预算内工业企业增创利税 369 亿元，相当于 1981 年到 1986 年 6 年间企业所创利税的总和。当初亿万农民屡试不爽的"一包就灵"的灵丹妙药，在千千万万个城市企业中又一次得到应验。这是国营企业的第二轮承包高潮。

（二）国营企业承包经营责任制的规范发展

1988 年 2 月 27 日，国务院发布《全民所有制工业企业承包经营责任制暂行条例》（以下简称《暂行条例》），规范企业承包经营责任制。《暂行条例》指出，承包经营责任制，是在坚持企业的社会主义全民所有制的基础上，按

---

① 《中国统计年鉴（1987）》，中国统计出版社 1987 年版。

照所有权与经营权分离的原则，以承包经营合同形式，确定国家与企业的责权利关系，使企业做到自主经营、自负盈亏的经营管理制度。实行承包经营责任制，必须兼顾国家、企业、经营者和生产者利益，调动企业经营者和生产者积极性，挖掘企业内部潜力，确保上缴国家利润，增强企业自我发展能力，逐步改善职工生活；应当按照责权利相结合的原则，切实落实企业的经营管理自主权，保护企业的合法权益；应按照"包死基数、确保上缴、超收多留、欠收自补"的原则，确定国家与企业的分配关系；合同双方必须遵守国家法律、法规和政策，接受人民政府有关部门的监督。

承包经营责任制的主要内容是：包上缴国家利润，包完成技术改造任务，实行工资总额与经济效益挂钩。在上述主要内容的基础上，不同企业可以根据实际情况确定其他承包内容。承包上缴国家利润的形式有：上缴利润递增包干；上缴利润基数包干，超收分成；微利企业上缴利润定额包干；亏损企业减亏（或补贴）包干，以及国家批准的其他形式。

（三）国营企业承包经营责任制的进一步完善

1991 年，各地区、各部门按照中共十三届七中全会和中央工作会议关于"八五"期间进一步完善和发展承包制的精神，统一思想认识，对工作中遇到的困难和问题，及时研究解决，积极主动地为完善企业承包制提供服务。根据中央工作会议确定的搞好国营大中型企业的 20 条措施，改进承包形式，完善承包合同内容。1991 年应转入新一轮承包的预算内工业企业共计 3.2 万个，其中 90% 以上的企业签订了新一轮承包合同。第二轮承包与第一轮承包相比，有了许多新的发展：形成了包括效益、发展后劲和企业管理三大指标体系在内的综合承包指标体系；承包基数确定方式多样化，采用了"基数分档达标""因素修正法""基数分档，企业自选""差额利润法"等确定承包基数的新方法；提高了企业的风险意识，风险抵押承包比例明显上升；承包主体由过去的厂长（经理）个人承包转为企业领导班子集体承包和全员承包的企业范围有所扩大。此外，不少地区把国有资产保值、增值纳入承包范围，有些省、市把利润承包逐步转为资产经营承包。

1992 年，各地通过规范发、承包方主体及行为，健全承包指标体系和指标测定办法，加强对企业的正常监督和管理，改进工效挂钩办法等措施，使原有的利润承包方式得到进一步完善。在继续完善利润承包的同时，注重企业转换经营机制和保障国有资产保值、增值，一些地方和企业积极探索，创造了多种新的承包方式。许多省市选择部分企业进行了投入产出总承包；吉林省在部分地市的一些企业试行了全员资产承包；深圳市在深圳石化集团等企业试行了剩余收益分配制；江苏省在承包企业中推行了"共保合同制"。这些完善和发展承包经营责任制的改革措施，在进一步发挥原有承包方式激励作用的同时，在克服承包经营企业存在的负盈不负亏、分配过分向个人倾斜、有的企业以包代管、发展后劲不足、国有资产流失等问题方面，收到了积极效果。

（四）推行承包经营责任制的主要成就

在国营工业企业全面推行承包制的过程中，涌现出一大批先进企业，通过承包增强了活力，企业的实力也大为增强，不仅企业留利和职工的分配所得大为增加，还给国家上缴了大量的利税。

作为首批 8 家扩大经营管理自主权的改革试点之一，首钢在国务院和北京市政府的支持下，改变了之前实行的国家与企业之间分成的办法，实行承包制，即全年上缴利润 2.7 亿元定额包干，超过部分利润全部留给企业，并按照生产发展基金为 60%，集体福利基金为 20%，个人消费基金为 20% 的比例分配使用。

但首钢当时以党委书记周冠五为首的领导班子感到，这种形式对他们这样有机构成高、管理基础强、生产潜力大的企业来说，激励作用还不够，还不能保证国家收入的持续稳定增长，他们建议改为"上缴利润逐年递增包干"的办法，让这种机制发挥更大的作用。

1982 年，经国务院批准，首钢开始实行"上缴利润递增包干"办法，即以 1981 年上缴利润 2.7 亿元为基数，每年上缴利润递增 6%，"包死基数，确保上缴，超包全留，欠收自补，国家不再给首钢投资"。1983 年，首钢又主动把递增率提高到 7.2%。这个办法，一直实行到 20 世纪 90 年代初。

承包制不仅有利于国营企业经济效益和管理水平的提高，同时还保证了国家财政收入的增长，1988 年比 1986 年增创税利 369 亿元。1988 年，在原材料涨价、电力加价、副食品补贴增加、银行贷款利息提高等减收增支因素存在的条件下，预算内工业企业实现利税 1558 亿元，比上年增长 17.4%，其中大中型工业企业实行承包制的有 9024 个，实现利润和税金比上年增长 20.8%；定额流动资金周转天数由上年的 104 天缩短到 97 天，全员劳动生产率比上年提高 9.3%。

改革是为了进一步解放生产力——首钢实行承包制的体会

周冠五

党的十一届三中全会以来，首钢作为体制改革试点单位，不断探索具有中国特色的办好社会主义企业的新路子，开拓出一个公有制优越性得到发挥、职工主人翁积极性持续高涨、经济效益大幅度增长的新局面。

从 1979 年到 1986 年，首钢实现利润已连续八年平均每年递增 20%。改革前的 1978 年，实现利润为 2.99 亿元（包括原北京市冶金局并入的厂矿），1986 年达到 11.21 亿元，八年内增长了 2.75 倍。八年来，在累计净增利润中，靠增加产量增加的利润占 39.8%，靠调整产品结构、发展深加工增加的利润占 44.1%，靠降低产品成本增加的利润占 15.7%。

首钢的经济效益是硬碰硬的。自销钢材一直执行国家规定的价格，1985 年价格放开后也没卖议价。1986 年初，由于用户拖欠贷款，资金紧张，曾按市场价出售钢材 4.5 万吨，多盈利 3662 万元，未计入利润，也未提取福利、奖励基金，全部用于技术改造。从 1979 年到 1986 年，由于国家调整钢铁产品价格带来的增利因素为 27172 万元，而由于原燃料、主要材料、运输等涨价带来的减利因素为 32289 万元，减利因素超过增利因素 5117 万元。

首钢经济效益持续大幅度增长，根本原因在于承包制使企业职工当家作主的积极性持续高涨。

首钢改革的基本思路，不是改变企业全民所有制的性质，而是探索在大企业里如何真正实现全民所有制，把它的优越性充分发挥出来。首钢的改革可以概括为企业对全民承包下职工当家作主。基本点有以下十条：

一、职工以生产资料主人的身份，承包对全民应尽的责任和义务；

二、用挂钩的办法正确处理三者利益关系；

三、靠承包制实现公有制与商品经济的统一；

四、企业生产的发展、职工生活的改善，一切都靠自己创；

五、积极发展横向经济联合；

六、实行对外开放；

七、改革干部制度和管理机构；

八、建立包保核到人的经济责任制体系；

九、职工自己管理企业；

十、建设一支"四有"的、能打硬仗的职工队伍。

在这里，限于篇幅，我主要讲以下几点：

1. 承包制是企业职工对国家、对全民承包了全面的经济责任。目前，首钢实行的承包制采取了上缴利润递增包干的办法，递增率为7.2%，并规定国家不再向企业拨款、投资。企业在完成上缴递增任务后，多创多少都由企业支配，用于企业的改造发展、环境治理和职工物质文化生活的改善。这样，首钢职工承包的绝不只是上缴利润，而是把对全民、对国家承担的经济责任全面承包了下来。

2. "包"比"分"好。现在，国家与企业之间的分配关系不外两种方法，一是"包"：上缴利润定额包干、递增包干、减亏包干等等，都属于"包"，其特点是企业上缴或减亏任务都是一个固定的额；二是"分"：利润分成、利改税等都属于"分"，其特点是企业上缴的利、税都按比例分成，而不是一个固定的额。从首钢的实践来看，还是"包"比"分"好。

3. 国家富强必须"藏富于企业"。在社会化大生产的条件下，企业是社会生产的基本单位，"藏富于企业"就是藏富于生产方。

4. 承包制使首钢开始成为社会主义商品生产者。首钢的钢铁产品原来属于统配物资，自己无权销售。1981年经济调整，本来由国家统购包销的钢铁产品，国家不包了。首钢有些指令性计划内产品分配不出去，一座高炉一度停产。钢铁产品预计要减产38万吨，有人说钢铁产品是"皇帝女儿不愁嫁"，这时却"嫁"不出去了。就在这种情况下，首钢实行了承包制，国家不包销的产品，必须要企业从市场上找出路。否则，就完不成承包任务。于是，首钢组织十路大军，分赴全国各地推销产品，订货猛增。首钢就这样通过承包制，开始成为商品生产者。

5. 承包制使企业走上了良性循环。1981 年首钢开始承包时，人均留利只有 783 元，到了 1986 年，人均净留利增加到 4900 元，相当于 1978 年的 6.25 倍。1981 年首钢实现利润 4.45 亿元，留用利润只有 5012 万元，1986 年首钢实现利润提高到 11.21 亿元，留用利润增加到 4.55 亿元。

（摘自《经济管理》1987 年第 4 期）

总的来说，推行承包制主要取得了以下几个方面的成效：

首先，增加了财政收入。吉林、广东、江西、山东、陕西、广西等省区 1987 年的财政收入都比上年增长了 16% 以上，河北省财政收入增长了 12%，其中张家口预算内工业企业增长 1.3 倍。北京市企业承包后，1987 年在消化 9 亿元减利增支因素后，财政收入完成 63.6 亿元，比上年实际收入增长了 5.4%。其次，促进了技术进步。河北省对 36 户实现利税在 1000 万元以上的大中型企业统计，1987 年留利增长了 41%，其中用于生产发展基金占 70%。广州市预算内工业企业 1987 年技术改造竣工 170 项，新增固定资产 8.5 亿元，相当于上年固定资产净值的 1/4。第三，企业的经营机制发生了变化。最突出的是：加快了厂长负责制的落实；把竞争机制引入企业，使企业人事制度发生变化；强化了企业内部目标管理体系和经济责任制网络体系；改革了内部分配制度；一定程度上实现了企业的自负盈亏。第四，促进了产业和企业结构的优化组合。一些管理水平高、技术力量强、经济效益好的企业承包微利或亏损企业。有的突破了地区、行业所有制的界限，如吉林化学工业公司承包吉林市 13 户中小企业，救活了一批亏损或微利企业。第五，涌现了一大批坚持改革、勇于创新的典型。

（五）承包制的局限性催生了股份制的产生

推行承包经营责任过程中也存在着一些问题，需要逐步加以解决。这些问题主要是：首先，不少企业承包基数定得不够合理，基数偏低，有的上缴利润递增率低，或者超基数利润上缴国家少，企业留得过多。其次，有不少企业，特别是承包期比较短、经营素质较差的中小企业，存在不重视企业发展后劲的短期行为。第三，有些企业对消费基金的增长控制不严，增长过快，在留利中奖金和福利基金的比例过大，挤占了生产发展基金。第四，少数企业，主要是一些小型企业的经营者收入偏高，不符合《暂行条例》的规定，影响了经营者和职工的关系，挫伤了职工的积极性。第五，有些企业存在"以包代管"现象，忽视了内部管理工作。

1988 年 2 月发布实施《暂行条例》后，各主管部门及各级政府，依据《暂行条例》的各项规定，采取了一系列措施，坚持和完善承包制。但是，由于承包制没有涉及企业改革中的一系列深层次的问题，特别是没有触动企业的产权问题，分析其原因，主要是在传统的国营企业制度下，通过承包经营责任制很难根本性改变企业经营机制。

承包制不能使国企成为自负盈亏的法人实体。推行承包制的主观意愿是通过所有权和经营权的分离，使企业成为法人实体。但客观结果只确定了企业享有经营权的目标，并不能做到两权分离。因为承包制没有涉及国企作为法人应有的法人财产权，企业所有权全部属于国家，国企只能当"经营者"。企业没有自己的财产就无法自负盈亏，所以国企在相当程度上仍隶属于政府部门，没有跳出传统的政企关系，做不到政企分开，就不可能成为自主经营、自负盈亏、自我发展、自我约束的经济实体，也不可能成为在法律上独立承担民事责任的企业法人。实现企业经营机制转变的关键是要实现所有权与经营权的分离，因为在全民所有制内部存在一个矛盾，即全民所有制的生产资料的全民所有或全社会所有，与实际的生产只能分散在单个企业中进行的矛盾。解决这一矛盾的唯一办法就是，把国家所有采取一定的形式交给企业使用，实行财产所有权和使用权分开，而且首先要将财产所有权分离为法律上的所有权和经济上的所有权，而实现这种分离的最好形式就是实行股份制。

六、转换国营企业经营机制

承包经营责任制在试行之初产生了立竿见影的效果，但随之也出现了负盈不负亏、技术改造资金得不到保证、以包代管等问题。加上 1988 年价格改革闯关，国家的宏观调控使市场迅速降温，企业外部经营环境发生变化，国营企业再度陷入困境，企业经营效益直线下降。1989—1992 年是我国国民经济发展和经济体制改革一个比较特殊的时期，经济增长和改革步伐有所减缓，调整和稳定是政治经济社会生活的主流。国营企业改革主要是围绕转换企业经营机制和完善企业承包责任制展开。与此同时，开展股份制试点和企业集团试点工作，为国营企业进一步改革和建立现代企业制度进行了有益探索。这一时期形成的基本特点是：经济体制改革的中心环节是国营企业改革，国营企业改革的关键是转换企业经营机制。

（一）转换国营企业经营机制的背景

1988 年中共十三届三中全会提出了"治理经济环境、整顿经济秩序、全面深化改革"的指导方针和政策措施。1989 年 11 月 9 日中共十三届五中全会针对在"治理整顿、深化改革"过程中，国民经济虽然获得了适度的增长，但是我国经济周期处于不利阶段，导致市场普遍疲软，国营企业缺乏活力的问题，通过了《中共中央关于进一步治理整顿和深化改革的决定》，进一步确立了"治理整顿、深化改革"的方针。十三届五中全会认为，继续坚定不移地执行治理整顿和深化改革的方针，是克服当前经济困难，实现国民经济持续、稳定、协调发展的根本途径。全会决定：包括 1989 年在内，用 3 年或者更长一点的时间，基本完成治理整顿任务，即努力缓解社会总需求超过总供给的矛盾，逐步抑制通货膨胀，使国民经济基本走上持续稳定协调发展的轨道，为 20 世纪末实现国民生产总值翻两番的战略目标打下良好的基础。①

---

① 《中共中央关于进一步治理整顿和深化改革的决定》，人民出版社 1989 年版。

1. 外部宏观环境的变化要求国营企业转换经营机制

国营企业活力缺乏制度上的保障，一些企业陷入了困境，这之中除了承包制存在的诸如经营者的短期行为，负盈不负亏等问题外，这些年企业经营环境的急剧变化，也使企业生存和发展遇到困难。从 1986 年普遍推行承包经营责任制的前一年，到 1990 年 90% 左右的企业第一轮承包结束，企业的经营环境发生了巨大变化。

（1）物价水平大幅度上升。1986—1990 年，社会商品零售价格指数上升了 71.9 个百分点；城市居民消费价格指数上升了 78.4 个百分点。"七五"期间全国预算内国营工业企业因原材料、燃料动力价格上涨多支出 3051.16 亿元，占同期成本上升总额的 80%。

（2）企业资金从拨款改为贷款和企业之间相互拖欠形成的"三角债"给企业带来了沉重的利息负担。从 1988 年开始，企业流动资金贷款利率两次上调，利率水平提高了 43.8%。根据中国工业经济协会的典型调查，1989 年企业利息支出比 1984 年增加了近两倍；到 1990 年，预算内国营工业企业的利息支出，已相当于企业实现利税总额的 20% 以上，相当于利润总额的一倍以上。

（3）企业税、费大幅度增加。中国工经协会对全国 14 个省、区、市的 193 户国营工业企业典型调查，国家对工业企业征收的税费，1978 年只有工商税和所得税两种，到 1989 年仅税种就增加了 20 种，包括能源、交通建设基金、预算调节基金在内的各种费则多达 60 种。全国预算内国营工业企业实现税金与实现利润之比，1980 年为 34∶66，1990 年为 81∶19，这一年的企业人均实际留利只有 350 元。

（4）国家在各种税费之外又通过向企业派购国库券和各种债券，进一步将企业的留利抽走。同时，国家出台的各项物价补贴、副食品补贴政策，都要求从企业成本中或税后利润中支出。据长春第一汽车制造厂测算，企业每留利 100 元，上缴各项税、费，购买国库券和各种债券后，真正可用于生产发展的只剩下 22.8 元。[1]

---

[1]　章迪诚：《中国国有企业改革编年史（1978—2005）》，中国工人出版社 2006 年版，第 275—278 页。

2. 改变国营企业的困难处境需要转换经营机制

在"包死基数，一定几年不变"的大前提下，企业的经营环境变了，承包指标不做改变，企业为了完成承包指标，自然只能选择虚盈实亏的短期行为。由于承包制存在无法克服的制度性缺陷，使承包制始终无法完善。经营环境的急剧变化，使企业的日子越来越艰难；急功近利的短期行为，使企业越来越缺乏后劲，迫切需要进行经营机制的转换。

1991 年，国务院研究室工交组对全国 31 个省（自治区、直辖市）及计划单列市的国营大中型企业进行全面调查，结论是：有活力的企业仅占 20%；有潜力可以搞活的企业约占 50%；不活的企业占 30%。国营大中型企业面临重重困难，主要表现在：第一，资金占用增加，经营循环不畅。全国预算内国营工业企业 1988 年末产成品资金占用 489.3 亿元，到 1990 年末增加到 1140.3 亿元，产成品资金占企业定额流动资金的比例由 16.89% 上升到 32.3%。从生产资料到一般日用消费品普遍积压，量大面广。第二，经济效益大幅度下降，亏损增加。全国预算内国营工业企业，"七五"计划前三年亏损企业平均亏损额 56.4 亿元，亏损面 12.3%；1989 年亏损额 128 亿元，亏损面 15.9%；1990 年亏损额 286 亿元，亏损面已达到 31%。第三，企业留利水平下降，缺乏发展后劲。1990 年，全国预算内国营工业企业留利比上年下降 40.9%，企业实际留利仅占实现利税的 8.9%，已经退到了 1980 年以前的水平。当年国营工业企业人均留利不足 400 元，一些地方和相当一批企业的人均留利已低于 100 元。按当年企业实现利润的水平，把全部利润用于归还企业贷款，也要 18 年才能还清。第四，企业设备陈旧，无力改造。1989 年全国国营大中型工业企业固定资产净值率只有 68%，全部设备中技术水平能够达到国际 70 年代末、80 年代初水平的仅占 12.9%，属于国内先进水平的，也只占 21.8%。第五，企业包袱重，各种摊派多。1990 年，全国国营工业企业平均每 6 名职工负担 1 名离退休职工，有的企业甚至达到 1:1 的比例。据辽宁省对 519 户大中型工业企业统计，1989 年支付的技校和子弟学校经费、提取的退休统筹金等相当于当年企业实现利润的一半。

严峻的形势，迫使人们反思：国营企业改革的出路在哪里？1991 年 5 月—1992 年 3 月，《人民日报》连续 3 次发表文章，认为国营大中型企业不活，根本原因在于企业经营机制没有转换。要从根本上搞活国营大中型企业，必须转换企业经营机制，并指出这是"我国经济体制改革取得成功的关键，是国民经济运行步入良性循环的希望所在"。

转换经营机制是搞活国营大中型企业的关键（节选）

吕　东

党的十三届七中全会和七届人大四次会议提出，继续增强企业特别是国营大中型企业的活力，是深化经济体制改革的中心环节。我的体会，这是抓好当前经济工作所要解决的突出矛盾和关键问题。今年以来，为贯彻落实七中全会的精神，国务院连续召开了全国企业工作会议和经济体制改革工作会议，为搞活国营大中型企业采取了一系列政策措施。我们要十分重视并集中精力来抓这个问题，力争在较短时间内使这些企业的活力明显增强。

应当看到，经过 12 年改革开放，束缚生产力发展的体制格局已有突破，国营大中型企业发生了深刻变化，生产经营自主权有所扩大，自我改造、自我发展能力有所增强；但从总体上说，企业的活力问题还不能说已经得到根本解决，国营企业当前的处境仍然艰难。主要表现在：生产持续低速增长，在全部工业总产值中全民所有制工业所占比重下降过多，已由 1980 年的 76%、1985 年的 64.9% 下降为 1990 年的 54.5%；实现利润大幅度下降，预算内国营工业 1990 年实现利税下降 18.5%，其中利润总额下降 58%，企业亏损面高达 31%；多数企业技术落后，发展后劲严重不足，这在老工业基地、传统产业中尤为突出。国营工业特别是大中型企业目前的状况，同它们在国民经济中所处的地位很不相称。从根本上改变这种状况，增强国营大中型企业的活力，确实是关系到我国经济发展和社会主义制度巩固的大问题。要解决这个问题，必须把加强宏观调控与增强微观活力结合起来，转变企业经营机制，使它们真正成为富有活力的社会主义商品生产者和经营者。

一、转换国营大中型企业的经营机制，实质是根据我国经济发展和经济体制改革的战略目标，建立和发展充满生机与活力的社会主义经济基础。应当说，国营大中型企业规章制度比较健全，思想政治工作比较有基础，经营作风也比较端正，能够担负起繁重的政治、经济、社会责任。但也不能不看到，同其他经济类型企业相比较，经营机制仍然存在着明显的缺陷。

（一）在自主经营方面。国营企业的基本职能是根据国内国际市场需求变化，从事商品生产和经营，为国家创造日益增多的财富。要实现这一职能，企业必须是生产经营的主体，拥有与此相适应的各项权利。

（二）在自负盈亏方面。国营企业要像乡镇企业和"三资"企业一样独立承担经营风险，是名副其实的盈亏自负的经济实体。企业发生亏损，就会主动地寻找出路，不会长期亏损下去。

（三）在自我发展方面。企业作为独立的商品生产者和经营者，应当主要依靠自己的力量，使企业生产在不断扩大的基础上循环往复地正常运行。

（四）在自我约束方面。激励与约束，权利与义务，是相互依存的关系。企业自身缺乏适应宏观发展和市场变化的自我调节、控制、约束的功能，也就不能成为真正意义上的企业。

国营大中型企业在经营机制上的缺陷，是由多方面原因造成的，有企业自身的问题，有宏观政策导向问题，有改革措施互相不能衔接配套问题，等等。所有这些，都是转换企业经营机制所要着力解决的问题。

二、实现国营企业经营机制的转换，就是《中共中央关于经济体制改革的决定》中指出的，要使企业真正成为相对独立的经济实体，成为自主经营、自负盈亏的社会主义商品生产者和经营者，具有自我改造和自我发展的能力，成为具有一定权利和义务的法人。企业有了这种机制，就不是被动地依靠外力推一推动一动，而是"不用扬鞭自奋蹄"，自动萌生旺盛的生机与活力。这种机制的形成，是宏观政策和企业自身经营管理制度相互作用的结果。改革开放以来，经过探索和实践，我们积累了正反两方面的丰富经验，同时也借鉴了国外的某些经验。对此，应该加以总结，从中找出规律性的东西，以指导今后的实践。

怎样搞活国营大中型企业？据我们近两三年的调查研究，感到需要解决好下面几个问题：

（一）要把转换国营企业经营机制提高到我国工业发展战略的高度来认识。

（二）实现国营企业经营机制的转换有赖于正确的政策导向。

（三）国营企业经营机制的转换关键在于深化改革。

（四）国营企业经营机制的转换要靠企业自身技术进步与管理进步的同步发展。

（五）国营企业经营机制的转换要同提高经营者的素质、加强职工队伍的建设结合起来。

（六）国营企业经营机制的转换需要一个适当和确定的经营形式。

此外，还要进行股份制和税利分流的试点，以及利用外资改造现有企业等等，探索多种搞活企业的途径。

转换企业经营机制，搞活国营大中型企业是个复杂的系统工程，应当有计划有步骤地调整政策，采取措施，促其实现。当前，要特别强调为搞活企业做几件实事。今年国家和地方已经决定出台的政策措施，应当尽快落实到位。要认真清理有关企业工作的政策法规，凡是同《企业法》的规定相违背的，应当加以修改或废止。在保持总量平衡的条件下，根据国家、企业和人民群众的承受能力，积极而稳妥地推进价格改革。选择一部分有条件的企业进行放开经营的试点，给这些企业创造一个相对稳定的"小环境"，使它们在保证完成国家任务的前提下，拥有充分的经营管理自主权。积极发展企业集团，调整企业组织结构，要变"三不变"为"三突破"，解决集团紧密层的资产经营一体化问题，并积极探索适合我国情况的集团内部管理体制。所有企业都应切实按照国务院的要求，积极开展"质量、品种、效益年"的活动。这也是搞活国营大中型企业的重要内容。通过这一活动，要使企业的质量、品种、效益取得明显进步，促进我国工业生产从粗放经营向集约经营，从速度型向质量效益型、科技先导型、资源节约型的战略性转变。

（《人民日报》1991 年 5 月 5 日）

（二）国营企业转换经营机制实践

1.国营企业转换经营机制的政策法规

这一时期围绕着国营企业改革，国家出台了一系列政策法规指导国营企业转换经营机制，这些法规主要集中在以下几个方面：

（1）转换企业经营机制

1990年12月中共十三届七中全会提出并经1991年4月七届全国人大四次会议通过的《国民经济和社会发展十年规划和第八个五年计划纲要》提出了国营企业转换经营机制的要求："实行政企职责分开、所有权与经营权适当分离，逐步使绝大多数国营企业真正成为自主经营、自负盈亏、自我约束、自我发展的社会主义商品生产者和经营者，探索公有制经济多种有效的实现形式，建立富有活力的国营企业管理体制和运行机制。"1991年中央工作会议提出改善外部条件的12条措施和加强企业内部管理的8条规定，这些措施和规定为国营企业转换企业经营机制发挥了一定的推动作用。这次中央工作会议指出：增强国营大中型企业活力，除改善外部条件外，从企业来说，更重要的是通过进一步深化改革，转换经营机制。

图6-8　1991年邯钢管理经验形成并逐步推向全国

1992年7月23日，国务院发布《全民所有制工业企业转换经营机制条例》（以下简称《条例》）。《条例》根据《企业法》的基本原则，对全面落实企业经营自主权，加快经营机制转换，把企业推向市场作出了明确规定。第一，明确了企业转换经营机制的目标。企业应当适应市场的要求，成为依法自主经营、自负盈亏、自我发展、自我约束的商品生产和经营单位，成为独立享有民事权利和承担民事义务的企业法人。第二，明确了企业的14项经营自主权。包括：生产经营决策权，产品、劳务定价权，产品销售权，物资采购权，进出口权，投资决策权，留用资金支配权，资产处置权，联营、兼并权，劳动用工权，人事管理权，工资、奖金分配权，内部机构设置权，拒绝摊派权等，并对每项权利的具体内容作出了明确规定。第三，明确了企业自负盈亏的责任。《条例》从明确自负盈亏的主体，企业、厂长、职工的责任，企业亏损的处理，建立企业分配监督机制等几个方面作出了相应的规定。第四，明确了企业进行产品结构和组织结构调整的规定。把企业结构调整明确为转产、停产整顿、合并、分立、解散、依法破产等内容，对各种结构调整的形式及有关权、责、利的处理做了相应规定，并以法规形式给予了相应的扶持和政策鼓励。此外，《条例》还对行使企业所有权的职责、政府职能转交等提出了要求，作出了原则规定。

（2）关于"破三铁"

这一期间，为促进企业转换经营机制，国营企业内部也进行了相应的改革，主要集中在企业劳动、人事、工资分配三项制度的改革。

在计划经济体制下，劳动、人事和工资分配制度方面事实上形成了职工就业终身制、干部任职终身制和平均主义的分配制度，形象地说是"铁饭碗""铁交椅"和"铁工资"。企业内部的改革，就是要从根本上打破"铁饭碗""铁交椅"和"铁工资"（"破三铁"）。这些内容在《全民所有制工业企业法》和《全民所有制工业企业转换经营机制条例》等文件中都有所体现。

在各地企业内部改革试点的基础上，1992 年 1 月 25 日，劳动部、国务院生产办、国家体改委、人事部、全国总工会联合发出《关于深化企业劳动人事、工资分配、社会保险制度改革的意见》指出：深化企业劳动人事、工资分配和社会保险制度改革，在企业内部真正形成"干部能上能下、职工能进能出、工资能升能降"的机制，成为当前转换企业经营机制的重要任务。国务院批转的《国家体改委关于一九九二年经济体制改革要点》也指出，转换企业经营机制，当前最重要的是打破两个"大锅饭"，逐步建立自负盈亏的机制和能高能低的内部分配制度；打破"铁饭碗"，建立能进能出的劳动用工制度；打破"铁交椅"，建立能上能下的干部管理制度；建立企业内部分配和建设投资的约束机制，不断完善激励机制和监督机制。由此，全国掀起了轰轰烈烈的"破三铁"活动。

2. 国营企业转换经营机制的实践

（1）国营企业转换经营机制的试点

随着企业改革的深入，转换企业经营机制成为国营企业改革和搞活的重点，特别是 1991 年 9 月中央工作会议召开之后，转换企业经营机制试点工作逐步展开。1991 年底，据对北京、上海、天津、辽宁、四川、山东、吉林、福建、内蒙古、甘肃、湖南 11 个省、自治区、直辖市和广州、武汉、成都、重庆 4 个计划单列市的初步统计，确定转换企业经营机制的试点企业共 766 个。1992 年《全民所有制工业企业转换经营机制条例》颁布后，转换企业经营机制试点范围进一步扩大，试点内容从企业内部改革、企业经营方式改革逐步向企业组织制度和管理体制的配套改革深化，试点形式也呈多样化趋势并不断完善，至 1992 年中共十四大召开之前，全国进行各种形式的转换企业经营机制改革的企业达到 8000 家左右。[①]

这一期间，转换企业经营机制最突出地表现在企业劳动、人事、工资分配三项制度改革的推进上。各地以企业劳动、人事、工资分配三项制度改革为突破口，把竞争机制引入企业，努力在企业建立"干部能上能下，人员能进能出，工资能高能低"的机制和相应的制度。据统计，1991 年全国进行劳动人事、工资分配、社会保险制度综合配套改革的企业达 1458 个，职工 231 万人；试行全员劳动合同制的企业 2903 个，职工 447 万人，其中国营大中型企业 1168 个；实行优化劳动组合的企业 3.5 万个，职工 1053 万人，其中下岗富余 94 万人，已妥善安排 84 万人。工资制度改革方面，劳动部下达了第一批岗位技能工资制试点企业名单，分布在 12 个省（区、市）和 14 个部门，涉及 19 个行业。与企业的劳动人事和内部分配改革相适应，全国除少数边远地区外，已基本实现了国营企业职工退休费用市、县统筹。全国参加统筹的在职职工达 6000 多万人，已建立劳动部门所属的省、市、县三级社会保险管理机构 2900 个，专职社会保险干部 2.5 万多人。企业职工待业保险也有了新进展，仅辽宁省就已收缴待业保险金 2.35 亿元，可供 5 万名待业职工使用。

---

① 国家经济贸易委员会编：《中国工业五十年》（1985—1992），中国经济出版社 2000 年版，第 2689、2690 页。

（2）企业组织结构的调整

作为转换企业经营机制的重要组成部分，调整企业组织结构是这一时期国营企业改革的重要内容之一。其中，主要的做法是关停并转国营企业和组建企业集团试点工作。

早在1992年国务院生产办出台《关于全民所有制工业企业实行关停并转若干问题的意见》之前，各地就对国营企业的关停并转工作进行试点，并出台了一些地方法规。比如，北京市《关于全民所有制工业企业关停并转有关规定》、山东省《关于全省工业企业生产要素优化组合若干问题的暂行规定》、河南省《关于关停关闭企业和企业破产若干问题的意见》、山西省《关于对关停并转企业有关问题的通知》等。这一时期，企业兼并发展较快，兼并形式日趋多样化。1992年上半年，仅四川一省，被兼并企业已达2288户，约占全国兼并企业总数的1/4。截至1992年底，已有10000多家企业被兼并。与此同时，各地对一些长期亏损、资不抵债的企业进行了破产试点。1989年至1991年，全国各级法院受理的企业破产案合计只有247件，结案124件；1992年1—10月，各级法院受理破产案已达346件，结案146件，其中受理国营企业破产案104件，有45家国营企业已宣告破产。

1991—1992年，国家有关部门在抓好国务院批转的《关于选择一批大型企业集团进行试点请示的通知》确定的55家（后增加至57家）大型企业集团试点的同时，面向企业集团的规范化也取得进展，对1600多家企业集团进行了管理体制和运行机制的调整，已有431个初步发展成型。

（三）国营企业转换经营机制的得失

从1979年到1992年，国营企业大体上经历了扩大企业自主权阶段、"利改税"阶段、推行经营承包责任制阶段和转变企业经营机制阶段等四个阶段。在改革的前三个阶段，国营企业改革基本上走的是扩权让利，以物质利益刺激为主的路子。在高度集中的计划经济体制下，国家在财政上实行统收统支的政策，企业没有自身独立的经济利益，经营好坏一个样，挫伤了企业和职工的积极性。不调整三者的利益关系，企业就不能产生内在经济动力、搞好经营管理、提高经济效益，职工也缺乏长久的积极性和创造性。问题是调整利益关系必须以机制的转换为根本前提，离开机制的转换去单纯调整利益关系，就给企业留下了"利益谈判"的空间。企业利益的获得，不是完全依靠自身的经营努力，而很大程度上要靠与政府"讨价还价"的谈判。并且，由于企业内部没有形成自我约束的机制，当外部约束减弱以后，企业不合理行为就泛滥起来，盲目投资，滥发奖金、财物，甚至造成亏损等。

20世纪80年代中后期以来，特别是随着《中华人民共和国全民所有制工业企业法》的颁布，要求全民所有制企业成为自主经营、自负盈亏、自我发展、自我约束的商品生产和经营单位，我国企业改革发展已经发展到转换企业经营机制的阶段。这是人们思想认识上的一次飞跃。这一阶段的实际做法是推行和完善承包制，这种经营方式虽然对落实企业的经营自主权、增强企业活力起了一定作用。但是，由于这种经营方式存在着某些先天性的弊病，比如承包基数和分成比例等指标的确定，取决于政府发包部门与承包企业之间一对一的谈判，既缺乏科学、统一和平等的标准，又不能适应千变万化的市场状况，很难避免企业"苦乐不均""鞭打快牛"和自发涨价的倾向，以及工资侵蚀利润，奖励、福利基金侵蚀发展基金的倾向等，它仍然未触动传统的企业制度本身。实行这种经营方式，虽然使企业经营机制有所改善，但是并没有达到转换企业经营机制的目的，企业改革仍然未能取得实质性的进展。1992年6月，国务院通过了《全民所有制工业企业转换经营机制条例》。这体现了我国在国营企业改革问题上，无论在认识上还是在实践上都有了巨大的进步。《条例》比过去颁布的《全民所有制工业企业承包经营责任制暂行条例》前进了一大步，涉及了一些整体性、全面性、系统性和根本性的企业改革问题。贯彻这个《条例》，使企业具备商品生产者和经营者的行为和动机。但是，《条例》仍然存在一些根本缺陷：多条款保留政府批准的权利，这是政企职责不分的表现；再是没有解决企业的产权问题。

转换经营机制改革劳动制度　湖南供销系统扭亏为盈
去年盈利三千二百多万元

本报长沙2月6日电　记者吴兴华报道：湖南供销系统深化改革，转换企业的经营机制，去年一举扭亏为盈，全系统前年亏损1.14亿多元，去年盈亏相抵，盈利3269.1万元。

湖南供销系统有独立核算单位2800多个，前几年，由于对"铁交椅"、"铁工资"、"铁饭碗"触动不大，影响了职工的积极性。1988年至1990年3年商品购销总额徘徊在160亿元上下，成本不断上升。去年，全系统深入进行分配、人事、劳动制度改革，企业实行了定任务、定人员、定资金、定利润、定费用，工资同购销任务、奖金同利税挂钩的"五定两联"为主要形式的分配制度；实行了干部聘任制；相当一部分企业实行了优化劳动组合和在岗、待岗、离岗的劳动制度。由于做到分配上奖勤罚懒，干部能上能下，职工能进能出，全系统出现了购销上升，成本下降的局面。去年，全系统购销总额达179亿元，比上年增长11.78%，每百元商品利润率由上年亏损0.69元变为盈利0.18元。

湖南供销系统还对企业实行放开经营，扩大企业的经营自主权，扩大购销服务。他们允许企业经营民用建材、饲料和计划外的石油、粮食、食油、煤炭，允许企业开展购、销两头在外地的经营，允许企业直接从生产厂家进货，允许企业从小商品市场进货。全系统新建集镇综合商场670多个，兴办村级综合服务站800多个，兴办议价商店1100多个，扩大了购销，提高了经济效益。

（《人民日报》1992年2月7日）

总的来说，推行企业转换经营机制以后，国营大中型企业的活力有所增强。根据对710户国营大中型工业企业的调查统计，1987年活力强的企业有107户，占15%；活力中等的有355户，占50%；活力弱的有200户，占29%。但到1991年，活力强的增加到157户，比重上升到22.1%；活力中等的增加到358户，比重上升到50.4%；活力弱的减少到195户，比重下降到27%。根据国家体改委等单位对1991年京、沪、辽、粤、川、陕六省市898个国营大中型企业自主经营、自负盈亏的调查材料，可以说明这段时期我国国营企业转换经营机制的现状和特点。在自主经营方面，他们调查了生产计划权、投资决策权、产品销售权、外贸经营权、物资采购权、产品定价权、人事权、劳动用工权、企业内部分配权9项经营自主权的落实情况。调查分析的结论是：898户国营大中型工业企业中，全面拥有经营自主权的企业，约占1/5（其中拥有9项经营自主权的为35户，拥有外贸经营权以外8项经营自主权的企业为18户，合计163户，占18.2%）。这批企业已具有走向市场（部分已走向国际市场）的条件。约 1/5 的企业除没有外贸经营权和人事、用工权外，其他项经营自主权已经掌握，就此而言，它们也初具走向国内市场的条件。约近 3/5 的企业仅拥有生产计划、产品销售、物资采购和内部分配 4 权，而投资决策、产品定价以及人事、用工权却未掌握在企业手中，因而较难在市场竞争中争得主动。还有少数企业处于无任何经营自主权的地位。在自负盈亏方面，他们主要调查企业能否负亏和不同经营方式企业的负亏程度。他们将各类企业处理亏损的方式分为七种：破产倒闭、兼并、挂账、企业自补、财政补贴、调低承包基数和其他。调查结果表明：在898 户样本企业中，亏损企业 160 户，亏损面为 17.8%。在亏损企业中，采取挂账方式的占 35.5%，采取企业自补方式的占 35.5%，采取财政补贴方式的占 7.1%，采取调低承包基数和其他方式的各占 5.1%，没有一个企业采取破产方式或兼并方式。调查分析的结论是：在国营工业企业中，除股份制企业外，其他经营方式的企业，负亏程度是相当低的。①

在转换企业经营机制过程中，也出现了一些失误，甚至导致了国有资产的损失和流失。在承包制全面推进时期，承包制把部分剩余控制权和剩余索取权交给承包者以后，使企业产权的界定变得更加模糊。由于政府与企业信息上的不对称，不仅使承包基数的确定带有很大随意性，也使得企业可以有机会和缝隙不通过生产经营努力而得到较大的利益；承包制导致了一些企业的短期行为膨胀，追求收入最大化；承包制助长了企业的数量扩张行为和涨价动机，从而导致了国有资产的流失时而发生。在股份制试点期间，也存在许多亟待解决的重大问题：有些试点企业不进行资产评估或评估过低。在企业内部职工持股的试点企业中，多是以企业账面净产值折股，既未计算土地使用费、厂房和设备的重置价值，也未考虑企业的无形资产；有的甚至根本不进行资产评估。有些试点企业不按股份制原则办事。有的试点企业违背股权平等、同股同利原则，对国家股、法人股和个人股实行不同的分红率，一般是个人股高于国家股、法人股。有的试点企业混淆股权与债权、股票收益与利息收入的原则区别，对股票既保息又分红，而且实行股息进成本。这些问题都导致公有资产的流失不断出现。

---

① 周淑莲：《从计划经济到市场经济》，经济管理出版社 1994 年版，第 23 页。

国营沈阳防爆器械厂宣告破产

1986 年 8 月 3 日，沈阳防爆器械厂宣告破产，这是新中国成立后第一家正式宣告破产的国有企业。

50 年代初期，社会主义改造完成以后，私人企业已不复存在，国家对企业实行统收统支，破产制也不复存在。1986 年 8 月 3 日，在沈阳市人民政府举行的新闻发布会上，市工商局的负责同志宣布：连续亏损 10 年，负债额超过全部资产三分之二的沈阳防爆器械厂在"破产警戒通告"一年期限内，经过整顿和拯救无效，宣告破产倒闭。这是新中国成立后第一家正式宣告破产的企业，社会主义企业不存在倒闭问题的传统认识与做法到此画上了句号。

就在一年前的这一天，沈阳市人民政府依据《沈阳市集体所有制工业企业破产倒闭处理试行规定》对市衣机三厂、五金铸造厂和防爆器械厂发出了"破产警戒通告"，这一重大举措，震惊了国内外。美国《时代》周刊就此撰文评论："一个在西方并不罕见的现象，成千上万的工人被警告说他们的公司陷入了困境，他们的工作也将保不住，这种现象不是在底特律或里昂或曼彻斯特，而是在中国东北部的沈阳。"评论惊呼："中国的'铁饭碗'真的要被打碎了！"一年以后，沈阳防爆器械厂将这一切变成了活生生的事实。

同年 12 月 2 日，全国人大常委会通过了《企业破产法（草案）》。

(摘自《辽沈晚报》)

图 6–9　1986 年 8 月 25 日原厂长石永阶（左）看着工人们领取救济金证

一系列改革实践逐渐表明，要真正转换企业经营机制，就必须解决而且首先要解决企业制度问题。企业转换机制的目标是使企业成为自主经营、自负盈亏、自我发展、自我约束的商品生产和经营单位，这也是企业制度改革的目标。实现这个目标最主要和最困难的是要解决政企分开和产权明晰问题。在政企不分的条件下，企业不可能有必要的自主权，难以做到自主经营，因而也难以做到自负盈亏，这样的企业当然不是真正的商品生产和经营单位。在产权不明晰的条件下，财产属于国家所有，当然也不能由企业自负盈亏而只能由政府统负盈亏，这样的企业也不可能是真正的商品生产和经营单位。因此，转换企业经营机制要着力解决政企分开和产权明晰问题。《全民所有制工业企业转换经营机制条例》在推进我国国营企业改革前进的同时，体现了那个时代国营企业改革的阶段性，具有一定的认识局限性和实践局限性。在这些方面的缺陷应该设法弥补，同时要找到一种恰当的企业组织形式，使之有利于解决这两个问题和达到重塑企业制度的目标。要使企业成为独立的商品生产者和经营者，实行自主经营、自我发展、自我约束、自负盈亏，在企业改革上就必须转变观念、转变思路、转变战略。后面的改革实践证明，建立现代企业制度和推行股份制改革，为转变国营企业的经营机制找到了一条切实可行的途径，标志着我国国营企业改革又进入了一个新的发展阶段。

七、由横向经济联合到组建企业集团

早在 1980 年，国务院就颁发了《关于推动经济联合的暂行规定》，指出：走联合之路，组织各种形式的经济联合体，是调整好国民经济和进一步改革经济体制的需要，是我国国民经济发展的必然趋势。1981 年 4 月，在邓小平同志的直接关怀下，二汽在国内率先探索企业横向经济联合，成立了东风汽车联营公司，从一个独家经营的"大而全"的汽车厂，发展成为全国最早的企业集团。此后，1984 年 10 月《中共中央关于经济体制改革的决定》公布，确立了国营企业改革在经济体制改革中的中心地位。企业之间的横向联合也进入了一个新的发展阶段。

（一）横向经济联合

1986 年 3 月 23 日，国务院颁发了《关于进一步推动横向经济联合若干问题的规定》（以下简称《规定》），明确了发展经济联合的目标和要求。《规定》要求通过企业之间的横向联合逐步形成新型的经济联合组织，发展一批企业群体或企业集团；企业之间要提倡以大中型企业为骨干，以优质名牌产品为龙头进行联合。这是我国政府文件中第一次出现"企业集团"这一名词。《规定》还就维护企业横向联合的自主权、改进计划管理和统计方法、促进物资的横向流通、发展资金的横向融通、调整征税办法、加强生产和科技结合、保障经济联合组织的合法权益等方面提出具体措施。

1986 年 5 月 2 日，《人民日报》报道，江苏、浙江、安徽、江西等省和上海市正在进行的横向经济联合有四个特点：第一，上海市先进技术的辐射面已达 4 省所属的 12 个省辖市和 17 个地区，上海的技术输出使长江三角洲城乡差别正在缩小。第二，沿海城市同皖、赣革命老根据地的市场渠道已经打开，带动了老区经济的发展。第三，4 省 1 市已开始横向融通资金，加快了各地的资源开发。第四，跨省市的经济联合体相继出现。在上海经济区内，有十多个规模不等的小经济区正在酝酿建立。大小经济区配套，使经济网络更加畅通，加快了区域性经济的发展。

横向经济联合开展最为迅速的是综合改革试点的城市。其特点是形成以大中型企业为龙头，以城镇集体企业和乡镇企业为两翼的多层次、多渠道、多形式的城乡经济联合体。在有些综合改革试点的城市，横向经济联合已开始走向更高的层次。许多联合体，已从物资交换、生产协作等简单联合形式向以原材料开发、加工、科研和产品销售等配套的多功能联合方向发展，由地区性联合向全国性联合扩展。

1. 跨地区协作，发挥区域优势——以上海市企业为例

1983 年初，国务院提出了沿海地区"内联外挤"的方针，即我国沿海地区和内地之间，在经济上应有合理分工，发挥所长，加速经济发展。沿海地区要面向国际市场，发展对外贸易，加强国际经济合作和技术交流，以加快经济的发展，提高科学技术和经营管理水平；要同内地实行有效的经济联合，为发展内地经济服务，带动内地共同提高。

在党中央和国务院的部署下，地区之间经济技术协作和对口支援工作蓬勃开展。据统计，1983 年全国各地达成的协作项目 8549 项，其中技术协作占一半以上，经济联合项目约占 10%，物资协作总金额达 49 亿元。①

上海市 1983 年与兄弟省市商定的技术合作项目 510 个，开发资源投资达 2 亿多元，向内地输送了设备、资金、技术和管理经验。天津市与内地达成的技术协作项目 417 项。上海、江苏、浙江等省市组织一批先进企业，向云南、贵州、内蒙古、山西等地区亏损大的同行业企业，传授经验和技术，效果显著。

上海与兄弟地区的协作与联合，大体有以下几种形式和内容：（1）开发和利用资源的联合。如上海冶炼厂与云南西野公司第二冶炼厂联合，由上海厂提供技术和资金，利用个旧湖锡矿的尾矿进行提纯加工，云南两年内供应上海 100 吨精锡。山西支援上海煤炭的联合项目，由上海向用煤单位集资，3 年内提供资金 1 亿元，用于煤矿技术改造，山西在 10 年内供应上海 500 万吨煤。（2）专业化协作的生产联合体。如上海第一印刷机械厂具有较高的生产技术和经验，但生产能力有限，因而老产品供不应求，新产品上不去。1981 年起，他们与生产同类产品的无锡县印刷机械厂实行联合生产。上海厂在转移了部分老产品后，腾出力量试制了八开平台印刷机和新型对开印刷机，先后进入了国际市场。（3）双方合资联合经营。如上海益民食品五厂与黑龙江明水县工业局在 1981 年共同投资，合办一个食品厂，生产糖果、奶制品、葡萄糖，每年供应上海厂奶制品 500 吨。（4）科技成果的转让。如上海印染机械厂解剖分析引进的印染机械样机，先后完成了近 100 项新产品的设计和研究试验课题，1981 年研制成 18 种型号的新产品，向各地纺织行业推广。②

内地的企业还采取引进上海等沿海城市的技术和管理方法的途径，加快地方工业的发展。如湖北省咸宁地区采取聘请师傅、对口挂钩、合资经营等多种形式，积极引进上海的技术和管理方法，取得了良好的效果。咸宁地区工业部门从上海请来的 200 多名技术人员和工人师傅，一年提出合理化建

---

① 周太和主编：《当代中国的经济体制改革》，1984 年，第 679 页。

② 汪道涵：《上海市与兄弟地区之间经济技术的协作与联合》，《经济管理》1983 年第 4 期。

议 1000 多条，改革生产工艺近 200 项。咸宁地区有些工厂还同上海有关工厂合资经营企业，上海厂方提供资金、技术和设备，咸宁厂方提供厂房、劳动力和资源。又如宜昌针织内衣厂在和上海针织十一厂开展跨地区的技术经济协作中，迅速提高了技术经济水平。1980 年 4 月，两家工厂正式签订技术协作经济合同，经过两年的协作，宜昌针织内衣厂的技术经济指标（如表 6–6 所示）大幅提高[1]：

表 6–6　宜昌针织内衣厂技术经济指标

	1980 年比 1979 年（%）	1981 年比 1980 年（%）
工业总产值	159.2	160.6
总产量	132.3	129.8
入库一等品率	104.1	101.9
全员劳动生产率	118.4	132.1
利润总额	199.1	200

正确处理沿海工业与内地工业的关系，充分调动一切积极性，促进我国工业经济的发展，是 50 年代以来党和政府一直关注的问题，但没有找到很适当的途径和方式。十一届三中全会后，地区之间的联合开始走上了新的道路，即以横向经济联合的方式，依照经济规律办事，打破地区之间的界限，组织社会化的大生产。尽管这一时期的摸索才刚刚起步，联合的深度和广度都很低，但毕竟已经迈出了重要的一步。

2. 跨企业联合，提高协作化水平——以东风汽车为例

除了跨地区的横向经济联合外，按照专业化协作原则纵向组建各种企业性的专业公司和联合公司也是开展经济体制改革的另一个重要方向。在该方面的试点工作主要包括：按专业化协作原则改组"大而全""小而全"的工业企业，努力按产品、零部件、工艺等组织专业化生产，统一组织企业的技术准备工作、交通运输和生活服务等方面的工作。

通过试点，出现了一批企业性公司。这些公司在经营管理上有必要的自主权，对所属厂矿实行产、供、销、人、财、物的统一管理。公司是独立

---

① 何礼等：《开展跨地区协作是提高经济效益的有效途径》，《经济管理》1983 年第 1 期。

的核算单位，对国家负责盈亏。据 1980 年统计，全国 28 个省、市、自治区已组建各种专业公司、总厂 1983 个。其中，试点的企业性公司有 236 个，组织起来的企业有 19336 个，占预算内国营工业企业总数的 5.13%。

中国汽车工业公司经过改组联合，1983 年汽车总装厂由 130 家减少到 37 家，而汽车产量比 1982 年增加了 23.7%；中国烟草工业公司成立以后，全国的烟厂由 104 个减少到 61 个，劳动生产率提高 35%；中国船舶工业公司成立于 1982 年 5 月 12 日，是我国第一个由工业部改为公司的试点单位。1983 年该公司产值比上年增加了 16%，出口船舶质量提高，受到了外商的好评。

通过工业改组，根据专业化协作原则，组织企业性公司的一个突出的范例是在第二汽车制造厂的基础上组建起来的东风汽车工业联营公司（以下简称联营公司）。该公司从 1978 年开始组建，至 1982 年 4 月正式成立，发展到 1984 年 8 月，已有 18 个省、市、自治区的 66 个工厂参加联营，另有 113 个配件定点厂，并以联营厂、定点厂为依托，在全国建立了 104 个东风汽车特约技术服务站。几年中，联营公司坚持在调整中联合，在改革中前进，坚决走专业化发展系列产品的道路，取得了显著的成绩。

在联营公司的发展中，一方面得力于骨干企业第二汽车制造厂的积极努力。他们认识到，要振兴汽车工业，必须改变"大而全""小而全"的状况，走专业化协作的道路，只有联合起来才能发展东风系列产品，增加产量和品种。另一方面，各联营厂也有联合起来的强烈要求。一些地方中小汽车厂由于产品落后、质量差、成本高，造成了企业连年亏损，加上市场竞争，产品滞销，企业面临停产的威胁。东风汽车是国内适销对路、有发展前途的产品，因此，这些企业迫切希望与二汽联合，确保自己有一个坚强的生存保障。

在几年的实践中，联营公司采取了四种联营形式：（1）改变企业隶属关系，实行供、产、销、人、财、物"六统一"的紧密联营；（2）企业隶属关系不变，实行产销联合、利润分成的半紧密联营，并逐步向紧密联合过渡；（3）实行松散联营；（4）建立比较稳定的定点协作生产、供货关系。实践证明，采取多种联营形式，不搞"一刀切"，是搞好联营工作的重要思路。

几年中，联营公司在改造"小而全"方面，做了三件事：一是调整产品方向，转产东风改装车、专用车。如云南汽车厂、广州汽车制造厂、杭州汽车制造厂、郑州汽车制造厂等，停止了原有的质次、价高、不适销的整车生产，对工厂进行了技术改造，采用东风汽车底盘，分别转产东风团体客车、自卸车、半挂车、牲畜运输车等，这些车很快在市场上打开了销路。二是利用各厂优势，扬长避短，转产东风汽车总成和配件。如贵州汽车制造厂原有生产发动机配件的优势，经过改造，形成了年产3000台东风发动机及配件的生产能力，1982年开始批量生产后，产品供不应求。三是根据经济合理和特殊地区的需要，专门装配东风整车。如新疆对汽车需求量大，但从内地发运整车费用高，外型也容易损伤。联营公司帮助乌鲁木齐汽车装配厂进行改造，初步形成了年装配东风汽车2000辆的生产能力，并逐步提高了总成、零件的自制率。通过改造"小而全"，各厂逐步形成了专业化协作的生产能力。在此基础上，又进一步开展了联合设计、联合试制、联合试验，共同开发东风汽车系列新产品。由于各联营厂的专业化分工越来越细，整个联营公司内部产生了一种相互依靠、互相制约的作用，提高了专业化协作生产的水平。

随着专业化协作生产的深入发展，联营公司取得了巨大成绩：（1）同步发展多品种生产，各联营厂使用东风底盘生产的改装车、专用车品种，从原来的4种发展到128种。1983年，联营公司组织各联营厂参加了中国汽车公司在北京举办的展评，展出东风的79个品种100多辆改装车、专用车，得到广泛好评。（2）同步开发新产品。几年间，第二汽车制造厂与有关联营厂联合设计、试制、试验了大客车底盘、3.5吨越野车、装甲车、3吨农用车、柴油机车等新产品。由于按专业化分工发展新产品，又进行生产大协作，缩短了新产品设计、试制、试验的周期，加快了新产品的投产速度，节省了投资。（3）同步提高经营管理水平。联营公司积极帮助各联营厂进行企业整顿，采取把联营厂的部分中层干部请到第二汽车制造厂参观、参加培训的"请进来"的方法，以及由联营公司向各联营厂派出企业整顿服务组、工艺整顿服务组、质量检查服务组等"派出去"的方法，帮助各联营厂提高经营管理水平。如派出的服务组帮助云南汽车厂进行整顿后，该厂扭亏为盈，从1982年亏损300多万元，1983年5月摘掉亏损帽子，到年底盈利50多万元。①

（二）企业兼并与企业集团

1987 年以后，横向经济联合的范围和形式同前一阶段相比发生了很大的变化。这一阶段的横向经济联合形式，主要体现为企业兼并与企业集团的形式。随着企业承包的推广和企业兼并、股份制的出现，全国范围内出现了组建企业集团的高潮，使企业集团进入了发展的新阶段。

从 1986 年起，企业兼并试点在北京、上海、辽宁、黑龙江、河北、湖北、广东、福建、四川、甘肃、内蒙古等省、直辖市、自治区展开。1987 年全面实行承包制后，一些生产技术水平较高、经营管理较好的先进企业开始以法人身份承包一些后进的企业。企业承包企业使企业间的横向经济联系有了变革性的进展，有的地方抓住这个时机，因势利导，推行先承包后兼并，先搞经营一体化，逐步过渡到资产一体化，企业兼并应运而生。企业兼并是优化企业结构、实现资源合理配置的有效途径，它促进了企业资产存量的流动，解决了优势企业求发展，落后企业求生存所需的机制。同时企业兼并也为解决经营性亏损企业的问题提供了一种方法。1988 年，全国有 2856 家企业兼并了 3424 家企业。根据 11 个省、直辖市、自治区的统计资料表明，被兼并的亏损企业 80% 都实现了扭亏。② 武汉、石家庄等城市还开办了企业产权交易市场，把企业兼并推向了市场。为了更好地规范和推进企业兼并，1989 年 2 月，国家国有资产管理局与国家体改委、国家计委、财政部联合下发了《关于企业兼并的暂行办法》。《暂行办法》对企业兼并的概念、企业兼并的原则、企业兼并的形式、企业兼并的程序、被兼并企业资产的评估作价、企业兼并的资金来源和兼并后的产权归属、被兼并方企业产权转让的收入归属、被兼并方企业职工的安置、兼并后企业的财政税收管理等方面都作出了明确的规定。1990 年 4 月，国有资产管理局首次正式发文批准了首钢兼并锦州电子计算机厂和开封联合收割机厂。从此，我国的企业兼并正式步入法制化管理的轨道。

---

① 第二汽车制造厂：《以"三项建设"为目标，深入进行企业整顿》，《经济管理》1983 年第 6 期。

② 马洪等：《1988 年中国经济实况分析》，中国社会科学出版社 1991 年版。

　　企业兼并和股份制的出现，大大推动了企业集团的发展。1988年5月，国家体改委在洛阳召开全国企业集团座谈会，对进一步发展企业集团向国务院提出了政策建议，其中包括突破"三不变"模式（即所有制关系、财政上交渠道、行政隶属关系都不变），发展企业集团中紧密联合层的要求。1988年8月，中央财经领导小组专门听取了国家体改委关于发展企业集团的汇报，并确定选择少数重点企业集团进行扩大自主权的试点，明确指出要利用企业兼并和控股、参股的办法突破"三不变"，给予企业集团比单个企业更大的自主权，大型企业集团可以与政府直接对话，政府对企业集团要给予更多的支持。这一阶段，企业集团得到了相当快的发展。从行业分布来看，发展最快的是机械行业，占10%；其次是纺织行业，占8%；电子行业，占5%。从地区分布来看，发展较快的是沿海地区，如广东有240个、上海有163个、江苏有109个、山东有81个。从企业集团的结构和功能来看，有20%多的企业集团已成为以一个大型企业为核心，形成紧密层、半紧密层和松散层等多层次的结构，及拥有几十个乃至几百个企业的有机整体。如东风汽车集团由原来的"厂办联营"转向了"公司办厂"，通过兼并和控股，把一批联营企业的投资权集中于集团公司，形成了投资中心。在深圳赛格集团的158个企业中，集团公司全资、控股、参股的企业已达95个，形成了母公司与子公司的格局。[1] 这些变化都表现为更深层次的资产联合。20世纪90年代以后，在全国治理整顿的大背景下，企业集团的数量增长趋缓，已组建的企业集团开始注重内部结构的完善，逐步实现规范化。我国企业集团进入了巩固和提高的新阶段。

摆脱条块分割束缚　优化组合生产要素

　　本报北京1月30日讯　记者杨涌报道：作为计划体制的一项重大改革，机械电子行业率先实行计划单列的7个大型企业集团，一年多来，在生产经营上逐步摆脱条块分割束缚，在市场竞争中发挥集团整体优势，显示出了强大的活力。

　　近年来，随着横向经济联合的进一步发展，企业群体、集团不断

---

① 李卉：《我国企业集团发展历程研究》，《集团经济研究》2007年第3期。

壮大，旧的经济模式无法再适应新的生产关系，不少企业集团强烈要求减少国家与企业间的中间环节，使企业相对独立。国家计委从1986年开始，先后批准了机械电子行业7个国家重点大型骨干企业集团实行计划单列。其中，3个电站设备集团，发电设备指令性计划占全国总产量的80%以上，3个汽车集团其指令性计划占全国的70%。一年多的实践表明，计划单列至少显示了以下几个方面的优势：

企业国家直接对话，减少了管理层次，提高了工作效率。中国重型汽车工业公司计划单列后建立起统一的销售服务、原料供应、财务、外贸体系，组织产品联销和联合服务，集团内部开展融资、资金拆借业务，完善了集团化经营管理体制。集团内企业减少了"婆婆"，增强了活力。去年国产重型汽车市场虽然受到进口汽车的严重冲击，仍然取得了较大成绩，销售收入比前年增长29.1%。红岩牌17吨自卸车在一次国际招标中战胜了包括日本的三菱等外国9种车型而中标。

生产要素得以优化组合。计划单列后，企业集团可以根据行业自身的发展规律，实现人才、技术、装备、物资、资金等生产要素的合理配置和流动，提高专业化水平。解放汽车工业企业联营公司与吉林、长春两市4个地方企业实行联合，他们将原来的3个轻型车生产体系调整为一个体系，充分利用了地方企业的原有基础，避免了重复投资和重复引进，节省投资两亿元左右，还将轻型车基地的建设周期缩短了两年。

计划单列增强了企业集团的凝聚力，提高了集约化生产程度，有利于发挥规模效益。西安电力机械制造公司目前已形成由11个工厂、11个研究所室按内在的经济联系凝结成的整体，成为资产、经营一体化的工业公司，强化了统一经营的决策能力，发挥了整体优势，提高了内聚力和合力，形成设计、科研、生产、服务紧密结合的一条龙专业化体系。到去年，这个公司提前3年实现了产值翻番的奋斗目标，外贸出口4年平均年递增44.38%。

记者从正在由国家计委召开的大企业集团计划单列座谈会上获悉，最近，国家计委又批准了长江、长城两个电子计算机集团实行计划单列，这样实行计划单列的大企业集团已经达到9个。

（《人民日报》1988年2月1日）

八、国营企业经营管理革新

党的十一届三中全会后，通过企业整顿，广大国营企业逐步恢复、健全了企业经营管理工作。在理论层面，积极引进国外先进管理理念，将其有效管理方法应用到国营企业的实践中；在制度层面，建立健全企业领导制度，制定《企业法》，改革企业领导体制与规范企业党政工关系；在经营层面，全面开展质量管理，建立质量保证体系，加强质量检验工作；在合作层面，开展横向跨地区合作，发挥各地区域优势，同时促进纵向跨企业联合，提高企业专业化协作水平；在劳动者层面，试行劳动合同制与市场化选人用人制度。同时，出现多种工资制度改革的探索，进一步激发职工劳动积极性。

（一）企业领导制度的建立

在贯彻"调整、整顿、改革、提高"八字方针，对国营工业企业进行全面整顿的过程中，企业的领导班子得到了加强。党中央和国务院对国营工业企业领导班子提出了要逐步做到革命化、年轻化、专业化、知识化的要求。据京、津、沪等地的统计，通过整顿，重点企业的领导班子中，懂技术、会管理的干部平均约占一半，平均年龄由原来的 55 岁下降到 53 岁。

在整顿企业领导班子的同时，企业的领导制度问题也得到了重视和发展。在这一阶段中，陆续颁发了《国营工厂厂长工作暂行条例》《中国共产党工业企业基层组织工作暂行条例》《国营工业企业职工代表大会暂行条例》《国营工业企业暂行条例》等文件（见表 6–7），指导广大国营工业企业建立起一个能够适应企业发展的领导制度。

表 6–7　国营企业领导制度相关法律法规要点

法律法规	要点
《国营工业企业职工代表大会暂行条例》（1981.7）	· 职代会是企业实行民主管理的基本形式，是职工参加决策和管理、监督干部的权力机构； · 职代会的职权：讨论审议厂长的工作报告和经营管理方面的重大问题；讨论决定企业职工福利基金、奖励基金的使用以及职工奖惩办法；讨论通过企业体制改革事项、工资调整方案和全厂性的重要规章制度等。

续表

法律法规	要点
《国营工厂厂长工作暂行条例》(1982.1)	· 工厂党委：贯彻党的方针、政策和思想政治工作； · 厂长责任：必须贯彻党和国家的方针政策，遵守法律法规，执行主管单位的指令、决定和工厂党委及职代会的有关决议； · 厂长权利：对全厂生产经营活动行使统一指挥权；对工厂的人员、物资、资金有调度处置权，职工奖惩权，中层干部任免权。
《中国共产党工业企业基层组织工作暂行条例》(1982.6)	· 健全和完善企业领导体制，企业实行党委领导下的厂长负责制和党委领导下的职工代表大会制； · 企业中的党委（独立核算企业的党总支、支部）是企业的领导核心；不断改善和加强党对企业的领导。
《国营工业企业暂行条例》(1983.4)	· 实行党委集体领导、职工民主管理、厂长行政指挥的根本原则； · 生产行政工作实行统一领导、分级管理。

本表来源：根据法规内容归纳整理。

1. 整顿企业领导体制，规范企业党、政、工的关系

我国国营工业企业的领导体制在 50 年代形成，经过 60 年代的发展，已经积累了丰富的经验。在十年"文革"中，企业的领导体制受到严重破坏。改革开放初期，在尚未形成适合工业企业发展和经济体制改革要求的企业领导体制背景下，先是基本恢复了 60 年代的一套体系，规范党、政、工各方面的职权和责任，也逐步增加了一些新的内容，如在行政指挥方面，明确厂长对生产经营活动统一指挥、全面负责。在厂长的职权和责任方面，为适应经济体制改革和扩大企业自主权的要求，适当增加了厂长的职权和责任。

1978 年，中共中央颁发的《关于加快工业发展若干问题的决定》对企业的领导体制作了如下规定：第一，实行党委领导下的厂长分工负责制。第二，实行总工程师、总会计师的责任制，工程技术人员要有职有权，让他们在技术上真正负起责任来。第三，实行党委领导下的职工代表大会或职工大会制。第四，实行工人参加管理、干部参加劳动和领导干部、工人、技术人员三结合制度。

1981 年 7 月，中共中央、国务院颁发《国营工业企业职工代表大会暂行条例》；1982 年 1 月，中共中央、国务院颁发《国营工厂厂长工作暂行条例》；1982 年 5 月，中共中央颁发了《中国共产党工业企业基层组织工作暂

行条例》。三个《暂行条例》对国营企业三个权力机关的权利、责任做了初步规范，对改善企业领导体制方面有积极的作用，但是没有从根本上扭转在实际运行中形成的"党委发号召，厂长作报告，代表举举手，工会跑龙套"的现象；在指挥系统上，往往是一些不大懂经济、技术和管理的干部掌握着企业的决策权和指挥权，难以保证决策的科学性和有效性，改革企业领导体制的呼声越来越大。

2. 制定《企业法》改革企业领导体制

建立党委集体领导、职工民主管理和厂长行政指挥的企业领导体制，对于建立强有力的生产指挥系统，解决企业管理中无人负责和生产秩序混乱等现象，起到了一定的作用。在经济体制改革进一步深入、工业生产责任制广泛推行的过程中，由于党政职责不清，党政关系处理不当等原因，也由于社会主义商品经济的迅速发展，显示出这一套领导体制仍有不够健全的地方，特别是对商品经济和市场竞争的适应性较差，出现了无人负责，实际上就是无权负责、无法负责、无力负责的现象。各地都有一批国营工业企业酝酿对企业领导体制作进一步的改革。

1984年3月24日，福建国营骨干企业55位厂长的公开信《请给我们松绑》在《福建日报》全文刊登，成为轰动一时的全国性事件。在中国企业史上，这是中国企业家第一次就经营者的自主权向政府部门提出公开呼吁，第一次明确提出了"实行厂长（经理）负责制"的议题，呼吁通过扩大权力调动企业经营者的积极性，这种呼声得到了各方面的认可，很快就成为一种共识。

图6-10　《福建日报》刊登福建省55位厂长经理来信

福建省 55 名厂长、经理给省委领导写信：请给我们 "松绑"

　　编者按：福建省 55 位厂长经理给省委领导同志写信，要求 "松绑"，提出了体制改革的一个重要问题。长期以来，我们的企业管理落后，效益不高，原因之一就是企业没有权，厂长经理没有权，新的能够促进生产力发展的制度，或者建立不起来，或者执行不了。旧的阻碍生产力发展的制度又革不掉，有才有志之士不能用到关键的岗位上，而庸庸碌碌之辈占着位子又不能让他离开，对工人奖罚、以及谁犯了错误要进行处分，工厂没有决定权，等等，这些像绳索一样捆绑着企业的手脚，前进一步，困难得很！这种状况的确到了非解决不可的时候了！福建省有关部门对 55 位厂长、经理的信，很快作出反应，值得赞赏。

　　本报讯　在福州参加省厂长（经理）研究会成立大会的 55 名厂长、经理，3 月 22 日写信给省委领导同志，题目是《请给我们 "松绑"》。

　　以下是这封信的摘要：

　　我们参加福建省厂长（经理）研究会成立大会的 55 个企业的厂长和经理，感到担子很重。我们都想干一番事业，都想为振兴福建贡献一份力量。然而，现行体制条条框框捆住了我们手脚，企业处在只有压力，没有动力，也谈不上活力的境遇，真是心有余力不足。这是我们最大的烦恼。最近，在省六届人大二次会议上提出要改革、要放权，要统一思想，狠抓落实，说出了我们的共同心声，给了我们很大的鼓舞。我们认为放权，不能只限于上层地区、部门之间的权力转移，更重要的是把权力落实到基层企业，为此，我们不揣冒昧，大胆向你们伸手要权。我们知道目前体制要大改还不可能，但给我们松松绑，给点必要的权力是可以做到的。我们认为，目前企业的潜力还是很大的，只要给企业创造一些必要条件，我们的步子就可以迈得大一些。

　　我们议了一下，目前至少要给以下五条权力：

　　（一）企业干部管理除工厂正职由上级任命外，副职应由厂长提名，然后由上级主管部门考核任命，其余干部通通由企业自行任免，上面不要干预。企业任命的中层干部，上级主管部门应予承认，并享受与过去上级任命的中层干部同等待遇。

　　（二）干部制度，要破除 "终身制" 和 "铁交椅"，实行职务浮动，真正做到能上能下，能"干"能"工"，但可保留干部待遇。

（三）企业提取的奖励基金，企业应有权支配使用，有关部门不要干涉；或者采取与上交税利挂钩的办法，核定合理的税利发奖率，奖金随税利增减而浮动，不封顶，不保底。在企业内部，可根据自己的实际情况，实行诸如浮动工资、浮动升级、职务补贴、岗位补贴等多种形式的工资制度和奖惩办法。

（四）在完成国家计划指标的情况下，企业自己组织原材料所增产的产品，允许企业自销和开展协作，价格允许"高进高出"，"低来低去"。

（五）改革企业领导制度，试行厂长（经理）负责制，扩大厂长权力，建议先在参加厂长（经理）研究会的企业中选几个厂进行试点。

有的部门可能担心放权会搞乱了，会出问题。我们认为，应当相信大多数。我们要这些权力，绝不是为了以权谋私，只是想在目前条件下，给企业松松绑，使我们能够在搞活企业，落实责任制，克服"大锅饭"方面有所突破，从而实现提高经济效益的目的，为福建能在四化建设中走在全国前头作出努力。如果有人滥用职权，谋取私利，搞违法乱纪，当受党纪、政纪直至国法惩处。

殷切地等待您们的支持。

（《人民日报》1984 年 9 月 30 日）

1984 年 5 月，六届全国人大二次会议的《政府工作报》明确提出《国营工业企业法（草案）》，这是我国国营企业领导体制改革的一件大事，走出了国营工业企业中实行生产经营和行政管理工作厂长（经理）负责制的第一步。该草案中对厂长、企业党组织和工会的职责、权限作了新规定。5 月 18日，中共中央办公厅、国务院办公厅印发《关于认真搞好国营工业企业领导体制改革试点工作的通知》及附件《国营工业企业法（草案）》，决定在大连市和常州市的全部，北京、天津、上海、沈阳 4 个城市的部分国营企业进行厂长负责制试点。1984 年 10 月 20 日，中共十二届三中全会通过的《中共中央关于经济体制改革的决定》明确指出："现代企业分工细密，生产具有高度的连续性，技术要求严格，协作关系复杂，必须建立统一的、强有力的、高效率的生产指挥和经营管理系统。只有实行厂长（经理）负责制，才能适应这种要求。"

厂长对企业的生产经营和行政管理工作，统一领导，全面负责。企业党组织在思想政治方面负领导责任，对党群工作和思想政治工作实行统一领导，对生产经营和行政管理工作起保证监督作用，协调厂长和各群众组织之间的关系，监督各级领导干部。

由于国营工业企业领导体制的改革，是经济体制改革中的一件大事，影响深远，党和国家专门组织了改革试点工作。在试点工作中，特别注意总结实行厂长生产经营和行政管理工作负责制和发挥企业党委、职代会作用的经验。从试点企业的情况看，不同程度地发生了以下变化：（1）开始建立起厂长的权威，强化了生产经营管理工作的统一领导，决策快、指挥灵，工作效率显著提高；（2）企业党委的工作重心开始转到抓党的建设，抓思想政治工作，抓贯彻党的路线、方针、政策上来，深入群众调查研究多了，"党不管党"的状况有了改变；（3）有力地促进和带动了企业的各项改革，许多企业开始出现干部能上能下，工人择优录用，分配随贡献能多能少的新情况。这一时期，在少数企业中实行了职工代表大会领导下的厂长负责、党委监督制。如北京革制品厂、北京毛纺厂、四川自贡铸钢厂等。

以上各种试点，为改善企业领导体制积累了经验，为以后在全国范围内推广这些经验、进一步改善企业领导体制和正确处理党、政、工关系做了准备。

为了贯彻中共十二届三中全会《决定》精神，1986 年 9 月 15 日，中共中央、国务院同时颁发了《全民所有制工业企业厂长工作条例》《中国共产党全民所有制工业企业基层组织工作条例》和《全民所有制工业企业职工代表大会条例》，对国营企业的领导体制进行全面改革。新颁布的三个《条例》，在过去三个《暂行条例》的基础上，对国营企业厂长（经理）、党委会和职工代表大会的职权进行了重新界定，并在全国部分全民所有制工业企业中开展试点工作，取得了显著效果。国营企业领导体制进行全面改革，从党委领导下的厂长负责制，转为全面推行厂长（经理）负责制。

按照三个《条例》及中共中央、国务院《补充通知》的规定，在企业的厂长（经理）、党委会、职工代表大会三个权力主体中，厂长（经理）的权力提升到前所未有的地位，"一厂之长，法人代表，全面负责，处于中心地位，起中心作用"，企业虽然也设立了管理委员会，但它只是厂长（经理）的参谋机构，仅对企业经营管理中的重大问题协助厂长决策，而且当"厂长同管理委员会的多数成员对经营管理中的重大问题意见不一致时，厂长有权作出决定"。党委会"对企业实行思想政治领导"，定期听取厂长报告工作，对企业的生产经营实行保证监督，"企业的党委书记一般不兼任厂长"，与《中国共产党工业企业基层组织工作暂行条例》规定的"企业中党委是企业的领导核心"比较，党委会在企业的权力削弱了。职工代表大会的权力也有了微妙的变化。当初《暂行条例》的表述为"是职工群众参与决策和管理、监督干部的权力机构"。《条例》的表述则变成为"是职工行使民主管理权力的机构"。提升厂长（经理）在企业中的绝对权威，这在当时对于扭转党委领导下的厂长负责制下"大家负责等于大家都不负责"的局面，无疑是有积极意义的。但同时也为以后的深化企业领导体制改革埋下了严重隐患。由于厂长（经理）在企业享有绝对权威，党委的监督制约作用十分有限，职代会的监督作用更形同虚设，上级主管部门的监督因为信息不对称也很难起到真实效果，厂长（经理）实际上处于无人监督的地位。

3. 案例：新中国首位"洋厂长"——武汉柴油机厂厂长格里希

1984年，经联邦德国杜伊斯堡市推荐以及联邦德国退休专家组织派遣，65岁的退休专家格里希来到武汉，选择武汉柴油机厂作为对口咨询服务的企业，时间是3个月。格里希的到来，在武汉柴油机厂引起轰动。当时不少工人议论纷纷——都65岁了，不在家安享晚年，来这里干什么？

图6-11　1984年格里希被聘为武汉柴油机厂厂长

格里希深入了解企业后发现，3 个月的时间太短了，根本来不及改变企业的现状。于是，格里希主动请缨，希望能为武汉柴油机厂服务更长一些时间。经过市委市政府慎重考虑，决定聘用格里希为武汉柴油机厂厂长——这在当时无疑是一件"吃螃蟹"的事情。

格里希常说："我是一个完美主义者。"面对一个存在很多根深蒂固毛病的企业，格里希的严厉超出了工人们的想象。由于厂里连续出现多次严重质量问题，格里希先后免去三名科级以上干部，其中包括一名总工程师。格里希认为"总工程师就要负责全部的质量问题，质量出问题，总工程师就要负责"。格里希还要开除一名工人，那在当时的中国更是不可想象。有关方面说服格里希，采取了更符合中国国情的办法——将其调离岗位。

上任不久，格里希到工人宿舍楼做客，当他看见有的工人住在人均只有 2.5 平方米的屋里时，他说自己非常难过。他说，职工们 8 小时工作非常辛苦，回到家没有一个良好的休息环境，"我的心在流血"。格里希不习惯写各种报告，但为了这些工人的住房条件能够改善一些，多次提笔向有关部门反映情况。最终，在上级部门的支持下，武柴建起了 3 栋宿舍楼，解决了 160 多名职工的住房问题。

格里希对工作非常敬业，即使是回德国度假，仍惦记着在武汉的工作。在德国探亲期间，格里希曾驱车 5400 公里、花费 1000 多马克电话费为武汉企业请专家、找技术。通过他的介绍，一些德国专家来到武汉输出管理、设计技术，帮助武昌医疗器械厂等企业摆脱困境。

有关方面曾安排格里希去广东休假，但他还是利用这段时间完成了 28 万字的武柴改革方案。为此，他的手腕都写肿了。

两年时间里，他从产品质量到工资分配，进行了大刀阔斧的改革，狠抓质量、减员分流、打破"铁饭碗"……这些举措，在如今的企业是那样平常，但是在 30 多年前的中国和武汉，却是那样的惊世骇俗，那样的不能让人接受。

治厂两年，格里希使武汉柴油机厂的废品率由 30% 至 40% 降到 10% 以下，柴油机的使用寿命由 3000 小时增加到 6000 至 8000 小时。

1986 年，任武汉市柴油机厂厂长的格里希获得"外籍人士在华永久居留权"，也就是中国的"绿卡"。这是我国第一张绿卡，格里希成为第一个被授予中国绿卡的外国人。

4. 贯彻企业领导体制的"三句话"和厂长、书记"一肩挑"

针对厂长（经理）负责制出现的问题，1990 年 12 月末中共十三届七中全会通过的《中共中央关于制定国民经济和社会发展十年规划和"八五"计划的建议》提出要"深化企业领导体制和经营机制改革，进一步发挥党组织的政治核心作用，坚持和完善厂长负责制，全心全意依靠工人阶级办好企业"。这是改革开放之后首次对国营企业内部领导体制所进行的重要表述。从 1986 年 11 月到 1991 年 9 月经过不到 5 年时间的实践，国营企业的领导体制又一次发生了重大调整：从过去的厂长（经理）是一厂之长，全面负责，处于中心地位，起中心作用，变成了厂长（经理）是"行政中心"，党委是"政治核心"的新提法。无论从哪方面讲，在制度设计上后者无疑都比前者更为科学合理，但是，在当年的认识水平上，人们对权力制衡的重要意义尚缺乏深刻认识，已经习惯于一人说了算的厂长（经理）们，当然也不愿意身边再有一个监督者随时看着自己，贯彻"三句话"的阻力重重。

在贯彻"三句话"受阻的同时，在"简政放权、减税让利"思维惯性的影响下，人们认为国营企业经营状况不好的根本原因，仍然是政府管得太死、企业负担太重、厂长（经理）受到的制约太多，国营企业改革必须进一步简政放权。1992 年 7 月 23 日，国务院发布《全民所有工业企业转换经营机制条例》规定了企业在 14 个方面的自主权，并在各地贯彻《条例》的实施意见中，除了对《条例》规定的 14 项经营自主权的解释之外，普遍增加了"厂长和书记宜兼则兼，宜分则分，积极推行厂长、书记一人兼，允许企业党政领导交叉兼职。""大型企业厂长和书记宜兼则兼、宜分则分；中小型企业厂长和书记原则上一人兼任。""企业厂长（经理）、书记可由一人兼任"等规定。① 贯彻《转机条例》的实际结果是中共十三届七中全会的《建议》中关于企业领导体制的"三句话"落空，厂长（经理）和党委书记两个职务"一肩挑"成了最新的制度安排，企业厂长（经理）的权力越发集中。

---

① 《辽宁省全民所有制工业企业转换经营机制实施办法》，辽宁省人民政府 1993 年 3 月 11 日。

（二）推行全面质量管理

全面质量管理是现代工业生产中的一种科学的质量管理方法，70 年代末引进我国。该方法作为企业管理的中心环节，在全国国营工业企业中得到全面推广，对于提高我国工业产品质量起了巨大的作用。

1978 年 9 月，我国开展了质量月活动，之后连续多年都在 9 月份开展质量月活动。这对提高全国工业企业职工的质量意识，抓好产品质量，起到了一定的作用。虽然党中央、国务院多次强调"质量第一"的方针，但从全国范围来看，这一方针还没能得到切实的贯彻。在 1979 年 6 月国务院发出的一份通知中，仍指出"不少同志至今对提高产品质量，增加品种，抓的很不认真，很不得力"。在这种情况下，我国从发达国家引进了全面质量管理的理论和方法，首先在北京内燃机总厂、北京清河毛纺织厂等少数企业中试行，取得了显著的成绩，证明这是解决我国长期以来产品质量低下的一条有效途径。之后，全面质量管理的理论和方法，在全国范围内得到了推广。

1979 年 6 月，国家经委发布了对优质产品进行奖励的办法。国家决定对工业产品中的优质产品颁发国家质量奖，每年评选审定一次，分金质奖和银质奖两种。对优质产品实行优质优价和择优供应原材料、燃料、电力的政策。同时，各工业部和省、市、自治区也开展了评选优质产品的活动。通过评选优质产品的工作，对促进工业企业加强全面质量管理，迅速提高产品质量，起到了促进作用。

在 1980 年 3 月国家经委颁发的《工业企业全面质量管理暂行办法》中，对全面质量管理的任务，质量计划的内容，设计试制过程、生产过程、产品流转过程等全过程质量管理的内容，质量责任制，建立健全质量管理机构，建立健全质量检验机构等作了明确的规定，是开展全面质量管理工作的重要指导文件。

从传统的生产管理方式，转向全面质理管理，是一场深刻的变革。全国上下广泛开展了全面质量管理的普及教育，开展各种层次的培训，提高广大职工、干部和企业领导人员对全面质量管理的理论认识，以期进一步打开视野，结合企业自身生产经营，丰富质量管理控制方法。广大国营工业企业从多个角度进行了实践与探索。

1. 第二汽车制造厂开展质量管理培训，探索不良品统计管理法

1978 年 11 月，第二汽车制造厂邀请了中国科学院系统科学研究所刘源张教授到厂讲授全面质量管理知识。之后的两年时间里，他们举办各种类型学习班 586 期，全厂 90% 以上职工（新进厂学徒工除外）都受到了至少八小时以上的全面质量管理教育。在提高认识的基础上，他们还认真实践全面质量管理的方法。根据全面质量管理的基本理论，结合不同部门的工艺特点，灵活应用数理统计方法，采用不良品统计管理的形式，把工序质量管理的"标准、统计、管理"三个环节有机地结合起来，探索了机加工、铸造、焊接、冲压、油漆、电镀等十种类型的现场工序质量管理方法，对保证产品质量产生了显著效果。1982 年整车品种抽查合格率始终稳定在 100%，主要零件主要项目抽查合格率保持在 95% 左右，整车装配一次合格率由 1978 年的 64.77% 提高到 1981 年的 92.12%。

除此之外，二汽还建立了 3711 个质量管理点，在全厂开展了不良品的统计管理；全厂成立了 1105 个质量管理小组，先后取得 831 项成果，按其中 299 项成果的经济价值计算，年产万辆汽车可节约 599 万元。两年中，他们经历了"宣传教育、试点练兵""结合实际灵活运用各种统计方法，开展现场管理"和"试行建立健全质量保证体系"三个阶段，使全面质量管理的推广步步深入。①

2. 北京东风电视机厂建立健全质量保证体系

在推行全面质量管理的过程中，不少国营工业企业开始将系统工程的理论和方法应用于企业质量管理工作中，建立了企业的质量保证体系。

北京东风电视机厂在制造质量上狠下功夫。他们的做法是：（1）对原材料、元器件、整件进行双齐套（数量、质量齐套）管理，由下道工序对上道工序的成套件进行"质量认证"；（2）在生产过程中抓加工工艺（方法）管理的质量保证，其中包括产品工艺、工位工艺、流程工艺、工装工艺、检验工艺、管理工艺；（3）使生产环境的质量管理制度化。通过推广制造过程的质量管理，使产品质量迅速提高，效益也提高很快。1978 年前，这个厂连年亏损，累计亏损额达 1600 多万元；1979 年开始扭亏为盈，1980 年实现利

---

① 《全面质量管理讲座》，科普出版社 1981 年版，第 92 页。

润额为 880 万元，1981 年利润总额达 2100 万元。①

3. 成都机车车辆厂加强质量检验工作

在全面质量管理中，贯彻预防为主的思想，同时加强检验监督，实行严格的质量把关，对提高产品质量起到了保证作用。如成都机车车辆厂，是一个修理内燃机车的大型企业。为了提高机车检修质量，他们集中了 130 多名专职技术检验人员，分别在检查科及分解检查室统一领导下，派驻生产现场进行严格检查。从原材料入库检验、机车入厂状态检查、修程确定、零部件修理、机组试验到机车出厂后的使用服务全过程，建立了严格的质量管理制度。他们建立起 136 种质量控制记录、卡片和原始凭证，实行程序检查作业，做到严格把关。在质量检验体制方面，他们实行以厂级专检为主体，车间三检制（自检、互检、专检）为基础的两级三检制度。在机车修理和配件生产车间增设了 39 名专职工序质量检查工，编制了车间级专检项目 5097 项，厂级专检项目 774 项，所有的质量检验工作都必须根据工厂统一编制的检查卡片，按规定程序、规定标准进行。

4. 哈尔滨电表仪器厂通过"十项整顿"取得"生产许可证"

为了加强产品质量的宏观管理，1984 年 4 月 7 日国务院发布《工业产品生产许可证试行条例》，开始实行工业产品生产许可证制度。凡是实行工业产品许可证制度的产品，企业必须取得生产许可证才具有生产该产品的资格。企业要取得生产许可证，必须具备一系列条件，如产品必须具有按规定程序批准的正确、完整的图纸或技术文件，必须具备保证产品质量的生产设备，必须有一支足以保证产品质量和进行正常生产的专业技术人员、熟练技术工人及计量、检验人员队伍，并能严格按照图纸、生产工艺和技术标准进行生产、试验和检测，产品生产过程必须建立有效的质量控制手段等。

哈尔滨电表仪器厂以取得"生产许可证"为突破口，扎扎实实地进行企业整顿。1982 年开始，他们从量大面广的电度表产品质量整顿入手，围绕许可证《细则》规定的五项基本要求（产品合格、零件合格、管理合格、生产条件合格、人员合格），重点搞了十项整顿。由于他们坚持高标准、严要求，通过抓住一块"表"，带动一条"线"，打开了企业全面整顿的局面，

———————————

① 《全面质量管理讲座》，科普出版社 1981 年版，第 77 页。

使电度表产品质量和精密电度和精密互感器等产品的质量都得到了提高。①

通过各行业开展质量管理整顿验收工作，我国工业企业的质量管理工作得到了切实的加强和提高。这对全面提高我国工业企业素质，增强企业在国内外市场中的竞争能力，是十分有益的。从我国企业管理现代化来看，质量管理是起步最早，成效最为明显的专业管理项目。

（三）劳动合同制与用工制度改革的探索

1. 国营企业试行劳动合同制的探索

为消除我国原有劳动制度上存在的"铁饭碗""大锅饭"等弊病，自1980年，上海、北京、广西、河南、安徽、江苏、甘肃、黑龙江等地陆续开展了劳动合同制的试点工作。如1980年10月，深圳开始在外商投资企业竹园宾馆、友谊餐厅试行劳动合同制。1983年8月，深圳市政府发布《深圳市实行劳动合同制暂行办法》，确定了劳动合同制是特区的用工方向，成为中国内地第一个实行劳动用工合同制的城市。深圳从试点开始转为全面实施劳动合同制，率先突破固定用工的传统体制，实行企业与员工的双向选择。

1982年，全国共有9个省、市、自治区试行劳动合同制，订立劳动合同的职工达到16万人。北京市到1982年底已决定按劳动合同制录用的职工人数为2.8万人。上海市从1980年开始试行劳动合同制，后来扩展到纺织、轻工、手工、仪表、冶金、邮电、外贸等20个行业，近300个企业，录用的人数为1.1万人。安徽省安庆市、河南省安阳市决定停止从社会上招收固定职工，录用职工全部采取订立劳动合同的办法。

从各地情况看，实行劳动合同制有两条明显的好处：一是适应生产和工作的需要，人员能进能出，劳动力可以在一定程度上实行社会调节，个人可以在一定范围内有选择职业的自由；二是更好地调动职工生产积极性。实行劳动合同制以后，出勤率一般比现行制度下的职工高2%—3%。

各地在试行劳动合同制的同时，对录用办法、管理制度、保险制度等，

① 哈尔滨电表仪器厂：《以夺取"生产许可证"为突破口，扎扎实实地进行企业整顿》，《经济管理》1983年第1期。

都进行了相应的改革。广西南宁市等地，采取全市公开招考，个人自愿报名，先行培训的办法。职工在企业工作期间，由企业管理；退出企业后，由劳动服务公司管理。河南省安阳市为订立劳动合同的职工建立了社会保险制度，由人民保险公司负责。保险基金由企业按月为每人向保险公司缴纳一定的金额，职工个人按月缴纳一定的金额，地方财政给予一定的补助。

1986年7月12日，国务院发布《国营企业实行劳动合同制暂行规定》《国营企业招用工人暂行规定》《国营企业辞退违纪职工暂行规定》和《国营企业职工待业保险暂行规定》等改革劳动制度的4个规定，对劳动合同的订立、变更、终止和解除、合同制工人在职和待业期间以及退休养老期间的待遇等方面作了具体规定。这几项暂行规定，是对新中国成立以来我国劳动制度的重大改革，它的实施消除了传统劳动制度中包得过多、统得过死、能进不能出的弊端。

2. 部分典型企业的工资制度改革探索

在扩大企业自主权，探索正确处理国家与企业的利益分配办法的同时，广大国营工业企业也着手积极开展企业内部分配制度的改革，探索正确处理企业与职工个人的利益分配办法。

1983年3月，国务院提出在不突破工资总额的前提下，企业可以试行内部浮动工资的办法。这是在当时情况下，进行内部分配制度改革的一个重要发展。许多企业运用浮动工资的办法，在企业内部试行适当拉开工资差距，体现多劳多得，奖勤罚懒的办法，以促进生产发展和提高劳动生产率。

1983年4月，国家决定开展全国性的企业调整工资和改革工资制度，提出了调整工资与企业经济效益挂钩，同职工个人劳动成果挂钩的原则。这是工资制度上的一次重大突破。尽管限于当时的条件，工资制度改革的动作不是很大，但毕竟是在工资制度的改革上走出了重要一步。同时，还提出了今后企业财源有保证，有条件进一步改革工资制度的，可进一步研究改革方案，如简化现行工资标准，实行职务工资，建立岗位津贴，调整某些工种的定级工资，建立正常的升级或增加工资的制度等。这些设想在以后的企业劳动工资制度改革中，逐步地得到了实现。

上海纺织行业在贯彻按劳分配原则，克服平均主义，搞好内部分配方面作了许多探索工作。44个纺织企业试行小集体超额计件制是比较成功的一例。其主要特征是：（1）以生产小组、流水线或联合机组为考核单位，在小集体内部再按各人完成指标或执行岗位责任制情况进行分配。在考核集体完成的产品产量、质量、节约、安全、操作、出勤等项指标完成情况后，计算小集体的应得报酬。（2）以工人原来工资为基础，超过定额的部分按照统一单价计算工资。（3）超额计件工资的水平取决于企业利润留成多少和小集体劳动的成绩。实行这一分配制度后，棉纺行业生产增长2%，针织、毛纺行业增长5%—8%。据针织九厂成衣车间对306名工人的统计，超额计件工资每月收入在20元以上的占8%；20元以下、15元以上的占19%；只得基本工资的占5.6%，没有完成定额而扣减基本工资的占0.65%。

北京光学仪器厂从1980年下半年开始实行经济体制改革，取得了一定的成效。1981年11月，又开始进行工资制度的改革，探索调动职工积极性，加强劳动工资改革的新路子。当时的工资制度改革是局部的，主要分为三部分：一是用浮动工资取代奖金；二是实行厂内工资；三是基本工资的20%由税后利润开支。浮动工资是将每人月平均奖金的8元和从每个职工标准工资中提取的11元，合并为浮动工资的基数。厂对车间、车间对工人都根据规定的标准进行考核，靠数据，按条件，发给浮动工资。厂内工资是指从税后利润中拿出一部分，给每个职工普遍加一次工资，在不离厂的条件下享受。基本工资的20%由税后利润中开支，是为了促使企业必须搞好经营管理和完成生产任务，取得一定的盈利。通过这一系列改革，使工资的弹性增加了，起到了一定的激励作用。同时，也加强了企业的劳动工资管理。

鞍山冶金矿山公司弓长岭铁矿也试行了浮动工资。他们采取以下几种形式搞浮动工资：（1）在井下矿试行假定全额工资加部分津贴和部分奖金浮动，主要与产量挂钩；（2）在选矿厂与运输车间试行部分基本工资加全部津贴、全部奖金浮动，主要是与责任挂钩；（3）在岭东矿试行部分基本工资加部分津贴浮动，也是与产量挂钩；（4）机修厂的机关科室试行部分基本工资和全部奖金浮动，分配方法是按职责计酬。试行浮动工资后，工人说是把"铁饭碗"打了个豁口，有利于贯彻按劳分配原则。

3. 破"三铁"

劳动合同制是"老人老办决、新人新办法"。合同制职工只限于新招收工人，原有的老职工仍然实行固定工制度，用工制度的"双轨制"对老职工并无任何冲击，这种劳动用工制度改革只是局部的，或者说涉及的职工是有限的。1992年1月25日，《关于深化企业劳动人事、工资分配、社会保险制度改革的意见》指出：企业内部的"铁交椅""铁饭碗"和"铁工资"弊端要完全破除，在企业内部真正形成"干部能上能下、职工能进能出、工资能升能降"的机制，成为当时转换企业经营机制的重要任务。根据《意见》精神，全国掀起了轰轰烈烈的"破三铁"活动。打破"铁饭碗"，推行全员劳动合同制；打破"铁交椅"，实行竞争上岗，能上能下；打破"铁工资"，试行岗位技能工资制。"破三铁"一开始就真正触动了几乎所有职工的切身利益，这在新中国成立以来还是破天荒的。国营企业长期形成的职工就业终身制、干部任职终身制和平均主义的分配方式，长期以来是作为"社会主义的优越性"来宣传和认识的。"破三铁"不仅对于人们思想观念的冲击是颠覆性的，对于人们切身利益的动摇也是根本性的。

《经济日报》在不到一个月的时间里发稿36篇，坚决地认为，"破三铁"是国营企业改革的一次"攻坚战"。新华社也发表述评，称"破除三铁，是今年企业改革的主旋律。"到3月底，全国"破三铁"试点企业已逾千家。"破三铁"是企业改革15年来，第一次把改革的对象对准了企业中的一般职工，在此前，所有的改革理念和措施都是针对经营层与国有资产管理层的。"破三铁"，其实也就是解除了企业与工人的"终身劳动契约"。在某种意义上，大张旗鼓的"破三铁"是一次观念革命，它让人们意识到，他们一直以此为家的国营企业不再是永远的保姆和不沉的大船。在媒体的热烈鼓噪和"徐州经验"的启发下，本溪钢铁厂宣布10.6万名职工全部实行全员合同制，它被认为是中国大型企业第一次打破"铁饭碗"；上海、四川和北京等地的老牌国营企业也纷纷以深化改革为名义大幅度裁员，大批工人下岗回家。有些地方政府官员更直接提出，以"三铁"精神（铁面孔、铁手腕、铁心肠）来破"三铁"。

"三铁"既破，然而社会保障体制却没有健全，很多的工人下岗，造成社会不稳定隐患。由于配套改革措施跟不上，特别是社会保障制度的不健全，最终导致"破三铁"改革无法继续深入。对于大量富余职工，政府的政策是"以企业自我消化为主"，但是，由于相当一部分企业员工优化下来之后找不到工作岗位，大量富余职工仍被沉积在企业内，产生大量的社会矛盾，导致"破三铁"的流产。

（四）引进国外先进管理理论与方法

党的十一届三中全会之后，广大国营企业在贯彻执行改革开放的一系列方针政策及探索企业管理现代化的过程中，积极引进国外管理理论，推广应用现代管理理论和方法。

1979年3月中国企业管理协会成立，积极引进国外管理理论，并在全面推广与应用方面，做了大量的工作。1979年12月，国家经贸委决定在北京长期举办企业管理干部研修班，培训企业管理干部，邀请国外专家学者来华讲学，进行业务交流，并决定以企业管理协会名义利用联合国开发计划署的援助项目，在北京建立一个有固定场所的培训中心。1980年8月，在中国企协的协助下，中美两国合办的中国工业科技管理大连培训中心第一期讲习研究班开学（中国大连高级经理学院前身）。这个中心是我国改革开放后引进国外先进管理思想、理论和经验的第一个窗口。1983年9月，中国企业管理协会和日本国际协力事业团合作建设天津企业管理培训中心的签字仪式在北京举行。2006年1月13日，中国大连高级经理学院在大连理工大学正式揭牌成立，是一所培训企业经营管理人员的国家级培训基地，与中共中央党校、国家行政学院、中国浦东干部学院、中国井冈山干部学院、中国延安干部学院共同构成"一校五院"国家级干部教育培训体系。这些培训中心的建立，为系统引进美国、日本等国的管理理论与方法，提供了现实条件。

到1984年底，全国已在29个省、市、自治区和80个工业城市建立了企业管理协会，另有12个全国性行业也建立了企业管理协会。在短短几年时间里，我国企业已学习并运用了全面质量管理、全面计划管理、全面经济核算、运筹学、价值工程、ABC管理法等现代管理方法，当时戏称"十八般武艺"，取得很好成效。其中，较为突出的管理方法实践有：

（1）第二汽车制造厂推行全面质量管理。二汽从1978年11月起，在全厂范围内推行全面质量管理，到1982年已经由制造过程发展到产品设计、制造、销售、技术服务全过程。由厂内发展到协作配套厂，初步形成比较完整的质量保证体系。

（2）北京第一棉纺织厂实践投入产出法。1982年京棉一厂在北京经济学院的帮助下，用电子计算机计算出该厂逐年生产消耗系数，全面反映企业生产主要物资流动全貌，为修订生产定额、劳动定额、消耗定额，指导经营过程的供产销平衡，提供了系统的科学依据。

（3）瓦房店轴承厂实行方针目标管理。瓦房店轴承厂以方针目标管理为主线，以全面质量管理、全面经济核算等"五全"为基础，以其他现代管理方法为辅助形式，系统地组织企业的生产经营活动，管理者素质有了明显的改善，企业经济效益大幅度提高。

（4）北京第三棉纺织厂实行目标规划法。京棉三厂与北方交通大学合作，用目标规划法和微电脑优选产品计划的编制，使年生产计划的编制，从过去的5、6天时间减少到1、2天，并且提高了计划编制质量。

（5）企业利用价值工程降低成本。沈阳市的50个上缴利税大户中，有35个企业应用价值工程改进产品和零部件设计，改进生产工艺和工艺装备，降低了208种产品的成本。1983年1—11月，共降低成本1008万元，其中4种产品扭亏为盈，7种亏损产品减亏286万元。第二汽车制造厂运用价值工程方法分析产品，发现5吨卡车的牵引功能过剩，于是他们在5吨卡车的基础上，在后桥后面增加两个支持轮，发展成一种8吨的载重车；同时，还发现轮胎有过剩功能，经试验把12层级轮胎改为10层级轮胎，每辆降低成本266元。

（6）企业管理借助电子计算机。北京市棉纺印染公司从1978年开始将电子计算机应用于管理工作，到1982年底，全公司已有电子计算机12台，主要应用于现场数据采集和企业管理。京棉一厂应用电子计算机后，布机效率提高1%—2%。他们应用电子计算机配棉，每公斤配棉单价可降低2分左右，仅京棉一、三厂，一年就可节约40多万元。新港船厂扩大电子计算机应用于企业管理，如造船估价、修船估价、房屋分配、工资计算、工时统计、设备编号等数字处理方面，都使用了电子计算机。

（7）目标成本管理的应用。上海皮鞋厂自1981年起实行目标成本管理，实现了财务工作的三个转变：① 从事后反映转变为事先目标控制；② 从单一费用监督管理转变为对全厂技术经济活动全过程的监督管理；③ 从财务部门一家算账转变为全员经济核算，把全厂的经济活动纳入了以提高经济效益为目标的轨道。① 本溪化学工业公司自 1980 年起推行目标成本管理，坚持以市场价格决定成本的原则，改变产品结构，降低生产耗费，至 1984 年，产值每年平均递增 12.1%，上交利润年平均递增 20.8%。

（五）国营企业组织制度变革

国营企业的组织制度随着市场经济体制的健全和企业自身的成长壮大经历了工厂制、公司制、集团公司等多种形态。

① 工厂制企业

工厂制企业主要指以技术关系为基本联系方式组成的企业。它是以机器体系为主要手段，不同工种的劳动者进行分工和协作，直接从事工业生产的基本经济组织。在改革开放之初，国营企业是行政体制的附属物，盈亏由国家负责，除了生产加工外几乎没有任何权利，其组织形态一般都是工厂制，有时甚至只相当于一个生产车间。国家实施行政性放权以后，国营企业获得一定的经济自主权，在生产经营、内部管理上功能才逐步健全。由于国家的生产计划仍然存在，国营企业并没有获得独立的自主经营权，虽然经过多次改革，但是企业组织形态仍然沿用工厂制。

② 公司制企业

相对于工厂制企业而言，公司制是指以资金联合为基本联系方式的企业组织。公司有较强的筹资优势，有利于实现生产专业化协作、推动技术进步、加强企业管理和监督，实现所有权和经营权的适度分离，是现代企业最主要的组织形式。1993 年 11 月，中共中央十四届三中全会通过了《中共中央关于建立社会主义市场经济体制若干问题的决定》，提出了"产权清晰、权贵明确、政企分开、管理科学的现代企业制度"，绝大多数国营企业实施了公司制改造，从工厂制向公司制转变。根据企业的具体情况，我国国营企业的公司制形态还包括有限责任公司和股份有限公司。

③ 企业集团与集团公司

企业集团是指以资本为主要联结纽带的母子公司为主体，以集团章程为共同行为规范的母公司、子公司、参股公司及其他成员企业或机构共同组

---

① 　上海皮鞋厂财务科：《推行目标成本管理，提高经济效益》，《经济管理》1983 年第 10 期。

成的具有一定规模的企业法人联合体。集团公司与企业集团是既有联系又有区别的两个不同概念，企业集团必须以一个或几个大中型企业为核心，核心企业必须具有企业法人地位；必须具有雄厚的经济技术实力；必须具有一定数量的成员企业（子公司）；必须具有投资中心、利润中心、成本中心等功能。这种核心企业实质上就是具有母公司性质的集团公司。拥有若干子公司的母公司称为集团公司，是一个企业法人。改革开放以后，在开展横向经济联合的过程中，企业集团开始在全国各地陆续涌现，但当时的企业集团普遍缺乏产权联系纽带，存在着"十个集团九个空"的现象。随着企业改革的不断深化，企业集团普遍进行了公司化改造，组织形态渐趋完善。尤其是在国营企业战略性改组的过程中，中央与地方先后成长起一批具有较强实力的企业集团和集团公司，为企业集团进一步向具有国际竞争力的跨国公司转型奠定了基础。

第七章　脱困建制时期的国有企业 (1992—2002)

　　随着 20 世纪 90 年代我国经济体制改革的发展，特别是中共十四大确定了我国实行社会主义市场经济体制的战略指导方针，我国国营企业的改革进入了一个新的阶段。1993 年 3 月八届全国人大一次会议通过的宪法修正案，将宪法有关条文中的"国营经济"和"国营企业"分别修改为"国有经济"和"国有企业"。从"国营"到"国有"，虽然只是一字之差，却有着内涵上的重要区别，体现了全民所有制企业所有权与经营权的分离。然而随着改革进程的深化，国有企业改革深层次的矛盾日益显现出来。国有企业在以往所进行的改革，基本上是沿着"放权让利"的思路进行，这只是对企业经营管理方式所进行的改革，并没有触及传统企业制度，没有从根本上解决国有企业走向市场的问题。国有企业长期存在政企职责不分，企业自主权难以落实，约束机制不健全，经营观念落后，历史包袱沉重，国有企业的财产所有权虚置。这些问题的产生主要是由于国有企业产权关系不明晰、组织制度不合理以及管理制度不科学等原因造成的。1993 年以后，国家确定了国有企业以建立现代企业制度为改革目标，并且围绕现代企业制度建设，在公司制改造、股份制推进、加强企业管理等方面实施了一系列政策措施，取得了明显成效，1998 年开始的三年改革脱困进一步促进现代企业制度改革提速，国有企业开始步入探索建设现代化企业制度的改革时期。

一、国有企业现代企业制度的初步建立

国企改革自 1978 年拉开序幕，从 1979 年 5 月首都钢铁公司、天津自行车厂等 8 家大型国企率先扩大企业自主权，到 1983 年 2 月国营企业试行"利改税"，首都钢铁公司的周冠五、石家庄造纸厂厂长马胜利等企业家开始走上了历史舞台，探索以放权让利为特征的国有企业改革路径，并最终定格于企业承包经营责任制。1992 年 7 月，国务院颁布了《全民所有制工业企业转换经营机制条例》，明确提出了企业转换经营机制的目标。1993 年开始，我国国有企业改革从"放权让利"为主转向机制转换、制度创新为主的起步阶段。

（一）建设社会主义市场经济目标的确立

1992 年 10 月，党的十四大总结了十一届三中全会以来 14 年的实践经验，明确"中国经济体制改革的目标是建立社会主义市场经济体制"，提出"适应建立社会主义市场经济的要求，国有企业改革要进一步从放权让利为主，转向机制转换、制度建设为主"。这充分肯定了之前国有企业改革试点的经验，宣告了国有企业制度改革的全面展开。同年，《股份制企业试点办法》《股份有限公司规范意见》等各项配套法律法规、政策制度逐步出台，用于规范、推进国有企业的股份制试点工作。

1993 年 11 月，党的十四届三中全会审议并通过《关于建立社会主义市场经济体制若干问题的决定》（以下简称《决定》）。《决定》明确提出了"建立现代企业制度，是发展社会化生产和市场经济的必然要求，是我国国有企业改革的方向"，并且指出现代企业制度的内涵是"产权清晰、权责明确、政企分开、管理科学"。"其基本特征，一是产权关系明晰，企业中的国有资产所有权属于国家，企业拥有包括国家在内的出资者投资形成的全部法人财产权，成为享有民事权利、承担民事责任的法人实体。二是企业以其全部法人财产，依法自主经营，自负盈亏，照章纳税，对出资者承担资产保值增值的责任。三是出资者按投入企业的资本额享有所有者的权益，即资产受益、重大决策和选择管理者等权利。企业破产时，出资者只以投入企业的资本额对企业债务负有限责任。四是企业按照市场需求组织生产经营，以提高劳动生产率和经济效益为目的，政府不直接干预企业的生产经营活动。企业在市场竞争中优胜劣汰，长期亏损、资不抵债的应依法破产。五是建立科学的企业领导体制和组织管理制度，调节所有者、经营者和职工之间的关系，形成激励和约束相结合的经营机制。所有企业都要向这个方向努力。"① 建立现代企业制度的要点是明确产权关系，健全法人制度，严格分开政企职责，建立灵活的市场竞争机制和依法规范企业行为。

《决定》还明确了建立现代企业制度的实现途径，它主要分为两个方面：一方面，具备条件的国有大中型企业，单一投资主体的可依法改组为独资公司，多个投资主体的可依法改组为有限责任公司或股份有限公司；另一方面，一般小型国有企业，有的可以实行承包经营、租赁经营，有的可以改组为股份合作制，也可以出售给集体或个人。

（二）建立现代企业制度的主要措施与成效

1.建设现代企业制度的主要政策措施

在公司制改革方面：1994 年 1 月，新中国成立后的第一部《公司法》实施，使我国的公司制企业纳入了法律轨道；1994 年 11 月，国务院确定在百家企业进行现代企业制度的试点；1995 年 7 月，国务院批转国家计委、财政部、国家经贸委发布的《关于将部分企业"拨改贷"资金本息余额转为国家资本金的意见》，这是为国企注入资本金、减轻企业债务负担的有力措施；1996 年 7 月，国家经贸委和国有资产管理局宣布将向 144 个中央企业派出监事会（稽查特派员）；1997 年 9 月，中共十五大提出力争到 20 世纪末大多数国有大中型骨干企业初步建立现代企业制度。

在探索国有资产管理的有效形式方面：1994 年 7 月，国务院发布《国有企业财产监督管理条例》，规定由国务院代表国家统一行使对国有企业财产的所有权，实行分级管理和分级监督；1997 年 7 月，国家体改委印发《关于城市国有资本营运体制改革试点的指导意见》，选择了 10 个城市作为改革

---

① 《关于建立社会主义市场经济体制若干问题的决定》，《人民出版社》1993 年版。

试点；1998 年 7 月，中共中央大型企业工委成立，负责对国有企业领导班子的监督，促进党的路线方针和党中央、国务院的有关精神在企业的落实，研究探索国有企业中党的领导班子的建设。

2. 国有企业建设现代企业制度的试点

在公司制改革方面，实施了"现代企业制度百家试点"。试点工作开始于 1994 年 11 月，由国家经贸委牵头，建立了由体改委、计委、财政部、中国人民银行等 14 个部门组成的部级联席会议制度和联络员制度。100 家试点企业除上海无线电三厂解体、淄博化纤总厂被齐鲁石化公司兼并以外，全部进行了公司制改造。有 17 家企业由工厂制直接改制为多元股东持股的公司制，其中，股份有限公司 11 家，有限责任公司 6 家。69 家企业由工厂制改为国有独资公司制，其中，先改制为国有独资公司、再由国有独资公司作为投资主体、将生产主体部分改制为股份有限公司或有限责任公司的有 29 家。有 10 家企业由原行业主管厅局"转体"改制为纯粹控股型国有独资公司。截至 1997 年，有 40 家企业改制上市。

试点企业按照中共十四届三中全会关于建立现代企业制度的要求以及《公司法》的规定，重点做了以下工作：（1）明确了国有资产投资主体，规定了国有投资者的资产收益权、重大问题决策权、选择任用经营者等权利，以及对企业债务的有限责任，与政府之间建立被投资者与投资者的关系。（2）通过清产核资、界定产权，明确了企业法人财产权，成为享有民事权利、承担民事责任的独立的法人实体。（3）建立了股东会、董事会、监事会和经理层，规定了各权力机构的责任与义务，即股东会向全体股东负责，董事会向股东负责，总经理向董事会负责，监事会向股东负责。权力机构之间形成各自独立、权责明确、相互制衡而又相互协调的关系，科学、民主的领导体制和决策体制初步形成。（4）完善管理制度，提高管理水平。企业贯彻国家经贸委的"三改一加强"方针，把改制、改组、改建和加强管理结合起来，对企业实施综合治理，通过技术创新，改革劳动、人事、分配制度，精简管理机构和管理人员，提高企业市场竞争力。100 家试点企业共精简管理机构 313 个，精减管理人员 8705 人，合同工的比例增加到 83%，分离社会职能机构 239 个，涉及 3.8 万人，分流 11.7 万人。72% 的企业建立了奖惩制度并能严格执行，88% 的企业建立了产品质量责任跟踪制度，30 家企业取得了 ISO9000 系列质量认证。（5）积极利用国家政策，调整企业资产负债结构，扩大规模，减轻办社会负担。国家及地方政府针对试点企业出台了部分所得税返还、"贷改投"、技术改造重点投资、兼并优惠等政策。截至 1996 年，试点企业通过资产重组和二级子公司的多元投资主体改制，共增加资本金 150.4 亿元，其中：中央和地方"拨改贷"资本本息转为国家资本金共 28.7 亿元；其他形式的贷款转投资 22.5 亿元，税收退还 10.1 亿元，吸收外资入股 23.3 亿元，社会法人入股 8.2 亿元，内部职工入股 5.3 亿元。试点企业共兼并企业 80 个，增加资产 38.1 亿元，吸收被兼并企业的职工 5.14 万人。另外，试点企业共分流富余人员 11.7 万人，占富余人员总数的 65%。通过上述措施，试点企业的资产负债率由试点前的 67.59% 下降到 65.28%。①

图 7-1　1993 年东风汽车公司制

3. 建设现代企业制度的成效和问题

通过试点，一批国有企业改制为公司，经营机制发生了很大变化。企业摆脱了对政府的附属与依赖，开始成为自主经营、自负盈亏的法人实体和市场主体。这些企业按照《公司法》建立起股东会、董事会、监事会和经理层，制定了公司章程，规定了各权力机构的职责与义务，初步形成了法人治理结构。

法人治理结构的形成，标志着我国国有企业在制度上开始向市场经济转变，这对增强企业的经营活力有着重要的意义。与计划经济体制不同，在市场经济体制中，企业面对变化多端的市场，需要迅速作出决策。在法人治

① 《中国经济年鉴》（1998），中国经济年鉴社 1998 年版，第 702 页。

理结构中，以董事长、总经理为首的企业家队伍负有迅速、正确决策的义务，同时自主决定的分配制度也为他们提供了充分的激励和约束，所以他们必须竭力率领企业在市场竞争中拼搏。在法人治理结构中，股东可以并且也只能通过股东会，凭借所持股份的大小来不同程度地参与企业的经营决策。这种方法既体现了所有者的权利，也给经营者提供了相对稳定的工作环境。法人治理结构中监事会的主要职责，就是依照法律来监督企业行为，使其在实现利润目标的同时，不能疏忽社会责任。1992—1997 年由国有企业改制而成的公司，是改革开放以来最早组建的、在市场中运作的公司。它们的实践，为之后全面展开的公司制改革提供了有益的经验。

试点企业按《公司法》的要求构建了法人治理结构，了解了公司制企业的运行规则，对中国企业来说是公司制的第一次启蒙。但由于当时国有资产出资人不明确、不到位，没有股东对经营层的要求和压力，公司治理结构也完全由企业内部人组成，实质上仍是"一把手负责制"。因而这一轮试点的企业，尤其是改制为国有独资公司的企业，较之真正意义上的现代企业制度，普遍存在"形似而神不似"的情况。

（三）国有企业推进发展股份制的初步探索

1. 国有企业推进发展股份制的历史回顾

股份制在搞活国有大中型企业中的积极作用，在改革的初期就已表现出来。在改革初期，为了搞活国营大中型企业，除了采取扩大企业自主权、实行承包经营责任制、资产经营责任制、租赁制之外，在一些企业（包括国有企业和集体企业）中开始了股份制改革实践。比如，1980 年，哈尔滨松江木器厂尝试采用集资入股的办法搞股份制经济；1983 年，深圳市成立了宝安县联合投资公司；1984 年，北京市天桥百货股份有限公司成立；1984年，上海电声总厂发起成立了上海飞乐音响公司。1985 年 10 月，新中国第一家代理和转让股票的证券公司——深圳特区证券公司正式成立。1986 年9 月，中国工商银行上海信托投资公司静安证券业务部开始营业。此后，沈阳、北京、广州等地也先后成立了证券交易市场。

中共中央和国务院对股份制经济的早期发展给予了积极支持。1984 年4 月，国家体改委在江苏省常州市召开了城市经济体制改革试点工作座谈会，提出"允许职工投资入股，年终分红"。1984 年 10 月发布的《中共中央关于经济体制改革的决定》指出："全民所有制经济是我国社会主义经济的主导力量，但是全民所有制的巩固和发展绝不应限制和排斥其他经济形式和经营方式的发展为条件。坚持多种经济形式和经营方式的共同发展，是我们长期的方针，是社会主义前进的需要。"1986 年 12 月，国务院在《关于深化企业改革增强企业活力的若干规定》中明确指出："各地可以选择少数有条件的全民所有制大中型企业，进行股份制试点。"1987 年 10 月，在党的十三大报告中，也对股份制试点做了正面肯定："改革中出现的股份制形式，包括国家控股和部门、地区、企业间参股以及个人入股，是社会主义企业财产的一种组织方式，可以继续试点。"1990 年 11 月 26 日，经国务院授权、中国人民银行批准，上海证券交易所正式成立。这是改革开放以来的第一家证券交易所。1991 年 4 月 11 日，中国人民银行批准成立深圳证券交易所。

1992 年，邓小平"南方谈话"发表以后，国家体改委会同有关部门制定并陆续公布了《股份有限公司规范意见》《有限责任公司规范意见》以及《股份制企业试点办法》和《股份制企业财会制度》等 14 个引导股份制试点健康发展的配套文件，加强了对试点工作的领导，使试点逐步迈向规范化发展的轨道。

1992 年 10 月，党的十四大报告中对股份制试点工作继续予以肯定："股份制有利于政企分开、转换企业经营机制和积聚社会资金，要积极试点，总结经验，抓紧制定和落实有关法规，使之有秩序地健康发展。"股份制试点从此呈现加速推进的态势。同年 10 月 12 日，成立国务院证券委员会（简称证券委），并决定成立中国证券监督管理委员会（简称证监会）。

1993 年 11 月发布的《中共中央关于建立社会主义市场经济体制若干问题的决定》，对股份制给予了更加明确的肯定："具备条件的国有大中型企业，单一投资主体的可依法改组为有限责任公司或股份有限公司。上市的股份有限公司，只能是少数，必须经过严格审定。""要通过试点，逐步推行，绝不能搞形式主义，一哄而起。"股份制试点的法律、法规基础进一步完善。1993 年 4 月，国务院发布了《股票发行与交易管理暂行条例》。1993年 12 月 29 日，第八届全国人大常委会第五次会议通过《中华人民共和国公司法》，自 1994 年 1 月 1 日起实施。

1995 年 9 月 28 日，十四届五中全会通过了《中共中央关于制定国民经济和社会发展"九五"计划和 2010 年远景目标的建议》，第一次提出了"抓大放小"的改革战略。这是中国国有企业经历了宏观管理改革（放权）、初级产权改革（承包制）后，开始进入产权层面的改革。

2000 年 12 月，全国财政工作会议在北京召开，会议提出，2001 年财政工作要加大推进国企改革和发展力度；要推动企业重组改制，加快股份制改革步伐；要认真研究企业重组改制中的有关问题，制定合理的财税政策，促进企业轻装上阵，以适应加入世贸后市场竞争的新形势；要抓紧实行国有股减持，促进社会保障体系建设，为社会稳定和企业发展创造条件。2000 年，国有企业宝山钢铁股份有限公司上市，融资约 70 亿元人民币。这是中国证券市场有史以来规模最大的募股行为，标志着中国国有企业股份制改革已取得重大突破。除宝钢外，还有一批大型国有企业也在积极筹备上市，如中国海洋石油总公司、中国电信等。同时，国有企业也在积极利用国际资本市场进行融资。2000 年，中国石油天然气股份有限公司、中国联通股份公司和中国石油化工股份公司先后成功在境外上市，三家公司融资额超过 120 亿美元。

2. 股份制改革初步探索的成效

通过规范上市、中外合资和相互参股等形式实行股份制，相当一批企业进行了公司制改革，初步形成了投资主体多元化的格局。全国 4371 家骨干企业完成公司制改制的达 76%，2002 年底，国有控股股份制企业共有 3084 户。520 户国家重点企业中的 514 户重点国有及国有控股企业，已有 430 户进行了公司制改革，改制面达到 83.7%，其中 282 户企业整体或部分改制为有限责任公司或股份有限公司。改制企业依法设立了股东会、董事会、监事会和经理层，明确了各自的职责。一批股份制企业还通过上市等途径在资本市场筹集了资金，股权结构得到优化，现代企业制度正在形成。到 2002 年底，我国在境内外上市的 1270 家企业中，国有控股公司占 80%，其中包括中石油、中石化、中海油、中国移动、中国联通等 75 家重点骨干企业。据国家统计局第二次全国基本单位普查数据，截至 2001 年底，我国股份制企业（包括有限责任公司和股份有限公司）共 30 多万家，较 1997 年增长了 3.2 倍，年均增长 33.1%[①]；股份制企业已经成为我国法律上最规范、实践中最富有活力的一种所有制形式，其发展对完善所有制结构、促进国民经济发展、引导其他经济成分企业进行制度创新，都发挥了重要作用。

完成股份制改制的企业，表现出以下三个特点：第一，"产权清晰、责权明确"的企业法人制度普遍建立。改制企业中已有 3118 家企业在完成清产核资、界定产权的基础上建立了明确的企业出资人制度。改制企业出资人到位率达到 93.9%。企业自主经营权得到有效落实。第二，投资主体多元化步伐加快。改制企业注册资本金合计 11437 亿元，其中国家投入资本金 7383 亿元，包括集体资本、法人资本、个人资本、外商资本在内的其他各类资本金 4054 亿元，分别占改制企业注册资本金总数的 64.6% 和 35.4%。第三，企业法人治理结构日趋完善。改制企业大部分企业法人治理结构完善情况较好，其中，1987 家企业成立了股东会，3196 家企业成立了董事会，2786 家企业成立了监事会，分别占改制企业总数的 59.8%（按《公司法》规定，国有独资公司不设股东会）、96.29% 和 83.9%。同时，按照年轻化、知识化、专业化的方针和德才兼备的原则，建设了一支高素质、年轻化的企业家队伍，3322 家改制企业总经理平均年龄为 47.3 岁。

二、三年脱困中的国有企业改革

在中国国有企业改革的历史进程中，1998—2000 年的三年改革脱困是一个具有标志性的阶段和重大的转折。从 1984 年城市经济体制改革开始，国有企业改革成为经济体制改革的中心环节，经过 10 余年艰苦探索和实践，国有企业逐步从传统体制下的政府附属物转变为自主经营的经济实体，无论是在体制上还是内部的管理上都取得了显著的成效，整体素质有了明显提高。但在改革进一步深入推进的过程中，国有企业遇到了与旧体制的深刻碰撞，陷入了前所未有的困境。为了解决国有企业面临的深层次的矛盾，1997 年底中共十五届一中全会提出，要用三年左右的时间，通过改革、改组、改

---

① 《中国经济年鉴》（2001），中国经济年鉴社 2001 年版，第 707 页。

造和加强管理，使大中型骨干企业初步建立现代企业制度，这就是改革脱困的"三年两大目标"。1998 年新一届中央政府组成之后，即把实现"三年两大目标"作为本届政府最重要的任期目标之一，一场意义深远的改革攻坚战由此打响。

20 世纪 90 年代后期，在国有企业改革进入产权改革初期，中国经济和国有企业的经营开始面临新的困难，国有企业经营业绩急剧下滑。国有企业深层次矛盾与市场经济体制的逐步建立形成了强烈的反差，在财政体制、金融体制已经改变的背景下，在市场竞争格局初步形成的环境中，旧体制掩盖下的国有企业长期低效率运行的问题凸显出来。在国有经济的运行上，具体表现为经济效益急剧下降，亏损企业增加，大批职工下岗，一大批企业亏损严重，难以为继，有的已濒临倒闭。可以说，至 1997 年底，我国国有企业改革如在弦之剑，不得不发。

时任国务院副总理朱镕基在辽宁考察时首次以"三年脱困"来概括国有企业的改革目标和任务：必须坚定信心，扎实工作，用三年左右时间使大多数国有大中型企业走出困境。具体要从三个方面入手：一是继续加强国有企业领导班子建设，尤其是要选好企业的厂长、经理；二是必须坚决走"鼓励兼并、规范破产、下岗分流、减员增效、实施再就业工程"的路子；三是要利用多种方式，包括直接融资的办法，帮助国有企业增资减债。

1998 年 3 月，朱镕基在记者招待会上回答香港记者吴小莉的提问时说："不管前面是地雷阵还是万丈深渊，我都将一往无前，义无反顾，鞠躬尽瘁，死而后已。"① 用"地雷阵"来形容中国国有企业改革乃至整个中国经济体制改革所面临的复杂艰难却又绕不过去的局面，实在是再恰当不过了。

（一）改革的目标是扭转国有企业面临的困境

国有企业生存艰难不仅仅发生在某一地区、某个行业，而是全局性的。根据国家统计局提供的数据，截至 1997 年底，全国 31 个省（区、市）的国有及国有控股工业企业盈亏相抵之后，有 12 个省（区、市）为净亏损。从

---

① 《在九届全国人大一次会议记者招待会上回答中外记者提问》，见《朱镕基答记者问》，人民出版社 1998 年版。

行业状况看，多个行业部门亏损严重，其中纺织、煤炭、有色、军工、建材全行业亏损，形势严峻，全国国有及国有控股的 16874 户大中型工业企业，亏损 6599 户，亏损面达 39.1%，亏损额达 665.9 亿元，并呈蔓延趋势。表 7–1、表 7–2 可清楚直观地显示当年国有大中型企业经营状况的窘境。

表 7–1　国有大中型工业企业基本情况

单位：亿元

年份 项目	1994	1995	1996	1997
企业数	14517	15668	15763	16874
亏损企业数	4220	5151	5885	6599
亏损面（%）	29.07	32.88	37.33	39.11
利润总额	831.43	704.97	493.56	856.50
盈利企业盈利额	1153.55	1145.41	1048.78	1522.40
亏损企业亏损额	322.12	440.44	555.22	665.90
资产总额	32188.22	39346.37	44246.30	57781.70
负债总额	21661.47	25426.24	28186.22	36462.34
资产负债率（%）	67.30	64.62	63.70	63.10

资料来源：邵宁：《国有企业改革实录》，经济科学出版社 2014 年版，第 48 页。

表 7–2　国有工业企业亏损基本情况

年份	亏损额（亿元）	亏损面（%）	亏损率（%）
1990	348.76	27.55	47.33
1991	367.00	25.84	47.71
1992	369.27	23.36	40.83
1993	452.64	28.78	35.64
1994	482.59	30.89	36.79
1995	639.57	33.53	43.87
1996	790.68	37.70	63.51
1997	830.95	38.22	66.01

资料来源：邵宁：《国有企业改革实录》，经济科学出版社 2014 年版，第 48 页。

对于国有中小企业而言，形势更为严峻。早在 90 年代初期，全国各地国有中小企业危机就已先于国有大企业开始爆发。1994 年，全国国有中小企业整体亏损的情况就已经出现，国有中小企业盈亏相抵为负 2.8 亿元，尽管亏损额度并不太大，但接下来整体亏损的局面非但没有改善反而愈演愈烈，困难连年加剧，日子也越来越艰难，中小企业开始频频告急。到 1996年，全国国有中小企业亏损 158 亿元，是 1994 年亏损额的 70 倍。1997 年，全国国有中小企业亏损 204 亿元，较上年增亏 46 亿元，增幅为 30% 左右，净资产保值增值率为负数。全国各地出现了大量国有中小企业停工停产，生产难以为继，大批工人下岗失业，并由此导致社会不安定因素增加。国有中小企业经营困难的局面从表 7–3 可见一斑。

表 7–3　全国国有工业企业经营情况（1996—1997）

1996 年							
项目	企业类型	企业单位数（个）	亏损企业（个）	资产总计（亿元）	负债合计（亿元）	利润总额（亿元）	亏损企业亏损总额（亿元）
独立核算国有工业企业	大型企业	4946.00	1590.00	34223.44	20936.65	571.1	300.61
	中型企业	10817.00	4295.00	10013.81	7249.57	−77.54	254.61
	小型企业	71219.00	23311.00	8519.77	6173.77	−80.92	235.46
1997 年							
项目	企业类型	企业单位数（个）	亏损企业（个）	资产总计（亿元）	负债合计（亿元）	利润总额（亿元）	亏损企业亏损总额（亿元）
独立核算国有工业企业	大型企业	4800.00	1669.00	39760.09	24486.52	631.88	340.08
	中型企业	10123.00	4373.00	10248.66	7468.98	−103.28	249.06
	小型企业	59465.00	22391.00	9098.86	6683.07	−100.77	241.81

资料来源：原始数据来源于中国国家统计局，国研网整理。

从表 7–3 中我们可以看到，1996 年，中型国有企业和小型国有企业均出现了整体亏损，而且亏损的趋势在逐步扩大，亏损额分别从 1996 年的77.54 亿元、80.92 亿元扩大到 1997 年的 103.28 亿元、100.77 亿元。

　　进一步分析相关的数据，我们还可以发现，中小企业以合计不足 35%
的总资产"贡献"了超过 60% 的亏损总额。同时，在资产结构上，中小企
业的负债率达到了 72%，高于大型企业的 61% 资产负债率，这进一步限制
了中小国有企业的盈利乃至生存能力。

　　从亏损户数来看，1997 年全国国有中小企业 69588 家，其中亏损 27764
家，亏损面达到 38.5%。而据一些地区的调查情况反映，因审计缺漏、账目
不清等原因，实际亏损情况比统计反映出来的更严重。从资产负债率来看，
当时大部分国有中小企业都背负着极为沉重的债务负担，很多企业每年的利
息支出就超过当年利润，发展实在无从谈起。1997 年，独立核算国有工业
企业资产总额为 19347.52 亿元，负债却达 14152 亿元，全国国有中小企业
平均资产负债率接近 80%。

　　国有中小企业是国民经济的最小细胞，由于它所具有的分布广，数量
众多，吸纳就业岗位多等特点，其陷入困境对于职工就业、对于整个社会保
障等带来了较大的影响。据统计，1997 年全部独立核算的国有工业企业年
平均职工人数为 3870 万人左右，其中国有中小企业为 1907 万人，约占职工
总人数的 50%。据了解，在 1998—2008 年的 10 年间，国有企业下岗职工
总数超过了 2700 万人，这其中大部分是国有中小企业职工。20 世纪 90 年
代末，我国社保体制尚不健全，国有中小企业职工相对于国有大型企业来说
更缺乏保障，职工的下岗失业直接导致其家庭日常生活更困难，离退休职工
更是失去了基本的医疗和养老保障。企业效益恶化直接导致许多县域经济入
不敷出、濒临瘫痪破产，而下岗职工日益增多，加上新的就业岗位严重匮
乏，城镇失业人口激增，由此导致了一系列的社会矛盾和不稳定问题，政府
深陷财政与就业巨大压力之下。

　　在 1997 年前后，中国国有经济状态低迷，由国有企业效益持续下滑引
致了诸多问题，有的已经到了非常尖锐的程度。在国家经贸委提交给国务院
的一份报告中，描述了当时国有企业的现状：在 1997 年前后，中国的国有
企业问题已经到了非常尖锐的程度……在一个变化了的宏观经济体制背景和
市场竞争格局下，改革进展不平衡的后果越来越表面化。在财政不愿提供亏
损补贴、银行不愿提供贷款的情况下，国有亏损企业的问题已经成为一个影
响稳定的社会问题，尤其是在当前社会保障体系尚未健全的背景之下。

"下岗""破产""亏损""效率低下""改革似乎走到了尽头"等词语成了1995—1996年之后国有企业状描述中出现频率最高的词语。在诸多的困境中最具代表性的有区域代表性的辽宁现象和行业代表性的煤炭与纺织业"黑白双困"。

1. 辽宁现象

到1997年，全国国有工业企业已经连续三年净亏损，当时的926户国有大中型企业中亏损491户，亏损面高达53%，一大批企业处于停产、半停产状况。从地域上看，东北三省作为老工业基地，无疑是国企改革陷入困境的重灾区之一，其中，辽宁省所经历的国有企业转型的阵痛及其对地方经济的冲击更具有代表性。辽宁省作为重要的老工业基地之一，曾为全国的建设事业作出过重要贡献，但在向市场经济体制转轨的过程中，辽宁省国有企业历史上形成的机制性、结构性矛盾日益突出：国有企业比重过大、传统产业过重、企业负担过重、重工业企业集中以及单一的体制、单一的公有制结构、单一的产业结构、单一的财政来源，是一个典型的计划经济模式。由于辽宁国有企业亏损严重、亏损面大、涉及面广，引起国内外的广泛关注，被称为"辽宁现象"。

2. "黑白双困"

煤炭行业和纺织行业面临的困境在当年的国企脱困过程中颇具代表性，人们称为"黑白双困"。

从1996年开始，煤炭行业随着经济周期的调整，面临需求不足、库存高企、价格持续回落的状况。1997年煤炭产量出现负增长，1998年煤炭产量增速更下滑至8.95%。相关资料显示，1997年，煤炭行业有国有大中型企业170户，其中，原中央国有重点煤矿94户，其他煤炭企业76户，亏损面为36.5%。94个国有重点煤矿亏损1633万元（补贴前，下同），其中，盈利企业66户，亏损企业28户，亏损面为30%。国有重点煤矿年利润额在10万元以下的有24户，占1/4以上，亏损额最高的鸡西矿务局亏5.7亿元，其次是抚顺矿务局亏4.54亿元。到1998年，煤炭企业亏损额和亏损面大幅度上升，170户国有大中型企业中，盈利企业50户，亏损企业120户，亏损面为70.6%。94个国有重点煤矿亏损近40亿元，只有18户企业盈利，亏损企业76户，亏损面高达80.9%。大多数煤炭企业生产经营陷入困境之中。

作为我国传统产业部门的纺织业在国民经济中曾发挥过重要作用，20世纪90年代中期，纺织工业的总产值占到全国工业的1/8，职工人数占到1/7，出口占到1/4。在纺织行业中，其国有经济比重一直较高，特别是棉纺织行业。1997年棉纺锭的70%产量分布在国有企业，并且相当一部分分布在中心城市。从1993年开始，随着市场的变化和农村纺织工业的崛起，国有纺织行业逐渐成为全国国有工业中困难最大、亏损最严重的行业之一，到1996年跌入低谷。1996年国有大中型纺织企业亏损户数占全国国有大中型亏损企业总数的18%，亏损额占19%；涉及职工人数180万人，占全国大中型亏损企业人数的20%；企业亏损面达42%，高出全国国有工业8个百分点。1997年纺织业的工业增加值率仅为19.63%，低于全国平均水平7.7个百分点；每百元固定资产原值实现的利税仅2.52元，仅为全国工业平均水平的1/4；每百元销售收入实现的利润为负1.73元，全国平均水平为2.57元；工业成本费用利润率为负1.93%，全国平均水平为3.05%。到1997年年底，国有纺织工业水平资产负债率达到82%，比全国国有工业平均负债率高出17个百分点。有1/4的纺织业企业资产负债率超过100%，资产负债率在90%以上的企业占到了43%。同时，国有企业人员太多，我国棉纺企业用工水平为国际一般水平的2倍以上，中心城市纺织老企业离退休职工与在职职工的比例一般为1：1，有的企业甚至达到2：1。1997年国有纺织企业的平均劳动生产率仅为1万元，而非国有企业达到人均2.2万元。要达到有竞争力的水平，国有纺织企业职工要减少50%左右，大致250万名职工需要安置、转移，这是结构调整和改革的最大难点。

与国有纺织工业巨额亏损形成鲜明对比的，是非国有纺织工业利润逐年稳定的增长，从经济运行指标上看，非国有纺织工业具有明显的优势。1997年国有纺织企业净亏损72.2亿元，而非国有企业实现利润109.24亿元；国有企业实现利税总额7.31亿元，非国有企业实现利税总额276.71亿元。1997年非国有企业利润比1990年增长了4.38倍，平均年增长率达23.5%。这说明纺织工业的突出困难主要集中在国有企业。纺织行业先行扭亏解困，可以对其他行业起到重点突破、经验借鉴、带动全局的作用。纺织工业后来被作为突破口，成为脱困的重点。

（二）国有企业陷入困境的原因

国有企业经营陷入困境，既受到企业外部因素的影响，也限于企业自身沉疴宿疾的累积，到了关键的节点便陷入难以为继的窘境。

1. 市场经济对国有企业的挑战

1992 年，邓小平的南方谈话，对改革与发展的重大问题作了明确回答，唤起了新的思想解放运动，使人们打破姓"社"姓"资"的思想禁锢，清楚地指出"社会主义的本质，是解放生产力，发展生产力，消灭剥削，消除两极分化，最终达到共同富裕。"①"计划多一点还是市场多一点，不是社会主义与资本主义的本质区别。"计划与市场不是划分社会制度的标志，计划不等于社会主义，市场不等于资本主义，资本主义也有计划，社会主义也可以有市场。至此，社会主义市场经济才真正被接受，邓小平的南方谈话很快成为中央的决策主轴。同年 10 月，党的十四大召开，大会报告确立了"建立有中国特色的社会主义市场经济体制"的改革目标，报告中还提出"转换国有企业特别是大中型企业的经营机制，把企业推向市场，增强它们的活力，提高它们的素质。这是建立社会主义市场经济体制的中心环节，是巩固社会主义制度和发挥社会主义优越性的关键所在。"在十四大之前，我国的国有企业叫国营企业，十四大改称为国有企业。虽一字之差，但意义重大，这意味着国家不再是企业的直接经营主体，而是企业的所有者。

市场化程度的加快首先表现为外资和民营资本对市场的激烈争夺，使市场竞争在 90 年代初空前激烈，曾经是国有经济一统天下的市场出现了国有、民营和外资"三分天下""三足鼎立"的局面。与国有企业相比，新兴的民营企业和外资企业拥有体制、机制灵活，资金实力雄厚的优势，往往能够在市场快速波动中占得先机。改革开放初期，为鼓励引资，国家给予外资在税收等多种优惠政策支持，而应运而生的民营企业以其灵活的经营机制，发展也十分迅猛。国有大型企业依靠其规模大、实力强的优势，经过企业内部不断深化的变革，依然能够与外资、民企在市场竞争中所抗衡。但对于在规模、技术、资金、市场、企业内部机制等多方面都不具优势的国有中小企

---

① 《邓小评文选》第三卷，人民出版社 1993 年版，第 373 页。

业而言，首当其冲受到强烈的冲击。当国家经济开始步入市场化轨道时，高额的不良负债使银行中止贷款，几乎切断了国有中小企业简单再生产赖以维持的资金来源，由于缺乏投入，以致产品研发能力弱、产品档次低，而成本高加上市场狭窄，致使众多国有中小企业又难以快速形成规模，只能勉强维持简单再生产。在转轨过程中，国家政策和市场环境的变化使得国有中小企业既无政府"输血"，又无自身的"造血"功能，多数国有中小企业在竞争激烈的市场经济中岌岌可危。

在党的十四大确定建立有中国特色的社会主义市场经济体制的改革目标并将企业推向市场之后，国有企业在"短缺经济"的环境下被掩盖或忽视的问题逐渐爆发出来。首先，随着市场进入买方市场，绝大多数商品出现供大于求的状况，种种不适应市场的结构性矛盾非常尖锐地暴露出来，包括低水平重复投资在国有经济内部形成了大量过剩产能；在计划经济体制下形成的不合理的生产力布局还未得到及时有效的调整，严重妨碍了国有经济资源的合理配置；以自给自足为特征的"大而全、小而全"的国有企业组织结构，降低了企业的运行效率；受投资体制限制和计划经济生产模式的影响以及企业长期缺乏必要积累，国有企业长期缺乏创新和市场开拓意识，重生产、轻开发、忽视营销，研发投入严重不足、技术创新能力低下，导致其装备水平落后、产品结构不合理，不能适应日益变化的市场需求，竞争力明显不足。这些问题，在纺织、家电等行业尤为突出。

其次，企业内部经营机制的矛盾和严重不适应市场竞争的问题随市场化程度的提升也逐步暴露出来。1994年《中华人民共和国公司法》颁布实施后，国有企业改制有了法律依据。虽然大多数国有企业按照《公司法》的要求改制为有限责任公司或股份有限公司，但绝大多数改制公司的股权结构仍然是国有独资或国有绝对控股，政企不分的问题没有解决，出资人没有真正到位，经营责任难以落实，经营机制仍然难以适应市场竞争的要求。国有企业从20世纪80年代初期就开始推行的三项制度改革，但在大多数企业改革并没到位，平均主义"大锅饭"没有根本打破，"职工能进不能出、管理人员能上不能下、收入能高不能低"的问题还在困扰着国有企业。与"三资"企业、民营企业、乡镇企业、改制真正到位的股份制企业相比，国有企业经营机制上反差强烈，一旦市场竞争加剧就会处于极为不利的地位。

2."企业办社会"对国有企业的束缚

在计划经济时期，国有企业还扮演着一级社会组织的角色，为此承担了大量社会职能。在国有企业中，除了"大而全""小而全"的生产体系外，公检法司、从托儿所到大学的厂办教育、后勤商业服务等无所不包，当时形象的说法是，企业除了没有火葬场，什么都有。企业办社会是传统计划经济体制下形成的特殊形式，经过几十年的沉积，已铺了过大摊子，耗费了企业大量的人财物力，形成的企业办社会、富余人员和债务负担，严重阻碍了国有企业进入市场。有关部门调查的情况显示，国有企业的富余人员一般都在 1/3 以上，有的甚至高达 1/2；国有企业承办的义务教育阶段的学校占社会城镇同类学校的 1/3；国有企业办的医院占全社会医院数量的 40%，病床数占 1/3。据不完全统计，全国国有企业中现有从事非生产性后勤工作的职工约 2000 万人，占国有单位全部职工总数的 20% 左右，国企在"办社会"方面一年花费约 3000 亿元，拥有后勤资产高达 1 万亿元，约占企业总资产的 30—40%。① 以大庆油田为例，1995 年各种社会负担已高达 22.23 亿元，其中支付企业办各类学校费用 3.35 亿元，各种医疗机构补贴经费 1.2 亿元，职工医药费 1.83 亿元，职工住宅维修费 0.59 亿元，社会捐款支出 0.5 亿元，除此之外，还担负大庆市政府经费 3.8 亿元，额外负担市局双重职能机构费用 0.4 亿元等。企业办社会的历史痼疾严重地制约了大庆油田的正常生产经营。

"企业办社会"的直接后果是造成企业营业外支出过大，使企业运作成本的付出与企业效益最大化的要求相矛盾，以致企业投入大，产出小，效益低下，同时又在很大程度上掩盖了国有企业经营管理上的缺陷，妨碍了国有企业的企业素质提高和经营效益改善，成为企业参与市场竞争的"拦路虎"。

3.亚洲金融危机

1997 年 7 月 2 日，泰国政府宣布放弃了从 1984 年以来一直执行的固定汇率制度，改为浮动汇率制度，泰铢当天下跌了 17%，而到了 10 月 1 日，泰铢已经跌去超过 30%。这成为亚洲金融危机全面爆发的起点，亚洲的新兴市场国家像多米诺骨牌一样一个接一个地陷入经济混乱之中。"亚洲四虎"

---

① 辛小柏：《解决"企业办社会"的难点和对策》，《决策参考》1997 年第 1 期。

中的三只虎，菲律宾、马来西亚、印度尼西亚，在作出了顽强抵抗后，最终分别以菲律宾比索下跌 25%、马来西亚吉林特下跌 25%、印尼盾下跌超过 59% 的结果"惨烈"收场。随后，国际金融炒家将目标从"虎"转向了"龙"，开始袭击日本、中国香港、韩国等国家和地区，导致日元与美元的汇率突破了 140∶1 大关；韩元的贬值幅度接近 40%；香港股市暴跌，恒生指数从 12000 点下跌到最低 6600 点。

危机的全面爆发，虽然没有直接冲击到中国内地，但不可否认，亚洲金融危机以及东南亚各国货币的巨幅贬值给我国人民币带来了相当大的压力，进而影响了国有企业的生存，尤其对有外贸出口业务的国有企业影响更大。长期以来，印尼、马来西亚、泰国以及其他东盟国家是我国的重要贸易伙伴。1996 年，我国与东盟国家的双边贸易额占我国对外贸易总额的 7%，加上韩国就占 11.4%，在日本、美国、香港地区和欧盟之后居第五位。① 亚洲金融危机带来东南亚各国货币大幅度贬值，进而其国内需求相对萎缩，这直接影响我国对东盟区内国家和地区的出口。据估计，我国对危机国的出口，受本次货币贬值的影响，下降的比例应在 60% 左右。占中国总出口 20.4% 的日本市场，由于其货币贬值和购买力下降，国内需求萎缩，对中国商品的进口需求也相应下降。同时，作为我国的竞争对手，货币大幅度贬值导致的价格下降也加强了这些国家的出口优势。我国出口厂家只能降价进口，企业效益下降甚至亏损，有些企业失去了原有的市场，损失严重。

不仅如此，受亚洲金融危机的影响，世界各国对亚洲整个发展中国家的新兴市场存在的风险加强了警惕，国际资本投向开始向以美国为首的发达国家转移。在全球资本市场进行结构调整的过程中，我国直接投资流入的速度和规模均有所减缓。面对着境外市场的剧烈变化，中国国有企业处境更为艰难。

4."入世"谈判

关税和贸易总协定 GATT 成立于 1947 年，中国是关贸总协定的创始国之一。1948 年 3 月 24 日，中国政府签署了在哈瓦那召开的联合国世界贸易

---

① 崔建伟：《论亚洲金融危机中的中国抉择》，《第六届中国亚太学会年会暨学术讨论会文集》，2008 年 9 月。

和就业会议的最后文件，成为国际贸易组织临时委员会执行委员会的成员。1948 年 4 月 21 日，中国政府签署关贸总协定《临时适用议定书》，并从 1948 年 5 月 21 日正式成为关贸总协定缔约方。1950 年 3 月 6 日，台湾当局由其"联合国常驻代表"以"中华民国"的名义照会联合国秘书长，决定退出总协定。1949 年，中华人民共和国成立。1984 年 4 月，中国取得了总协定观察员地位。1986 年 7 月，中国向总协定正式提出恢复关贸总协定缔约国地位的申请。1995 年 1 月 1 日，世界贸易组织（WTO）成立，同年 7 月 11 日，中国正式提出加入世贸组织的申请，自此从复关谈判转为入世谈判。1998 年前后，也是中国入世谈判的关键阶段。根据 WTO 的规定，成员国的入世议定书是"世贸组织规则的组成部分"。[①] 根据《入世议定书》，除本议定书另有规定外，加入国应履行《WTO 协定》所附各多边贸易协定中的、应在自该协定生效之日起开始的一段时间内履行的义务，也就是说中国在该协定生效之日已接受该协定。在 WTO 规则中，与中国国有企业关系最为紧密的规则就是《补贴与反补贴协定》（Subsidies and Countervailing Measures，简称《SCM 协定》）。

根据《中国入世议定书》第 10 条，对于补贴有 3 款规定，分别是：第一，中国应通知 WTO 在其领土内给予或维持的、属《SCM 协定》第 1 条含义内的、按具体产品划分的任何补贴，包括《SCM 协定》第 3 条界定的补贴，所提供的信息应尽可能具体，并遵循《SCM 协定》第 25 条所提及的关于补贴问卷的要求；第二，就实施《SCM 协定》第 1 条第 2 款和第 2 条而言，对国有企业提供的补贴将被视为专向性补贴，特别是在国有企业是此类补贴的主要接受者或国有企业接受此类补贴的数量异常之大的情况下；第三，中国应自加入时起取消属《SCM 协定》第 3 条范围内的所有补贴。

虽然党的十四大就确立了"建立有中国特色的社会主义市场经济体制"的改革目标，但大多数国有企业仍旧缺乏市场竞争能力，需要依靠垄断和政府给予的各种政策优惠和补贴才能维持生存。政府对国有企业的补贴有两种形式：一种是直接补贴，比如国家财政对生产企业的亏损补贴；另一种是资

---

① 2001 年，中国加入 WTO 时，签订了《中国入世议定书》。

本补贴，主要来自于国有银行的低息贷款。

对国有企业"拨改贷"改革之后，国有银行由于其存、贷款利率受国家的管制，可以人为压低，从储户那里课征"隐性税收"来补贴国有企业。此外，相比于非国有企业，国有企业在贷款方面享有更为优先的待遇，所贷款项从某种意义上来说属于软贷款性质，还本付息的压力很小。正是这两方面因素的作用下，国有企业事实上仍然享受着巨额的补贴，也正是凭着这种巨额的成本补贴，国有企业才能够在市场中生存。①

政府对国有企业的补贴，无疑会削弱中国"入世"谈判时的力度。为了增加"入世"谈判的筹码，更为了在加入 WTO 后国有企业能够应对种种冲击，在"入世"前只能对国有企业进行大刀阔斧的改革，解除其政策性负担，从根本上提高国有企业的竞争能力，以应对未来更加激烈的竞争环境。

（三）三年脱困攻坚战与国企改革

1997 年，党的十五大提出了要从战略上调整国有经济布局，抓好大的，放活小的，认为国有经济比重降低并不影响社会主义性质，这对实际上属于民营化改革的股份合作制做了适度肯定。从这时开始，国有企业改革的主流方式逐渐由过去的放权让利和法律形式调整转向产权改革。此次会议正式将"三年两大目标"确定为全党和政府的工作目标，提出要用三年时间进行国有企业改革攻坚和扭亏脱困。"鼓励兼并，规范破产，下岗分流，实施再就业工程"成为此阶段国有企业改革的"19 字真经"。

1. 鼓励多样化的公有制实现形式

报告首次提出了"公有制实现形式可以而且应当多样化"，对股份制和股份合作制予以了肯定，指出"股份制是现代企业的一种资本组织形式，有利于所有权和经营权的分离，有利于提高企业和资本的运作效率，资本主义可以用，社会主义也可以用。不能笼统地说股份制是公有还是私有，关键看控股权掌握在谁手中。国家和集体控股，具有明显的公有性，有利于扩大公有资本的支配范围，增强公有制的主体作用"，鼓励寻找和完善能够极大促进生产力发展的公有制实现形式，这为进一步深化产权改革扫清了理论上的

---

① 林毅夫、刘培林：《以加入 WTO 为契机推进国有企业改革》，《管理世界》2001 年第 2 期。

障碍。①

2. 重申建立现代企业制度是国有企业改革的方向

报告提出要按照"产权清晰、责权明确、政企分开、管理科学"的要求，对国有大中型企业实行规范的公司制改革，使企业成为适应市场的法人实体和竞争主体。所谓现代企业制度，从财产组织形式和内部治理结构来说，就是公司制。建立现代企业制度，就是要按照公司制这种财产组织形式，进一步明确出资人、企业法人、法人代表、管理层的权利和责任。企业在市场经济中依法自主经营、自负盈亏，政府不能直接干预企业经营活动，企业也不能不受所有者约束，损害所有者权益。

3. 优化资本配置加快国有企业战略性改组

十五大报告首次明确提出："把国有企业改革同改组、改造、加强管理结合起来。要着眼于搞好整个国有经济，抓好大的，放活小的，对国有企业实施战略性改组"；"实行鼓励兼并、规范破产、下岗分流、减员增效和再就业工程，形成企业优胜劣汰的竞争机制"。

可见，"抓大放小"战略可以概括为"抓好大的、搞好重组、重构优势、提高经济效益；放活小的、抓好改革、增强活力、提供劳动岗位"②。十五大报告，从理论和政策的高度对国有企业改革定下了基调，并提出用三年左右的时间完成此次改革，报告指出"深化国有企业改革，是全党重要而艰巨的任务。要坚定信心，勇于探索，大胆实践，力争到本世纪末大多数国有大中型骨干企业初步建立现代企业制度，经营状况明显改善，开创国有企业改革和发展的新局面"。

1999 年 9 月 19 日至 22 日，党的十五届四中全会在北京举行，会议审议通过了《中共中央关于国有企业改革和发展若干重大问题的决定》（简称《决定》）。《决定》是根据十五大报告的精神，对十五大报告中国有企业改革和发展规定的具体化。《决定》立足于当前国家大局，站在时代制高点，面向新世纪，深刻总结了 20 年国有企业改革和发展的经验，系统提出了国企改革和发展的奋斗目标和指导方针，为国有企业的跨世纪改革和发展作出了

---

① 李书强：《关于深化国有企业改革的几点认识》，《首都经济》1998 年第 5 期。
② 丁国炎：《关于进一步深化国有企业改革的几点思考》，《福建理论学习》1998 年第 2 期。

全面部署，是推进我国国有企业改革和发展的纲领性文件，是国有企业实现跨世纪目标的行动指南。《决定》在推进国有企业改革和发展的一系列重大理论与实践问题上都有许多新的突破和发展。

（1）进一步明确国有企业改革和发展的主要目标与指导方针

推进国有企业改革和发展首先要实现的目标，就是党的十五大和十五届一中全会提出的用三年左右的时间使大多数国有大中型亏损企业摆脱困境，力争到 20 世纪末大多数国有大中型骨干企业初步建立现代企业制度。

《决定》则进一步提出了 2010 年国有企业改革和发展的中长期目标，强调要从不同行业不同地区的实际出发，着力抓好重点行业、重点企业和老工业基地，把解决当前突出问题和长远发展结合起来，为国有企业跨世纪发展创造有利条件。并提出以公有制为主体，多种所有制经济共同发展等十条指导方针，基本上涵盖了国有企业改革和发展的各个方面。

（2）进一步明确国有经济需要控制的四大行业和领域

《决定》重申了十五大报告提出的从战略上调整国有经济布局的任务，即国有经济需要控制关系国民经济命脉的重要行业和关键领域，它们主要包括：涉及国家安全的行业，自然垄断的行业，提供重要公共产品和服务的行业，以及支柱产业和高新技术产业中的重要骨干企业。《决定》还指出，虽然国有经济在整个国民经济中的比重会有所减少，但随着国民经济的不断发展，国有经济有着广阔的发展空间，国有经济总量会继续增加，整体素质会进一步提高，分布会更加合理。只要坚持公有制为主体，国家控制国民经济命脉，国有经济的控制力和竞争力得到增强，这种减少不会影响我国的社会主义性质。这就为国有经济的发展进一步指明了方向，使国有资本和民间资本各自向自己的优势领域集中和发展。

（3）首次提出放开搞活国有中小企业

十五大报告指出，要着眼于搞好整个国有经济，抓好大的，放活小的，对国有企业实施战略性改组。《决定》也强调要"抓大放小"，但其内涵却从"抓大中型企业，放开搞活小企业"演变为"抓大型企业，放开搞活中小企业"，这是政策上的一大突破。并且，《决定》首次提出以分类指导、区别对待为宗旨进行国有企业战略性改组。

（4）首次使用公司法人治理结构概念

在《决定》中，不但首次出现了公司法人治理结构的概念，而且认为公司法人治理结构是公司制的核心。其内涵表述为：明确股东会、董事会、监事会和经理层的职责，使它们各负其责、协调运转、有效制衡。所有者对企业拥有最终控制权。董事会要维护出资人权益，对股东会负责。董事会对公司的发展目标和重大经营活动作出决策，聘任经营者，并对经营者的业绩进行考核和评价。发挥监事会对企业财务和董事、经营者行为的监督作用。公司法人治理结构的建立，意味着国有企业实行了公司制改革，是国有大中型企业进行规范公司制改革的重要内容。

（5）采取"双向进入"方法处理"新三会"与"老三会"的关系

"老三会"（党委会、工会和职工代表大会）与"新三会"（董事会、监事会与股东代表大会）之间如何协调，是我国国有企业改革实践中提出的重大现实课题。《决定》首次强调可采用"双向进入"的方法解决。《决定》强调要充分发挥董事会对重大问题统一决策、监事会有效监督的作用；党委书记和董事长可由一人担任，董事长、总经理原则上分设。[①]

三、国有企业改革脱困与结构调整

面对国有企业的严峻困局，党中央、国务院要求要加快推进国企改革进入新阶段，结合中国的国情，不断调整和完善国企改革思路，出台有益于国企改革发展的政策措施，积极进行结构调整，包括产业结构调整和国有经济布局调整，引导国企进入到改革的突破口，打一场改革和结构调整的攻坚战。

1997 年 9 月，党的十五大召开，会议正式将"三年两大目标"确定为全党和政府的工作目标。随后，在 1997 年 9 月 19 日的中共十五届一中全会再次强调了这一重要任务。全会将此写入了公报之中。

---

① 陈忠卫：《转变思路：继续深化国有企业改革与发展——兼论党的十五届四中全会的理论贡献》，《财贸研究》2000 年第 2 期。

十五大之后，国有企业三年改革脱困目标正式列入政府工作日程。1997年12月11日中央经济工作会议召开，朱镕基同志要求：今后三年的工作，就是要按照中央确定的一系列方针政策，通过改革、改组、改造和加强管理，综合治理国有大中型工业企业，基本淘汰长期性亏损企业。会议同时还提出了三个具体步骤，一是把纺织行业作为国有企业改革和摆脱困境的突破口，并逐步扭转煤炭、兵器等特殊困难行业的亏损状况。二是鼓励兼并，规范破产，下岗分流，减员增效，实施再就业工程。三是积极推进配套改革，加快建立健全社会保障体系。

1998年3月15日召开的第九届全国人民代表大会第一次会议将国有企业改革作为当前经济体制改革的重点，提出了实现"三年两大目标"的工作、任务和路径，是通过改革、改组、改造和加强管理，用三年左右的时间，使大多数国有大中型亏损企业摆脱困境，力争到20世纪末使大多数国有大中型骨干企业初步建立现代企业制度。改革的指导思想和基本任务，一是把国有企业改革作为经济体制改革的中心环节，以建立现代企业制度为方向，切实转换企业经营机制；二是实行分类指导，从搞好整个国有经济出发，"抓大放小"，对国有企业进行战略性改组；三是按"三个有利于"的标准，探索和发展公有制的多种实现形式；四是把改革同改组、改造、加强管理结合起来；五是鼓励兼并、规范破产、下岗分流、减员增效和实施再就业工程；六是推进以建立社会保障制度为重点的配套改革。

1999年9月，中共中央《关于国有企业改革和发展若干重大问题的决定》要求，在三年改革脱困中，要把解决国有企业的突出矛盾和问题与国家经济长远发展结合起来，为新世纪国有企业及国有经济发展奠定基础。

可以看到，国企三年改革脱困是1997—1999年党中央、国务院高度关注的头等大事，是当时经济工作的中心和重心。

党中央、国务院提出国有大中型亏损企业三年摆脱困境，是一项具有前瞻性的重要决策。国有企业的困难和矛盾是由于传统体制的长期影响、历史形成的诸多问题、多年以来的重复建设以及市场环境的急剧变化等复杂因素造成的，解决这些问题需要一个过程。但集中力量解决一些重大矛盾、突出问题，遏制国有经济效益下滑的势头，不仅可以为国有企业进一步改革与发展扫除障碍，而且也有利于保持国民经济的健康发展和社会稳定，坚定对国有企业改革的信心。因此，实现三年脱困目标，事关改革与发展的大局。这是一场国企改革的攻坚战。

（一）国有企业改革脱困目标的确定

1.脱困对象的选择

"三年两大目标"指的一是使大多数国企摆脱困境，二是初步建立现代企业制度。能否实现党中央和国务院确定的国有企业三年两大目标，当时社会上有各种不同的议论，最主要的声音是缺乏信心，尤其对前一个目标。一部分人认为，国有企业陷入困境非一日之寒，其原因十分复杂、积重难返，三年不可能真正解决国有企业的问题。还有人则从根本上认为市场经济与国有企业难以相容，对国有企业在市场经济环境中的生存能力表示悲观和怀疑。面对方方面面的舆论压力，以及国企日益严峻的困难形势，需要尽快明晰国企改革的具体工作任务、内容和目标。具体包括，一是对三年两大目标任务有一个相对明确的界定，明晰三年里到底是要解决国有企业存在的哪些突出问题；二是明确三年两大目标的工作对象并具体化。

三年改革脱困目标从提出到最终的确立、从定性到定量，经历了一个不断研究和完善的过程。

1997年，作为国家主管经济运行和国有企业改革的综合部门，国家经贸委承担起了完成党中央、国务院交办这一重大政治及经济任务的任务，负责具体牵头组织贯彻落实。在国家经贸委陈清泰、蒋黔贵等同志主持下，开始研究这一涉及数千国企、上千万国企职工前途命运的问题。

对于三年脱困目标的表述，国家经贸委起初的提法是三年解决国有大中型企业困难问题。1997年9月初，由陈清泰同志主持，国家经贸委企业改革司具体拟定了一个"关于三年解决国有大中型企业困难问题的若干思路和措施"的讨论提纲（以下简称"提纲"）。在这份提纲中开始逐步细化国企改革脱困目标：一是2001年前使目前处于困境的国有企业或者走出困境，或者退出市场；二是2001年前在多数大中型国家投资企业初步建立公司制度。这是"三年两大目标"的雏形。提纲还提出了6条基本思路、18条具体措施。基本思路包括：全面展开国有经济的战略性改组、抓大放小、大幅度收缩国有经济战线；用市场经济手段全面推进企业破产和购并重组；统筹解决国家对企业的历史欠账；在大多数大中型国家投资企业按《公司法》建立规范的现代企业制度等。在听取和吸纳多方面的意见建议，反复讨论修改后，国家经贸委于1997年10月下旬按要求正式向中央财经领导小组办公室提交了一份"三年搞好国有大中型企业的思路和明年的工作设想"，总体思路是"把改革的措施、结构调整的措施、弥补历史欠账的措施集中、优先用于国有大中型亏损企业和关键行业、重点领域的骨干企业，实施辨证施治、综合治理"，提出了包括公司制改革、结构调整、兼并破产、推进再就业工程在内的5项具体目标。讨论到工作的标准时，陈清泰同志提出：三年左右摆脱困境是阶段性有限目标，定的要求不能过低也不能过高，各地情况不同，不可能搞一个标准。这个目标的提法是比较客观和实事求是地对三年脱困的目标边界作出的界定，是希望在有限的时间里解决有限的问题，并不期望也不可能以脱困方式来解决国有企业的所有问题。但对实现目标的路径却是非常清晰，即要用改革的手段探索解决国企发展中的突出矛盾和深层次问题。

1997年底，国家经贸委上报并经国务院批准的《关于深化国有大中型企业改革的意见（要点）》（国经贸企〔1997〕772号），对三年两大目标最终明确为："用三年左右的时间，使国有大中型企业盈亏相抵后经济效益明显好转，骨干企业初步建立现代企业制度；以纺织工业的改革和调整为突破口使国有大中型企业的亏损面下降到正常水平；通过'三改一加强'，使国有大中型企业经营状况明显好转。"

至此，关于国企三年改革脱困中需要把握的几个重要问题，如工作思路、原则、内容、实现途径、措施等都基本定调。

2. 靶心——"6599"

具体的脱困企业名单是经过了认真调研，反复斟酌后确定的。在具体操作上分成两步走，先抓重点和难点，经过初步摸底，确定一个大致工作的重点和目标作为基础；再进行逐户清理核对，形成详细名单。至1997年底，最终锁定的脱困企业共计6599户。

据统计，6599户国有及国有控股大中型工业企业（以下称"6599户"），占1997年全国统计内国有及国有控股大中型16874户工业企业的39.1%，共涉及资产12512.26亿元，占全部国有及国有控股大中型工业企业总资产的 21.7%；负债 9996.38 亿元，占国有及国有控股大中型工业企业全部负债的 28.8%；所有者权益 2515.88 亿元，平均资产负债率为 79.9%，比国有及国有控股大中型工业企业的平均负债水平高处 19.8 个百分点；职工总人数 1008.85 万人，占全部国有及国有控股大中型工业企业总人数的 31.8%。1997 年销售收入 3935.06 亿元，亏损总额 665.9 亿元。

从区域分布的角度看，一半以上的困难和亏损企业分布在华东和东南地区，而经济欠发达的西北占比为 8%。东北、西南地区虽占比例不高，却大多为老工业基地集中地区，工作难度很大（见图 7-2）。

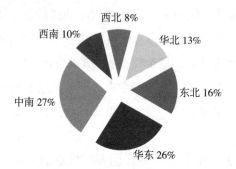

图 7-2 "6599 户"各区域分布情况

1997 年末的初始情况是：14 个重点监测的行业中有 5 个全行业亏损，分别是纺织、有色、建材、军工、煤炭（虚盈实亏）；31 个省（区、市）中有 12 个省区的国有及国有控股工业企业净亏损，分别是天津、辽宁、吉林、江西、湖南、广西、海南、重庆、陕西、甘肃、青海、新疆；国有及国有控股大中型亏损工业企业 6599 户；国有及国有控股工业企业盈亏相抵实现利润 807 亿元。

表 7-4 "6599 户"中各类企业所占比重

单位：%

	资产总额	负债总额	所有者权益	销售收入	利润总额	税金总额	职工人数
特大	14	13	17	14	9	17	5
大一	23	22	28	23	21	19	21
大二	29	28	29	28	30	24	30
中一	14	15	14	15	15	18	15

续表

	资产总额	负债总额	所有者权益	销售收入	利润总额	税金总额	职工人数
中二	20	22	12	20	25	22	28
中央	70	72	63	69	75	62	77
地方	30	28	37	31	25	38	23

表 7–5 "6599 户"经营情况分析

单位：亿元

	资产总额	负债总额	所有者权益	销售收入	利润总额	税金总额	职工人数（万人）
总计	12512.26	9996.38	2515.88	3935.06	− 665.90	225.15	1008.85
大型	8177.52	6315.71	1861.81	2526.58	− 393.56	134.75	565.68
中型	4334.74	3680.67	654.07	1408.48	− 272.33	90.40	443.17
特大	1735.38	1305.59	429.78	562.22	− 57.26	38.05	52.11
大一	2885.69	2175.77	709.92	903.92	− 139.38	42.47	211.25
大二	3556.45	2834.34	722.11	1060.44	− 196.92	54.22	302.32
中一	1788.64	1496.36	292.28	605.23	− 103.16	41.04	163.34
中二	2546.10	2184.30	361.79	803.25	− 169.18	49.37	279.83
中央	3696.45	2762.29	934.15	1225.09	− 165.08	86.56	233.96
地方	8815.81	7234.08	1581.73	2709.97	− 500.81	138.59	774.89
地方中：省级	3.45	4.27	− 0.73	0.55	− 0.12	0.02	0.30

通过分析表 7–4、表 7–5 可以看到，在 6599 户亏损的国有及国有控股大中型工业企业中，中央企业为 725 户，占 10.83%；地方企业 5884 户，占 89.17%。从企业规模来看，中型企业 4748 户，占 71.95%；大型企业 1825 户，占 27.66%；特大型企业 26 户，占 0.4%。而中型企业中又主要集中在中二型，为 3303 户，占全部 6599 户企业的 50.05%。从资产负债率来看，资产负债率在 100% 以上的企业 1719 户，占全部亏损企业的 26%；有 4370 户企业资产负债率在 70% 以上。从亏损额来看，1997 年年末 6599 户企业总计亏损 6658967 万元，平均每户亏损达 1009 万元，其中亏损额超过亿元的企业有 52 户，亏损 1000 万元以上的有 1388 户，78% 以上的企业亏损额

在 1000 万元以内，为 5159 户；中央企业亏损 1466942 万元，占全部亏损的 22%，地方企业亏损占 78%；从 6599 户企业所占有资产的情况来看，资产总额在 50 亿元以上的企业为 12 户，在 5 亿元以上的为 389 户，94% 的企业资产总额在 5 亿元以下，为 6210 户，而这其中有 1833 户企业资产总额在 5000 万元以内；在地域分布上，华北地区 843 户，占 12.77%，东北三省 1084 户，占 16.43%，华东七省 1686 户，占 25.55%，中南地区 1788 户，占 27.1%，西南地区（不包括西藏）为 660 户，占 10%，西北地区 538 户，占 8.15%。按照亏损企业最多的省市排名，前 10 位的分别是辽宁（500 户）、广东（490 户）、湖北（382 户）、江苏（372 户）、山东（371 户）、黑龙江（332 户）、湖南（330 户）、河南（299 户）、四川（281 户）、上海（275 户）；从所涉及的 1008.85 万名职工来看，大型企业为 565.68 万人，占 56.07%，中型企业 443.17 万人，为 43.93%；中央所属企业 233.96 万人，地方 774.89 万人。结论表明，在 1997 年年底，6599 户企业无论从亏损的企业还是所涉及的职工从数量上看都主要集中在地方，而这其中又以中型企业为主，以国家老工业基地中国有企业集中的地区为主。从涉及资产和亏损额来看，则主要分布在大型企业。这个分析为下一步制定和采取有针对性的措施提供了依据。

制定国企三年脱困指标的过程，依循了既要有针对性地切实解决亏损企业的困难和问题，又要防止追求不切实际的过高目标而做虚功的基本原则。应该说，上述脱困的工作目标针对性较强，但也留有余地，具有一定的弹性。三年脱困工作的提出是在 1997 年，目标也是以 1997 年末的数据为基础。而实际上在 1997 年，亚洲金融危机的影响才刚刚有所变现，其结束的时间和影响的深度在当时难以准确预计。直到 1998 年这种负面影响才开始充分显现。1998 年国有及国有控股工业企业实现利润总额由 1997 年的 807 亿元猛跌至 525 亿元，降幅达到 34.9%。党中央、国务院所采取的抓大放小，调整国有经济结构布局，把三年脱困定位在主要是集中力量解决国有企业在特定历史条件下的突出矛盾和问题，以实现国企扭亏脱困带动整个经济提升的思路，的确是抓住了问题的关键。而对在较短时间内解决当时国企严重亏损问题，遏制经济下滑局面所采取的措施也是十分准确和到位的。对于解决国有企业在体制和机制上的深层次矛盾，则是在操作中采取渐进的方式，逐步在改革的实践中去摸索，积极稳妥地寻求实现国有经济又好又快发展的有效路径。

（二）国有中小企业的改革脱困

1.地方中小企业改革实践

对国有中小企业改革，地方改革实践走在了前面，在20世纪90年代初就开始多种途径探索国有中小企业的改革之路，并在实践中不断总结和完善。对中小企业的改革方向和指导思想是着眼于"放"，路径是将中小企业通过改制真正改造成为市场主体，自主走向市场，参与竞争。因此，国有中小企业改革总的思路是放开搞活，实际操作中则采取因地制宜、因企制宜，不拘泥于单一模式。按照国家有关部门的要求，各级地方政府通过深入企业调研，相互借鉴，从本省、地市、县的具体情况出发，纷纷研究制定和出台了一系列推动国有中小企业改革改制的文件政策及内容翔实并有可操作性的实施意见和配套措施，对中小企业进行宏观指导，加强重点示范引导，对改制工作中政策性强、难度较大的具体问题进行规范和明确，使改革更具针对性、时效性、可操作性，大大推进了国有中小企业改革进程。

在1996—2005年间，几乎全国各省（市、区）都先后出台了针对国有企业以及中小企业改革的思路、意见、办法与措施等相关文件政策。一些重点地市及县一级还研究制定了相应的更为具体的实施操作细则。这些办法和细则，大都结合本地区国有经济战略布局调整和国民经济发展规划，根据本地区企业和经济发展的实际情况，着眼于搞活地方经济，提升国有资产整体控制力的要求，思路清晰，目标明确，措施到位，改革路径明朗，成为各地国有中小企业改革的依据和指南。

比如，地方政府积极解放思想，在政策、资金、税收等各个方面给予企业一定支持，采取灵活多样的方法先让企业走出泥潭，之后再通过改制实行政企分开。租赁经营、抵贷返租、先股后租等方法均属此类。租赁经营后，企业实现了两权分离，出租者不干预承租者的经营管理活动，承租者可以市场为导向，以营利为目的，放开手脚开拓业务。通过转变用工机制和激励分配机制，增强企业经营活力。当然，国有产权下的租赁经营主要通过对承租员工的激励来获得增量资产，对高级管理层仍保留了原体制，所以属于解放部分生产力以盘活资产的一种过渡形式。抵贷返租是通过引入债权银行，先将企业整体用于偿还银行贷款，产权转至银行，然后再由承租方对抵贷企业进行租赁经营，既调动了一个主体的积极性，又在一定程度上缓解了立即还债的压力。有的企业先股后租、先股后包、直包联租，或与资产分离、破产等形式相结合，一方面激发管理层的积极性，另一方面使企业从直面债务的压力下缓解出来，休养生息，重新寻找发展空间。其主要目的还是帮助企业优质资产部分存活下来，在好转过程中保值增值。

另一类盘活企业的方式是先对企业进行分割，然后给予优惠但又附带条件地出售。承债式购买给予的优惠是可以选择其中的优质资产，而附带的条件是带走一定的债务和负责职工安置。零资产出售的优惠是价格极低，几乎为零，条件是解决债务和安置员工。这即是通常所说的送出企业的同时也"送出了包袱，送出了债务"。对于某些严重亏损、扭亏无望，或早已名存实亡的企业，地方政府的明智之举是及时采用破产的方式，使企业"安乐死"。也可以先及时关闭停产，进行"休眠"，减少"失血"，再进入破产程序，公开拍卖。有的企业登记仍在，挂名的员工也不少，但实际上员工已经离开另谋生路，对于这样的企业，一般及时采取注销的方式。有的企业涉及行业结构调整而通过政策性方式退出，比如"关闭五小"。

2. 国有中小企业深层改革——"两个置换"

1997 年以后，国有中小企业市场化改革已日渐成为地方经济改革的主要内容，各地大胆尝试、敢于创新，创造出了多种多样行之有效的办法，使改革取得了跨越式的进展。国有中小企业改制实践中，无论是股份合作制还是兼并收购，是出售还是破产停业，最终其核心都是企业产权改革和职工身份置换。许多地方的实践证明"两个置换"实行以后，企业才能够真正从制度上和观念上摆脱计划体制的束缚，成为自负盈亏的独立市场主体。因此，可以说"两个置换"的做法抓住了国有中小企业改革的"牛鼻子"。

3. 长沙实践——"两个置换"

在中国国有企业改制的历史上，长沙改革实践以其探索的创新性、引发的巨大争论和对其后国有企业改革进程的推动使其近乎成为中国国有企业改制历史进程中一个里程碑式的案例。

长沙市委、市政府于 1999 年 11 月 30 日出台《关于加快国有企业改革和发展若干问题的意见》（长发〔1999〕29 号，简称 29 号文件），要求对所属国有企业"界定产权"，进而实行"两个置换"，一是通过产权转让"置换"企业的国有性质让企业走向市场；二是通过一次性经济补偿，"置换"职工的全民身份，让职工走向市场。2000 年 1 月 29 日，长沙市政府办公厅印发《长沙市国有企业产权制度改革实施细则》（长政办发〔2000〕3 号，简称 3 号文件），就上述转制原则作出了具体明确的规定。长沙的两份文件是在全国国有中小企业产权制度改革兴起的关键时刻出台的，文件的核心是要解决"两个置换"，可谓抓住了国有中小企业改革的关键问题。

当时长沙市提出了一个非常大胆的产权界定原则，在全国引起了很大的轰动。它的核心思想是以 1984 年"拨改贷"作为政策实行的分界线，将国有企业 1984 年以前形成的净资产划为国有性质，1984 年以后企业发展积累而来的净资产界定为企业集体资产。

长沙市采取的此种资产界定方式，源于长沙国有企业改制在实际操作中碰到的一个巨大困境，即身份置换所需的经济补偿金问题。当时长沙市财政困难，市政府拿不出额外的钱给职工做补偿，唯一的方法就是从存量国有资产上想办法。长沙市政府考虑，由于没有上级的文件规定，如果直接用国有资产作为补偿金，担心会承担国有资产流失的责任。因此，为了解决资金短缺的问题而又同时避免造成国有资产流失，长沙市邀请了北京、湖南等地的专家学者开会、讨论，进行了认真细致的研究，最后决定以 1984 年"拨改贷"政策为分界点，将"拨改贷"以后国有资产增值部分界定为职工创造的集体资产，并将这部分集体资产作为职工身份置换的经济补偿金，这样既能有效地推进改革又能避免承担国有资产流失的责任。在这一背景下，长沙市采取了一种无奈的权宜之计，出台了这两个文件，新一轮国有企业改革正式启动。

长沙市属国有中型企业湖南友谊阿波罗股份有限公司改制是长沙市推行"两个置换"模式的典型代表。自 2000 年 3 月起，湖南友谊阿波罗公司用 4 年时间，完成了产权改革、身份置换、管理变革的国有企业改制三步走。

（1）产权改革

湖南友谊阿波罗股份有限公司是由长沙友谊（集团）有限公司和阿波

罗商业城进行全资合并改造而成。友谊阿波罗的改制是从产权改革起步的，与其他企业改制所不同的是，在企业股权设计上，时任公司总经理胡子敬坚持要求引入外来投资者。

有了外来投资者，公司股权结构发生了变化：公司总股本 8000 万股，其中，国有股 2900 万股，占 36.25%；职工股 2600 万股，占 32.5%；外来投资者 1500 万股，占 18.75%；经营者 1000 万股，占 12.5%。这是一个开放、合理的股权结构。

（2）身份置换

令人感到意外的是，从 2000 年 3 月公司成立改制领导小组，到当年 9 月 28 日湖南友谊阿波罗股份公司正式挂牌，3 个外来投资者引进来了，但投资人传递给职工的信号却失真了，公司和职工并未因此发生任何大的变化。职工的劳动关系没有随产权制度变化而调整，职工们仍是"企业人"而不是"社会人"，能进不能出，老的劳动用工制度制约着激励与约束机制的有效建立。必须要下决心打掉那柄留在职工心里的国有身份保护伞，对职工进行彻底的身份置换。2000 年 6 月 19 日，公司拟定了《职工身份置换及机构改革方案》，职工顺利地解除了原来的劳动关系，并通过竞聘，签订了新的劳动合同。身份置换后，职工的招聘和解聘就很容易了。2000—2007 年，企业销售收入和利润总额大幅增长。2007 年，长沙友谊阿波罗公司历经 10 年改制后上市了，公司得到了大发展，职工也得到了大实惠。

长沙市进行"两个置换"改革模式的探索，是为了解决职工身份置换经济补偿来源这样一个普遍难题，探索方向是正确的。但改制中将 1984 年以后积累的国有资产界定为集体资产来解决改革成本筹集的具体路径却有不合理之处。2002 年国家经贸委联合八部委颁布的《关于国有大中型企业主辅分离辅业改制分流安置富余人员的实施办法》（859 号文件）中取消了将某一时间点之后的国有资产界定为企业集体资产的做法，明确"国有企业改革的成本应由国家承担，改革成本可用国有资产存量资产支付"，从而从政策上实事求是地解决了改革成本筹集这一难题，也消除了"用国有资产支付改革成本是国有资产流失"的顾虑。

长沙改革总体上是成功的，改革过程中的曲折不能掩盖长沙"两个置换"模式对国有中小企业改革方向的开创性意义。长沙"两个置换"经过不断总结经验教训，逐渐为全国其他地区所学习所借鉴，成为了国有中小企业产权改革的主要模式。

（三）国有困难企业的关闭破产

国有困难企业关闭破产工作意义重大。首先，困难企业可以通过破产退出了，市场经济优胜劣汰的机制才能发挥作用，经济结构才可能优化；其次，通过这种方式，化解了大量从计划经济转向市场经济过程中必然出现的结构性矛盾，使供给结构更加符合市场的要求。

企业破产在国外成熟市场经济国家早已是平常的事情，但在我国计划经济体制下，国有企业由国家"包"下来、"养"起来，掩盖了破产问题，这甚至一度成为社会主义优越性的重要标志之一。事实上，早在 1982 年 12 月 2 日，第六届全国人大常委会第 18 次会议就审议通过了《中华人民共和国破产法（试行）》，这是我国最初制定的与市场经济体制配套的几部法律之一，可见决策者已经意识到破产制度在市场经济中的重要地位。但由于长期以来对破产问题的片面认识和抵触心理，以及社会保障体系没有建立等外部环境的制约，国企破产制度在相当长时间内都没有实施。直到 20 世纪 90 年代中期，随着国有企业积累的问题越来越多，政府再也无力承担国有企业重担，才不得已开始让大量国有企业走向政策性破产的断臂求生之路。

在经济体制转轨过程中，计划经济体制下长期积累的各种矛盾在部分国有企业集中显现出来，导致国有企业经济效益下降、亏损增加、亏损面逐步扩大。全国国有独立核算工业企业中亏损企业的亏损总额由"六五"时期的 37 亿元，上升到"八五"时期的 442 亿元。1996 年上半年国有工业企业效益盈亏相抵后一度出现净亏损，1997 年国有工业亏损企业亏损额上升到 831 亿元，企业亏损面 38.2%。不少企业已经处于停产半停产状态，职工生活困难。尤其是长期以来，由于国有企业能生不能死，导致一些已无生存能力和存在价值的亏损企业和资源枯竭的矿山不能正常地退出市场，更加剧了结构性矛盾。一方面，早已失去生命力、应该破产的国有困难企业不能被淘汰，影响了正常的经济秩序的建立，影响各类企业的平等竞争和正常运行。政府不断增加投入对国有困难企业进行"抢救"，结果是遭受更大更长期的损失，职工生活状况持续恶化，不稳定因素不断增加；另一方面，国有困难企业不淘汰，就难以真正打破"等、靠、要"的观念，难以激发企业深化改革、转换机制、加强管理的内在动力。

国有困难企业的关闭破产工作是一项社会风险极大的突破，国有企业改革过程中一些重大的群体性事件大都与企业破产有关。如：杨家杖子矿务局破产事件、本溪矿务局破产事件、贵州六枝煤矿破产事件、秦皇岛3540工厂破产事件等。各级政府为维护企业和社会稳定做了大量艰难的工作，使国有困难企业的关闭破产工作得以顺利进行。

随着对国有企业改革认识不断突破，1996年，八届全国人大第四次会议首次提出"抓大放小"方针，要求国有经济"有进有退，进而有为、退而有序"，即从战略上调整国有经济布局和改组国有企业，要着眼于搞好整个国有经济，而不是要搞好每一户国有企业要有所为有所不为。基于此，改革者区别国有企业的不同情况，提出分三类处理的原则，即对于在市场竞争中表现好的或比较好的企业，鼓励和支持其进一步发展壮大；对于适应能力不强，经营和效益状况时好时坏，处于盈亏平衡边缘的企业，通过深化改革、调整结构、加强管理、增加投入、调整班子等措施，帮助企业提高经济效益，促进企业摆脱困境；对于长期亏损、资不抵债、扭亏无望的企业，需要寻求妥善退出的途径。将这些国有困难企业淘汰，是经济体制改革转轨和结构优化中不可回避的问题，也是搞好国有经济的迫切要求。

为进一步发挥政策性关闭破产对实现国有企业三年脱困目标、促进国有企业改革发展的作用，中央决定，1998年在将核销银行呆坏账规模直接分配到各试点城市的同时，还要求集中保重点，保纺织突破口，明确各试点城市安排纺织项目不得低于一定比例。从1999年起进一步加大国有企业政策性关闭破产的力度，一是政策性关闭破产由试点城市推向全国。凡列入破产计划的企业，不论是否在试点城市，均执行国发〔1994〕59号和国发〔1997〕10号等文件的规定政策。二是集中改革成本，加大企业关闭破产力度，一般不再安排政策性的企业兼并和减员增效项目。三是由以地方为主转向以重点困难行业为主。

为把有限的改革成本用在刀刃上，抓好对重点行业和企业的结构调整有重大影响的项目，国家从1999年开始，对核销银行呆坏账准备金的使用办法做了进一步改进，突出重点围绕结构调整和国有大中型企业三年脱困目标，不再向试点城市分配核销规模，而是采取集中使用的方法，将银行呆坏账准备金集中用于纺织、煤炭、有色金属、冶金、军工、制糖等重点行业国有大中型亏损企业的破产、关闭。同时，对于纳入计划的非试点城市企业，也可以享受政策性关闭破产的政策规定。政策性关闭破产政策由试点转为全面推进。

1. "兼并破产"助纺织行业摆脱困境

1993 年以来，国有纺织企业连续出现行业性亏损，逐步陷入了严重困难局面。1996 年预算内国有纺织企业盈亏相抵后亏损 83 亿元，企业亏损面 54%，平均资产负债率 82%，富余人员比重达到 30% 以上，离退休职工平均为在职职工的 30%，部分老企业甚至超过 100%。纺织工业成为全国工业中最困难的行业。

为了促进纺织行业摆脱困境，1997 年中央决定把纺织行业作为国企改革解困的突破口，当时的目标是：从 1998 年起，用 3 年左右的时间，压缩淘汰落后棉纺锭 1000 万锭，分流安置下岗职工 120 万人，到 2000 年实现全行业扭亏为盈。

为支持纺织"突破口"工作，国家推行兼并破产政策重点向纺织行业倾斜。1997 年 8 月，中国纺织总会和国家纺织工业局成立专门工作组，抽调人员集中力量做好这项工作。1997—2000 年，有 300 户特困纺织企业实施了破产，400 多户企业实施了兼并重组，核销呆坏账 450 亿元。通过兼并破产，消灭了大批亏损源，盘活了一批有效国有资产，一批优势国有纺织企业发展壮大。无锡、青岛、大连、南京、宁波、杭州、济南等部分城市通过兼并破产政策，进行纺织企业整体资产重组，压缩初加工生产，调整生产力布局和产品结构，培育适应市场的大企业，增强竞争能力。

企业兼并破产，既对国有纺织企业减亏产生了重要作用，也促进了纺织产业结构调整，为完成纺织突破口任务起到关键性作用。1999 年国有纺织企业结束了连续 6 年亏损的局面，实现整体扭亏为盈，提前完成纺织突破口脱困任务。纺织国有企业由 1996 年的 5739 户减少到 2000 年的 3679 户，资产质量明显提高，资产负债率由 82.1% 降为 69.7%，净资产由 636.3 亿元增加到 1367.7 亿元，资金利税率由 -0.71% 提高到 4.07%。国有纺织企业逐步摆脱困境、走上良性循环，为新世纪我国由纺织大国向纺织强国转变打下了坚实基础。

2. 煤炭企业关闭破产取得成效

煤炭企业政策性关闭破产，自 1998 年底开始探索，1999 年正式起步。截至 2006 年年底，经国务院批准，全国共下达资源枯竭煤矿关闭破产项目 260 户，涉及 214 万人，其中在职职工 141 万人，离退休人员 73 万人。

通过关闭破产，"九五"时期陷入严重困境的煤炭工业出现了重大转机，开始步入健康发展的轨道。近几年，煤炭行业经济运行出现良好的态势，与资源枯竭煤矿关闭破产政策发挥的巨大作用是分不开的。一是资源枯竭煤矿关闭破产促进了煤炭行业经济结构调整和扭亏脱困。一批资源枯竭、扭亏无望、高灰高硫产品无市场的煤炭企业退出了市场，解决了部分历史遗留问题，促进了企业素质和经济效益的提高，推动了重点煤炭企业的扭亏脱困。260 户煤炭企业实施关闭破产后消灭了 73 亿元的亏损源。二是大批职工得到妥善安置，确保了社会稳定。经过中央和地方政府及有关部门、企业的共同努力，关闭破产煤矿职工大部分得到妥善安置，职工生活有所改善，从而消除了一些不稳定因素。三是实现了一批关闭破产企业办社会职能的移交。据调查统计，截至 2005 年年底，全国已实施关闭破产煤矿涉及企业办社会职能应移交单位 1788 个，其中已移交 1097 个，正在移交的 47 个，占应移交数量的 64%。四是为进入枯竭期的资源型企业退出市场进行了有益的探索，为研究规范市场经济条件下资源枯竭矿山的关闭办法创造了条件。

（四）国企改革脱困时期的下岗职工安置

在国有企业改革以渐进的方式逐步推进的时候，长期计划经济形成的"低工资高就业"，造成了国有企业大量的冗员。历史遗留问题中的富余人员安置问题，成了国有企业进入市场的一只"拦路虎"，而且随着外部市场竞争的日趋激烈和内部改革的不断深化日益凸显。

富余人员过多首先导致企业人工成本过高。本来中国最大的竞争优势，就在于拥有丰富的低成本劳动力，然而过多的富余人员导致的劳动生产率低下，完全抵消了这一竞争优势。富余人员过多的另一个后果，是造成人员结构不合理，从而导致企业管理滑坡。国外企业管理者的精力都是花在企业发展战略、技术创新、市场开拓等经营活动方面，而国有企业的经营者大部分时间都花到了劳动纪律、员工安排等最基础的管理层面。由于企业内部富余人员多、人浮于事，员工能进不能出，许多企业劳动纪律难以执行，岗位职责难以落实，业绩考核流于形式，只能在分配上搞平均主义，严重影响职工发挥积极性、创造性。富余人员过多的后果还阻碍了企业结构调整，使优胜劣汰机制难以建立。在市场经济条件下，无论是企业的组织结构，还是企业的布局结构，都需要按照市场竞争的要求进行调整，调整的过程就是资产重组和资源配置优化的过程。但是由于任何资产的变动都涉及人员的问题，而企业中的富余人员没有分流的渠道，人员与资产完全结合在一起，不能进行适当的分离，因此导致资产流动难以正常进行。资产受到人员固化的拖累，结构调整就难以正常进行，优胜劣汰的机制不能形成，这是导致很多国有大中型企业最后不得不陷入破产的一个重要原因。

1. 应运而生的再就业中心

在没有社会保障体制，也没有足够的财政资金支持的条件下，把几十年旧体制遗留的数千万富余人员逐步从企业分流出去，向新的就业体制过渡，这是一项前无古人也后无来者的浩大工程，如何解决这个难题在世界上并没有先例。1995年，根据中央"抓住机遇，深化改革，扩大开放，加快发展，保持稳定"的总方针，一些省（区、市）为处理好改革、发展、稳定的关系，把促进企业下岗人员再就业、完善保障机制作为政府重要职能来落实。各地按照"企业消化为主，国家帮助为辅，保障基本生活"的方针，积极探索在各行业和企业建立下岗职工再就业中心。再就业中心运作模式是：企业下岗职工离开企业但不直接进入社会，而是进入行业再就业中心，接受中心的管理。再就业中心对下岗职工进行培训，发放下岗生活费，办理各种社会保险，并根据劳动力供求信息推荐就业。进入再就业中心的下岗职工，除每月发给基本生活费外，还由企业代缴25%的养老保险费、4%的大病统筹保险及住房公积金等。

再就业中心可以说是从计划经济转向市场经济过程中的一个伟大创举，它的存在时间虽然不长，但在国企改革中却具有极其重大的意义。由于这项制度的创立，把企业从进退两难、能生不能死的困境中解脱了出来，从而找到了一条从计划体制通向市场体制的过渡性"桥梁"。

再就业中心的探索源于各地，基本制度框架成形于上海。上海曾经是我国最大的工业城市，因此在改革过程中面临的人员问题也格外突出。由于人员安置进退两难，使许多资产流动、优化重组的计划难以实施。上海市组建的由政府支持、社会资助、企业出面的再就业中心好比一座桥梁，通过这个中心的过渡，国有企业的下岗职工从企业走向社会重新就业。这是上海市为破解国有企业改革、发展、稳定的难题，精心设计的一种崭新的管理模式。经过艰苦努力，上海市 1990—1995 年累积的 86 万名下岗职工，到 1995 年底有 66 万名职工被安置再就业。1996 年新增下岗职工 20 多万名，加上 20 多万名待岗职工，再就业中心共有下岗职工 40 多万人，当年又实现再就业 20 多万人。

上海的成功经验，起到很好的示范效应。建立再就业中心解决了社会保障体制没有建立之前，企业富余员工离开企业以后到哪儿去的问题，同时也给了富余人员转变观念的时间。再就业中心逐渐成为分流安置富余人员的一种正式制度安排，在全国普遍实行。

1998 年 5 月，党中央、国务院再次召开全国国有企业下岗职工基本生活保障和再就业工作会议。会后制定下发《关于切实做好国有企业下岗职工基本生活保障和再就业工作的通知》（以下简称《通知》），《通知》明确提出"建中心、进中心、保生活"的要求。随后，各地按照中央的要求普遍建立了再就业中心，在全国形成了国有企业下岗职工基本生活保障制度、失业保险制度和城镇居民最低生活保障制度三条保障线，基本确保在岗职工生活费和离退休人员退休费发放（"两个确保"），对享受最低生活保障的城镇居民实行"应保尽保"，对实现企业和社会的稳定起到了关键性的作用。至此，中国式社会保障体制的雏形开始形成：三条保障线实际上相当于建立了职工失业保险，即使失业后长期不能实现再就业，也可以获得最低生活保障作为其生活费的来源。

但由于这一阶段的就业政策偏重于保证国有企业下岗职工的基本生活，下岗失业人员的再就业问题并没有得到有效解决。之后，国务院又在东北三省进行完善社会保障试点，把下岗职工问题作为试点的重要内容之一，但由于这项试点工作仅在部分地区开展，且需要各级财政特别是中央财政有较大的投入，因此短时期的效果并不显著。而在这 5 年期间，全国平均每年都有 500 多万名下岗职工，职工下岗后难以安排再就业，成为当时国有企业最为突出的矛盾和问题。

通过国有企业下岗职工再就业中心这个过渡性的制度安排，1997—2003 年间，国有企业累计有 2780 万名下岗职工进入再就业中心，并得到基本生活保障，其中 1850 万人通过多种渠道和方式实现了再就业，再就业率达到 67%。下岗职工的分流安置保障了企业结构调整中下岗失业职工的基本生活，对于深化国有企业改革、维护社会稳定起到了极为重要的作用。

图 7-3　1996 年国企职工下岗宣传口号

2. 社会保障体制建立

社会保障体制是市场经济的基础和屏障。中国特色的社会保障体制是从无到有的建立过程，也是改革不断深化的过程。国务院完善城镇社会保障体系的目标，就是逐步建立独立于企业事业单位之外、资金来源多元化、保障制度规范化、管理服务社会化的社会保障制度。主要内容是建立和完善城镇企业职工基本养老保险制度；研究制定机关事业单位职工养老保险办法；加快建立城镇职工基本医疗保险制度；推动国有企业下岗职工基本保障向失业保险并轨；加强和完善城市居民最低生活保障制度等。

（1）东北三省试点

2001 年 5 月，国务院在听取辽宁省有关专题汇报后，形成《听取辽宁省关于完善城镇社会保障体系试点方案有关问题汇报的会议纪要》（国阅〔2001〕28 号），其中对于完善城镇企业职工基本养老保险制度和推动国有企业下岗职工基本保障向失业保险并轨等提出了具体意见，随后正式批准了辽宁省完善社会保障体制的试点方案。

东北三省是我国老工业基地之一，具有计划经济的典型特点"一多一重"，即国有企业多、困难企业多、社会保障欠账多，人员和债务包袱沉重。

在这样的地区实现从再就业中心向规范的社会保障体制转轨，任务十分繁重。在向社会保障体制并轨前，80%左右的国有企业属于困难企业，停发工资或部分发放工资的占70%以上，地方财政也比较困难。辽宁省老国有企业集中，困难和矛盾更为突出。如果并轨试点在辽宁省成功了，在东北就完全可行；如果在东北成功了，在全国普遍推广就具备了条件。选择辽宁省作为试点，体现了决策层对建立社会保障体制改革的深谋远虑。

由于企业和地方财政困难，无力支付职工出中心解除劳动关系的经济补偿金，国有企业再就业中心长期滞留了大量应出中心而未出中心的下岗人员，国家和企业每年都要投入大量的资金发放基本生活费，改革成本越来越高。因此，国务院作出在2001年关闭再就业中心的决定。原来留存在中心的下岗人员，到期后一律与企业解除劳动关系，依法享受失业保险或最低生活保障待遇。考虑到下岗职工在失业保险期满之后未能实现就业的状况，进一步完善了城市居民最低生活保障制度。同时明确了距法定退休年龄不足5年或工龄已满30年的下岗职工，可以实行内部退养，由企业发放基本生活费的政策。这样在制度设计上，第一解决了职工失业之后的基本生活保障，第二解决了职工退休之后的养老保障，从而根本解除了职工与企业解除劳动关系之后的主要后顾之忧。

在东北地区并轨试点中，先后共有414.5万人退出再就业中心，与原企业解除了劳动关系，进入社会时也纳入保障系统。一大批由于富余人员负担过重陷入生产经营困难的企业，逐步恢复了生机。辽宁省地方国企全员劳动生产率由2000年的1.6万元/人，上升到了2002年的2.5万元/人，提高了56%；国有煤矿年人均煤炭产量，由2000年的160吨，提高到2002年的226吨；国有钢铁企业年人均钢铁产量，由2000年的114.7吨，提高到2002年的162.3吨。

与旧体制的告别当然不是一件轻松的事情，政府不轻松，企业不轻松，职工更不轻松，每一步改革都是一个痛苦的过程。多年来，东北三省由于国有经济比重大，改革后市场经济发育相对迟缓，企业依靠政府、职工依靠企业的传统观念比较严重。社会保障制度并轨试点，可以说是对全社会触动最深的一次社会主义市场经济的普及教育，数百万名员工告别国有企业，进入社会保障系统，彻底地打破了"就业靠政府，终身靠企业"的传统就业观念，终结了几十年来形成的相对固化的劳动关系，解决了多年解决不了的国有企业与职工解除或终止劳动合同难的问题，企业开始具备建立新的"能进能出"的用工机制的条件，初步实现了真正意义上的用人自主，只有这样国有企业才能进入市场。同时，失业人员也开始到市场中重新寻找自己的位置，自谋职业、自主创业的人越来越多。到2002年底，辽宁省全省城镇私营个体从业人数329.2万人，比2000年增加了84.9万人，占全部从业人员的比重也由2000年的22%提高到32%；同一时期，国有经济单位从业人员减少了123.4万人，集体经济单位减少了50万人。随着劳动力结构的调整，职业介绍机构等与就业相关的中介组织迅速发展，职业介绍服务网络初步形成，城市街道和社区全部建立了劳动保障工作机构，围绕失业人员的出现和社会就业的需求，社会的组织体制和运转方式也在发生深刻的转变。

新的社会保障体制在并轨改革中建立起来。随着并轨的逐步完成，东北地区的基本养老保险、基本医疗保险、失业保险、工伤保险以及城市居民最低生活保障制度建设也取得重大进展，初步构建了独立于企业之外、保障制度规范化、资金来源多元化、管理服务社会化的社会保障体系。由于职工再就业中心与其再就业紧密挂钩，因此建立了失业保险、最低生活保障和再就业的联动机制，避免了大量并轨人员直接进入失业队伍对社会造成的冲击。截至2005年年底，辽宁、吉林、黑龙江三省的城镇登记失业率分别为6.5%，4.2%和4.4%，就业局势基本稳定。与此同时养老保险的社会化也在积极推进，大量员工从企业离开进入社会，他们的养老问题必须得到保障，为此进一步做实养老保险个人账户，改革基本养老金计发办法，建立参保缴费的激励约束机制，基本养老保险制度也从企业逐步转到了社会统筹。

（2）全国社保基金理事会的建立

东北三省的试点较好地解决了制约改革的深层次矛盾和历史遗留问题，促进了国有企业改革、经济发展、社会稳定和东北老工业基地的振兴，也为全国积累了宝贵的经验。随后全国各地的并轨工作有序推进，作为市场经济基本制度的社会保障体系逐步形成。虽然其完善还有很多的工作要做，还需要很长的时间，但基本制度框架的建立，就为国有企业深化改革奠定了坚实的基础。

与此同时，一向着眼长远的制度建设也在悄然推进，这就是建立全国社保基金，为弥补将来的养老金缺口未雨绸缪。2000年，中央作出决策，成立全国社保基金和全国社保基金理事会，这是一项事关人民群众的生计和国家长治久安的重大战略决策。2000年底，中央财政拨款200亿元，全国社会保障基金开始有了第一笔基金。根据中央要求，全国社保基金要不断壮大规模，拓宽筹资渠道。最终筹资渠道主要是以下三种：

第一，中央财政预算拨款。财政每年拨一点，逐步积累。朱镕基同志特别重视全国社保基金建设，一开始就拨了200亿元。这在当时财政预算比较紧张的情况下，可以说是大手笔，非常难得。

第二，中央财政拨入彩票公益金。发行彩票的收入，扣除印刷、销售、奖金等费用以及发行部门所得公益金基数外，增长部分都给全国社保基金。

第三，国有股转（减）持。中央决定把国有股划拨作为全国社保基金的一个重要筹资渠道，即在国有企业上市融资的过程中，划出一定比例减持变现后充实社保基金，最初的比例是筹集资金的10%。截至2010年年底，国有股转（减）持共为全国社保筹集资金1973.97亿元，占累计财政性净拨入资金的44.49%。

第八章 规范管理快速发展阶段的国有企业（2003—2012）

2003—2012 年，国有资产管理体制发生了重大变革，成立了国务院国资委和地方国资委，政府与企业间的关系发生重大变化，释放了国有企业的活力，国有企业的规模、效益和自身经营管理水平显著提升。期间尽管经历了 2008 年国际金融危机，国有企业出现整体业绩下滑，但通过结构调整、战略转型、管理提升等举措，又两次成功实现企稳回升，经济效益明显提升，布局结构日益合理，企业规模迅速扩大，竞争力日益增强。

一、2003—2012 期间国有企业发展情况

1998 年，国有企业进入了三年的改革脱困期①，经过三年的艰苦努力，国有企业改革和脱困到 2000 年底取得了明显成效，中央提出的三年目标已基本实现，为国有企业下一步快速发展打下了基础。2001 年，中国加入WTO，对中国经济产生重大影响，也为国有企业带来了新的发展机遇。

虽然成功改革脱困和加入 WTO，为国有企业发展提供了有利条件，但同时国有企业改革和发展中许多矛盾和问题还没有得到根本解决。包括国有企业总体盈利能力仍然不强；现代企业制度建设还不完善，公司制改革不够

---

① 党的十五大和十五届一中全会提出：用三年左右的时间，通过改革、改组、改造和加强管理，使大多数国有大中型亏损企业摆脱困境，力争到 2000 年底大多数国有大中型骨干企业初步建立现代企业制度。

规范，经营机制尚未根本转换；技术创新能力不强，发展后劲不足。① 更重要的是，"多龙治水"② 的国有资产管理体制无法适应新的历史时期下的国有企业管理，无法释放国有企业活力。

2003 年 3 月，国务院国资委成立，之后相继成立了各地方国资委，国有资产管理体制发生了重大变革。国资委成立后，推行了公司制股份制改革、国有企业重组、公司法人治理结构完善、经营业绩考核等诸多措施，释放了国有企业活力，促进了国有企业的快速发展。

2003 年到 2007 年，在全球经济繁荣、监管体系理顺、企业管理水平提高等多方面因素的作用下，国有企业得到了迅猛发展，2007 年共有 22 家国有企业进入了世界 500 强，快速地实现了"做大"。

2008 年，金融危机爆发，全球经济环境恶化，国有企业"大而不强"的弊端暴露出来。国资委和国有企业深刻认识到，"大而不强"的发展模式不会长久。为此，2008 年到 2012 年，通过聚焦主业、创新驱动、"走出去"战略、并购重组、管理水平提升等有效措施，国有企业实现了转型发展，开始走上"做强做优做大"的新征程。

2003—2012 年，国有企业发展呈以下特点：

（1）国有企业布局结构得到优化。通过改制、兼并、租赁、出售等方式，国有企业从中小企业层面逐步退出，国有企业的战线大大收缩，布局结构得到优化。通过实施政策性关闭破产，使 5010 户长期亏损、资不抵债、扭亏无望的国有大中型困难企业和资源枯竭的矿山企业平稳有序退出市场，并妥善安置了职工。国有资本逐步从一般生产加工行业退出。在 39 个工业行业中，有 18 个行业国有企业总产值占比低于 10%，国有资本更多地向关系国民经济命脉和国家安全的行业和领域集中。

（2）国有企业资产总量显著增加。2003—2012 年，全国国有资产总量从 7 万亿元增长到 25 万亿元，年均增幅为 13.57%，其中国资委所管中央企业从 3 万亿元增长到 8.5 万亿元，年均增幅为 10.97%；地方国有企业从 3.7

---

① 盛华仁：《关于国有企业改革与脱困情况的报告》，《中国经济体制改革年鉴》2000 年第 1 期，第 41—48 页。

② 2003 年成立国务院国资委前，对国有企业的监督和管理是在 1998 年政府机构改革形成的多个管理主体多头管理的模式，俗称"多龙治水"或"九龙治水"。

万亿元增长到 14 万亿元，年均增幅为 14.23%。

（3）国有企业的效益显著提升。国有企业营业收入迅速增长，2003—2012 年，全国国有企业的营业收入从 10.7 万亿增长到 43.4 万亿，年均增长率达到 16.8%。国有企业净利润整体上增长较快，2003—2012 年从 0.32 万亿增长到 1.9 万亿，年均增长率达到 21.9%。

（4）国有企业的管理水平明显提高。一大批企业从强化基础管理入手，着眼经营管理关键环节，通过全面对标查找问题，边查边改，止血堵漏，狠抓控本增效，为顺利完成年度经营目标、保增长保稳定创造了良好条件。国有企业把信息技术渗透到企业价值链的各个环节，推动信息化和工业化深度融合，使信息化成为企业经营、研发和管理工作的基础。国有企业将风险管理融入日常管理工作，不断完善重大风险预警指标体系和动态预警机制，实施风险管理考核制度，强化风险的事前防范和事中控制，综合采取风险回避、风险控制、风险转移和处置等方式，不断完善法律风险防范机制和总法律顾问制度，风险防控的能力和水平不断提高。

二、国有资产监督管理体制的建立与完善

加入 WTO 使国有企业直接面对国际市场，与国际竞争者同台竞技，这就要求国有企业必须按照市场的要求开展经营活动。因此，改革国有资产监督管理体制成为必然，国务院国资委和各地方国资委走上了历史舞台。国资委成立后，通过出台《企业国有资产监督管理暂行条例》明确了国有资产管理体制的框架和基本制度，通过清产核资、规范改制和制定规章等夯实了国有资产监督管理基础。

（一）明确出资人代表

2003 年以前，对国有企业的监督和管理是在 1998 年政府机构改革形成的"多龙治水"① 管理体制（详见表 8–1）。这种体制虽然使国有企业摆脱了

---

① 也有学者称之为"五龙治水"，具体指计委管立项，经贸委管日常运营，劳动与社会保障

来自指令性计划的直接管理，将企业的生产经营推向市场，但出资人职能多头行使的做法却造成了新的政企不分，有人管事无人负责的问题，出资人实际上并没有明确。

表8–1　成立国资委前的国有资产"多龙治水"管理体制

中央企业工委	中央企业工委负责大部分国有企业领导人管理。1998年的机构改革，化工部、冶金部等9大部委被撤销，原来它们所管理的国有企业负责人就面临着由谁来管理的问题。1999年，中共中央下发了《关于成立中共中央企业工作委员会及有关问题的通知》，成立中共中央企业工作委员会，作为中共中央的派出机构，将原由国务院管理的163家企业领导班子交由中央企业工委管理，其中39户涉及国家安全和国民经济命脉的国有重要骨干企业的领导班子成员纳入中央管理干部的范围
外派监事会	外派监事会负责对国有企业的外部监督。行业主管部门被撤销后，国有企业的监管实际上处在一种真空状态。如何在保证企业经营自主权的前提下，对国有企业经营状况进行有效监管，成为一个亟待解决的问题。从1998年开始，国务院试行稽查特派员制度，负责监督企业的资产运营和盈亏情况。这项工作实行后，对国有企业监督管理发挥了积极作用，验证了外派式国有企业监督方式的必要性和有效性。两年后，国务院稽查特派员制度向国有企业监事会制度过渡，2000年3月，《国有企业监事会暂行条例》发布；2000年8月，国务院向100家国有重点大型企业派出第一批监事会
国家经贸委	国家经贸委负责对国有企业改革与管理的指导。1998年机构改革，撤销行业主管部门后，组建成立的国家经贸委是综合性的行业管理部门，由原行业主管部门负责的国有企业改革与管理工作成为国家经贸委的重要职责。主要包括：研究拟定国有资产管理方针、政策和企业体制改革方案，研究发展大型企业和企业集团的政策、措施，指导国有企业战略性改组和企业管理工作；研究拟定企业国有资产监管的政策、法规，提出需由国务院派出监事会的国有企业名单，审核监事会报告；组织实施兼并破产工作，配合有关部门实施再就业工程
财政部	财政部负责国有资本金的管理。主要职责包括：拟定国有资本金基础管理的法律法规草案和规章制度，监缴所监管企业的国有资本金收益，拟定国有资本金保值增值的考核指标体系，研究提出国有资本金预决算编制和执行方案，组织实施国有资本金权属的界定、登记、划转、转让等，负责统计分析

部门管劳动与工资，财政部门管资产登记和处置，组织人事部门和大型企业工委管经营者任免。

续表

劳动和社会保障部	劳动和社会保障部负责国有企业的收入和分配管理。主要职责包括：拟定中央企业经营者的收入分配政策，审核中央企业工资总额及主要负责人的工作标准
国家计委	国家计委负责国有企业投资项目的审批
党的各级组织部门	党的各级组织部门负责重点国有企业负责人的任免；根据党管干部的原则，重点国有企业的负责人由中央组织部门考察和任免

数据来源：邵宁等：《国有企业改革实录（1998—2008）》，经济科学出版社 2014 年版。

改革开放以来的实践表明，由中央政府作为国有资产出资人的唯一代表，并由多个部门分割行使出资人职能的"九龙治水"国有资产管理方式有很多弊端：第一，政府部门对国有企业的管理非常直接，企业重大事务都由政府部门决定，企业自身的经营责任无法明确。第二，各个部门对国有企业都有管理的权力，但没有明确的责任，企业搞不好在政府层面找不到应承担管理责任的主体。第三，各个相关部门的价值取向不同、对改革的认识不同，会对企业提出方向不一致的要求，企业无所适从。第四，由于缺乏一个权力完整、责任明确的国有资产出资代表机构，国有资产出资人缺位，对国有企业经营者难以形成有效制约，内部人控制难以避免。

（二）明确国有资产管理体制

2003 年 3 月 24 日，国务院国资委成立。按照 2003 年 4 月 25 日国务院办公厅《关于印发国务院国有资产监督管理委员会主要职责内设机构和人员编制规定的通知》（国办发〔2003〕28 号），国资委的主要职责包括：一是依法履行出资人职责，指导推进国有企业改革和重组，对所监管企业国有资产的保值增值进行监督管理，推进国有企业的现代企业制度建设并完善公司治理结构，推动国有经济结构和布局的战略性调整；二是向部分大型企业派出监事会并负责监事会运营；三是按法定程序对企业负责人进行任免、考核并根据其经营业绩进行奖惩，建立选人、用人机制，完善经营者激励和约束制度；四是通过统计、稽核对所监管国有资产的保值增值情况进行监管；建立和完善国有资产保值增值指标体系，拟订考核标准；维护国有资产出资人的权益；五是起草国有资产管理的法律、行政法规，制定有关规章制度。

根据国办发〔2003〕28号文件，国务院国资委承接了国家经贸委、中央企业工委、劳动和社会保障部、财政部的有关国有资产出资人和监督管理的职能，分散在政府各有关部门的国有资产出资人职能都集中于国务院国资委。截至2003年9月30日，纳入国务院国有资产监督管理委员会履行出资人职责的企业有189户。国资委的设立，从国家行政体制层面将政府的行政管理职能和政府代表全民所具有的国有企业出资人职能分开，从体制上解决了"政企不分、政资不分""多头领导"和"多龙治水"的问题，为后续国有企业治理的全面推进提供了保障。

2003年5月27日，《企业国有资产监督管理暂行条例》（以下称《条例》）以国务院第378号令的形式正式发布实施，以行政法规的形式明确了国有资产管理体制的基本框架和国有资产监督管理的基本制度。

《条例》明确了国有资产的管理体制。国家实行由国务院和地方人民政府分别代表国家履行出资人职责，享有所有者权益，权利、义务和责任相统一，管资产和管人、管事相结合的国有资产管理体制。国务院代表国家对关系国民经济命脉和国家安全的大型国有及国有控股、国有参股企业，重要基础设施和重要自然资源等领域的国有及国有控股、国有参股企业，履行出资人职责。省、自治区、直辖市人民政府和设区的市、自治州级人民政府分别代表国家对由国务院履行出资人职责以外的国有及国有控股、国有参股企业，履行出资人职责。

《条例》明确了国有资产监督管理机构的设置。国务院，省、自治区、直辖市人民政府，设区的市、自治州级人民政府，分别设立国有资产监督管理机构。国有资产监督管理机构根据授权，依法履行出资人职责，依法对企业国有资产进行监督管理。国务院国有资产监督管理机构是代表国务院履行出资人职责、负责监督管理企业国有资产的直属特设机构。省、自治区、直辖市人民政府国有资产监督管理机构，设区的市、自治州级人民政府国有资产监督管理机构是代表本级政府履行出资人职责、负责监督管理企业国有资产的直属特设机构。上级政府国有资产监督管理机构依法对下级政府的国有资产监督管理工作进行指导和监督。

《条例》规定了国有资产监督管理机构的权责边界。各级人民政府应当严格执行国有资产管理法律、法规，坚持政府的社会公共管理职能与国有资产出资人职能分开，坚持政企分开，实行所有权与经营权分离。国有资产监督管理机构不行使政府的社会公共管理职能，政府其他机构、部门不履行企业国有资产出资人职责。

（三）探索建立企业国有资产监督管理制度

1.出台清产核资相关规章制度

为了指导和规范全国国有企业清产核资工作，国资委于2003年下发了《国有企业清产核资办法》（国资委令第1号），对国有企业清产核资的范围、内容、程序、组织、要求以及相关当事主体和当事人应当负有的法律责任等作出了明确规定。同时为了配合《国有企业清产核资办法》的实施，国资委还组织起草了4个相关配套的工作制度，分别是《国有企业资产损失认定规则》（国资评价〔2003〕72号）、《国有企业清产核资工作规程》（国资评价〔2003〕73号）、《国有企业清产核资资金核实工作规定》（国资评价〔2003〕74号）和《国有企业清产核资经济鉴证工作规则》（国资评价〔2003〕78号）。

清产核资工作取得了良好成效。截至2005年1月底，181家中央企业全部完成了清产核资工作。通过清产核资，摸清了中央企业的"家底"，清理了企业资产，核实了企业负债、权益，清理出各项资产损失或不良资产6521.2亿元，占企业资产总额的4%，占企业净资产总额的8.9%。清理出企业账外资产和潜盈资产343.4亿元。通过清产核资，揭示了中央企业经营管理中的主要矛盾和问题，清理出的3521.2亿元资产损失中，应收款项坏账或呆账达1477.9亿元，占42%；固定资产损失1066.1亿元，占30.3%。

2.制定颁布国有资产监管法律法规

依法依规管理国有资产是国资委成立以后需要解决的基础性问题。将出资人对国有资产管理纳入法制化、制度化和规范化的轨道，明确出资人与所出资企业之间的权责关系，促进资产经营责任的落实，关键是要保证依法履职，保证出资人的职能到位，不能越位、不能错位，更不能缺位。

（1）颁布《企业国有资产法》

《企业国有资产法》从1993年开始启动起草工作，历时15年，最终于2008年10月28日在全国人大常委会上审议通过，于2009年5月1日起施行。

这部法律规范的对象是包括金融企业在内的各类国家出资企业，法律详细规定了国有企业合并、改制等重大事项的决策程序和运作规则，并赋予了职工监督权；同时还规定了国有企业管理者的任命程序、经济责任审计、考核等事项；此外，法律还强化了各级人大常委会、政府、审计机关以及社会各界对国有资产的监督。

（2）出台部门规章和规范性文件

国资委成立后，出台了一系列的规章制度。截至 2009 年底，共制定出台了部门规章 22 件，内容涉及清产核资、产权转让、法律顾问管理、资产评估、总会计师工作、企业综合绩效评价、经营业绩考核、地方国有资产监管等多个方面。

截至 2009 年底，以《企业国有资产监督管理暂行条例》为核心、由 22 件规章（见表 9-4 中的前 17 个规章）和 80 余件规范性文件及各省市国资委制定的 1200 多件地方规章和规范性文件构成的国有资产监管法规体系已经初步形成。

3. 规范国有企业领导人员管理体制与制度

（1）中央企业领导人员的管理体制

2003 年 3 月，中共中央印发了《中共中央关于成立中共国务院国有资产监督管理委员会有关问题的通知》（中发〔2003〕6 号），调整国有重要企业党的领导体制，成立中共国务院国有资产监督管理委员会（简称国资委党委），国资委党委在党中央领导下开展工作，撤销中共中央企业工作委员会，原由中央管理的 53 户国有重要企业董事长、总经理（总裁）、党委（党组）书记仍由中央管理，副职交由国务院国资委党委管理，原由中共中央企业工作委员会管理的 143 户中央企业的领导人员，交由国资委党委管理。

（2）对国有企业领导人员规范化管理

国有企业领导人员管理，有别于党政领导干部管理，需要适应现代企业制度的要求。2005 年国务院国资委党委出台了《中央企业负责人管理暂行办法》，分别从中央企业负责人的任期、职数、任职条件、考评、薪酬、监督与惩戒、培训交流、免职、辞职、退休等多方面进行了规范管理。

另外，为了加快推进中央企业建立现代企业制度，完善公司法人治理结构，2004 年共 7 家中央企业开展了建立和完善国有独资公司董事会试点工作，外部董事管理成为新的课题，为此，2004 年国务院国资委出台了《国有独资公司董事会试点企业外部董事管理办法（试行）》，对外部董事的任职条件、选聘程序、主要职责、权利和义务，以及评价、报酬、解聘、辞职等进行了规范管理。

（3）公开选聘企业领导人

2003 年 9 月，国务院国资委发布招聘公告，首次组织中国联合通信有限公司等 6 家中央企业的 7 个职位进行公开招聘，在海内外产生了积极反响。2004 年在进一步完善和规范公开招聘工作程序的基础上，增加了招聘职位的数量，选择了中国电子科技集团公司等 22 家中央企业的 23 个职位面向海内外公开招聘。2005 年组织了中国华源集团有限公司等 25 家中央企业的 25 个职位公开招聘。2006 年扩展到 26 个职位，共有 1775 人报名当年的应聘。

4. 规范改制政策

党的十五大提出国有经济有进有退、有所为有所不为的方针后，各地以国有中小企业改制为主线的企业改革全面推开，取得了巨大成效，但同时由于缺乏经验和规范有效的管理手段，没有统一的规范可以遵循，出现了一些人钻空子，利用改革中饱私囊，造成了国有资产流失。比如在改制过程中，进行财务审计和资产评估时，一些企业对土地确权定价不规范，对知识产权、技术专利、商誉等无形资产不评估不入账，管理层收购不规范等等。这些问题引起了社会的高度关注和中央领导的重视，如何规范和有序推进国有企业改制，成为当时国资监督管理机构的首要任务。

2003 年 11 月 30 日，国务院办公厅发布《关于规范国有企业改制工作的意见》（国发办〔2003〕96 号，以下简称"96 号文"）。96 号文对国有企业改制中的批准制度、清产核资、财务审计、资产评估、交易管理、定价管理、转让管理、依法保护债权人利益、维护职工合法权益、管理层收购等 10 个方面作出了规定，颁布后在社会上引起很大影响，对规范国有企业改制具有里程碑意义。96 号文件下发后，国有企业改革改制开始纳入规范的轨道，但实践中反映的一些新的矛盾和问题表明操作上仍然有待完善。为了进一步解决实际操作中的问题，2005 年 12 月，国务院以国办发〔2005〕60 号文转发了国资委制定的《关于进一步规范国有企业改制工作的实施意见》，着重进一步细化 96 号文的有关规定、加强可操作性、增加规范企业管理层持有股权、落实职工知情权和参与权。

规范管理层持股。2005 年 4 月，《企业国有产权向管理层转让暂行规定》（国资发产权〔2005〕78 号）由国务院国资委和财政部联合发布，明确了企业国有产权向管理层转让的程序和要求（详见表 8–2），对规范管理层持股起到了积极作用。

表 8–2　《企业国有产权向管理层转让暂行规定》的有关内容

管理层	"管理层"是指转让标的企业及标的企业国有产权直接或间接持有单位负责人以及领导班子其他成员
企业国有产权向管理层转让	"企业国有产权向管理层转让"是指向管理层转让，或者向管理层直接或间接出资设立企业转让的行为
具体要求	标的企业或者标的企业国有产权持有单位的法定代表人参与受让企业国有产权的，除正常委托中介机构审计外，还应当对其进行经济责任审计
	国有产权转让方案的制订以及与此相关的清产核资、财务审计、资产评估、底价确定、中介机构委托等重大事项应当由有管理职权的国有产权持有单位依照国家有关规定统一组织进行，管理层不得参与
	管理层应当与其他拟受让方平等竞买。产权转让公告中的受让条件不得含有为管理层设定的排他性条款，以及其他有利于管理层的安排
	企业国有产权持有单位不得将职工安置费等有关费用从净资产中抵扣（国家另有规定除外）；不得以各种名义压低国有产权转让价格
	管理层受让企业国有产权时，应当提供其受让资金来源的相关证明，不得向包括标的企业在内的国有及国有控股企业融资，不得以这些企业的国有产权或资产为管理层融资提供保证、抵押、质押、贴现等
	企业国有产权向管理层转让后仍保留有国有产权的，参与受让企业国有产权的管理层不得作为改制后企业的国有股股东代表。相关国有产权持有单位应当按照国家有关规定，选派合格人员担任国有股股东代表，依法履行股东权利

数据来源：《关于印发〈企业国有产权向管理层转让暂行规定〉的通知》，国资发产权〔2005〕78号，2005 年 4 月 11 日。

国企改制必须兼顾各方利益，严防国有资产流失。由于改制过程中涉及多方利益冲突，特别是民营资本进入时，如果没有严格有效的监督约束机制，很容易放大内部人控制的负面效应，不仅会造成国有资产流失，还会严重损害职工的利益。尽管有关部门接连下发了多个管理文件，但各地在执行过程中，仍然出现了不少问题，最有代表性的是2009年吉林通钢事件①。惨痛的教训说明，在国有企业改革过程中，必须兼顾各方利益，必须加强监督，严防国有资产流失。

吉林通钢事件的警示。一场上万名工人参与的群体性事件发生在2009年7月24日，年约40岁的通化钢铁总经理陈国君在事件中遭群殴致死。吉林通钢事件发生后，吉林省国资委下发的《关于终止建龙集团增资扩股通钢集团的通知》（吉国资发直改〔2009〕105号）文件指出，"方案公布以来，很多干部员工及离退休人员不理解、不赞成。经认真研究并报请省政府同意，决定终止建龙集团控股通钢集团的方案，不再实施"。对于令人震惊的吉林通钢事件，《人民日报》刊文指出，"不管事情的起因如何，凶手都应受到法律的惩处和道德的谴责。""通钢事件警示我们，普通群众对于国企改制过程中职工利益的保障，乃至其他方面的经济改革成果如何真正让百姓分享，心存疑虑。""不论出现什么问题和困难，国企深化改革都要坚持，停滞和后退没有出路。但我们也要总结经验：改革既需要勇气和决心，更需要一切从实际出发，稳妥推进。"②

三、中央企业重组与国有企业法人治理完善

中央企业重组和国有企业法人治理完善是深化改革的重要内容。通过中央企业重组，优化了国有资产的布局，增加了中央企业的产业集中度，提高了中央企业的竞争优势。国有企业法人治理是现代企业制度的重要组成部分，国资委成立以后，对国有企业法人治理结构和治理机制进行了多种方式的改革和实践，其中最有代表性，也是取得了较好经验效果的有三个方面，一是中央企业重组，二是规范董事会建设试点，三是经营业绩考核。

---

① 贾柱：《吉林通钢事件的警示》，《中国工业报》2009年8月10日。

② 胡江春：《打击暴力与倾听民意》，《人民日报》2009年8月3日。

（一）中央企业重组

从 2003 年国务院国资委成立开始，"兼并重组""整合"成为国有企业改革的主题词。2003 年到 2006 年间，国资委所管辖的中央企业从 196 家减少到 149 家。2006 年，国资委确定了中央企业数量减少至 100 家的目标，到 2011 年底，中央企业已减少到 117 家，尽管没有完成 100 家的目标，但兼并重组力度还是很大的。中央企业数量虽然减少很多，但通过兼并重组，整体素质和竞争力大大增强。一些优势企业强强联合，形成了具有较强综合竞争力的大型企业集团。

1. 重组的三个阶段

2003 年，国资委主任李荣融给国企改革定下目标：培育 30—50 户具有国际竞争力的大企业。[①] 为实现这一目标，国资委推动了举世瞩目的中央企业重组。2006 年 11 月，国务院第 155 次常委会议审议通过了《关于推进国有资本调整和国有企业重组的指导意见》，被国资系统称为"97 号文"，明确了国有资本调整和国有企业重组的基本原则、目标以及主要政策措施，引起了巨大反响。

在 2003 年至 2012 年的 10 年，中央企业重组经历了自愿重组、国资委主导、"成熟一家重组一家"三个阶段。第一阶段是自愿整合阶段（2003—2007）。根据国资委统计，截至 2008 年 1 月底，共有 47 组、83 家企业参与了重组，中央企业户数由最初的 196 户减少到 150 户。第二阶段是国资委主导阶段（2008—2010）。2008 年开始，重组方式由企业自愿组合转向由国资委主动推进。国资委通过并入式重组、资产无偿划转以及强强联合等方式，使一批规模较小、竞争力较弱的中央企业退出了国资委直接监管序列。在国资委的积极推动下，中央企业数量以平均每年 9 户的速度减少。第三阶段是成熟一家重组一家阶段（2010—　　）。2010 年 8 月，时任国资委主任王勇提出将中央企业重组的基调调整为"数量服从质量""成熟一家，重组一家"。

---

① 邓瑶：《央企重组十年路线——"100 家央企"整合目标未能达成，进入深水区重组之路方向正在转变》，《21 世纪经济报道》2013 年 3 月 11 日。

2. 国新公司——中央企业重组平台

2005 年国资委启动了国有资产经营公司试点工作，选择国家开发投资公司和中国诚通控股集团有限公司进行试点，将中国普天信息产业集团公司 8 户困难企业移交中国诚通控股集团有限公司托管，将陷入债务危机的中国寰岛（集团）公司和中国唱片总公司交由中国诚通控股集团有限公司托管，中国包装总公司交由国家开发投资公司托管。

在此基础上，被外界冠以"中投二号"的国新公司于 2010 年挂牌成立。国资委对国新公司的定位"不是生产经营企业，更不是投资公司"，与"中国版淡马锡""中投二号"等猜测相去甚远，仅是在中央企业范围内从事企业重组、资产整合的一个平台。

国新公司被国资委赋予两大使命，一是持有国资委划入国新公司的中央企业国有产权并履行出资人职责，配合国资委推进中央企业重组；二是接收、整合中央企业整体上市后存续企业资产及其他非主业资产，配合中央企业提高主业竞争力。

表 8–3　189 户中央企业目录（截至 2004 年 1 月 8 日）

序号	企业（集团）名称	序号	企业（集团）名称
1	中国核工业集团公司	39	中国远洋运输（集团）总公司
2	中国核工业建设集团公司	40	中国海运（集团）总公司
3	中国航天科技集团公司	41	中国航空集团公司
4	中国航天科工集团公司	42	中国东方航空集团公司
5	中国航空工业第一集团公司	43	中国南方航空集团公司
6	中国航空工业第二集团公司	44	中国中化集团公司
7	中国船舶工业集团公司	45	中国粮油食品进出口（集团）有限公司
8	中国船舶重工集团公司	46	中国五金矿产进出口总公司
9	中国兵器工业集团公司	47	中国通用技术（集团）控股有限责任公司
10	中国兵器装备集团公司	48	中国建筑工程总公司
11	中国电子科技集团公司	49	中国储备粮管理总公司
12	中国石油天然气集团公司	50	国家开发投资公司

序号	企业（集团）名称	序号	企业（集团）名称
13	中国石油化工集团公司	51	招商局集团有限公司
14	中国海洋石油总公司	52	华润（集团）有限公司
15	国家电网公司	53	香港中旅（集团）有限公司
16	中国南方电网有限责任公司	54	中国节能投资公司
17	中国华能集团公司	55	中国高新投资集团公司
18	中国大唐集团公司	56	中国国际工程咨询公司
19	中国华电集团公司	57	中谷粮油集团公司
20	中国国电集团公司	58	中国包装总公司
21	中国电力投资集团公司	59	中国进口汽车贸易中心
22	中国长江三峡工程开发总公司	60	中商企业集团公司
23	神华集团有限责任公司	61	中国华孚贸易发展集团公司
24	中国电信集团公司	62	中国诚通控股公司
25	中国网络通信集团公司	63	中国华星集团公司
26	中国联合通信有限公司	64	中国中煤能源集团公司
27	中国移动通信集团公司	65	煤炭科学研究总院
28	中国电子信息产业集团公司	66	中国汽车工业总公司
29	中国第一汽车集团公司	67	中国机械装备（集团）公司
30	东风汽车公司	68	机械科学研究院
31	中国第一重型机械集团公司	69	中国农业机械化科学研究院
32	中国第二重型机械集团公司	70	中国钢铁工贸集团公司
33	哈尔滨电站设备集团公司	71	中国冶金建设集团公司
34	中国东方电气集团公司	72	钢铁研究总院
35	鞍山钢铁集团公司	73	冶金自动化研究设计院
36	上海宝钢集团公司	74	中国昊华化工（集团）总公司
37	武汉钢铁（集团）公司	75	中国化学工程总公司
38	中国铝业公司	76	中国化工供销（集团）总公司
77	中国化工建设总公司	120	中国种子集团公司
78	中国蓝星（集团）总公司	121	中国纺织品进出口总公司

续表

序号	企业（集团）名称	序号	企业（集团）名称
79	中国轻工集团公司	122	中国工艺品进出口总公司
80	中国轻工业对外经济技术合作公司	123	中国对外贸易运输（集团）总公司
81	中国轻工业机械总公司	124	中国土产畜产进出口总公司
82	中国工艺美术（集团）公司	125	中国丝绸进出口总公司
83	中国盐业总公司	126	中国轻工业品进出口总公司
84	华诚投资管理有限公司	127	中国成套设备进出口（集团）总公司
85	中国纺织物资（集团）总公司	128	中国出国人员服务总公司
86	中国恒天集团公司	129	中国海外工程总公司
87	中国纺织科学研究院	130	中国生物技术集团公司
88	中国材料工业科工集团公司	131	中国医疗卫生器材进出口公司
89	中国建筑材料集团公司	132	中国唱片总公司
90	中国建筑材料科学研究院	133	中国林业国际合作集团公司
91	中国有色矿业建设集团有限公司	134	中国福马林业机械集团有限公司
92	北京有色金属研究总院	135	中国医药集团总公司
93	北京矿冶研究总院	136	中国国际旅行社总社
94	中国国际技术智力合作公司	137	中国免税品（集团）总公司
95	中国远东国际贸易总公司	138	中国旅游商贸服务总公司
96	中国国际企业合作公司	139	中国中旅（集团）公司
97	中国经济技术投资担保有限公司	140	中国新兴（集团）总公司
98	中国地质工程集团公司	141	中国保利集团公司
99	中国四维测绘技术总公司	142	中国新时代控股（集团）公司
100	中国房地产开发集团公司	143	珠海振戎公司
101	中国建筑科学研究院	144	中国海洋航空集团公司
102	中国北方机车车辆工业集团公司	145	中国建筑设计研究院
103	中国南方机车车辆工业集团公司	146	中国电子工程设计院
104	中国铁路通信信号集团公司	147	中国寰球工程公司
105	中国铁路工程总公司	148	中煤国际工程设计研究总院
106	中国铁道建筑总公司	149	中国海诚国际工程投资总院

续表

序号	企业（集团）名称	序号	企业（集团）名称
107	中国港湾建设（集团）总公司	150	中国纺织工业设计院
108	中国路桥（集团）总公司	151	中国有色工程设计研究总院
109	中国外轮理货总公司	152	中国冶金地质勘查工程总局
110	中国普天信息产业集团公司	153	中国煤炭地质总局
111	中国邮电器材集团公司	154	新兴铸管集团有限公司
112	中国长城计算机集团公司	155	中国民航信息集团公司
113	中国卫星通信集团公司	156	中国航空油料集团公司
114	电信科学技术研究院	157	中国航空器材进出口集团公司
115	中国水利电力对外公司	158	中国电力工程顾问集团公司
116	中国水利投资公司	159	中国水电工程顾问集团公司
117	中国水产（集团）总公司	160	中国水利水电建设集团公司
118	中国农垦（集团）总公司	161	中国黄金集团公司
119	中国牧工商（集团）总公司	162	中国储备棉管理总公司
163	中国印刷集团公司	177	中国华录集团有限公司
164	攀枝花钢铁（集团）公司	178	上海贝尔阿尔卡特股份有限公司
165	邯邢冶金矿山管理局	179	彩虹集团公司
166	鲁中冶金矿业集团公司	180	武汉邮电科学研究院
167	长沙矿冶研究院	181	上海医药工业研究院
168	中国乐凯胶片集团公司	182	华侨城集团公司
169	沈阳化工研究院	183	南光（集团）有限公司
170	中国华源集团有限公司	184	天津水泥工业设计研究院
171	华联发展集团有限公司	185	中机国际工程咨询设计总院
172	中国广东核电集团有限公司	186	中讯邮电咨询设计院
173	中国寰岛（集团）公司	187	西安电力机械制造公司
174	中国长江航运（集团）总公司	188	中国葛洲坝集团公司
175	长江口航道建设有限公司	189	三九企业集团（深圳南方制药厂）※
176	上海船舶运输科学研究所		

注：以上内容摘自国有资产管理委员会网站（2003 年 11 月 4 日公布）。

（二）规范董事会建设的试点

1. 董事会试点的动因

自党的十四届三中全会通过的《中共中央关于建立社会主义市场经济体制若干问题的决定》提出，国有企业改革的方向是建立适应市场经济要求，产权清晰、权责明确、政企分开、管理科学的现代企业制度。

在社会主义市场经济条件下，国内外的竞争越来越激烈，国有大企业要生存、要发展，其管理体制和制度就必须适应市场经济的要求，这种体制和制度的主要体现，就是现代企业制度和公司法人治理结构。按照现代企业制度要求，公司的股东会、董事会、监事会、经营管理者和党组织的权责要明确，要形成权力机构、决策机构、监督机构和经营管理者之间的制衡机制。2004年以前，一部分国有企业是按照《全民所有制工业企业法》设立的，没有董事会，还有一部分是按照《公司法》设立的国有独资公司，但其董事会成员与经理人员高度重合。企业的决策权与执行权没有分开，董事会也不能很好地发挥作用。

2. 董事会试点的发展历程

由于中央企业大部分以国有独资的形态存在，对于国有独资公司有没有必要建立董事会有不少的争论。李维安和郝臣认为，即使是国有独资公司，也应该建立董事会，理由是建立规范的董事会利于实现对公司的个性化管理、利于提高决策的科学性、利于中央企业的国际化。[①]

2004年6月，国务院国资委开展了董事会试点工作，印发了《关于中央企业建立和完善国有独资公司董事会试点工作的通知》《关于国有独资公司董事会建设的指导意见（试行）》，确定了第一批试点企业：神华集团、上海宝钢、中国高新投资集团、中国诚通、中国医药、中国国旅、中国铁通。2005年10月17日，宝钢集团依照《公司法》改建为规范的国有独资公司，成为第一家外部董事全部到位且超过董事会成员半数的中央企业，之后试点范围不断扩大。2005—2008年，国务院国资委共确定19户中央企业实行董事会试点，名单见表9-5。2009年，国资委印发了《董事会试点中央企业董

---

① 李维安、郝臣：《公司治理手册》，清华大学出版社2015年版。

事会规范运作暂行办法》，明确了国资委、董事会、董事会专门委员会、董事长、总经理、董事会秘书等主体各自的职责和权力。截至 2012 年末，已有 51 户中央企业开展了这项工作，北京、上海、山东等地国资委，也按照中央企业董事会试点的制度安排，在其所出资企业开展了建设董事会、完善公司治理的试点探索。①

表 8-4　2005—2008 年国资委确定实行董事会试点的 19 户中央企业名单

1	神华集团有限责任公司	8	中国电子信息产业集团	15	中国铁路工程总公司
2	上海宝钢集团公司	9	中国恒天集团有限公司	16	中国中煤能源集团公司
3	中国高新投资集团公司	10	中国建筑材料集团有限公司	17	中国冶金科工集团
4	中国诚通控股公司	11	中国铁道建筑总公司	18	攀枝花钢铁有限公司集团
5	中国医药集团总公司	12	中国农业发展集团有限公司	19	中国房地产开发集团公司
6	中国国旅集团公司	13	中国外运长航集团		
7	中国铁通集团有限公司	14	新兴铸管集团有限公司		

3. 试点所采取的措施与成效

在《公司法》《企业国有资产监督管理暂行条例》《企业国有资产法》等法律框架下，国务院国资委采取了一系列改革措施在中央企业推行国有独资公司建立董事会试点工作。② 在制度设计中，保证董事会构成合理规范，实现决策层与执行层在人员、机构方面分开。设计的基本原则是引入外部董事，并使外部董事超过董事会全部成员的半数；董事长与总经理原则上分设，并进行外部董事担任董事长的探索；总经理进入董事会，其他高级管理人员原则上不进入董事会；职工董事经过民主程序选举产生；调整国资委与

---

① 截至 2016 年末，建设规范董事会的中央企业达到 83 家。省（区、市）国资委所监管的一级企业中有 88% 已经建立了董事会，22 个省（区、市）开展了经理层市场化选聘工作。

② 秦永法：《央企董事会试点的进展和需解决的问题》，《董事会》2012 年第 10 期。

建立董事会中央企业的工作机制；建立规范的董事会以后，明确界定国有资产监管机构与董事会的职责范围、权利、义务，划清边界；制定涉及国有资产监管机构与董事会双方事务的办理方式、程序、时间、要求等，并形成制度，共同遵循，相互协调。

通过 8 年来董事会试点工作（至 2012 年），建设规范董事会工作取得明显进展，主要表现在以下几个方面：

第一，公司治理的理念得到认可。理念上的突破是把董事会试点推向深入的重要前提，也是董事会试点探索取得的重要成效之一。

第二，董事会规范运作的制度体系基本形成并逐步落实。从 2004 年 6 月国务院国资委出台第一个中央企业董事会建设指导性文件以来，中组部、国资委出台了一系列政策措施，初步形成了指导董事会规范运作的制度体系。

第三，外部董事制度基本建立。围绕外部董事有效履职的制度性安排逐步完善并有效执行，大多数企业董事会中外部董事已经占到半数以上。

第四，中央企业治理发生了实质性变化。董事会定位比较准确、运作基本规范；建设规范董事会的中央企业的决策机制发生了根本性转变，建立了一种制衡机制，决策的质量和科学性明显提高；实现了董事会对企业的个性化管控。

第五，董事会促进了风险管理体系的建立。一方面，董事会都有较强的风险意识，十分清楚公司面临的主要风险，董事会讨论投资议案，更多的是关注存在的风险和应对的措施；向国资委报告年度工作，不仅报成绩，也报面临的风险和存在的问题。

4. 宝钢的规范董事会试点建设

2005 年 10 月 17 日，国务院国有资产监督管理委员会主任李荣融向宝钢 5 位外部董事颁发聘书，至此宝钢集团有限公司董事会成为中央企业中第一家外部董事全部到位的董事会。这意味着我国中央企业中第一家规范的国有独资公司董事会开始正式运作。经过近 8 年的探索和改进，宝钢集团的规范董事会试点工作已经取得了很好的成效。

宝钢集团董事会运作实践的特点可以概括为：一个治理核心、具有宝钢特色的"六方关系"和"三人模式"下的沟通机制。作为公司治理核心，宝钢集团董事会定位为战略决策型董事会，负责公司的战略决策、强调经营导向和把控重大风险。在实践中，国务院国资委、董事会、监事会、经理层、党组织、职工等公司治理相关方，构筑了具有宝钢特色的"六方关系"。宝钢集团在董事长、党委书记、总经理三位主要负责人分设的领导体制（即"三人模式"）下，实现了企业内部权力主体间有效分工与协作，确保了董事会的运作效率和领导班子的团结。

外部董事制度是国务院国资委董事会试点工作的核心制度，这项制度在宝钢已经落地生根。宝钢集团董事会中的外部董事均为成功的企业家或专业人士，他们充分代表出资人意志，忠诚、勤勉履职，提高了公司的科学决策水平，有效防范了重大风险。

通过董事会的规范运作，宝钢集团实现了决策权与执行权的分离，推进了企业领导体制改革；强化了战略管控，有效推进了钢铁主业的战略布局和结构调整；审慎决策重大投融资项目，实现了重大风险把控；积极推进管理变革，提升了公司软实力。

（三）经营业绩考核

经营业绩考核，是国资委代表出资人以合约的形式对国有企业经营者提出的要求，因此经营业绩考核是国有企业法人治理机制的重要组成部分。

对国有企业经营业绩考核，是国资委成立后，首先从中央企业开始推行的。2003年，中央企业平均净资产收益率为5%，平均总资产报酬率为5%，亏损企业面达到了10%。经营效率低下仍然是当时国有资产和国有企业面临的突出问题，对于中央企业来说，提高企业经营效率是一项迫切的任务。2003年国资委出台《中央企业负责人经营业绩考核暂行办法》，之后于2009年，中组部印发了《中央企业领导班子和领导人员综合考核评价办法（试行）》（中组发〔2009〕17号），从而形成了经营业绩考核和综合考核评价两种对国有企业领导人员进行考核的措施。

以责权利对等的原则开展经营业绩考核，促进国有企业搞好自身的经营管理，履行国有企业的责任和使命，对国有经济的发展具有重要意义。

1. 历史沿革

在计划经济时代，企业相当于政府计划体制中的一个生产车间，生产计划由政府计划部门制定，所需资金由政府财政部门调拨，对企业业绩的评价指标是产量或产值。1978 年党的十一届三中全会以后，政府对国有企业开始推行承包经营责任制，企业由过去单一的生产主体逐渐成为关心成本和效益的有计划的商品经济主体。[①]1992 年，财政部发布《企业财务通则》重新设计了对企业业绩的评价指标，具体包括偿债能力、营运能力和获利能力三个主要方面。1995 年财政部颁布了《企业经济效益评价指标体系（试行）》，主要考核指标包括获利能力、偿债能力、营运能力、社会效益。1999 年 6 月，财政部等四部委联合印发了《国有资本金绩效评价规则》和《国有资本金绩效评价操作细则》，对国有企业的业绩评价进行了重新规范，其重点是评价企业资本效益状况、资产经营状况、偿债能力状况和发展能力状况等四项内容。

2. 国有企业经营业绩考核的实施与完善

2003 年 10 月，国务院国资委印发了《中央企业负责人经营业绩考核暂行办法》（以下称《暂行办法》），主要考核年度利润总额、净资产收益率、国有资产保值增值率和三年主营业务收入平均增长率。之后分别于 2006 年 12 月、2009 年 12 月、2012 年 12 月进行了三次修订，并在试行十多年的基础上，于 2016 年 12 月发布了《中央企业负责人经营业绩考核办法》，实行基于企业功能定位的分类考核，突出了经济增加值考核。[②]

（1）考核实施阶段

国资委设立后，先后共出台了《暂行办法》《关于进一步加强中央企业全员业绩考核工作的指导意见的通知》等 5 个管理文件[③]，全面推进业绩考

---

① 张维迎：《企业理论与中国企业改革》，北京大学出版社 1999 年版。

② 对国有企业的考核，除了经营业绩考核之外，还包括由中组部牵头组织、国资委参与的中央企业领导班子和领导人员综合考核评价，该考核突出了对国有企业领导人员的政治素质、团结协作和作风形象的要求。考核依据是 2009 年中组部印发的《中央企业领导班子和领导人员综合考核评价办法（试行）》（中组发〔2009〕17 号），并于 2013 年进行了修订。

③ 国务院国资委政策法规局编：《国务院国有资产监督管理委员会规章规范性文件汇编（2003—2012）》，经济科学出版社 2013 年版。

核工作。

《暂行办法》明确了考核对象为中央国有企业的主要负责人，将考核分为年度考核和任期内考核两个方面。年度考核的主要内容为利润指标和净资产收益率及相关分类指标；任期内考核的主要内容为国有资产保值增值率和三年主营业务收入平均增长率两项基本指标，以及根据行业和企业特点设定的各项分类指标。[①]

2004 年，各地方国资委成立后，纷纷比照国务院国资委的做法，将经营业绩考核作为重点工作。到 2005 年末，在全国国有企业范围内，经营业绩考核制度基本建立，国有资产保值增值责任体系初步形成，国有企业高管人员激励与约束机制开始有效运行。[②]

（2）完善改进阶段

为引导中央企业进一步做强主业、控制风险、提升发展质量、增强价值创造和可持续发展能力，国资委决定从 2010 年开始，在中央企业全面推行经济增加值考核（EVA 考核）。引入经济增加值考核指标后，形成了以利润总额和经济增加值作为基本指标考核年度经营业绩（分类指标根据行业特点和功能单独确定），以国有资本保值增值率和总资产周转率作为基本指标考核任期经营业绩（分类指标根据行业特点和功能，考虑企业中长期发展战略和可持续发展能力单独确定）的考核指标体系。[③]

另外，在 2009 年第二次修订的《暂行办法》中，增加了任期特别奖，包括"业绩优秀企业奖""科技创新企业奖""管理进步企业奖"和"节能减排优秀企业奖"。

3. 国有企业经营业绩考核效果

从 2004 年到 2012 年，中央企业共经历了三个任期，考核结果的整体情况见表 8-5。

[①] 国务院国资委综合局：《中央企业负责人经营业绩考核暂行办法》（2003），国资委令第 2 号，2003 年 11 月 15 日。

[②] 邵宁等：《国有企业改革实录（1998—2008）》，经济科学出版社 2014 年版。

[③] 《中央企业负责人经营业绩考核暂行办法》（2012 年第三次修订），国资委令第 30 号，2012 年 12 月 29 日。

表 8–5　**2004—2012 历年中央企业负责人经营业绩考核等级分布**

年度	考核企业数量	A 级		B 级		C 级		D 级		E 级	
		数量	占比	数量	占比	数量	占比	数量	占比	数量	占比
2004	179	25	13.97%	141	78.77%			9	5.03%	4	2.23%
2005	166	28	16.87%	84	50.60%	48	28.92%	4	2.41%	2	1.20%
2006	150	34	22.67%	77	51.33%	35	23.33%	4	2.67%		
2007	152	40	26.32%	82	53.95%	28	18.42%	2	1.32%		
2008	145	32	22.07%	74	51.03%	34	23.45%	5	3.45%		
2009	132	38	28.79%	66	50.00%	24	18.18%	4	3.03%		
2010	121	47	38.84%	51	42.15%	21	17.36%	2	1.65%		
2011	118	46	38.98%	55	46.61%	13	11.02%	4	3.39%		
2012	116	44	37.93%								

数据来源：根据国资委公布的结果整理。

四、国有企业的转型升级

2001 年中国加入 WTO，使中国外贸出口环境改善，也扩大了国有企业的市场。具有成本优势的中国产品大规模进入国际市场，也拉动了国内上游产业和基础设施的发展，从而给国有企业带来了良好的发展机遇，在规模上迅速做大。但是，其后爆发的金融危机又使许多产业产能严重过剩，市场恶性竞争严重，国有企业发展遇到了前所未有的困难。为了扭转产能过剩、市场萎缩、效益下滑的局面，国有企业积极展开了转型升级，取得了很好的成效，也积累了转型升级的经验。

（一）加入 WTO 为国有企业提供了发展机遇

2001 年 12 月 11 日，中国正式加入世界贸易组织（WTO）。加入 WTO 使中国外贸出口环境改善，由于中国产品具有成本优势，中国制造的消费品大规模进入国际市场（消费品生产者主要不是国有企业），终端产业的高速增长拉动了国内上游产业和基础设施的发展，从而带动了国有企业的发展。

加入 WTO 对包括国有企业在内的国内企业产生了积极的影响，主要包括以下三个方面：一是进出口额加大，中国企业可以更大规模地进入国际市场。数据显示，货物贸易从 2001 年的出口 2660.98 亿美元、进口 2435.53 亿美元，到 2012 年分别增加到 20487.8 亿美元和 18182 亿美元，分别增长约 7.7 倍和 7.5 倍。二是中国企业国际竞争力显著增强。入世使中国经济更加自由化，市场准入更开放，外国公司可以更容易地参与中国汽车、化工等多个领域的竞争，而这些竞争促进了中国企业的竞争意识和质量意识，国际竞争力显著增强。三是有利于我国引进先进技术和先进管理经验。在 2001 年左右，中国经济的持续增长遇到了资金、技术、资源等的瓶颈。加入 WTO 有利于我国与发达国家在技术经济合作方面在广度和深度上进一步地推进，有利于引进国外先进技术和设备，为促进我国工业的快速发展创造条件。同时也可以大量吸收国外先进的管理经验和管理体制，将其应用到各个领域，能够推动企业技术进步和技术创新，提高企业的生产技术水平，增强新产品的开发能力和市场竞争力。

（二）加入 WTO 之后国有企业的迅猛发展

随着中国改革开放的深入和世界经济的发展，特别是 2001 年中国加入 WTO 后，加速了中国融入经济全球化的进程，在经济迅速发展的大环境下，国有企业在规模、效益等方面实现了快速发展。中央企业进入世界五百强名单及排名情况见表 8-6。

2002—2007 年，中央企业资产总额从 7.13 万亿元增长到 14.79 万亿元，平均每年增长 1.5 万亿元，年均增长 15.71%；销售收入从 3.36 万亿元增长到 9.84 万亿元，平均每年增长 1.3 万亿元，年均增长 23.97%；利润从 2405.5 亿元增长到 9968.5 亿元，平均每年增长 1500 亿元，年均增长 32.89%；上缴税金从 2914.8 亿元增长到 8303.2 亿元，平均每年增长 1000 亿元，年均增长 23.29%；总资产报酬率从 4.9% 提高到 8.3%，净资产收益率从 4.3% 提高到 11.9%。

表8–6 2003—2007年中央企业进入世界五百强名单及排名

名称	2003年	2004年	2005年	2006年	2007年
中国石油	69	52	46	39	24
中国石化	70	54	31	23	17
中国海油					469
国家电网		46	40	32	29
南方电网			316	266	237
中国电信	254	257	262	279	275
中国移动	230	242	224	202	180
一汽集团			448	470	385
宝钢集团		372	309	296	307
中远集团					488
中化集团	248	270	287	304	299
中粮集团	384	415	434	463	405
中国五矿					435
中国建筑				486	396
中国中铁				441	342
中国铁建				485	384

2007年，中央企业中资产总额上千亿元的43家，销售收入上千亿元的26家，利润总额上百亿元的19家，分别比2002年增加32家、20家和13家。2007年有22家内地企业进入世界500强，全都是国有企业，其中国资委监管的中央企业16家，比2002年增加9家。新进入500强的中央企业大多是处于竞争性领域的企业，如宝钢、一汽集团、中远集团、中国五矿、中国建筑、中国中铁、中国铁建、中国海油等。

许多中央企业不但居于国内同行业的领先地位，在国际上也有较大影响。建筑行业，中交集团、中冶集团、中国建筑、中国中铁、中国铁建都是国内龙头企业，销售收入都在1000亿元以上。中交集团在2007年全球最大225家承包商中排名第14位，居中资企业第一。煤炭行业两家企业的规模和实力都是世界一流水平，神华集团2007年煤炭产量超过2亿吨，销量超过2.6亿吨，均居世界第一，百万吨死亡率低于美国等发达国家的水平。航运业的中远集团船队规模居世界第二，经济效益在全球同行业中名列前茅。造船业的中船集团、中船重工2007年新接订单、手持订单均居世界前列。设备制造业的东方电气集团发电设备产量连续三年排名世界第一，2007年超过3000万千瓦。中粮集团生产的金龙鱼食用油、长城葡萄酒、金帝巧克力都是国内的知名品牌。港中旅、华侨城都处于竞争性很强的旅游行业，它们开拓创新，形成了自己的特色，在国内有很强的知名度。

（三）国际金融危机爆发后国有企业转型升级势在必行

1. 金融危机初期对国有企业的影响

财政部公布的数据显示，2008年1—12月，国有及国有控股企业（不包括国有金融企业）营业收入和税金增幅连续5个月回落，利润连续5个月呈负增长。1—12月，全国国有企业累计实现营业收入21.05万亿，同比增长17.8%，增幅比1—11月下降2.5个百分点。1—12月，实现利润1.18万亿，同比下降25.2%，降幅比1—11月加大9.5个百分点。其中：国务院国资委管理的中央企业累计实现利润6384.3亿元，同比下降34.2%；地方国有企业累计实现利润3581.7亿元，同比下降16.9%。①

盈利水平持续下降。1—12月，国有企业销售利润率为5.6%，同比下降3.2个百分点；成本费用利润率为6.1%，同比下降3.7个百分点；净资产利润率为8.7%，同比下降3.8个百分点。其中，中央企业销售利润率、成本费用利润率和净资产利润率为6.2%、6.9%和9.3%，地方国有企业为4.7%、4.9%和7.5%；中央企业盈利水平高于地方国有企业。

主要行业效益下降明显。1—12月，发电企业、航空企业出现大幅亏损，电网、交通、石油、石化、钢铁、有色、汽车等重点行业利润明显下降，只有煤炭企业保持了较高的盈利水平。

2. 四万亿投资和十大产业振兴规划

在美国次贷危机爆发之初，各国政府都只是观望，没有采取任何救市措施。随着市场流动性紧张和股市暴跌，各国央行纷纷降息或向金融体系注

---

① 《2008年1—12月国有及国有控股企业经济运行情况》，财政部网站，http://zcgls.mof.gov.cn/zhengwuxinxi/qiyeyunxingdongtai/200901/t20090121_110055.html。

入流动性。当危机向全球蔓延时，各国意识到仅靠市场化手段无法阻止危机的恶化，于是纷纷加强政府直接干预，经济刺激方案频频出台。

受国际金融危机影响，我国经济增速明显放缓。为抵御国际经济环境的不利冲击，2008 年 11 月 5 日，我国政府提出将实行积极的财政政策和适度宽松的货币政策，出台进一步扩大内需、促进经济增长的 10 项措施，涉及加快民生工程、基础设施、生态环境建设等方面，到 2010 年底约需投资 4 万亿元。4 万亿投资中最大的是铁路、公路、机场、城乡电网等基础设施建设。这些项目的推动大多以政府为主体，由大多数国有大中型企业承担，同时经济刺激计划的财政供给和信贷资金供给也侧重于国有企业。

为防止经济加速下滑，中国政府陆续出台 10 个产业的振兴规划，具体包括钢铁、汽车、船舶、石化、纺织、轻工、有色金属、装备制造业、电子信息，以及物流业 10 个重点产业调整和振兴规划。

（四）转型升级及成效

1. 国有企业的转型升级

金融危机的到来，使决策者看到了中国产业存在的普遍问题：一是大多数产业都产能过剩；二是大多数产业中企业都过于分散，集中度不高。由此带来的问题是中国经济布局不合理、市场混乱，无序竞争和恶性竞争对资源和产业造成伤害。在这种大背景下，进行产业结构调整和产业重组，实现国有企业转型发展，是有重要意义的。

面对金融危机、市场萎缩、产能过剩等严峻的形势，国有企业采取了一系列的战略措施转型发展，主要包括两个方面：第一，实施结构调整战略。根据国有企业的战略定位，通过重组整合推动国有资本向关系国家安全和国民经济命脉的重要行业和关键领域集中，向国有经济具有竞争优势、未来可能形成主导产业的领域集中，向具有较强国际竞争力的大公司大企业集团集中；瞄准世界产业革命前沿，推动产业布局向产业链高端拓展，集中力量培育发展了一批战略性新兴产业。第二，实施管理水平提升战略。更加重视企业管理工作，把管理创新作为转型升级的基础工程，向管理要效益。进一步完善法人治理结构和内部组织结构，优化管理流程。推动信息技术与科学管理深度融合，以信息化促进企业管理创新。

2. 转型升级的成效

在摆脱困境、转型发展的过程中，国有企业勇于面对挑战，取得了良好的效果，使多数国有企业摆脱了被动转型的困境，为下一步国有企业由做大到做强的主动转变提供了有利条件。

中央企业积极推进转型升级。中央企业加快升级传统产业，培育发展战略性新兴产业，优化产业结构、产品结构，提升产业层级。一些企业发挥自身优势，提高系统集成服务能力，形成一流的国际竞争力。一些企业在高新技术产业的开发和应用方面取得突破，形成了具有自主知识产权的关键技术和高端产品。一些企业积极参与文化产业布局，创新经营模式，促进了产业转型和业务升级。中央企业坚持以科技创新战略为引领，健全和完善科技创新体系，加大科技投入，加快提升自主创新能力，突破了一批关键核心技术。比如"神九"与"天宫一号"首次载人交会对接，"蛟龙号"完成7000米深潜试验及科考作业，航空母舰正式交付使用并成功完成国产舰载机起降，北斗区域导航系统全面建成，TD-LTE-A 正式被国际电联确认成为全球第四代移动通信国际标准，981 深海钻井平台顺利开钻，中央企业为建设创新型国家作出积极贡献。

地方国有企业方面，各地普遍加大了推进传统产业改造升级和战略性新兴产业发展的力度。河北推动钢铁、煤炭企业加大技术改造力度，积极发展钢材加工配送、先进装备制造业。山东积极引导企业发展数字多媒体、智能交通、物联网等战略性新兴产业。北京、辽宁、新疆等地发挥大项目对产业发展的带动作用，提升了相关产业的层次。上海安排 30% 以上的国有资本收益支持企业核心关键技术创新；山东对作出突出贡献的科技创新优秀人才实施重奖；广东出台省属企业创新发展考核办法，加大对科技创新项目和培育自主品牌的考核支持力度。天津积极引导企业开展商业模式创新，探索电子商务等现代商业模式，引导企业由传统产品制造商向系统集成商转型。

3. 国有企业转型升级的典型案例

（1）中国国电的转型升级①

2008 年以来，受国际金融危机冲击，国内外经济形势发生深刻变化，

---

① 朱永芃：《以大力发展新能源引领企业转型》，《人民日报》2010 年 1 月 29 日。

电力发展中一些深层次矛盾和问题凸显，这些矛盾和问题已经成为制约我国电力工业健康发展的瓶颈。主要矛盾包括：经营环境日益严峻，发展和经营风险加大；电力供需形势逆转，市场竞争更加激烈；产业结构不合理，资源环境压力不断增大；科技创新和技术装备水平相对落后。

面对 2008 年的国际金融危机，世界主要发达国家和新兴经济体纷纷调整能源战略，大力推动能源产业变革，将发展新能源作为拉动经济复苏、抢占经济科技制高点的主导力量。我国也把发展新能源与节能环保产业作为调整结构、增加投资、促进消费、稳定出口、提高国际竞争力的一个重要切入点和结合点，前所未有地加大了扶持力度。中国国电抓住时机，以大力发展新能源引领企业转型。

①大力发展新能源

中国国电确立了"解放思想、改革创新、科学发展、构建和谐"的指导方针，"转型企业、挖掘潜力、提高质量、创造一流"的中心任务，并结合国内能源发展趋势和企业实际，率先提出了"以大力发展新能源引领企业转型"的战略方针。其总体构想是：充分发挥中国国电在新能源、节能环保产业的技术和规模优势，培育以新能源为特色的核心竞争力，抢占新能源竞争制高点，增强企业盈利能力和可持续发展能力，到 2010 年初步建成国内一流的综合性能源集团、力争进入世界企业 500 强。着力推动电源发展方式由主要依靠规模扩张向规模适度发展与着力提高质量相结合转变，发展模式由相对单一的发电集团向综合性能源集团转变，生产经营方式由主要增加资源消耗向实施管理和技术创新转变。

中国国电以新能源引领的企业转型取得了初步成效。到 2010 年 9 月底，水电、风电等清洁能源生产近 850 万千瓦，是成立之初的 2.7 倍，风电装机总容量继续保持亚洲第一、世界第五；核电、生物质、潮汐、地热等清洁发电项目开发正加快步伐。在高科技产业方面，发挥集团公司在节能、环保、信息化、新能源 4 个方面的技术优势，积极推进科技产业化，形成了一系列国内、国际领先的清洁发电技术和产品，高科技产业产值和利润以平均每年 50% 以上的速度递增。

②突出"五个着力"引领企业转型

着力建设节能环保燃煤电厂。我国以火电为主的电力结构，决定了节能减排的重点是煤炭的清洁利用，这也是推进能源利用方式变革的关键，是发展新能源的应有之义。

着力提高水电开发的规模和质量。我国水电资源丰富，开发利用程度低，拥有成熟的水电开发技术和管理模式，决定了水电是最具备大规模开发利用条件的可再生能源。

着力发展核电、风电、太阳能等清洁可再生能源。核电具有清洁经济稳定集中的特点，风电是当前能够规模开发并有明显效益的可再生能源，太阳能发电是未来重要的替代能源，都是国家重点支持发展的新能源。

着力建设大型低碳化煤炭综合利用基地。煤炭是发电产业链中重要的上游资源，与发电企业发展经营具有高度相关性。发电企业开展煤炭综合开发利用，既是为了保证发电需求，也是为了解决好拥有煤炭资源的高效清洁利用问题。

着力发展以新能源为核心的高新技术产业。抢占新能源发展的制高点，关键是要掌握核心技术，依靠技术进步促进新能源成本降低和大规模应用，实现创新驱动和产业发展结合。

（2）上海华谊的转型升级[1]

对于上海华谊（集团）公司来说，从 2008 年以来企业的转型步伐一直没有停止。[2] 集团以结构调整为抓手，努力提高运营质量；加快科技创新体系建设，不断提升产业能级；加快产业布局调整，努力提升主业竞争力和抗风险能力。到 2011 年，转型取得实效，集团完成产值 467.5 亿元，同比增长 7%；完成主营业务收入 420 亿元，同比增长 16.7%；实现利润总额 22 亿元，同比增长 223.5%。

上海华谊（集团）公司的转型升级举措：

①总部经济：内部调结构

由于产业升级压力越来越大，上海华谊很早就作出了跨市发展的决策，并且坚定不移地加以贯彻。所谓跨市发展，指的是基于全球化工行业发展的趋势和上海城市功能的定位，上海华谊确立了"吴泾基地高端升级、化工区

---

[1]　上海华谊（集团）公司是上海市国资委所属的一家国有企业。
[2]　陆绮雯：《华谊转型的"三驾马车"》，《解放日报》2012 年 1 月 14 日。

集聚发展、吴淞基地战略转型、坚定不移'走出去'，在安徽、江苏、重庆、内蒙古等地建设大型一体化生产基地"的发展思路，2012 年，集团产业布局趋于合理，基地定位基本明确，"一个华谊，全国业务"的产业格局已初具雏形。

在总部经济这条路上，华谊一步一个脚印地摸索。首先是技术创新。为了推动产业链高端升级，华谊牢牢抓住"技术创新"这个关键词。在集团上下的努力下，华谊已完成了集团科技部与技术研究院的功能整合，组建了工业催化、化工新材料、精细化工、过程开发与装备等 4 个技术研发平台；与此同时，集团技术研究院还与企业技术中心实现了重要仪器和设备的共享，形成了重大研发设备的共享机制，聚焦重点科研项目，建立了"三位一体"的科研工作管理架构和常态工作机制。其次是供应链管理提升。2009 年，集团推动了 12 项内部直供合同的签约，实现了煤炭、液氯等产品的集团内部直供，通过优化和完善采购规则、程序及流程，使集团部分通用性物品采购均价下降 23%。

②收购兼并：外力促转型

华谊也深刻认识到，收购兼并是实现集团快速发展的途径之一，尤其是集团发展到一定阶段，更要突出这方面的战略行动。华谊集团在 2012 年提出要进一步探索主业成长新模式，"华谊要重视通过兼并、收购等途径壮大主业"，在总结前几年集团收购方面成功经验的基础上，借鉴跨国企业成长的成熟做法，围绕集团核心业务，积极引导产业向产业链和价值链延伸拓展，发展上下游关联产业，实现"从关注产品竞争力向关注产业链竞争力方向的转变"。

③金融中心：四两拨千斤

2009 年上海华谊就提出了"产业化与金融结合"的战略构想。2011 年，集团在香港重组了华谊（香港）公司，搭建了集团境内外联动融资平台，2010 年在这一平台上的融资额达到 6000 万美元，融资成本仅为境内的一半，这为集团主业的发展提供了有力的资金支撑。进入 2012 年，华谊集团更是明确了"把金融打造成为集团在产业发展中继管理、品牌、技术之后的又一核心竞争力"。

五、国有企业做强做优做大

转型升级是国有企业应对国际金融危机的措施，做强做优做大是国有企业提升竞争力、促进发展的主动选择。在被迫转型中国有企业发现，仅仅追求企业规模的企业没有持续竞争力，要想在激烈的市场竞争中生存发展，企业在做大的基础上，必须做强做优。

（一）做强做优做大的历史背景

2008年以后，国有企业发展由"做大"到"做强做优做大"，是企业发展到一定阶段的必然结果，也是国有企业应对2008年国际金融危机的必然选择。

2003年至2008年，在全球经济繁荣期，国有企业经历了高速发展阶段，特别是国有企业的规模迅速扩张。许多国有企业，特别是中央企业，不但居于国内同行业的领先地位，在国际上也有较大影响。建筑行业、煤炭行业、航运业、造船业、装备制造业等诸多行业中，国有企业占据了重要的市场份额。[1] 有不少国有企业，特别是中央企业通过资产扩张来达到做大的目标。[2] 通过资产扩张，中央企业的规模大了，但是内部资源结构和经营形态也发生了变化，以前大多数中央企业业务单一，现在几乎所有中央企业都涉及非相关多元化经营，但非相关多元化业务之间并没有形成协同效应。中央企业多元化最常见的误区是进入与主业不相关的"高盈利"领域，不顾产能过剩和成本高的隐忧。

在经历了规模扩张的发展阶段之后，提升发展质量、培育竞争优势、保持持续竞争力成为国有企业面临的重要问题。加之2008年国际金融危机爆发，世界经济由繁荣转向衰退，由上行转为下行，这使得国有企业的决策者意识到，由"做大"到"做强做优"是企业发展的目标，是企业发展的必

---

[1] 据中国社会科学院相关资料，2010年在世界500种主要工业品中，我国有220种产品产量居全球第一位，其中粗钢、电解铝、水泥、精炼铜、船舶、计算机、空调、冰箱等产品产量都超过世界总产量的一半。

[2] 贺璐婷：《央企回归主业：乔木与灌木的抉择》，《中国企业报》2011年12月23日。

然选择。

2010 年 12 月 23 日，在中央企业负责人会议上，时任国务院国资委主任、党委书记王勇发表了题为《坚持科学发展着力做强做优培育具有国际竞争力的世界一流企业》的讲话，指出，"十二五"时期，中央企业改革发展的核心目标是"做强做优中央企业、培育具有国际竞争力的世界一流企业"。王勇指出做强做优是对每一个中央企业提出的要求，具体来说要做到"四强四优"。"四强"就是自主创新能力强、资源配置能力强、风险管控能力强、人才队伍强；"四优"就是经营业绩优、公司治理优、布局结构优、企业形象优。在做强做优的基础上，要着力培育一批具有国际竞争力的世界一流企业。这些企业应该主业突出，公司治理良好；拥有自主知识产权的核心技术和国际知名品牌；具有较强的国际化经营能力和水平；在国际同行业中综合指标处于先进水平，形象良好，有一定的影响力。要通过"十二五"乃至更长时期的努力，加快培育一批这样的世界一流企业。

为推进中央企业做强做优，2011 年末国资委下发《推进中央企业做强做优、培育具有国际竞争力的世界一流企业总体工作思路的意见》。①

（二）做强做优做大的具体路径

1. 聚焦主业

为加快推动国有经济布局和结构的战略性调整，针对中央企业存在的行业分布面过宽、主业不够突出、资源配置不合理、核心竞争力不强的矛盾和问题，国务院国资委决定采取确认并向社会公布中央企业主业的方式，向社会公众传递明确信息，表明中央企业布局和结构调整的方向，正确引导全社会特别是中央企业的投资方向，规范企业重大投资管理，严格控制非主业投资，优化国有经济布局，集中有限资源投入到关系国家安全和国民经济命脉的重要行业和关键领域，增强国有经济的控制力，做强、做大一批主业突

---

① 2013 年，国资委又分别下发了《中央企业做强做优、培育具有国际竞争力的世界一流企业要素指引》（国资发改革〔2013〕17 号）和《中央企业做强做优、培育具有国际竞争力的世界一流企业对标指引》（国资发改革〔2013〕18 号）。2017 年，在党的十九大报告中，进一步明确提出："深化国有企业改革，发展混合所有制经济，培育具有全球竞争力的世界一流企业。"

出、结构合理、具有自主知识产权的大公司和大企业集团。

2004 年 11 月 30 日，国务院国资委公布其确认的首批 49 家中央企业主业。① 首批公布主业的 49 家企业基本上都处于关系国家安全和国民经济命脉的重要行业和关键领域，其中包括中石油、中石化、国家电网、大唐电信、三峡、宝钢、武钢、中国电信、中国移动、中国核工业等。这是政府首次明确中央企业结构调整方向及其投资方向，也是按照市场竞争的比较优势对中央企业工作重点的重新定位。中央企业主业一般不超过三个，此次推出的这 49 家企业的主业一般在三个以内，只有少数是四个。2005 年 4 月至 2007 年 6 月，国务院国资委先后公布了六批次中央企业的主业范围，至此，153 家中央企业主业得到明确。

2. 创新发展

（1）国有企业创新取得重大突破

以航空工业为例，2003—2012 年，航空工业的科技人员瞄准一流，大力开展自主创新，突破了一大批航空核心技术，掌握了第三代战斗机和发动机、涡扇支线客机、先进直升机研发技术，使我国跻身于能够系列化、信息化、体系化发展航空装备的国家行列。

国有企业是建设创新型国家的排头兵，在国家技术创新体系中承担着重要任务，起着举足轻重的作用。《国家中长期科学和技术发展规划纲要》确定的我国需要突破的 11 个重点领域，中央企业都有涉及。863 计划的参与率达到 29.5%。"十一五"期间设立的企业国家重点实验室，一半在中央企业。有 54 家中央企业被正式命名为"创新型企业"。56 个产业技术创新战略联盟中有 24 个由中央企业牵头或参与组建。2005 年至 2011 年，中央企业共获得国家科技奖励 467 项，其中国家科技进步特等奖全部由中央企业获得。截至 2011 年底，全国国有企业拥有自主知识产权专利 21.4 万项，其中中央企业 14.5 万项。中央企业拥有两院院士 226 人，科技人员和研发人员分别占职工总数的 11% 和 5%。

（2）典型事例——神舟九号载人飞船发射成功

2012 年 6 月 16 日 18 点 37 分 21 秒，神舟九号载人飞船发射升空，将

---

①　刘羊旸、雷敏：《国资委确认并公布第一批 49 家企业主业》，人民网，2004 年 11 月 30 日。

与天宫一号目标飞行器进行我国首次载人空间交会对接，我国首位女航天员登上太空，这是中国载人航天史上具有重大意义的一步（见图9-3）。而在神舟九号成功发射的背后，是多家央企和地方企业作出的卓越努力。中国航天科技实力成为当今中央企业创新实力的一个缩影。

神舟九号飞船由中国航天科技集团公司所属中国空间技术研究院和上海航天技术研究院研制。发射使用的改进型长二F火箭由曾在2011年成功发射神舟八号飞船的中国航天科技集团公司所属中国运载火箭技术研究院研制。

神九飞船研制及发射所涉及的公司数量众多，其中，值得一提的是，中国建材集团公司作为我国建材行业科技创新主体企业，在航空航天产业和国家重大工程的无机非金属材料、先进复合材料的研制生产方面作出了积极贡献。《中国企业报》记者从中国建材集团获悉，神舟九号飞船应用了中国建材集团所属中国建材总院、哈玻院、钟表所三家单位的六项技术成果，分别是中国建材总院研制的姿态控制系统石英玻璃、太阳能电池盖片，哈尔滨玻璃钢研究院研制的推进舱承力载锥与轨道舱安装支板和气瓶支架。

在神舟九号发射任务以及从神舟五号开始的历次载人航天工程中，作为中央企业的新兴际华集团以自己的科技实力和高效的执行力作出了应有的贡献。在神九飞船完成载人空间交汇任务中，新兴际华集团上海特种鞋靴分公司为航天员研制提供了聚集高防静电、抗辐射、防刺穿等高新技术的交会对接防护靴。

随着信息产业的发展，电子技术也在不断进步。据悉，飞船返回的时候，地面的测控系统也要实时跟踪飞船载人的全过程，并且给出它可能落点位置的预报。在返回舱搜索过程当中，中国电科起到很大的作用。

3. 国有企业"走出去"

（1）国有企业"走出去"的整体情况

"十六大"以来，我国国有企业"走出去"步伐不断加快，国际化经营能力明显增强，盈利水平快速提升。据《2010年度中国对外直接投资统计报告》，2010年中国非金融类对外直接投资的存量中，国有企业占66.2%。国有企业无疑是"走出去"的主力军。

截至2011年底，100家中央企业在境外投资设立的经营单位5894户，资产总额 3.1 万亿元，2011 年实现营业收入 3.5 万亿元，实现净利润 1034.5 亿元，分别是 2003 年的 6.5 倍、10.5 倍和 2.9 倍。中央企业在海外承建了一批标志性工程，获得了一批重要能源资源，建设了一批技术研发中心，输出了一批成套技术设备，带动了一批中小企业集群式"走出去"，为扩大国际市场份额、提升产业国际竞争力作出了积极贡献。国有企业特别是中央企业已成为参与国际竞争和全球资源配置的主要力量。

（2）国有企业"走出去"的主要成效和不足

①成效

第一，境外经济实力不断增强。"十一五"期间，中央企业对外投资合作取得了长足进展，"走出去"的步伐不断加快，境外经营的规模、效益大幅提升，经济实力不断增强。一是境外经营规模迅速扩大。据统计，截至 2010 年底，约 100 家中央企业在境外（含港澳地区）设立了子企业或管理机构，纯境外单位资产和营业收入迅速增长。二是境外业务的经济效益更加明显。中央企业纯境外单位利润总额迅速增长，境外业务已成为中央企业新的利润增长点。三是对外投资和工程承包快速发展。中央企业对外直接投资增长迅速，中国建筑工程总公司、中国机械工业集团有限公司、中国中材集团有限公司、中国铁路工程总公司、中国建筑材料集团有限公司等一批企业"十一五"期间境外工程承包营业额大幅增长。四是境外工程项目技术含量不断提高。中央企业在世界各地建设了一批技术居国际领先水平的大型工程项目。

第二，资源保障能力大幅提升。中央企业加大了在境外能矿资源、农业资源等领域的开拓，为保障国家能源、资源安全发挥了重要作用。一是境外能源开发能力明显增强。"十一五"期间，中国石油石化企业境外原油和天然气权益产量不断增加。二是境外矿产资源开发取得新的突破。中国五矿集团公司、武汉钢铁（集团）公司、中国核工业集团公司和中国广东核电集团有限公司积极开拓境外铜、铁核和铀矿等境外矿产资源。三是境外农业资源开发取得较大进展。中国农业发展集团总公司、中国中化集团公司等中央企业积极开发境外农业资源，海外种植面积和土地储备不断增加。

第三，业务模式实现突破。中央企业不断拓宽境外经营覆盖的区域，优化产品结构和业务经营范围，投资方式、产品和劳务输出方式不断丰富，境外业务实现转型升级。一是对外投资方式更加丰富。跨国并购、股权置换、产能投资、战略联盟和项目合资合作等新的投资方式增多，其中，跨国并购已成为中央企业开拓国际市场的重要方式。二是投资合作区域和领域不断拓宽。在投资区域上，继续保持在亚洲、非洲等传统市场的优势，在欧洲、大洋洲的投资合作规模也日益扩大。在投资领域上，逐步由贸易和对外承包工程，拓展到设计研发、生产制造、资源开发、物流和园区建设等领域。三是境外业务实现转型升级。通过技术和业务模式的创新，推动了境外业务的转型升级。

第四，风险抵御能力明显提高。"十一五"期间中央企业在不断加强基础管理，"走出去"战略的组织机构和管理制度不断健全，境外经营管理水平和风险管控能力不断提高。一是组织架构和管理制度不断完善。大部分企业结合自身境外业务特点，建立了相应的境外业务管理组织架构，管理制度不断完善。二是风险管控水平进一步提升。面对境外经营中不断增大的政治、经济、法律和安全等风险，很多企业更加重视风险管控。宝钢集团有限公司通过选择合适的合作伙伴和投资地点，把握适宜的投资时机，加强与政府的沟通，努力实现双赢，从而严控投资风险。三是应对突发事件的能力大幅提高。面对境外突发事件明显增多的情况，中央企业采取有效措施，认真制定应急预案，应对突发事件的能力明显提高。

第五，积极履行社会责任，为"走出去"营造良好环境。中央企业在"走出去"过程中，积极履行社会责任，依法诚信经营，促进当地经济社会发展，为"走出去"战略实施营造了良好环境。一是重视本土化经营，二是注重环境保护，三是积极参与当地社会事务。

②不足

"十一五"期间，中央企业"走出去"开展国际化经营，总体上还处于初级阶段，企业对国际市场还缺乏深入认知和全面把握，对国际惯例、通行规则还不熟悉，对"走出去"过程中遭遇的挫折和教训尚未上升到规律性来认识和掌握，工作中还存在一些亟待解决的突出问题：一是一些企业对实施国际化经营缺乏总体的和长远的谋划，没有明确的战略导向和发展规划。二是一些企业尚未建立适应国际化经营的组织架构，对"走出去"工作缺少整体的协调配合机制和必要的平台支撑。三是一些企业国际化经营的管理制度尚不健全，境外经营风险意识不强，不能严格履行对外投资管理程序，缺乏有效的风险管控措施。四是缺乏与国际化经营相适应的人才队伍，人才匮乏已成为影响企业国际化经营的最主要因素，在培养、使用、吸引和留住国际化经营人才特别是高端人才方面缺乏经验和有效的措施，尚未建立有效的机制。五是部分企业缺乏合作意识，个别境外项目存在恶性竞争现象。

（三）做强做优做大的整体成效

2011 年，全国国有企业资产总额、营业收入、利润总额和上缴税金分别约占全社会工商企业的 35%、35%、43% 和 40%，对 GDP 贡献率约为20%。在以公有制为主体、多种所有制经济共同发展的格局下，国有经济在国民经济中继续发挥着主导作用。2003—2012 的 10 年间，中央企业的资产总额从 7.13 万亿元增加到 28 万亿元，营业收入从 3.36 万亿元增加到 20.2万亿元，税后利润从 3006 亿元增加到 9173 亿元，主要经营指标均翻了好几番，年均国有资产增值率达到 115%。

国有企业一批重大项目取得突破性进展①。2012 年 6 月 29 日，神舟九号安全降落在内蒙古四子王旗主着陆场，标志着我国成为第三个独立掌握空间交会对接技术的国家；而就在此前的 6 月 27 日，"蛟龙"号载人潜水器成功下潜至 7062 米深海，创造了世界同类型载人潜水器下潜新纪录。缔造这些伟大壮举的，正是我国的国有企业。从载人航天和绕月探测事业的突破，到建成世界首个特高压交流输电工程；从创造运营时速 486.1 公里纪录的高铁速度，到通信业实现从 3G 的追赶到 4G 的领先；从三峡工程、青藏铁路到西气东输、西电东送、南水北调……党的十六大以来，国家各项标志性重大工程、重大科技项目的背后，无不镌刻着国有企业的深刻印记。国有企业正成为建设创新型国家的排头兵和加快转变经济发展方式的主力军，2012 年召开的国家科学技术奖励大会上，仅 56 家中央企业得到了 93 项奖项。在核电、风电、电动汽车等战略性新兴产业，国有企业主动出击抢占技术制高点，已达到或接近全球领先水平。

在关系国家安全和国民经济命脉的重要行业和关键领域，大型国有企

---

① 温源、陈恒：《国有企业：在攻坚克难中创造辉煌》，《光明日报》2012 年 10 月 16 日。

业承担了我国几乎全部的原油、天然气和乙烯生产，提供了全部的基础电信服务和大部分增值服务，发电量占全国 60% 以上，生产了全国 60% 的高附加值钢材，成为行业发展的排头兵、国民经济的支柱力量。数据显示，2003年至 2011 年，中央企业户数从 196 户调整到 117 户，户均资产却从 425 亿元增加到 2396 亿元。近年来国有企业的数量在减少，但在"做强做优"上却更加彰显能量，整体素质和竞争力大大增强。一批中央企业作为"国家名片"，正在国际舞台上崭露头角。上榜《财富》"世界 500 强"的国有企业，由 2003 年的 6 家增至 2012 年的 54 家，其中中国石化、中国石油、国家电网营业收入超过万亿元，分别位列世界 500 强第 5、6、7 位。

（四）做强做优做大的典型案例

1. 聚焦主业的案例：中国建材的做强做优做大之路

从 2002 年到 2011 年，中国建材集团用短短 10 年时间，从一个负债累累、在国内建材行业几近衰败的国有企业，一跃成为中国最大的建材企业，跻身于《财富》世界 500 强排行榜。[①] 中国建材集团运用市场机制，以有限的国有资产相对控股，吸纳、带动、盘活大量社会资本，重组、提升、振兴建材行业的跨越式成长道路。

（1）困境中的思考

2002 年，一家名为中国新型建筑材料集团公司（下称"中新集团"）的中央企业，在市场经济大潮中挣扎求生：下属企业大多缺乏市场竞争能力，处于亏损境地；32 亿元逾期负债，使公司在银行丧失了信用，财务室被贴上了封条。中新集团认识到，作为一家央企，从企业主营业务的战略定位来看，必须下决心回归行业主流，做大宗的、主流的建材，否则在这个行业中会被不断边缘化；作为一家建材企业，在行业无序竞争的一片乱象中，必须通过联合重组实现行业适度集中，以共生多赢替代丛林法则，顺应低碳时代的要求，走一条存量调整、产业升级和节能减排的集约化发展道路；同时，还要看到国有企业和民营企业在市场竞争中既各具优势又都存在短板，央企

---

① 《红旗文稿》编辑部调研组：《央企市营：中国建材集团做大做强做优国有企业的新探索——来自"走转改"一线的报告》，《求是》2012 年第 20 期。

有实力，民企有活力，通过混合所有制改革，实现"实力＋活力"，企业就一定有竞争力。

（2）"央企市营"

中国建材人以思想解放为先导，以"央企市营"的发展思路为核心，开始全面实施企业发展战略。

战略转型：瞄准主流建材市场，立足主导产业打造综合性建材集团。浴火重生的中国建材集团实现了战略定位的重大转变，立足水泥、玻璃和复合材料等建材工业主导性产业，发展新型建材、新能源材料和新型房屋，同时有所为有所不为，退出了壁纸、瓷砖、五金等普通装饰建材制造领域。中国建材人专心致志做建材，走的是一条专业化道路。集团公司作为投资管理机构，已逐步发展成为集制造、科技、物流为一体的综合性建材产业集团；旗下的子公司作为经营平台，突出主营业务和核心专长，每个平台只做一个专业。中国建材人不断强化"大建材"概念，瞄准世界建筑材料中水泥、钢材、木材这三大业务，继成为国内最大的水泥制造商之后，又涉足建筑钢材的物流供应和木材的大宗进口，努力从大型建材制造商向综合供应商转变，建设具有国际竞争力的世界一流建材产业集团。

联合重组：遵循市场运行规律，融合不同所有制的优势实现跨越式成长。中国建材人坚定"央企的实力＋民企的活力＝竞争力"的理念，顺应建材行业结构调整、集约化发展的潮流，将发展战略定位于进行多方位的联合重组，迅速做大企业。2006—2012年，中国建材集团跨所有制、跨区域、跨行业重组481家优势企业。中国建材努力保持清醒的头脑，在联合重组的过程中，稳妥应对了一系列挑战：第一，找到重组的自身优势。中国建材集团作为央企，在政策、资源、规模、资本、技术等方面优势明显，有利于开展跨区域、跨所有制的资源整合，有利于得到银行、地方政府的支持和企业的信赖。第二，合理选择重组对象。中国建材集团选择关键区域内的骨干优势企业进行联合重组，要求重组企业具有一定的规模、效益和潜在价值，能与现有企业产生协同效应。第三，明确国有企业与民营企业协同成长的重组目标。在做强做优央企的同时，实现央企与不同所有制企业的合作共赢和包容性成长。

管理创新：塑造优秀市场主体，推行"格子化"管控模式保障长效整合。中国建材集团在快速扩张使企业做大后，为了让不同所有制、不同区域、不同文化背景的加盟企业融合成为一艘"航空母舰"，而不是众多"小舢板"的捆绑体。中国建材推行了一套包括治理规范化、职能层级化、业务平台化、管理数字化、文化一体化在内的"格子化"管控模式，保障了这家拥有 13 万员工、600 多家企业的大型央企管理规范，秩序井然，成为具有强大竞争力的市场主体。中国建材的"央企市营"本质上包括两方面含义：一方面，中国建材集团作为央企，要保持国有控股地位不动摇，要带头执行党和国家的方针政策，要主动承担政治责任和社会责任，要实现国有资产保值增值；另一方面，中国建材集团运作"市营"，包括五个核心内容，即央企控股的多元化股份制，规范的公司制和法人治理结构，职业经理人制度，公司内部机制市场化，按照市场规则开展企业经营。

（3）包容性成长

"央企市营"的成功实践，使中国建材集团实现了自身做强做优做大、多方互利共赢的包容性成长目标，成为竞争型央企的一个发展范例。

中国建材集团成为中国最大的综合性建材产业集团、全球第二大建材企业。从 2002 年到 2011 年，中国建材集团总资产从 123 亿元增至 2075 亿元，增长 15.8 倍；营业收入从 37 亿元增至 1941 亿元，增长 51.6 倍；利润从 1.8 亿元增至 158 亿元，增长 89 倍。2011 年中国建材集团首次进入《财富》世界 500 强，2012 年排名提升至第 365 位。中国建材集团连续进入国务院国资委经营业绩考核 A 级企业，被誉为"央企竞争型企业的发展典范"。

2. 创新发展的案例——中国高铁的创新发展

21 世纪以来，通过引进消化德国、日本等高铁发达国家先进技术，联合全国一流科研团队吸收再创新，在高铁的关键技术领域取得一系列重大创新成果，我国高速铁路走出了一条引以为傲的自主创新发展之路，在短时间内取得了辉煌的成绩，建立了具有自主知识产权和世界先进水平的高铁技术体系。[①]

（1）创新发展过程与模式

1994 年，中国第一条 160 公里 / 小时铁路——广深线（准高速）投入

---

① 矫阳：《现代企业高铁发展的历程及创新成就》，《科技日报》2012 年 12 月 24 日。

运行；1999年，广深线开始按时速200公里/小时运营，采用的是完全进口的X2000电力机车。2007年中国铁路第六次大提速，时速250公里动车组上线运行，通过引进、消化、吸收国外高速列车技术使中国铁路进入了高速时代。2008年8月1日，我国第一条时速350公里高速铁路——京津城际铁路开通运营，国产高速列车创造了运营时速350公里的最高速度，标志着我国在高速铁路技术上进入了领先团队。

2008年2月，科技部、铁道部共同签署《中国高速列车自主创新联合行动计划》，目标是自主研发最高运营时速380公里的新一代高速列车，建立并完善具有自主知识产权、国际竞争力和可持续发展能力的中国高速列车技术、装备与创新体系。南车四方成为新一代高速列车的主导研制单位，与21家国内知名高校及科研院所合作搭建产学研联盟。经过专家学者科学论证，"时速380公里的新一代高速列车""时速400公里的高速检测列车"等一系列重大科技创新项目相继列入国家主体科技计划，并以中国南车集团、中国北车集团下属的10家核心企业为创新主体，联合了一大批重点高校、科研院所、国家重点实验室和国家工程技术研究中心，构建了在市场经济条件下以"协同"为特色的中国高速列车技术创新模式。2010年8月，新一代高速动车组CRH380A问世。CHR380A已成为我国自主开发、设计制造的铁路核心技术装备，它系统地解决了高速状态下结构可靠性、动力学性能、振动模态匹配、气动性能等关键技术性难题，实现了高速、安全、环保的运营要求。在流线型头型、气密强度与气密性、振动模态、高速转向架、减振降噪、牵引系统、弓网受流、制动系统、旅客界面等方面，均表现了高品质的先进性技术。2010年12月3日，CRH380A在京沪高铁先导段投入运营试验，创出时速486.1公里的速度。

在高速铁路自主创新的实践中，成功搭建了具有世界一流水平的高速列车技术平台，构建了集勘测设计、基础工程、装备制造、通信信号、系统集成、运营管理等为一体的中国高铁技术体系，培养和造就了一大批覆盖高铁各领域、各门类、各层面的人才队伍，为加快推进我国铁路现代化建设事业奠定了坚实的现代产业、先进科技和优秀人才基础。

（2）中国高铁工人精神

中国高铁取得巨大成绩的背后，是一个默默奉献、不断创新的群体，他们就是中国高铁工人。这个群体包括院士领衔的创新团队，劳动模范、技能大师领衔的制造队伍，也包括驻守在数十个国家和地区的销售服务团队。他们用自己的努力诠释了"产业报国，勇于创新，为中国梦提速"的中国高铁工人精神。

中国高铁工人的爱国精神是"为国家争光，为民族争气，一定要打造出中国品牌"。作为高速列车九大核心技术之一的铝合金技术，型材最薄处只有 1.5 毫米，却要承受正负 6000 帕的气密压强。中国中车首席专家丁叁叁率团队攻关，历经一年多摸索出了一套严格的化学成分控制技术，成功实现了 100 多种铝合金材料的高质量国产化，让中国成为世界上少数几个拥有此项技术的国家之一。回忆当时攻关，丁叁叁有这样一句话："看到中国高铁今天在世界上如此争气，当时再困难也是值得的。"① 拥有国际铝合金焊接技术的专家孙斌斌，在德国学习交流期间有很多企业都花重金去聘请她，而她却说"无论出多少钱，我都不能留在国外，我的用处要留到祖国去！"②

中国高铁工人的创新精神在于"不畏艰辛，永不止步，在持续超越中不断进取"。牵引传动系统被誉为"高速列车之心"，而永磁牵引传动系统被业内视为引领高速列车未来的下一代技术。工程院院士丁荣军带队进行该项攻关时，在数千次的试验中烧毁的零件就能装满一卡车。中国高铁从"追赶"到"超越"靠的正是这种创新精神，"敢为人先、敢冒风险、宽容失败"成为高铁工人的鲜明注脚。

中国高铁工人的民族自信精神意味着"融合全球，超越期待，中国高铁最可靠"。在国际市场上，曾有人质疑中国制造的产品质量，但在中国高铁走出去的过程中，中国中车用优异的成绩改变了人们的看法，让世界对中国高铁的品质竖起了大拇指。

中国高铁工人的精益求精精神是要"把标准刻进骨子里，把规矩化到血液中"。把工作做到极致，把事业做成信仰，高速动车组是挑战人类工业文明极限的又一领域，从踏入这一领域起，高品质、高标准、高要求就成为三条不可逾越的底线。"一口清，一手精，实名制"是高速动车组严谨制造、"标

---

① 杜燕飞：《中国中车杜健：中国高铁工人精神是为实现中国梦努力奋斗的产物》，人民网，2016 年 4 月 12 日。

② 杜燕飞：《中国中车杜健：中国高铁工人精神是为实现中国梦努力奋斗的产物》，人民网，2016 年 4 月 12 日。

准为王"的最佳体现。"一口清"就是在生产工人的班前会上，员工高声背诵出自己的工艺文件和操作流程；"一手精"是对员工严格执行标准的考察；"实名制"就是每个员工完成每一道工序之后贴上自己的名字，并对其终身负责。

中国高铁工人的服务精神就是"用户第一，把客户需求当作前进动力"。产品是人的产品，只有能够更好地服务于人的产品才是有生命力，而每一列高速列车都凝聚着高铁工人的汗水与实力。

3."走出去"的案例——中国水利水电建设集团的发展之路

面对国际金融危机的冲击和增速趋缓、利润下降的实际，中国水利水电建设集团公司（以下简称中国水电集团）积极实施"走出去"战略，不仅实现了自身的科学发展，还带动了国内设计、咨询、制造、材料、劳务、金融、服务等相关行业的发展，为扩大内需、稳定外需作出了贡献。①

（1）确立国际业务优先发展战略

随着经济全球化进程的加快，生产要素在全球范围内配置，产业结构重新调整，经济利益在全球范围内重新组合，企业充分利用国际国内两个市场、两种资源，走国际化经营之路，已经成为势不可挡的历史潮流。同时，我国电力市场在 2009 年已出现了阶段性、结构性的供大于求，水电产业规模下降、产能过剩已成为不争的事实。

中国水电集团确立了建设具有较强国际竞争力的质量效益型跨国企业集团的战略目标，明确提出优先发展国际经营业务的战略，就是在集团资源有限的情况下，集中优势资源用于国际化经营，把国际业务做强做大。2009年，中国水电集团公司在国际水利水电建设行业具有较强竞争力，占有国外行业市场份额 50% 以上。集团国际经营业务承揽合同已占到集团新承揽合同金额的 1/3，完成营业额占到集团总营业额的 24%，完成利润占到集团利润总额的 60% 以上。

（2）突出集成优势，提升国际"接轨"能力

为了更好地适应国际市场变化，应对国际市场大风大浪的冲击，中国水电集团在"走出去"的过程中及时转变经营机制，把过去分散的"小船"变为如今的"航母舰队"。中国水电集团旗下有 25 家子企业和控股公司，过

---

① 范集湘：《打造"走出去"的水电领军企业》，《人民日报》2009 年 10 月 22 日。

去一些子企业分散下海，单独进入国际市场，成效不大，后来公司坚持高度集中的战略管理与主要经营要素管控相结合的控制型集团管控模式，坚持集团化国际运营和专业化分工协作，成立了海外事业部、国际公司，把集团所属的子企业集中起来，集中集团的资源和品牌优势，形成核心竞争力，把分散出海的"小船"变成一个庞大的"航母舰队"出海。具体来说就是"四个统一"，即集团统一管理国际经营业务，统一配置国际经营业务资源，统一使用集团品牌，统一开展对外联络、交流与合作，从而形成了合力，强化了优势，降低了风险。

（3）建立国际化人才队伍

中国水电集团党政组织齐抓共管，在国际化人才队伍建设方面探索建立了四大有效机制。一是人才吸引机制。不仅面向全国公开招聘国际化人才，还面向世界公开招聘专家型人才，在海外项目所在国招聘本土化人才。二是人才发展机制，即分类提供人才施展才能、成就事业的岗位创业平台，鼓励人才建功立业。三是人才培养机制。依托全国知名高校，以开发和提升国际经营管理能力为内容，有针对性和系统性地培养、培训集团国际化人才。四是人才管理与激励机制。严格实施以绩效考核为主要驱动力的人才管理办法，明确奋斗标准，实行公正考核，帮助人才明晰成功和分析失败，奖励、惩罚、关怀有机结合，使国际化人才激情创业、不断成长。同时采取差异化管理的方法，对外国专家、集团国际经营稀缺的专家型人才、高素质专业技术人才，采取"一司两制"的薪酬制度和奖励办法，以充分调动和激发人才的积极性、主动性、创造性。

第九章 进入新时代的国有企业
(2013—2018)

到 2012 年，国有企业有效应对外部经济风险冲击，保持了平稳较快发展。国有企业总体上已经同市场经济相融合，运行质量和效益明显提升，在国际国内市场竞争中涌现出一批具有核心竞争力的骨干企业，为推动经济社会发展、保障和改善民生、开拓国际市场、增强我国综合实力作出了重大贡献。但是，在不断取得重大进展的同时，国有企业仍存在一些亟待解决的突出矛盾和问题：国有企业面临日益激烈的国际竞争和转型升级的巨大挑战；一些企业市场主体地位尚未真正确立，现代企业制度还不健全；企业活力不足，运行效率有待进一步提高；一些企业管理混乱，内部人控制、利益输送、国有资产流失等问题突出；一些企业党组织管党治党责任不落实、作用被弱化。

2013—2017 年间，国有企业坚决贯彻党中央、国务院关于国有企业改革、发展、党建的要求，改革发展和党建都取得了很大成效，党的领导和党的建设得到有效加强，国有企业改革顺利推进，全球竞争力不断增强。2012年 11 月，党的十八大胜利召开，国有企业进入新时代发展阶段；2013 年 11月，党的十八届三中全会通过了《中共中央关于全面深化改革若干重大问题的决定》；2015 年 8 月，中共中央、国务院印发了《关于深化国有企业改革的指导意见》，成为国有企业改革的顶层设计文件；2016 年 10 月，全国国有企业党的建设工作会议召开，习近平总书记发表重要讲话，为新时代国有企业党的建设提供了根本指南；2017 年 10 月，党的十九大胜利召开，对国有企业发展提出了更高的要求。

一、国有企业改革全面深化

2013—2017 年，国有企业改革进入全面深化阶段，形成了"1＋N"文件体系，推进了"四项改革"试点和"十项改革"试点，开始转变国有资产管理体制，有效调整了国有资本布局，初步构建了中国特色现代国有企业制度。

（一）国有企业改革顶层设计："1＋N"文件体系的形成

党的十八届三中全会通过的《中共中央关于全面深化改革若干重大问题的决定》，对全面深化国有企业改革提出了新的要求。具体包括：坚持党的领导，贯彻党的基本路线，始终确保改革正确方向；坚持两个"毫不动摇"[①]；积极发展混合所有制经济；以管资本为主完善国有资产管理体制；推动国有企业完善现代企业制度等。

为贯彻落实中央要求，加强国有企业改革的项层设计，2015 年 8 月 24 日中共中央、国务院印发了《关于深化国有企业改革的指导意见》（中发 2015〔22〕号，在本章中，以下称"《指导意见》"）。《指导意见》印发之后，国务院国资委等部门又陆续出台多个配套文件，形成了国有企业改革的"1＋N"文件体系（详见表 9–1）。另外，为整体推进国有企业改革，按照习近平总书记的重要指示精神，2015 年国务院成立了由马凯副总理任组长、王勇国务委员任副组长的国企改革领导小组，办公室设在国务院国资委。[②]

1.《指导意见》形成了纲领性文件

《指导意见》对新时代指导和推进国企改革具有纲领性作用，提出要以解放和发展社会生产力为标准，以提高国有资本效率、增强国有企业活力为中心，做强做优做大国有企业，不断增强国有经济活力、控制力、影响力、

---

① 必须毫不动摇巩固和发展公有制经济，坚持公有制主体地位，发挥国有经济主导作用，不断增强国有经济活力、控制力、影响力；必须毫不动摇鼓励、支持、引导非公有制经济发展，激发非公有制经济活力和创造力。

② 2018 年 7 月 26 日，国务院国有企业改革领导小组人员调整，刘鹤副总理任组长。

抗风险能力。

《指导意见》从总体要求到分类改革、完善现代企业制度、完善国有资产管理体制、发展混合所有制经济、强化监督防止国有资产流失、加强和改进党对国有企业的领导等方面提出了国企改革的目标和举措。分类改革，要求将国有企业分为商业类和公益类；完善现代企业制度，要求推进公司制股份制改革、健全公司法人治理结构、建立国有企业领导人员分类分层管理制度、实行与社会主义市场经济相适应的企业薪酬分配制度、深化企业内部用人制度改革；完善国有资产管理体制，要求以管资本为主，推进国有资产监管机构职能转变、改革国有资本授权经营体制、推动国有资本合理流动优化配置、推进经营性国有资产集中统一监管；发展混合所有制经济，要求推进国有企业混合所有制改革、引入非国有资本参与国有企业改革、鼓励国有资本以多种方式入股非国有企业、探索实行混合所有制企业员工持股；强化监督防止国有资产流失，要求强化企业内部监督、建立健全高效协同的外部监督机制、实施信息公开加强社会监督、严格责任追究；加强和改进党对国有企业的领导，要求充分发挥国有企业党组织政治核心作用、进一步加强国有企业领导班子建设和人才队伍建设、切实落实国有企业反腐倡廉的"两个责任"。①

表 9-1　国企改革"1＋N"系列文件（主要部分）

序号	文件名	文号
1	《关于深化国有企业改革的指导意见》	中发〔2015〕22 号
2	《关于合理并严格规范中央企业负责人履职待遇、业务支出的意见》	中办发〔2014〕51 号
3	《关于深化中央管理企业负责人薪酬制度改革的意见》	中发〔2014〕12 号
4	《关于在深化国有企业改革中坚持党的领导加强党的建设的若干意见》	中办发〔2015〕44 号
5	《关于国有企业发展混合所有制经济的意见》	国发〔2015〕54 号
6	《关于改革和完善国有资产管理体制的若干意见》	国发〔2015〕63 号

---

① 国有企业党组织要切实履行好主体责任，纪检机构要履行好监督责任。

续表

序号	文件名	文号
7	《关于鼓励和规范国有企业投资项目引入非国有资本的指导意见》	发改经体〔2015〕2423 号
8	《关于加强和改进企业国有资产监督防止国有资产流失的意见》	国办发〔2015〕79 号
9	《关于国有企业功能界定与分类的指导意见》	国资发研究〔2015〕170 号
10	《关于国有企业改革试点工作事项及分工的方案》	国资研究〔2015〕1276 号
11	《关于支持国有企业改革政策措施的梳理及相关意见》	发改经体〔2015〕3103 号
12	贯彻落实《中共中央国务院关于深化国有企业改革的指导意见》改革举措工作计划	国资发研究〔2016〕21 号
13	《关于印发加快剥离国有企业办社会职能和解决历史遗留问题工作方案的通知》	国发〔2016〕19 号
14	《企业国有资产交易监督管理办法》	国务院国资委　财政部令第 32 号
15	《关于推动中央企业结构调整与重组的指导意见》	国办发〔2016〕56 号
16	国务院国资委、财政部、证监会《关于国有控股混合所有制企业开展员工持股试点的意见》	国资发改革〔2016〕133 号
17	《关于建立国有企业违规经营投资责任追究制度的意见》	国办发〔2016〕63 号
18	国务院国资委、财政部《关于完善中央企业功能分类考核的实施方案》	国资发综合〔2016〕252 号
19	《中央企业负责人经营业绩考核办法》	国务院国资委令第 33 号
20	《关于进一步完善国有企业法人治理结构方案》	国办发〔2017〕36 号
21	《关于开展市场化选聘和管理国有企业经营管理者试点工作的意见》	国务院国有企业改革领导小组 2016 年 12 月通过
22	《国务院办公厅关于转发国务院国资委以管资本为主推进职能转变方案的通知》	国办发〔2017〕38 号
23	国务院办公厅印发《中央企业公司制改制工作实施方案》	国办发〔2017〕69 号
24	《关于加强中央企业境外廉洁风险防控的指导意见》	中央纪委驻国资委纪检组 2017 年 12 月印发

2.配套文件陆续出台

以《指导意见》为统领，陆续出台了加强党的领导、国有企业分类、完善法人治理结构、发展混合所有制经济、完善国资监管体制、防止国有资产流失等多个配套文件。主要包括：《关于在深化国有企业改革中坚持党的领导加强党的建设的若干意见》《关于国有企业发展混合所有制经济的意见》《关于改革和完善国有资产管理体制的若干意见》《关于鼓励和规范国有企业投资项目引入非国有资本的指导意见》《关于加强和改进企业国有资产监督防止国有资产流失的意见》《关于国有控股混合所有制企业开展员工持股试点的意见》等。

为落实"1+N"文件精神，各地结合自身实际出台了落地文件，各中央企业也制定了具体的改革实施方案。

（二）改革的试点推进

1."四项改革"试点

在《指导意见》印发之前，国务院国资委于2014年7月在中央企业启动了"四项改革"试点。"四项改革"的具体内容和试点企业情况详见表9–2。

表9–2　2014年推动的"四项改革"及试点企业

序号	改革内容	试点企业
1	国有资本投资公司改革	国家开发投资公司、中粮集团
2	混合所有制改革	中国医药、中国建材
3	董事会行使高级管理人员选聘、业绩考核和薪酬管理职权改革	新兴际华、中国节能环保、中国医药、中国建材
4	派驻纪检组改革	在国务院国资委管理主要负责人的中央企业中选择2—3家进行试点

2."十项改革"试点

2016年，在"四项改革"试点经验的基础上，为进一步推进"1+N"文件落实落地，国务院国企改革领导小组直接组织推动了"十项改革"试点。截至2018年2月底，18家中央企业集团、39户子企业成为试点单位。[①]"十项改革"的具体内容和试点企业（部分）情况请参见表9–3。

表9–3　2016年推动的"十项改革"及试点企业（部分）

序号	改革内容	试点企业
1	落实董事会职权	宝武、国投和中广核
2	市场化选聘经营管理者	国投、中国通号等中央企业二级企业
3	推行职业经理人制度	国药集团、新兴际华集团
4	企业薪酬分配差异化改革	—
5	国有资本运营公司试点 国有资本投资公司试点	运营公司：诚通、国新； 投资公司：神华、宝武、五矿、招商局、中交、保利
6	中央企业兼并重组试点	中国建材和中材集团、中远集团和中国海运、中电投集团和国家核电
7	部分重要领域混合所有制改革试点	三批50家
8	混合所有制企业员工持股试点	宁夏神耀科技有限公司（筹）、中国电器科学研究院有限公司、欧冶云商股份有限公司、上海泛亚航运有限公司、中国茶叶有限公司、中外运化工国际物流有限公司、中节能大地环境修复有限公司、中材江西电瓷电气有限公司、建研软件有限公司（筹）、中铁工程设计咨询集团有限公司
9	国有企业信息公开试点	国家电投、南航、中国建筑、中粮
10	剥离企业办社会职能和解决历史遗留问题试点	在全国展开

　　通过试点经验总结，及时提炼可复制可推广的经验，发挥试点对整体工作的示范、突破、带动作用。这一套改革"组合拳"与市场化经营机制改革高度契合，在市场化改革方面迈出了实质性步伐，这些举措加快推进了市场化经营机制的完善。

---

① 国务院国资委主任肖亚庆，副秘书长、新闻发言人彭华岗就"国有企业改革发展"相关问题回答中外记者提问，《新华网》，2018年3月10日。

（三）国有资产管理体制向"管资本"转变

国务院国资委成立后，积极推进国有资产管理体制改革，到 2013 年，国有资产出资人代表制度基本建立，保值增值责任初步得到落实。但是，政企不分、政资不分问题依然存在，国有资产监管还存在越位、缺位、错位现象；国有资产监督机制不健全，国有资产流失、违纪违法问题在一些领域和企业比较突出。为解决国有资产管理体制存在的问题，2013 年 11 月，党的十八届三中全会提出，要完善国有资产管理体制，以管资本为主加强国有资产监管。2015 年 10 月 25 日，国务院印发《关于改革和完善国有资产管理体制的若干意见》（国发〔2015〕63 号）。63 号文作为《指导意见》的配套文件，明确了改革和完善国有资产管理体制的总体要求、基本原则、主要措施，并提出了协同推进配套改革的相关要求。

1. 推进国有资产监管机构职能转变

2017 年 4 月 27 日，国务院办公厅转发《国务院国资委以管资本为主推进职能转变方案的通知》（国办发〔2017〕38 号），打响了国资监管机构自我革命的"发令枪"。

到 2017 年年底，国务院国资委依照 38 号文件，紧紧围绕"两类公司"①改革授权经营体制、优化国有资本布局、守住国有资产流失红线，精简监管事项达 43 项，其中取消事项 26 项（详见表 9–4）、下放事项 9 项（详见表 9–5），授权事项 8 项（详见表 9–6）。与此同步，2017 年，国务院国资委合并 6 个局，新成立 4 个局，更名 5 个局，以职能优化和机构调整，促使国资监管工作更加聚焦于管好资本布局、规范资本运作、提高资本回报、维护资本安全。地方国资委也纷纷转变职能，江苏、山东、河北等 9 个地方以地方党委或政府名义专门印发了完善国有资产管理体制的实施意见。12 个地方国资委出台了国资监管机构职能转变方案，29 个地方国资委在分批取消下放出资人审批事项的基础上，进一步聚焦管好资本，制定出台了不同形式的国资监管权责清单。

---

① 国有资本运营公司和国有资本投资公司。

表 9–4　取消事项（共 26 项）

序号	事项内容	序号	事项内容
1	直接规范上市公司国有股东行为	14	审批中央企业职工监事选举结果
2	指导中央企业评估机构选聘	15	指导中央企业内设监事会工作
3	中央企业境外产权管理状况检查	16	中央企业职工董事履职管理
4	审批中央企业子企业分红权激励方案	17	组织中国技能大赛、中央企业职工技能比赛
5	审批中央企业年金方案	18	批复中央企业工会组织成立和工会主席选举有关事项
6	审批中央企业重组改制中离退休和内退人员相关费用预提方案	19	评比表彰中央企业企业文化示范单位
7	审批中央企业住房补贴整体方案和负责人 异地调动住房补贴方案	20	指导地方国资委新闻宣传工作
8	对中央企业账销案存的事前备案	21	直接开展中央企业高级政工师任职资格评定
9	与借款费用、股份支付、应付债券等 12 个会计事项相关的会计政策和会计估计变更事前备案	22	要求中介机构提供对中央企业国有资本经营决算的审计报告
10	指导中央企业内部资源整合与合作	23	指导和监督中央企业开展全员业绩考核工作
11	联合开展全国企业管理现代化创新成果评审和推广	24	中央企业信息工作评价
12	指导地方国有企业重组改制上市管理	25	中央企业信息化水平评价
13	指导中央企业所属科研院所等事业单位改制	26	指导中央企业档案工作

表 9–5　下放事项（共 9 项）

序号	事项内容	序号	事项内容
1	审批地方国资委监管企业的上市公司国有股权管理事项	6	审批未导致国有控股股东持股比例低于合理持股比例的公开征集转让、国有股东发行可交换公司债券及所控股上市公司发行证券事项

序号	事项内容	序号	事项内容
2	审批中央企业所持有非上市股份有限公司的国有股权管理方案和股权变动事项	7	审批国有参股股东所持有上市公司国有股权公开征集转让、发行可交换公司债券事项
3	审批中央企业子企业股权激励方案	8	审批未导致上市公司控股权转移的国有股东通过证券交易系统增持、协议受让、认购上市公司发行股票等事项
4	审批国有股东通过证券交易系统转让一定比例或数量范围内所持有上市公司股份事项	9	审批未触及证监会规定的重大资产重组标准的国有股东与所控股上市公司进行资产重组事项
5	审批本企业集团内部的国有股东所持有上市公司股份的无偿划转、非公开协议转让事项		

表 9-6 授权事项（共 8 项）

序号	事项内容	序号	事项内容
1	制定中央企业五年发展战略规划和年度投资计划	5	职工工资总额审批
2	经理层成员选聘	6	中央企业子企业以非公开协议方式增资及相应的资产评估
3	经理层成员业绩考核	7	国有参股企业与非国有控股上市公司重组
4	经理层成员薪酬管理	8	大额预算外捐赠、重大担保管理和债务风险管控

　　在放权的同时，针对出现的新风险点，有关部门有针对性地加大了监督力度。考虑到中央企业进军"一带一路"已呈大势，国际化战略步伐加快，中央企业境外资产的规模急剧上升，2017 年 12 月 21 日，中央纪委驻国资委纪检组印发了《关于加强中央企业境外廉洁风险防控的指导意见》，进一步加强对中央企业境外投资经营活动的监督管理，保障境外国有资产安全。

　　2. 改组组建国有资本投资、运营公司

　　党的十八届三中全会首次明确提出"组建若干国有资本运营公司，支持有条件的国有企业改组为国有资本投资公司"（以下简称"两类公司"）。随后的"1＋N"文件又进一步阐释和丰富了"两类公司"的内涵，并提出了具体要求。国有资本投资公司、国有资本运营公司均为在国家授权范围内履行国有资本出资人职责的国有独资公司，是国有资本市场化运作的专业平台。

国有资本投资公司主要以服务国家战略、优化国有资本布局、提升产业竞争力为目标，在关系国家安全、国民经济命脉的重要行业和关键领域，按照政府确定的国有资本布局和结构优化要求，以对战略性核心业务控股为主，通过开展投资融资、产业培育和资本运作等，发挥投资引导和结构调整作用，推动产业集聚、化解过剩产能和转型升级，培育核心竞争力和创新能力，积极参与国际竞争，着力提升国有资本控制力、影响力。国有资本运营公司主要以提升国有资本运营效率、提高国有资本回报为目标，以财务性持股为主，通过股权运作、基金投资、培育孵化、价值管理、有序进退等方式，盘活国有资产存量，引导和带动社会资本共同发展，实现国有资本合理流动和保值增值。

2014 年 7 月，中粮集团、国开投 2 家中央企业纳入首批改组改建国有资本投资公司试点。2016 年 2 月，中国诚通、中国国新 2 家中央企业启动了国有资本运营公司试点。2016 年 7 月扩大投资公司试点范围，对招商局集团、保利集团、神华集团、中交集团、宝武、五矿等 6 家中央企业也启动了改组改建有关工作。目前，试点企业在探索有效投资运营模式、推动产业结构调整、打造改革"综合试验区"等方面，已取得了积极进展。与此同时，各地方国资委也在积极探索开展两类公司改革试点，截至 2017 年底，36 个地方国资委完成改组组建国有资本投资公司、国有资本运营公司 86 家。

3. 加强国有资产监督

加强监督防止国有资产流失，既是国有企业改革的重要内容，也是国有企业改革的基础和前提。国有资产监督做不好，国有企业改革也难以取得预期的成效。2015 年印发的《指导意见》指出，国有企业存在"现代企业制度还不健全，国有资产监管体制有待完善"等问题，并明确了改革目标。为落实《指导意见》要求，2015 年出台的专项配套文件《关于加强和改进企业国有资产监督防止国有资产流失的意见》（国办发〔2015〕79 号），对加强和改进企业国有资产监督工作作出全面部署。79 号文要求：以国有资产保值增值、防止流失为目标，坚持问题导向，立足体制机制制度创新，加强和改进党对国有企业的领导，切实强化国有企业内部监督、出资人监督和审计、纪检监察、巡视监督以及社会监督，严格责任追究，加快形成全面覆盖、分工明确、协同配合、制约有力的国有资产监督体系，充分体现监督的严肃性、权威性、时效性，促进国有企业持续健康发展。

在加强国有资产监督方面采取了四个具体措施①：一是健全制度体系。2016—2017 年，国务院国资委新制订和修订的国有资产监管方面制度 27 个。二是构建监督闭环。2017 年，国务院国资委分别以党委会、主任办公会、分管委领导、监事会主席② 为主体，形成了领导决策、协调处置、监督报告"三个平台"，并设立了 3 个监督局，负责分类处置、督办和深入核查监督检查发现的问题，组织开展国有资产重大损失调查，提出有关责任追究意见建议，形成监督工作完整闭环。三是加大重点环节监督力度。盯紧重点环节，包括强化对企业改制重组、产权交易、重大投资等方面的监督力度。把海外经营作为监督重点，采取多种方式，系统地加强了对国有企业海外经营的监督。四是强化违规经营责任追究。2016 年出台了《关于建立国有企业违规经营投资责任追究制度的意见》（国办发〔2016〕63 号），在落实过程中，对某些国有企业的重大国有资产损失案件开展了专项调查和责任认定，对相关领导人也作出了严肃处理，并且公开通报。

（四）国有资本布局优化和结构调整

国有企业改革的一个重要方向，就是坚持基本经济制度，不断优化调整国有资本的布局结构，放大国有资本功能，增强国有经济整体功能和效率，推动国有资本做强做优做大，不断增强国有经济活力、控制力、影响力和抗风险能力。但是，2013 年左右，国有经济布局结构有待进一步优化，国有资本配置效率不高等问题亟待解决。

① 彭华岗：《多措并举加强监督防治国有资产流失》，《国新网》，2017 年 9 月 28 日。
② 按照 2018 年 3 月国务院机构改革方案的要求，为整合审计监督力量、增强监管效能，将国务院国有资产监督管理委员会的国有企业领导干部经济责任审计和国有重点大型企业监事会的职责划入审计署，不再设立国有重点大型企业监事会。

国家出台一系列文件，为优化国有资本布局提供了方向。2013 年 11 月，党的十八届三中全会提出，国有资本投资运营要服务于国家战略目标，更多投向关系国家安全、国民经济命脉的重要行业和关键领域，重点是提供公共服务、发展重要前瞻性战略性产业、保护生态环境、支持科技进步、保障国家安全。2015 年 9 月，《指导意见》提出要紧紧围绕服务国家战略，落实国家产业政策和重点产业布局调整总体要求，优化国有资本重点投资方向和领域，增强国有经济整体功能和效率。2016 年 7 月，国务院办公厅印发《关于推动中央企业结构调整与重组的指导意见》，明确巩固加强一批、创新发展一批、重组整合一批、清理退出一批的重点工作任务。

1. 党的十八大以来国有资本布局结构调整取得了显著成效

2013 年以来，国有企业规模实力明显提升。财政部公布数据显示，2017 年全国国有及国有控股企业营业总收入 52.2 万亿元，相比 2012 年年均增长 4.2%；利润总额 2.9 万亿元，相比 2012 年年均增长 5.7%；资产总额 151.7 万亿元，相比 2012 年年均增长 13.6%；国有企业上缴税费在全国占比高于同期主营业务收入及利润总额占比，为支撑国民经济发展作出重要贡献。2018 年公布的世界 500 强名单中，有 48 家中央企业上榜。①

国有企业带头推进供给侧结构性改革，国有资本布局结构更加优化。中央企业层面完成 19 组 36 家企业重组，29 个地方国资委对所监管一级企业开展了 171 组整合重组。重组红利得到释放，国有企业质量效益全面提高。钢铁、煤炭等行业化解过剩产能工作取得预期成效，"僵尸企业"处置和特困企业治理工作取得明显效果。

国有资本控制力进一步增强。在优化国有资本布局结构中，紧紧围绕服务国家战略，落实国家产业政策和重点产业布局调整总体要求，优化国有资本重点投资方向和领域，推动国有资本向关系国家安全、国民经济命脉和国计民生的重要行业和关键领域、重点基础设施集中，向前瞻性战略性产业集中，向具有核心竞争力的优势企业集中。在煤、气、水、电等的重要基础设施领域，国有经济的角色仍然不可或缺。在汽车、铁路、船舶、航空航天等重要国民经济产业，国有经济发挥着重要的引领带动作用。以 2016 年为

---

① 2018 年 7 月公布的世界 500 强名单，是根据 2017 年度数据确定的。

例，在"煤炭开采和洗选业""石油和天然气开采业""石油加工炼焦和核燃料加工业""电力、热力生产和供应业""燃气生产和供应业""水的生产和供应业"，国有控股工业企业占有约 50% 的市场份额。另外，国有企业在新兴产业、高端装备制造业等领域发挥了重要引领作用，以国有企业为主导研制的 C919 大飞机、ARJ21 支线飞机、"复兴号"高铁、特高压智能电网等都引领了产业整体的发展。

2. 多种所有制经济共同发展成为趋势

国有经济总量不断发展壮大的同时，实现了多种所有制经济的共同发展。表 9-7 列举了 2002 年、2012 年和 2016 年规模以上工业企业的相关数据。[①] 根据统计数据可知：国有控股工业企业的数量占规模以上工业企业数量的比例，2002 年为 22.65%，2012 年降低到 5.19%，2016 年降低到 5.02%；国有控股工业企业的资产总额占工业企业资产总额的比例，2002 年为 60.93%，2012 年降低到 40.61%，2016 年降低到 38.47%；国有控股工业企业的主营业务收入占工业企业主营业务收入的比例，2002 年为 43.7%，2012 年降低到 26.37%，2016 年降低到 20.62%；国有控股工业企业的利润总额占工业企业利润总额的比例，2002 年为 45.52%，2012 年降低到 24.51%，2016 年降低到 17.14%。[②]

表 9-7　规模以上工业企业的国有企业占比变化

金额：万亿元

年度	项目	单位数		资产总额		主营业务收入		利润总额	
		个数	比例	金额	比例	金额	比例	金额	比例
2002	总计	181557		146218		109485		5784	
	国有控股工业企业	41125	22.65%	89095	60.93%	47844	43.70%	2633	45.52%
	私营企业	49176	27.09%		0.00%		0.00%		0.00%

①　国家统计局公布的统计数据，只有规模以上工业企业的对比数据，没有所有企业的对比数据，因此与财政部公布的国有控股企业的统计口径有所区别。

②　随着国有企业上市和混合所有制改革的推进，国有控股工业企业中，国有资本所占比例呈大幅下降趋势，因此，2016 年末国有资本总额所占比例远低于 38.47%。

续表

年度	项目	单位数		资产总额		主营业务收入		利润总额	
		个数	比例	金额	比例	金额	比例	金额	比例
2012	总计	343769		768421		929292		61910	
	国有控股工业企业	17851	5.19%	312094	40.61%	245076	26.37%	15176	24.51%
	私营企业	189289	55.06%	152548	19.85%	285621	30.74%	20192	32.62%
2016	总计	378599		1085866		1158999		71921	
	国有控股工业企业	19022	5.02%	417704	38.47%	238990	20.62%	12324	17.14%
	私营企业	214309	56.61%	239543	22.06%	410188	35.39%	25495	35.45%

3. 分类改革推进国有资本产业布局优化

以明确国有企业功能界定与分类为重要切入点，推进分类改革、分类发展、分类考核和分类监管，着力提高改革的针对性、考核的科学性和监管的有效性，分类改革的导向作用逐渐显现，更好地推进了各类国有企业与市场经济的深度融合，更好地推进了国有资本产业布局优化和结构调整。

一系列政策文件出台，明确了分类改革的方向、要求和具体措施。2013年11月，党的十八届三中全会首次明确提出"准确界定不同国有企业功能"。2015年8月，《指导意见》明确了分类的基本原则和主要措施。2015年12月，国务院国资委、财政部、发改委联合印发《关于国有企业功能界定与分类的指导意见》，提出了划分类别的具体标准、分类施策的具体措施。2016年8月，国务院国资委、财政部印发《关于完善中央企业功能分类考核的实施方案》。各地国资委结合地方特点和企业实际，出台了分类改革实施意见，探索开展分类发展、分类考核、分类监管工作。

到2017年底，中央企业集团层面功能界定与分类工作基本完成，约三分之二的中央企业归为商业一类企业，约四分之一归为商业二类企业，其余归为公益类企业。各地国资委所监管的国有一级企业也基本完成了功能界定和分类工作。

4. 混合所有制改革成为国有资本布局优化的内在动力

除了国家直接推动国有资本布局结构调整之外，发挥市场在资源配置中的决定性作用也是国有资本布局结构调整的重要手段和内在动力。

2015 年 9 月 24 日，国务院发布《关于国有企业发展混合所有制经济的意见》（国发〔2015〕54 号）①，鼓励非公有资本参与国企混改，有序吸引外资参与国企混改，鼓励国有资本多种方式入股非国有企业。54 号文提出，需要通过深化国有企业混合所有制改革，推动完善现代企业制度，健全企业法人治理结构；提高国有资本配置和运行效率，优化国有经济布局，增强国有经济活力、控制力、影响力和抗风险能力，主动适应和引领经济发展新常态；促进国有企业转换经营机制，放大国有资本功能，实现国有资产保值增值，实现各种所有制资本取长补短、相互促进、共同发展，夯实社会主义基本经济制度的微观基础。

中央企业在产权层面已与社会资本实现了较大范围的混合。到 2017 年底，中央企业各级子企业，包含 98 家中央企业集团公司，基本完成了公司制改制，其中，超过三分之二的企业引进各类社会资本实现了混合所有制。② 根据中央企业产权登记数据，2013—2016 年，中央企业及各级子企业中混合所有制企业户数占比由 65.7% 提高至 68.9%。初步统计，2017 年中央企业新增混合所有制企业户数超过 700 户，其中通过资本市场引入社会资本超过 3386 亿元。

（五）增强国有企业市场主体地位的改革

增强国有企业市场主体地位，是国有企业改革的重要方向，而建立中国特色现代国有企业制度，是增强国有企业市场主体地位的重要路径。2013 年 11 月，党的十八届三中全会通过的《中共中央关于全面深化改革若干重大问题的决定》，明确提出"推动国有企业完善现代企业制度。健全协调运

---

① 为解决混合所有制试点过程中出现的问题，2017 年 11 月 29 日，国家发展改革委、财政部、人力资源社会保障部、国土资源部、国务院国资委、税务总局、证监会、国防科工局 8 部门联合下发了《关于深化混合所有制改革试点若干政策的意见》（该文件于 2018 年 9 月 19 日正式发布），对国有资产定价机制、职工劳动关系、土地处置和变更登记、员工持股、集团公司层面开展混合所有制改革、试点联动、财税支持政策、工资总额管理制度、军工企业国有股权控制类别和军工事项审查程序等 9 项热点问题进行了明确。

② 原诗萌：《盘点央企五年混改》，《国资报告》2018 年第 4 期。

转、有效制衡的公司法人治理结构"。2015年8月印发的《指导意见》，对完善现代企业制度，健全公司法人治理结构，作出了具体部署。2017年5月国务院办公厅发布的《关于进一步完善国有企业法人治理结构的指导意见》（国办发〔36〕号），对完善国有企业法人治理结构提出了明确要求。

党的十八大以来，构建中国特色现代国有企业制度、增强国有企业市场主体地位的改革，主要围绕国有企业公司制改革、推进董事会建设、探索实行职业经理人和市场化选聘经营管理者、深入推动三项制度改革、加强党的领导等方面展开。

1. 推进公司制改革

公司制是现代企业制度的有效组织形式，有利于国企真正成为独立市场主体，激发企业活力和动力。公司制改制是深化国企改革的重要内容，是公司治理方式的深刻变革，也是加快形成有效制衡的公司法人治理结构和灵活高效的市场化经营机制的前置性条件。

多年来，公司制改革一直是改革的任务之一，但是一直到2016年底，仍有部分国有企业特别是部分中央企业集团层面尚未完成公司制改制：国务院国资委监管的101户中央企业中，有69户集团公司为全民所有制企业，近5万户中央企业子企业中，有约3200户为全民所有制企业。①

为彻底全面完成公司制改革，2017年7月国务院办公厅印发了《中央企业公司制改制工作的实施方案》（国办发〔2017〕69号）。69号文件明确了目标任务，并对资产评估、划拨地处置、企业资质资格承继、审批程序、工商变更等提出切实可行的支持政策。

截至2017年底，绝大多数中央企业均已完成工商变更登记，取得了新的营业执照，成为按照《公司法》登记的公司制企业。中央企业子企业列入公司制计划的近2500户全民所有制企业，98%已完成或正在办理工商变更登记。截至2017年底，北京、河北、辽宁、江苏、福建等28个地方国资委监管一级企业全部完成公司制改革。

2. 推进董事会建设

推动外部董事占多数的规范董事会建设取得较大成果。截至2017年年

---

① 　任腾飞：《国企公司制改革全面提速》，《国资报告》2018年第1期。

底，87 家中央企业建立了董事会；到 2018 年 8 月底，96 家中央企业中，除个别事业单位外，94 家中央企业建立了董事会，其中 83 家外部董事占多数。在中国建材、国药集团、新兴际华集团、中国节能、中广核等 5 家中央企业开展落实董事会职权试点工作。在董事会重大决策合规性审查机制建设中，中央企业的规章制度、经济合同、重要决策 100% 实现法律审核。90% 的地方国资委所监管一级企业建立了董事会，32 个地方开展了落实董事会依法行使重大决策、选人用人和薪酬分配等权利的探索。

中央企业董事会制度日趋完善，管理日趋规范。董事会组织体系和运作机制更加健全。规范董事会一般由 7 人或 9 人组成，企业内部 3 人或 4 人，包括与党委（党组）书记"一肩挑"的董事长、担任副书记的总经理和 1 名职工董事（有的企业专职副书记也进入了董事会）；外部董事 4 人或 5 人。这种结构安排不仅使决策与执行分开，而且有利于把党组织的意图通过治理结构转化为公司意志和经营决策。结合企业实际，董事会下设战略、提名、薪酬与考核、审计与风险等专门委员会。

落实董事会职权试点工作有效开展。2014 年 12 月，国务院国资委向中国节能、中国建材、国药集团、新兴际华集团 4 家试点企业下发了《关于落实中央企业董事会职权试点的工作方案》，明确将中长期发展战略规划权，高级管理人员选聘权、业绩考核权、薪酬管理权，重大财务事项管理权交给董事会行使，对试点企业实行工资总额备案制管理。

3. 探索职业经理人制度和市场化选聘经营管理者

中国节能、中国建材、中广核 3 家中央企业全面推行经理层成员契约化管理，国药集团、新兴际华集团 2 家中央企业开展了职业经理人制度试点。试点企业均制定了体现本企业特点的经理层成员业绩考核办法，制定和完善了薪酬管理相关制度；国务院国资委与董事会授权代表签订年度经营业绩责任书；董事会负责经理层成员业绩考核、薪酬管理工作；相关重大事项报国务院国资委备案；探索了董事会自主决定经理层薪酬与出资人调控相结合的机制。

从 2014 年开始，国务院国资委在宝钢、新兴际华、中国节能、中国建材、国药集团等 5 家中央企业试点落实董事会选聘和管理经营层成员的职权。按照党组织推荐、董事会选择、市场化选聘、契约化管理的基本思路，新兴际华董事会选聘了总经理，后来又选聘了全部经理层副职；宝钢、中国节能、国药集团选聘了 6 名副总经理。除了试点企业外，多家央企都在不同层级公司开始实施市场化选聘改革，包括北京、上海、江西、山西等地政府都出台改革计划，将市场化选聘和薪酬改革作为改革计划的重要内容。22个省（区、市）开展了经理层市场化选聘工作。广东省出台的《关于全面深化国有企业改革的意见》中，率先提出了"企业现任高级管理人员可按职业经理人制度模式管理"。辽宁省推动华晨集团等 5 家企业董事会聘任了 24 名高级经营管理人员。

4. 三项制度改革

深化企业内部三项制度改革，是建立灵活高效的市场化经营机制，激发企业活力的重要前提。

国有企业普遍制订了管理人员选拔任用管理办法，明确了以综合考核评价为基础的管理人员选用和退出机制。市场化选聘经营管理人员稳步推进，职业经理人聘任制和契约化管理逐步实施。按照"小总部、大产业、市场化、专业化"理念，相当一部分中央企业优化了总部组织结构，压减了总部人员数量，全面推行岗位竞聘。全面推行公开招聘制度，做到信息公开、过程公开和结果公开。在职工退出过程中，坚持依法依规，严格履行程序，防止发生重大劳动合同纠纷。

国有企业集团公司普遍建立了明确的工资效益联动机制，切实做到工资总额与企业效益紧密挂钩；建立健全全员绩效考核机制，将员工个人薪酬与企业效益、个人绩效紧密挂钩。员工持股工作一直为社会所关注。中央企业层面，中国机械工业集团有限公司所属中国电器科学研究院、中国建材集团有限公司所属江西电瓷等 10 家子企业作为首批员工执股试点。除员工持股外，国企也在积极探索其他各类中长期激励手段，创新对核心骨干人员的激励方式，将员工利益与团队利益、企业利益有机结合。

5. 坚持和加强党的领导

2016 年 10 月，习近平总书记在全国国有企业党的建设工作会议上指出，要坚持"两个一以贯之"[①]，把加强党的领导和完善公司治理统一起来，建

---

① 习近平总书记在 2016 年全国国有企业党的建设工作会议上强调，坚持党对国有企业的领导是重大政治原则，必须一以贯之；建立现代企业制度是国有企业改革的方向，也必须一以贯之。

设中国特色现代国有企业制度，为国有企业完善公司法人治理指明了方向。2017 年 4 月，国务院办公厅印发了《关于进一步完善国有企业法人治理结构的指导意见》，提出了改进国有企业法人治理结构的具体要求。

截至 2018 年 8 月底[①]，中央企业集团已经全部实现党建要求进公司章程，将党组织研究讨论作为董事会、经理层决策重大问题的前置程序，不断完善双向进入、交叉任职的领导体制。中央企业集团层面全部实行了"双向进入、交叉任职"的领导体制，中央企业一级子企业实行比例达到 82%。中央企业集团公司全部实现党组（党委）书记、董事长"一肩挑"，84% 的地方国资委监管企业也实现了"一肩挑"。

二、国有企业全球竞争力显著增强

受金融危机的深度影响，在全球经济持续低迷的大环境下，2013 年左右中国经济进入了新常态[②]，习近平总书记提出了"一带一路"倡议[③]，国有企业开始大规模进入全球市场，国际化经营程度和国际化依存度都显著提高。为了能够尽可能地规避国际化经营风险，充分利用国内和国外两个市场和两种资源，提高在全球市场、全球产业中的地位，国有企业在这一时期开始努力培育在全球范围内的竞争力。

---

① 《国资委召开创新体制机制增强国有企业活力媒体通气会》，《国务院国资委网站》，2018 年 8 月 29 日。

② 2014 年 11 月 9 日，习近平总书记在亚太经合组织工商领导人峰会开幕式上的演讲时指出：中国经济呈现出新常态，有几个主要特点：一是从高速增长转为中高速增长；二是经济结构不断优化升级，第三产业、消费需求逐步成为主体，城乡区域差距逐步缩小，居民收入占比上升，发展成果惠及更广大民众；三是从要素驱动、投资驱动转向创新驱动。

③ 2013 年 9 月 7 日，习近平总书记在哈萨克斯坦纳扎尔巴耶夫大学发表演讲，提出了共同建设"丝绸之路经济带"的畅想。同年 10 月 3 日，习近平总书记在印度尼西亚国会发表演讲，提出共同建设"21 世纪海上丝绸之路"。这二者共同构成了"一带一路"重大倡议。

（一）2013—2017 年国有企业整体发展情况

2017 年全国国有及国有控股企业营业收入达 52.2 万亿元，相比 2012 年年均增长 4.2%；利润总额达 2.9 万亿元，相比 2012 年年均增长 5.7%；资产总额达 151.7 万亿元，相比 2012 年年均增长 13.6%。

1. 2017 年的财务数据情况

2017 年，全国国有及国有控股企业营业收入 522014.9 亿元，其中中央企业 308178.6 亿元，地方国有企业 213836.3 亿元；营业总成本 507003.9 亿元，其中中央企业 297048.4 亿元，地方国有企业 209955.5 亿元；利润总额 28985.9 亿元，其中中央企业 17757.2 亿元，地方国有企业 11228.7 亿元；应交税金 42345.5 亿元，其中中央企业 30812.9 亿元，地方国有企业 11532.6 亿元。截至 2017 年 12 月末，国有企业资产总额 1517115.4 亿元，负债总额 997157.4 亿元，所有者权益合计 519958 亿元。其中中央企业资产总额 751283.5 亿元，负债总额 511213 亿元，所有者权益合计 240070.5 亿元；地方国有企业资产总额 765831.9 亿元，负债总额 485944.4 亿元，所有者权益合计 279887.5 亿元。

2. 2013—2017 年指标变化情况

2013—2017 年国有企业资产、负债和所有者权益变化情况参见图 9–1 和表 9–8。① 资产总额在四年间增长 66.53%，由 2013 年的 91.1 万亿增长到 2017 年的 151.7 万亿；负债总额在四年间增长 68.11%，略高于资产总额的增长率，由 2013 年的 59.3 万亿增长到 2017 年的 99.7 万亿；所有者权益在四年间增长 63.57%，由 2013 年的 31.8 万亿增长到 2017 年的 52.0 万亿。

2013—2017 年国有企业利润主要指标变化情况参见图 9–2 和表 9–8。营业总收入在四年间增长 12.32%，由 2013 年的 46.5 万亿增长到 2017 年的 52.2 万亿；营业总成本在四年间增长 12.93%，略高于营业总收入的增长率，由 2013 年的 44.9 万亿增长到 2017 年的 50.7 万亿；利润总额在四年间增长

---

① 由于财政部公布的 2012 年资料中缺乏可比数据，故选用了 2013—2017 年五年数据进行四年的对比分析。

20.52%，由 2013 年的 2.4 万亿增长到 2017 年的 2.9 万亿。

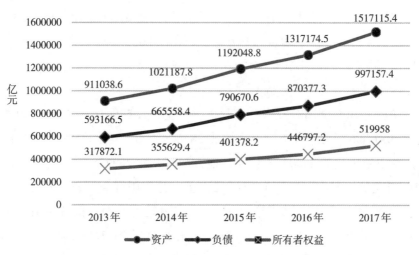

图 9–1　2013—2017 年国有企业资产负债表主要指标变化

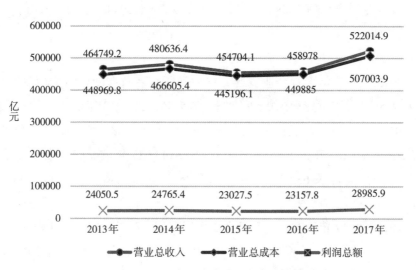

图 9–2　2013—2017 年国有企业利润表主要指标变化

表 9–8　2013—2017 年国有企业主要财务数据变化情况

单位：亿元

科目	类别	2013 年	2014 年	2015 年	2016 年	2017 年	2017 比 2013 增长百分比
营业总收入	总计	464749.2	480636.4	454704.1	458978	522014.9	12.32%
	中央企业	284407.1	293790.3	271694	276783.6	308178.6	8.36%
	地方国有企业	180342.1	186846.1	183010.1	182194.4	213836.3	18.57%
营业总成本	总计	448969.8	466605.4	445196.1	449885	507003.9	12.93%
	中央企业	272151.3	281727.7	262407.6	268039.9	297048.4	9.15%
	地方国有企业	176818.5	184877.7	182788.5	181845.1	209955.5	18.74%
利润总额	总计	24050.5	24765.4	23027.5	23157.8	28985.9	20.52%
	中央企业	16652.8	17280.2	16148.9	15259.1	17757.2	6.63%
	地方国有企业	7397.7	7485.2	6878.6	7898.7	11228.7	51.79%
应交税金	总计	36812	37860.8	38598.7	38076.1	42345.5	15.03%
	中央企业	28030.2	29169.9	29731.4	29153	30812.9	9.93%
	地方国有企业	8781.8	8690.9	8867.3	8923.1	11532.6	31.32%
资产	总计	911038.6	1021187.8	1192048.8	1317174.5	1517115.4	66.53%
	中央企业	483178	537068	642491.8	694788.7	751283.5	55.49%
	地方国有企业	427860.6	484119.8	549557	622385.8	765831.9	78.99%
负债	总计	593166.5	665558.4	790670.6	870377.3	997157.4	68.11%
	中央企业	317519.4	352621.4	436702.3	476526	511213	61.00%
	地方国有企业	275647.1	312937	353968.3	393851.3	485944.4	76.29%
所有者权益	总计	317872.1	355629.4	401378.2	446797.2	519958	63.57%
	中央企业	165658.6	184446.6	205789.4	218262.7	240070.5	44.92%
	地方国有企业	152213.5	171182.8	195588.8	228534.5	279887.5	83.88%

资源来源：财政部公布的数据。

另外，2013—2017 年国有企业主要行业盈利变化情况请参见表 9-9。

表 9-9　2013—2017 年国有企业主要行业盈利变化情况

年份	主要行业盈利情况
2013	实现利润同比增幅较大的行业为交通行业、电子行业、汽车行业、施工房地产行业等；实现利润同比降幅较大的行业为有色行业、煤炭行业、化工行业、机械行业等
2014	与上年同期相比，汽车、医药、商贸等行业利润总额正增长；煤炭、化工、石化等行业利润总额负增长；有色行业处于亏损状态
2015	交通、化工和机械等行业实现利润同比增幅较大；煤炭、石油、建材和石化等行业实现利润同比降幅较大；钢铁和有色行业继续亏损
2016	建材、交通和施工房地产等行业实现利润同比增幅较大；石油、纺织、烟草和石化等行业实现利润同比降幅较大；钢铁、化工、有色等行业亏损
2017	钢铁、有色等去年同期亏损的行业持续保持盈利，煤炭、交通、石油石化等行业利润同比增幅较大；电力等行业利润同比降幅较大

资源来源：财政部公布的数据。

3. 国有企业整体实力显著增强

于 2018 年 7 月发布的《财富》世界 500 强排行榜显示，在上榜公司数量上，美国公司 126 家，继续位居第一，中国公司达到 120 家，比去年增加了 5 家，稳居第二，日本以 52 家位列第三。[①]

由国务院国资委监管的中央企业上榜数量达 48 家。其中，鞍钢集团公司四年之后重进 500 强，居 428 位；根据加强国有企业布局优化、结构调整的要求，2017 年上榜的中国国电集团公司（397 位）与神华集团有限责任公司（276 位）已经战略重组，在 2018 年上榜中央企业中体现为国家能源投资集团有限责任公司（101 位）；2018 年新上榜的招商局集团有限公司以营业收入 2701 亿人民币申请《财富》世界 500 强，是剔除招商银行收入后的数据。如果招商局与其子公司招商银行按 1 家中央企业计算，国务院国资委直接监管的中央企业 47 家上榜。2013—2018 年进入国务院国资委监管企业

---

① 2018 年 7 月公布的世界 500 强名单，采用的是 2017 年度的公司数据。

进入世界 500 强的数据，参见表 9–10。①

表 9–10　2013—2018 年进入世界 500 强的公司数量

	2013 年	2014 年	2015 年	2016 年	2017 年	2018 年
中国公司进入 500 强总数	95	100	106	110	115	120
国务院国资委监管企业进入 500 强数量	44	47	47	50	48	48

党的十八大以来，国有企业特别是中央企业在科技创新方面取得了较大成就。国有企业在航空航天、武器装备、高铁、核电、特高压、深海探测、核心电子器件、新型油气资源勘探开发、煤制油、远海岛礁建设等领域掌握关键核心技术，有力地捍卫了国防安全、能源安全、网络安全和粮食安全。面向经济主战场，国有企业积极推动战略性新兴产业发展和企业转型升级，关键技术、核心装备和系统集成能力不断提高，研制出具有世界先进水平的高端产品，打造出一张张闪亮的中国名片。

（二）推进供给侧结构性改革提高发展质量

供给侧结构性改革是党中央在经济新常态下作出的一个重大战略决策，对于推动我国经济向更高水平发展和更深层的迈进具有很重要的意义。中央企业高度重视、坚决落实，取得了很好成效，从企业层面，推动了企业供给质量的提高。②

化解过剩产能，促进行业良性发展。2016 年和 2017 年 1—8 月，中央企业提前完成了国家下达的化解过剩产能任务，其中钢铁和煤炭两个行业都超额完成。2016 年全国国有企业化解钢铁过剩产能占全国化解过剩产能总量的 80%，化解煤炭过剩产能超过 2 亿吨，占全国化解过剩产能总量的 73%。2017 年 1—8 月，中央企业又化解钢铁过剩产能 1614 万吨，化解煤炭过剩产能 5510 万吨，同时还把分散到各个中央企业的小型煤炭企业进行整合，总量超过 1 亿吨。

---

① 《120 家中国企业入围 2018〈财富〉世界 500 强　国务院国资委监管 48 个中央企业上榜》，《国务院国资委网站》，2018 年 7 月 20 日。

② 《十八大以来国企改革情况发布会实录》，《国务院国资委网站》，2017 年 9 月 28 日。

多种措施并举，助力企业瘦身健体。一是处理"僵尸企业"。500家"僵尸企业"和困难企业得到了整治和处理，中央企业的直属企业亏损大大减少，一年减亏885亿。二是深入开展压减工作。中央企业解决小而全、大而全的布局问题有明显改善，一年来压减的户数达到了6395户，有力地推动企业更加聚焦主业、优化主业、做强主业。三是解决历史遗留问题，"三供一业"和离退休人员深化管理试点全面推开。

降杠杆、减负债，确保企业健康发展。建立风险控制体系，按行业确定负债警戒线，对高负债企业进行管控，另外对一些困难企业的发债进行了控制。到2018年8月末，中央企业平均资产负债率是66.5%，比年初降了0.2个百分点。

总的来说，供给侧结构性改革促进了中央企业的发展，特别是提升了中央企业的发展后劲，使得中央企业的发展更符合市场的要求，更符合广大群众对中央企业的期待。更重要的是，通过中央企业的努力进一步推动了我国经济迈向中高端水平。

（三）通过战略性重组增强在全球产业发展中的话语权和影响力

1. 国有企业战略性重组的主要成就

推进中央企业的战略性重组是贯彻落实党中央、国务院深化国有企业改革的决策部署，做强做优做大国有企业的重要举措。党的十八大以来，中央企业层面先后完成了对南车和北车、宝钢和武钢、中国远洋和中国海运等19组36家企业的重组，地方国有企业层面先后完成了135项重组整合。同时，根据发展的需要，新组建了中国航发、中国铁塔两家公司，截至2017年底，中央企业户数调减至98户。

通过重组整合，在宏观层面优化了资源配置，优化了国有经济布局结构，增强了国有经济的整体功能和效率；在微观层面提升了国有企业的全球竞争力。从总体来看，通过横向合并，强化了规模效应，2017年有48家中央企业入围了世界500强，行业的带动力和影响力显著提升；通过纵向联合，实现优势互补，完善了产业链上下游的协同，使企业和整个产业的综合实力都得到显著提升；通过专业化整合，优化了资源配置，资源共享水平大大提高。从结构优化角度来看，中央企业通过重组整合，加快了化解过剩产能步伐；通过整合优势互补，提升了企业创新能力。从企业自身来看，整合以后主业更加突出，组织结构更加精简，内部管理更加高效。

2.典型案例：中远集团与中海集团的战略性重组整合

2015 年 12 月 11 日，经报国务院批准，中国远洋运输（集团）总公司与中国海运（集团）总公司实施重组。①

（1）重组背景

重组前，全世界集装箱货运量的 70% 在亚洲，这其中又有 70% 在中国，然而，世界排名前三的班轮企业都在欧洲，控制着全球 40% 的运力。作为中国国内排名前两位的航运企业，中远集团和中海集团业务资源同质化较高，在产品布局、业务架构和经营模式上相近，在目标客户和开发手段上相似，在船舶、航线、网点等方面投资重复，很多细分市场不具备全球布局的能力、不具备成本竞争优势。重组将极大提升中国在全球航运市场的话语权。重组后，新集团在运营规模上实现了新突破，拥有 4 个"世界第一"。

（2）重组之后的业务整合②

新的业务结构，使得重组不仅是规模上的合并，还是深层次的业务布局优化。新集团依照"规模化、国际化、营利性和抗周期"4 个发展维度，确定了包括航运、物流、航运金融、装备制造、航运服务、社会化服务以及"互联网＋"在内的"6＋1"产业集群，并优先发展全球集装箱运输、码头业务、航运金融和全球综合物流。

根据新的战略布局，新集团依托航运主业，发展多元化租赁业务的综合性金融服务平台。同时，航运产业集群作为新集团核心产业集群，重点在经营规模增长、盈利能力建设和全球化水平提升等方面着力发展。新集团将码头和集装箱运输划入一个事业群，并明确"以码头为点，以航线为线，以集运和物流为面，共同打造全球服务网络"。集运、码头以及物流等板块相互融合、相互促进、协同发展。此外，在人事制度方面，新集团也大力度推进改革，多措并举压缩管理层级，计划将管理层级从 7 级压缩到 4 级，法人层级从 9 级控制到 6 级；并推动直属公司规范董事会建设，充分发挥董事会

---

① 刘志强、沈文敏：《中国远洋与中国海运重组》，《人民日报》2015 年 12 月 12 日。

② 《中远海运重组凸显整合效应："面对未来，我们准备好了！"》，《中国经济网》2016 年 11 月 28 日。

在公司决策、改革发展和风险防范方面的作用。

（3）重组成效[1]

实现"1＋1＞2"，协同效应全面发挥。"规模不是重组整合的最终目的。面对全球航运业的兼并重组大潮，中远海运集团将以规模为基础，深入优化资源配置、全面发挥协同效应，实现价值创造和经济效益。"中远海运集团董事长、党组书记许立荣表示。新集团通过整合两方资源，对船队、网络、产品、成本、营销、人才等进行集约化管理，使得内生增长、资源配置、市场开拓、全球化布局等能力显著增强。

业务结构趋于合理。在新的产业集群发展战略下，集运和码头两个板块能够相互融合、相互促进、配合发展。新集团融合了原中远、中海两大集团旗下的优质金融资产，打造"航运＋金融"的业务发展模式，实现战略转型。

运营成本有效降低。2016年1—9月，集团营业成本1354.39亿元，同比减少180.79亿元，降幅11.78%。2016年3—11月，集运业务平均单箱网络成本相比去年同期下降11%，散运业务运输成本同比下降15.7%。

中远海运表示[2]，下一步的工作重点是通过加强产业链协同，释放改革重组的协同效应，进一步增强全球化协同营销，进一步健全产融结合等融合发展管控机制，进一步扩展港航、内外贸业务协同的覆盖面。

（四）实施创新发展增强全球技术发展引领能力

1. 国有企业创新取得的主要成就

党的十八大以来，国有企业认真落实创新驱动发展战略，加大原始创新、自主创新、协同创新力度，在科技创新方面取得了较大成就。[3] 一是涌现了一批具有世界先进水平的重大科技成果。比如载人航天、深海探测、高速铁路、特高压输变电、移动通讯，国产航母，国产大飞机等等。二是一批突破性创新引领了行业和产业的发展。比如港珠澳大桥、"蓝鲸1号"深海

---

① 刘志强：《中远海运——超级巨轮重装出海》，《人民日报》2016年11月21日。

② 郭少丹：《依靠协同效应　中远海运改革重组后多指标创世界第一》，《中国经营报》2018年2月5日。

③ 《十八大以来国企改革情况发布会实录》，《国务院国资委网站》，2017年9月28日。

钻井平台、北斗系统、页岩油气资源开发、可燃冰开采、天地一体化信息网络、新一代核反应堆、新型运载火箭、大型运输机等。

国有企业已经成为建设创新型国家的骨干力量。"十二五"期间，中央企业累计投入超1.7万亿研发经费，约占全国研发经费支出总额的四分之一，累计获得国家科技奖励424项，约占全国获奖总数的三分之一，累计拥有有效专利48.6万项。截至2017年8月，中央企业拥有科技活动人员156.6万人、工程院院士184人、中科院院士40人、632个国家级研发平台。

2. 典型案例：国产大飞机研制

2017年5月5日，中国自行研制、具有完全自主知识产权的喷气式大型客机C919，在上海浦东国际机场成功首飞。

（1）试飞成功的意义

C919大型客机是我国首次按照国际适航标准研制的150座级干线客机，首飞成功标志着我国大型客机研制项目取得重大突破，是我国民用航空工业发展的重要里程碑。这是在以习近平总书记为核心的党中央坚强领导下取得的重大成就，体现了中国特色社会主义道路自信、理论自信、制度自信、文化自信，对于深入贯彻新发展理念，实施创新驱动发展战略，建设创新型国家和制造强国，推进供给侧结构性改革，具有十分重要的意义。

（2）创新研制之路

C919飞机从2008年7月研制以来，走出了一条"中国设计、系统集成、全球招标，逐步提升国产化"的发展道路，坚持"自主研制、国际合作、国际标准"技术路线，攻克了包括飞机发动机一体化设计、电传飞控系统控制律、主动控制技术、全机精细化有限元模型分析等在内的100多项核心技术、关键技术，形成了以中国商飞公司为平台，包括设计研发、总装制造、客户服务、适航取证、供应商管理、市场营销等在内的我国民用飞机研制核心能力，形成了以上海为龙头，陕西、四川、江西、辽宁、江苏等22个省市、200多家企业、近20万人参与的民用飞机产业链，提升了我国航空产业配套能力。推动16家国际航空企业与国内企业组建了16家合资企业，带动动力、航电、飞控、电源、燃油、起落架等机载系统产业发展。陕西、江苏、湖南、江西等省建立了一批航空产业配套园区。"以中国商飞为核心，联合中航工业，辐射全国，面向全球"的较为完整的具有自主创新能力和自主知识产权的产业链正在形成。①

(3) 创新成果

C919 大型客机是我国首款完全按照适航标准和主流市场标准研制的单通道干线飞机，首飞前已获得国内外 23 家客户 570 架订单。C919 飞机设计定位于航空运输市场最主流的 150 座级单通道市场，基本型混合级布局 158 座，全经济舱布局 168 座，标准航程 4075 公里，增大航程 5555 公里；采用了先进气动布局、结构材料和机载系统，设计性能比同类现役机型减阻 5%，外场噪声比国际民用航空组织（ICAO）第四阶段要求低 10 分贝以上，二氧化碳排放低 12% 至 15%，氮氧化物排放比 ICAO CAEP6 规定的排放水平低 50% 以上，直接运营成本降低 10%。

C919 大型客机成功首飞标志着我国实施创新驱动战略取得新的重大成果。通过 C919 和 ARJ21 新支线客机研制，我国掌握了 5 大类、20 个专业、6000 多项民用飞机技术，加快了新材料、现代制造、先进动力等领域关键技术的群体突破，推进了流体力学、固体力学、计算数学等诸多基础学科的发展。以第三代铝锂合金、复合材料为代表的先进材料首次在国产民机大规模应用，总占比达到飞机结构重量的 26.2%；推动了起落架 300M 钢等特种材料制造和工艺体系的建立，促进了钛合金 3D 打印、蒙皮镜像铣等"绿色"先进加工方法的应用。②

(五) 践行"一带一路"倡议加快国际化发展步伐

1. 国有企业国际化取得的主要成就

世界一流企业必然是国际化的企业。世界一流企业必须充分利用国内国外两个市场，实现全球资源的优化配置，主导行业规则和技术标准的制定，引领全球产业发展，形成全球范围内的竞争力。

国有企业努力践行"一带一路"倡议，正逐步形成面向全球的贸易、投融资、生产、服务网络，国际化经营能力显著增强。2013 年习近平总书

---

① 中国商飞公司新闻中心：《我国自主研制 C919 大型客机在上海圆满首飞》，2017 年 5 月 5 日。

② 中国商飞公司新闻中心：《我国自主研制 C919 大型客机在上海圆满首飞》，2017 年 5 月 5 日。

记向国际社会提出共建"一带一路"倡议以来，国有企业特别是中央企业在基础设施建设、能源资源开发、国际产能合作等领域承担了一大批具有示范性和带动性的重大项目和标志性工程，促使"一带一路"逐渐从理念转化为行动、从愿景转变为现实，成为推动中国与世界互利共赢、融合发展、共同繁荣的重要力量。

通过"走出去"战略和践行"一带一路"倡议，国有企业特别是中央企业在提升全球竞争力方面取得长足进展，很多国有企业已经迈进或接近世界一流企业阵营。截至2017年底，中央企业境外单位9112户，资产总量达到7万亿元，投资和从事业务的国家和地区达到了185家，国际化进程迈出坚实的一步。2018年共有120家中国企业进入世界500强，其中国务院国资委监管的中央企业有48家。① 一些企业的核心产品和技术已经达到国际领先水平，在一些重大领域取得了突破性进展，取得了一批重大创新成果。

2. 典型案例：招商局集团积极参与"一带一路"国际合作

"一带一路"是习近平总书记为核心的党中央在新的时代背景下提出的重大国际合作倡议，始于中国、惠及世界。招商局集团充分发挥综合竞争优势，积极参与"一带一路"国际合作，不断加快"走出去"步伐，有力地提升了企业的全球竞争力。截至2017年底，招商局境外企业总资产7240亿元人民币，境外实体机构190家，分布于44个国家和地区，与"一带一路"沿线高度契合，海外业务已经成为招商局重要的业务增长点和利润增长点。②

（1）聚焦核心能力，推动基础设施联通

招商局集团积极发挥自身在设施联通上的综合优势，聚焦关键通道、关键地区、关键项目，在"一带"和"一路"上努力构建互联互通的海上港口网络和陆上物流大通道。在"一带"上积极推动中欧物流大通道建设。2016年开通中欧及中亚班列14条线路，2017年中欧班列数量、频次和线路不断增加，多条线路实现常态化运营；同时，进一步加强中欧物流大通道沿

---

① 2018年7月公布的世界500强名单。

② 根据招商局集团有限公司在2018年6月国务院国资委与《求是》杂志社共同举办的"扩大开放与建设具有全球竞争力的世界一流企业理论研讨会"上的发言材料整理，有所修改。

线物流网点建设，形成物流服务关键节点资源；另外，招商局还与其他央企合作建设"一带一路"标志性工程中白工业园。在"一路"上投资位于战略关键节点的全球港口。如地理位置十分重要的吉布提港，位于南印度洋主航道的斯里兰卡科伦坡港，位于地中海战略要地的土耳其伊斯坦布尔和马耳他港等港口。

（2）创新商业模式，复制蛇口开发经验

招商局提出了有条件的"一带一路"沿线国家复制"前港—中区—后城"的蛇口商业模式，有效解决了"走出去"与当地经济发展深度融合不够的问题。[①] 蛇口商业模式不仅能使企业很好地融入当地经济发展，而且可以为中国的国际产能合作提供一站式服务平台，帮助众多的中小企业（特别是民营企业）走出去。这一模式以港口为龙头和切入点、以临港产业园区为核心和主要载体，通过同时打造硬环境和软环境，发展适合东道国资源禀赋的相关产业，然后通过产业发展带动后方的城市建设。

吉布提自贸区项目是招商局"前港—中区—后城"模式在海外落地的第一个项目，已经取得了突破性进展。2012 年招商局集团投资吉布提港后，提出把原来的港口进行转型升级，在距离老港口五六公里的地方新建一个现代化港口，在新老港口之间发展产业园区，然后对老港区进行城市化改造。整个项目建成后将产生 GDP 超过 40 亿美元，相当于目前吉布提 GDP 的两倍多，可创造就业岗位逾 10 万个，超过吉布提可就业人口的六分之一。截至 2017 年年底，项目按计划进展顺利。[②] 同时，招商局集团还在斯里兰卡、多哥、坦桑尼亚等国家分享这一模式。

（3）坚持多赢共赢的合作理念

招商局在注重自身经济效益的同时，更加关注带动当地经济发展，力争实现多赢共赢。在斯里兰卡投资的科伦坡集装箱码头，改变了斯里兰卡不能停靠大型集装箱船舶的历史，远洋集装箱班轮干线可直达科伦坡，不再中转到迪拜和新加坡，为印度次大陆地区海上集装箱运输节省近一周时间，极

---

① 以往中国企业"走出去"的模式较多的是承揽工程项目或投资收购资源，传统的港口、航运业务也只是实现了货物的简单位移，与当地经济发展深度融合不够。

② 投资 5.8 亿美元的吉布提新港已于 2018 年 5 月份投入运营；自贸区启动区已全面开工建设，将于 2018 年 7 月投入运营；老码头旧址改造为新的城市中心工作也在积极推进中。

大地促进了南亚地区的对外贸易发展。另外，这个码头不仅给当地带来了税收和就业，还为当地培养了技术人才和管理人才。招商局集团仅派出十余名高级管理人员，其余员工都在当地聘用，并送到中国培训。这一码头也给招商局带来了良好的经济效益，码头投产第二年即实现盈利。

（六）践行绿色发展提升持续竞争力

1. 国有企业绿色发展的主要成就

党的十八大以来，党中央把环境保护摆到更加重要的位置，治理进程明显加快。国有企业积极担负起生态文明建设政治责任，全力以赴打好污染防治攻坚战，有效防范企业生态环保风险，提升生态环保治理能力，推动企业高质量发展。同时，国有企业加快形成绿色发展方式，协同推动高质量发展和生态环境高标准保护，从源头上解决生态环境问题。具体措施包括：加快转变经济发展方式，大力发展绿色经济、循环经济和低碳技术，培育壮大节能环保产业；更加注重保障和改善民生，着力解决损害群众健康的突出环境问题；深化节能减排，加大水、大气、土壤等污染治理力度，强化核与辐射监管能力，改善环境质量等。

国有企业履行环保责任绿色发展的带头作用明显。[①]2018 年 6 月中国企业评价协会联合万里智库发布的国内首个绿金企业报告以及 2018 年中国绿金企业 100 优名单显示，国有企业履行环保责任绿色发展的带头作用明显。国内企业对履行环保责任的意识超过外资企业，国有企业和民营企业都积极承担环保责任，践行绿色发展。在百优入围企业中，中资企业所占比例达九成以上，其中国有企业入围企业最多，民营企业的数量也显著增多。

2. 典型案例之一：中国石化绿色发展十大亮点

实现绿色发展，是中国石化多年来不变的追求与坚守。绿色低碳战略、"碧水蓝天"行动、油品质量升级……作为企业界绿色低碳发展的倡导者与引领者，为了碧水蓝天，中国石化践行着对健康、安全和环境的承诺，这些年成就显现，"亮点"纷呈。[②]

---

① 金辉：《国有企业履行环保责任绿色发展的带头作用明显》，《经济参考报》2018 年 6 月 6 日。

② 张翼：《中国石化绿色发展呈现十大亮点》，《光明网》，2018 年 4 月 2 日。

亮点 1：确立绿色低碳战略。2011 年中国石化将"绿色低碳"确定为公司重要的发展战略之一，推动企业可持续发展。2012 年中国石化发布《环境保护白皮书》。

亮点 2：实施"碧水蓝天"行动。2013 年 7 月，中国石化宣布实施"碧水蓝天"环保计划，截至 2016 年 7 月底，累计完成环保治理项目 870 个，投入资金 209.2 亿元。

亮点 3：启动"能效倍增"计划。2014 年，中国石化启动"能效倍增"计划。截至 2018 年 3 月底，已实施 1930 个项目，节约标煤 337 万吨，相当于植树 8200 万棵。

亮点 4：积极推进油品质量升级。2000—2017 年，中国石化累计投入 3000 多亿元，用于油品质量升级。车用汽、柴油标准从国一升级到国五，汽油标准从 2000 年的硫含量不大于 1000ppm 下降到国五的不大于 10ppm、下降 99%。

亮点 5：芳烃技术解决粮棉争地矛盾。据统计，利用"高效环保芳烃成套技术"，每年生产的化学纤维可替代约 2.3 亿亩土地产出的棉花，有效解决粮棉争地的矛盾。

亮点 6：页岩气开发获得重大突破。2017 年底，涪陵页岩气田探明储量超 6008 亿立方米，日产量稳定在 1500 万立方米以上，相当于 3200 多万家庭的日常生活用气量。

亮点 7：布局 LNG 项目。2018 年 2 月天津 LNG 项目正式进入商业运营。至此，中国石化 LNG 接收站年接转能力达 900 万吨，相当于 120 亿立方米天然气，可供应 6600 万户家庭。

亮点 8：打造"无烟城"。中国石化积极推进北方地区清洁取暖，地热业务已辐射北京等 13 个省区市，供暖能力达 5000 万平方米，每年可替代标煤 142 万吨。

亮点 9：生物航煤跨洋商业飞行成功。2017 年 11 月 22 日，中国自主研发生产的 1 号生物航煤首次跨洋商业载客飞行（北京到芝加哥）取得圆满成功。

亮点 10：生物柴油走进加油站。2017 年 10 月 30 日，中国石化上海 9 座加油站试点销售加注餐厨废弃油脂制生物柴油（B5）。

3.典型案例之二：中国海油改革"组合拳"推动绿色发展

万元产值能耗逐年下降、5年累计节能189万吨标准煤、主要产品单位能耗呈下降趋势。党的十八大以来，中国海洋石油总公司围绕"建设中国特色国际一流能源公司"的战略目标，积极践行改革创新，打出一套改革"组合拳"，扎实推进绿色发展。①

（1）绿色转型：发展清洁能源

为推动绿色能源转型，中国海油近年来将目光聚焦到天然气等清洁能源的发展上。2015年以来，中国海油对天然气业务协调机制进行改革，加大战略、规划、市场、资源等方面的统筹力度，推动天然气业务的转型升级。到2017年下半年，中国海油天然气业务已分布全国24个省级行政区的78个地市，天然气发电总装机容量834万千瓦（投运696万千瓦，在建138万千瓦），位居全国第三，累计生产"绿色"电力超1700亿度。

在北方，LNG保供成效显现，2015年天津市供热推动"煤改燃"，中国海油在入冬前为天津准备了超过6.1亿立方米天然气御寒；在粤北，广东管网天然气从珠三角向粤北山区挺进，一举改变了当地煤、油为主的能源结构。党的十八大以来，中国海油国内累计生产天然气617亿立方米。自2006年中国海油建成我国首个LNG接收站，至今已累计引进LNG超过1亿吨，占全国LNG总进口量近80%。据测算，1亿吨LNG热值相当于1.3亿吨原油，可为国家减排二氧化碳近4亿吨，相当于植树8亿棵。

（2）绿色改造：着力节能降耗

为推动传统产业进行绿色改造，中国海油改革节能减排管理机制，依托环保管理信息系统，推动以严格环评管理、污染物排放达标与总量控制管理、统筹减排管理为重点的环境保护全过程管理，拓宽环境管理内容和范围。同时，实施新建与改造环保项目管理办法，推动环保项目见实效。

在抓好节能管理改革的同时，中国海油进一步创新节能技术，通过加大投入、创新改造、深挖潜力，重点推广余热利用、电力组网等多个项目，仅渤海油田4年便累计回收天然气4.7亿立方米。

---

① 《改革"组合拳"推动绿色发展》，国务院国资委网站，2017年8月16日。

（3）绿色创新：改革科技体制

通过完善上下游科研机构整合，优化职能分工，2015 年，中国海油组建了炼化公司炼油化工研究院。通过改革科技成果转化体制机制，中国海油突破深水、稠油、低孔低渗、非常规油气、LNG 关键技术国产化，重质油加工利用等一批核心关键技术。

此外，中国海油加强先导创新，研究海洋新型能源。持续推进海洋能、海上核电等战略性海洋新型绿色能源的相关研究，建设科技研发基地支撑技术研发与孵化，其中"500 千瓦海洋能独立电力系统示范工程"，实现了潮流能、风电和太阳能等多种能源互补。

中国海油还致力于做强做优绿色产业，探索产业创新。陆续开发了 10 余个中国核证减排量项目，涉及光伏、生物质、风电等领域，覆盖福建、新疆、山东等地区，碳资产开发和管理能力明显提高。

三、国有企业党的领导和党的建设全面加强

党中央出台的文件和习近平总书记发表的一系列重要讲话，为新时代坚持党的领导、加强党的建设，全面解决党的领导、党的建设在国有企业的弱化、淡化、虚化、边缘化问题提供了指引。2015 年 9 月，中办印发了《关于在深化国有企业改革中坚持党的领导加强党的建设的若干意见》（中办发〔2015〕44 号），对在深化国有企业改革中坚持党的领导、加强党的建设提出要求，作出部署。2016 年 10 月，习近平总书记在全国国有企业党的建设工作会议上发表重要讲话，为国有企业坚持党的领导、加强党的建设提供了根本指南。全国国有企业党的建设会议召开之后，中组部、国务院国资委党委、各地方国资委党委、中央企业党委（党组）和地方国有企业党委深入学习、贯彻落实会议精神，到 2017 年年底，国有企业党的领导和党的建设得到全面加强。

（一）新时代国有企业党的建设的根本指南

党的十八大以来，中国特色社会主义进入新时代，我们党紧密结合新

的时代条件和实践要求，以全新的视野深化对共产党执政规律、社会主义建设规律、人类社会发展规律的认识，进行艰辛理论探索，取得重大理论创新成果，形成了习近平新时代中国特色社会主义思想。习近平总书记关于国有企业改革、发展、党建的重要论述，是习近平新时代中国特色社会主义思想的重要组成部分。

2016 年 10 月 10 日至 11 日，全国国有企业党的建设工作会议在北京召开。中共中央总书记、国家主席、中央军委主席习近平出席会议并发表重要讲话，深刻回答了事关国有企业改革发展和党的建设的若干重大理论现实问题。习近平总书记在全国国有企业党的建设工作会议上的重要讲话，连同党的十八大以来党中央对国有企业作出的重要指示，完整系统地宣示了我们党在新时代关于国有企业、国有经济的重大主张，进一步丰富和发展了马克思主义政治经济学，成为习近平新时代中国特色社会主义思想的重要组成部分，为开创国有企业改革发展和党的建设新局面提供了根本遵循和行动指南。①

习近平总书记提出，国有企业是中国特色社会主义的重要物质基础和政治基础，是我们党执政兴国的重要支柱和依靠力量。要通过加强和完善党对国有企业的领导、加强和改进国有企业党的建设，使国有企业成为党和国家最可信赖的依靠力量，成为坚决贯彻执行党中央决策部署的重要力量，成为贯彻新发展理念、全面深化改革的重要力量，成为实施"走出去"战略、"一带一路"建设等重大战略的重要力量，成为壮大综合国力、促进经济社会发展、保障和改善民生的重要力量，成为我们党赢得具有许多新的历史特点的伟大斗争胜利的重要力量。

习近平总书记指出，坚持党的领导、加强党的建设，是我国国有企业的光荣传统，是国有企业的"根"和"魂"，是我国国有企业的独特优势。但是，在坚持党的领导、加强党的建设方面，国有企业存在着弱化、淡化、虚化、边缘化问题。因此，在新形势下，国有企业要坚持党要管党、从严治党，紧紧围绕全面解决党的领导、党的建设弱化、淡化、虚化、边缘化问题，坚持党对国有企业的领导不动摇，坚持服务生产经营不偏离，坚持党组

① 郝鹏：《新时代国有企业党的建设的根本指南》，《光明日报》2018 年 9 月 28 日。

织对国有企业选人用人的领导和把关作用不能变，坚持加强国有企业基层党组织不放松。

在全面总结我们党领导国有企业 80 多年实践探索、积极借鉴发达国家公司治理的有益经验基础上，习近平总书记创造性地提出两个"一以贯之"重要论断，强调坚持党对国有企业的领导是重大政治原则，必须一以贯之；建立现代企业制度是国有企业改革的方向，也必须一以贯之。十九大通过的《党章》，对国有企业党组织的功能定位进行了明确，确立了国有企业党委（党组）的领导地位："国有企业党委（党组）发挥领导作用，把方向、管大局、保落实，依照规定讨论和决定企业的重大事项。"

在加强监督方面，习近平总书记强调，党和人民把国有资产交给企业领导人员经营管理，是莫大的信任。要突出监督重点，强化对关键岗位、重要人员特别是一把手的监督管理，完善"三重一大"决策监督机制，严格日常管理，整合监督力量，形成监督合力。

在民主管理方面，要健全以职工代表大会为基本形式的民主管理制度，推进厂务公开、业务公开，落实职工群众知情权、参与权、表达权、监督权，充分调动工人阶级的积极性、主动性和创造性。

在有关国有企业选人用人的问题上，习近平总书记强调，国有企业领导人员是党在经济领域的执政骨干，是治国理政复合型人才的重要来源，肩负着经营管理国有资产、实现保值增值的重要责任。国有企业领导人员必须做到对党忠诚、勇于创新、治企有方、兴企有为、清正廉洁。要坚持党管干部原则，保证党对干部人事工作的领导权和对重要干部的管理权，保证人选政治合格、作风过硬、廉洁不出问题。对国有企业领导人员，既要从严管理，又要关心爱护，树立正向激励的鲜明导向，让他们放开手脚干事、甩开膀子创业。

在有关基层党建的问题上，习近平总书记强调，全面从严治党要在国有企业落实落地，必须从基本组织、基本队伍、基本制度严起。要同步建立党的组织、动态调整组织设置。要把党员日常教育管理的基础性工作抓紧抓好。企业党组织"三会一课"要突出党性锻炼。要让支部成为团结群众的核心、教育党员的学校、攻坚克难的堡垒。

在党风廉政建设问题上，习近平总书记强调，各级党委要抓好国有企业党的建设，把党要管党、从严治党落到实处；国有企业党委（党组）要履行主体责任；要加强国有企业党风廉政建设和反腐败工作，把纪律和规矩挺在前面，持之以恒落实中央八项规定精神，抓好巡视发现问题的整改，严肃查处侵吞国有资产、利益输送等问题。

（二）全国国有企业党的建设工作会议精神的贯彻落实

2016 年 10 月全国国有企业党的建设工作会议召开之后，中组部、国务院国资委党委、各地方国资委党委、中央企业党委（党组）和地方国有企业党委迅速开展了学习和贯彻落实。

1. 30 项重点任务与 23 项重点工作

中组部和国务院国资委党委下达 30 项重点任务。为抓好全国国有企业党的建设工作会议各项部署落实落地，2016 年 10 月 31 日，中组部和国务院国资委联合印发了《关于印发〈贯彻落实全国国有企业党的建设工作会议精神重点任务〉的通知》（中组发〔2016〕26 号）。《通知》要求各地区各部门各企业要对照重点任务，结合工作实际，列出具体清单，明确时限责任，一项一项落实到位。《通知》共下达了 4 大类、30 项重点任务，具体参见表9–11。

国务院国资委党委安排 23 项重点工作。2016 年 11 月 30 日，国务院国资委为了进一步明确任务、细化分工、落实责任、推动整改，全面加强中央企业党的建设，下发了《贯彻落实全国国有企业党的建设工作会议精神重点任务分工计划》。《计划》将重点工作分为三类，共 23 项，并明确了国务院国资委承担具体任务的责任厅局：第一类是 2016 年年底前应完成的重点工作，包括选择部分中央企业向国务院国资委党委进行党建工作现场述职等12 项；第二类是 2017 年年底前应完成的重点工作，包括解决基层组织"应建未建"问题等 5 项；第三类是需长期持续推进的重点工作，包括着力抓好"四个化"问题整改等 6 项。《计划》要求国务院国资委所属厅局，将涉及本厅局的各项任务，制定具体推进方案，明确责任单位及完成时限。《计划》的下发，明确了具体重点工作的责任单位和完成时限，有力地推进了重点工作的落实落地。

表 9–11　中组部和国务院国资委党委下达的 30 项重点任务

4 大类任务	30 项具体重点任务
一是把加强党的领导和完善公司治理统一起来	1."四同步""四对接"①；2.完善"双向进入、交叉任职"领导机制；3.健全党组织议事决策机制，落实前置程序的要求；4.大力推动党建工作要求纳入公司章程；5.强化对国有企业关键岗位、重要人员特别是一把手的监督管理；6.深化国有资产监管体制改革，加强出资人监管；7.健全以职工代表大会为基本形式的民主管理制度；
二是建设高素质国有企业领导人员队伍	8.坚持党管干部原则；9.把坚持党管干部原则和发挥市场机制作用结合起来；10.选好配强国有企业党委（党组）书记；11.加强对国有企业领导人员的教育；12.严格日常管理，落实谈心谈话制度，加大综合考核评价和提醒、函询、诫勉力度；13.研究干部管理体制改革；14.坚定不移推进国有企业负责人薪酬制度改革；15.注重国有企业领导人员后备力量建设；16.按"三个区分开来"要求，合理划定容错界限，建立容错纠错机制；
三是把国有企业基层党组织建设成为坚强战斗堡垒	17.力争用 1 年左右时间全面解决"应建未建"党组织的问题；18.加强中央企业境外单位党建工作；19.扎实开展"两学一做"学习教育，抓好党员发展和国有企业劳务派遣制员工党员管理工作；20.认真落实"三会一课"、领导班子民主生活会、组织生活会、谈心谈话、党员党性分析等基本制度；21.重视发挥党支部的主体作用；22.突出抓好职工思想政治工作；23.推动党建工作与生产经营深度融合；
四是加强对国有企业党的建设的领导	24.建立统一归口、责任明晰、有机衔接的国有企业党建工作领导体制；25.地方各级党委要把国有企业党的建设纳入整体工作部署和党的建设总体规划；26.国有企业党委（党组）要认真履行主体责任；27.建立国有企业党委（党组）向上级党组织报告年度党建工作制度；28.中央企业要配置专职副书记，规模较大的中央企业分支机构和地方国有企业也要配备专职副书记；29.根据实际需要设立专门的党务工作机构，配备一定比例专兼职党务工作人员。建立党务工作人员和经营管理人员双向交流机制，把党务工作岗位作为培养企业复合型人才的重要平台，落实同职级、同待遇政策；30.落实国有企业党建工作经费

注：对具体资料进行了适当删减。②

　　随后在 2017 年年初，国务院国资委党委在中央企业、地方国资委负责

① 坚持和落实党的建设和国有企业改革同步谋划、党的组织及工作机构同步设置、党组织负责人及党务工作人员同步配备、党建工作同步开展，实现体制对接、机制对接、制度对接和工作对接。

② 中共中央组织部、国务院国资委党委：《贯彻落实全国国有企业党的建设工作会议精神重点任务》，2016 年 10 月。

人会议上提出：确定 2017 年为"中央企业党建工作落实年"。① 这是国务院国资委为全面落实党建各项任务和要求，特别是 30 项重点任务采取的措施，同时也为国企国资改革发展工作奠定全年主基调。

2. 印发《中央企业党建工作责任制实施办法》

党的十八大以来，以习近平总书记为核心的党中央从协调推进"四个全面"战略布局、巩固党的执政基础的高度，对国有企业全面从严治党作出一系列重要决策部署，明确要求建立党建工作责任制，从根本上解决管党治党责任不明确、责任不落实、责任不追究的问题。

2017 年 4 月，中央办公厅印发了《中央企业党建工作责任制实施办法》。《实施办法》是第一部关于中央企业党建工作的党内法规，是中央企业管党治党的重要制度安排，是落实全国国有企业党的建设工作会议精神的重要实践成果，对于中央企业坚持党的领导、加强党的建设，落实党中央全面从严治党决策部署，具有十分重要的意义。《实施办法》明确了中央企业党建工作责任体制，明确了履行党建工作责任"谁承担"，党建工作责任内容"是什么"，承担责任"怎么干"，落实责任"怎么评价、谁来评价"和党建工作"干不好怎么办"等关键问题。②

在随后（4 月 17 日）国务院国资委召开的贯彻落实中央企业党建工作责任制实施办法座谈会上，国务院国资委党委书记郝鹏提出按照《实施办法》要求，国务院国资委党委和中央企业各级党组织要切实扛起管党治党责任。中央企业党委（党组）要履行好主体责任，党委（党组）书记要履行好第一责任，专职副书记要履行好直接责任，班子其他成员要履行好"一岗双责"。要建立"述评考用"相结合的工作机制，强化追责问责的鲜明导向，要以责任制为抓手，层层落实管党治党责任。

（三）国有企业党的领导和党的建设得到有效加强

经过一年多的时间，到 2017 年年底，国有企业党建工作解决了一些多年来想解决而难以解决的"老大难"问题，取得了一批实实在在的成果。国

---

① 国务院国资委将 2018 年确定为"中央企业党建工作质量提升年"。

② 《中央企业党建工作责任制实施办法座谈会》，《新华网》，2017 年 4 月 17 日。

有企业管党治党意识显著增强，抓党建强党建氛围已经形成，党建工作责任逐级落实，党的领导与公司治理融合更加紧密，党建基层基础工作逐步夯实。

1. 党对国有企业的领导得到有效加强

国有企业党组织的地位作用在《党章》中得到明确。根据习近平总书记在 2016 年全国国有企业党的建设工作会议上的重要讲话精神，2017 年 10 月，党的十九大通过的《党章》明确了新时代国有企业党组织的地位和作用："国有企业党委（党组）发挥领导作用，把方向、管大局、保落实，依照规定讨论和决定企业重大事项。国有企业和集体企业中党的基层组织，围绕企业生产经营开展工作。保证监督党和国家的方针、政策在本企业的贯彻执行；支持股东会、董事会、监事会和经理（厂长）依法行使职权；全心全意依靠职工群众，支持职工代表大会开展工作；参与企业重大问题的决策；加强党组织的自身建设，领导思想政治工作、精神文明建设和工会、共青团等群团组织。"

"四个意识"明显增强，方针政策和重大部署得到坚决贯彻执行。国有企业党组织把组织广大党员干部认真学习习近平新时代中国特色社会主义思想、习近平总书记在全国国有企业党的建设工作会议上的重要讲话精神、十八大以来习近平总书记关于国有企业改革发展党建的重要论述，作为首要政治任务。结合实际研究落实，通过迅速传达学习、专题研究部署、积极推动实施等，用中央精神统一思想和行动，国有企业的政治意识、大局意识、核心意识、看齐意识明显增强，做到了"两个坚决维护"，做到了坚决同以习近平总书记为核心的党中央保持高度一致，坚决维护党中央权威和集中统一领导，确保党和国家方针政策、重大部署在国有企业得到坚决贯彻执行。

贯彻落实两个"一以贯之"，推动党的领导"内嵌""融入"公司治理。通过稳妥推进党建工作要求进公司章程、完善"双向进入、交叉任职"领导体制、健全重大问题决策机制等，把加强党的领导"内嵌""融入"到公司治理之中，落实党组织法定地位，促进党组织发挥作用组织化制度化具体化。截至 2017 年 10 月，在集团层面，98 家中央企业全部完成党建要求进章程，全部实现党委（党组）书记、董事长"一肩挑"，全部配备了主抓党务工作的专职副书记，全部把党组织研究讨论作为企业决策重大问题的前置程序；中央企业积极推进党建任务在基层单位落地，有3900多家二三级单位完成章程修订，2800多家二三级单位实现"一肩挑"，2600多家二三级单位配备了专职副书记，12000多家二三级单位落实了前置程序要求。①

国有企业党组织的地位作用在《党章》中得到明确。根据习近平总书记在2016年全国国有企业党的建设工作会议上的重要讲话精神，2017年10月，党的十九大通过的《党章》明确了新时代国有企业党组织的地位和作用："国有企业党委（党组）发挥领导作用，把方向、管大局、保落实，依照规定讨论和决定企业重大事项。国有企业和集体企业中党的基层组织，围绕企业生产经营开展工作。保证监督党和国家的方针、政策在本企业的贯彻执行；支持股东会、董事会、监事会和经理（厂长）依法行使职权；全心全意依靠职工群众，支持职工代表大会开展工作；参与企业重大问题的决策；加强党组织的自身建设，领导思想政治工作、精神文明建设和工会、共青团等群团组织。"

2. 坚持党管干部原则，企业领导人员队伍建设进一步加强

党的十八大以来，国有企业党组织坚持正确选人用人导向，严格落实国有企业领导人员"对党忠诚、勇于创新、治企有方、兴企有为、清正廉洁"要求，探索建立适应现代企业制度和市场竞争需要的选人用人机制，干部管理从宽松软走向严紧硬。一是强化组织领导和把关作用。严把政治关、品行关、廉洁关，充分运用纪检、巡视、审计等成果，严格执行"凡提四必"②，选好配强企业领导班子特别是主要领导人员。二是探索发挥市场机制作用。中组部2016年公开遴选了8名中管金融企业副职领导人员。国务院国资委在新兴际华开展董事会选聘总经理试点，并公开遴选中国电子、中煤集团等中央企业班子副职。吉林通过市场化方式选聘国有企业领导人员152人。上海、山东等地和交通银行、中国华能、中化集团等企业探索建立了职业经理人制度。三是加大干部交流和教育培养力度，注重在同行业或相近行

---

① 王倩倩：《强根铸魂抓党建　踏石留印见实效——国务院国资委党委推进中央企业党建工作纪实》，《国资报告》2017年第10期。

② "凡提四必"，即讨论决定前，对拟提拔或进一步使用人选的干部档案必审、个人有关事项报告必核、纪检监察机关意见必听、线索具体的信访举报必查，坚决防止"带病提拔"。

业交流企业主要领导。全国国有企业党的建设工作会议以来①，中管金融企业、中管企业新任正职中交流产生的占半数以上，中管金融企业新任监事长和纪委书记全部通过交流产生。四是从严管理监督。2016年以来②，中组部对中管金融企业和中管企业所有正职进行了谈话提醒，国务院国资委党委对出现重大决策失误、工作不在状态等问题的中央企业主要负责人进行了调整和处理。

3. 国有企业党的建设得到有效加强

国有企业党组织坚持抓基层打基础不放松，通过健全组织体系、严格组织生活、打造过硬书记队伍、融入生产经营创新活动方式等，抓好基本组织、基本队伍、基本制度，充分发挥基层党组织战斗堡垒作用和党员先锋模范作用。到2017年10月，中央企业集团全部设置了党务工作机构，党务部门编制全部达到同级部门平均编制，全部将党务工作经费纳入企业预算，全部开展二级单位党组织书记述职评议。中央企业基层党组织基本实现全覆盖，覆盖率超过99.4%，按期换届率达到92.3%。③ 中央企业党组织普遍加强了基层党建制度建设，制定修订党建工作制度1300余项，部分企业还研究制定了加强混合所有制企业党建工作的规范性文件。普遍加强了基层党组织建设，消除了"空白点"，实现了"应建尽建"。很多企业创新了基层党建工作方法，使基层党建更具特色、更接地气、更有效果。

中国远洋海运将支部建到远洋船舶上，为船舶配备政委，让党旗在"流动的国土"上飘扬。鞍钢集团采取了党校教师＋基层党务工作人员联合授课的"A＋B"授课方式，实现了党支部书记轮训全覆盖。东风公司运用事业计划管理方式，对支部工作每月汇总，诊断问题、靶向推动。国家电网党委实施"旗帜领航·三年登高"计划，全面提高了"三基建设"质量。中国商飞、华润集团、南方电网等多家中央企业开展了"党员责任区""一个党员一面旗"等活动。

---

① 截止到2017年4月。

② 截止到2017年4月。

③ 王倩倩：《强根铸魂抓党建　踏石留印见实效——国务院国资委党委推进中央企业党建工作纪实》，《国资报告》2017年第10期。

（四）全面从严治党取得明显成效

党要管党，全面从严治党，是新时代国有企业党建的主旋律和总基调。党的十八大以来，以习近平总书记为核心的党中央对国有企业全面从严治党作出一系列重要决策部署。

1. 国有企业党建责任有效落实

2017 年初，中央办公厅印发了《中央企业党建工作责任制实施办法》，为中央企业实施党建工作责任制提供了根本遵循。通过健全责任体系、严格考评问责、强化工作保障等，传导压力，充实力量，落实经费，党建工作基础条件有效改善。中央企业普遍制定了党建工作责任制实施细则和党委（党组）书记、班子成员、支部书记责任清单。2017 年初，10 家中央企业党委（党组）书记和 18 家中央企业专职副书记向国务院国资委党委现场述职，①所有中央企业建立了党委（党组）向上级党组织报告年度党建工作制度。

2. 深化了政治巡视和党风廉政建设，形成良好政治生态

党的十八大以来，中央企业党组织切实把纪律和规矩挺在前面，将纪律和规矩作为管党治党的标准和要求，正确运用监督执纪"四种形态"②，由"惩治极少数"向"管住大多数"拓展，取得了显著成效。

在党风廉政建设方面，中央企业党组织着力构建不敢腐、不能腐、不想腐的长效机制，有效落实纪检工作"三个区分开来"③指导意见，对企业领导人员既从严管理严格监督，又保护干事创业的积极性。

在政治巡视方面，一是政治巡视不断深化。中央企业党组织聚焦全面从严治党，围绕中央巡视反馈问题、国务院国资委巡视反馈问题、贯彻落实中央八项规定精神、选人用人、遵守党的政治纪律和政治规矩、违规违纪问

---

① 2018 年 6 月，9 家中央企业党委（党组）主要负责同志向国务院国资委党委现场述职，18 家中央企业专职副书记进行书面述职。

② 《中国共产党党内监督条例》：党内监督必须把纪律挺在前面，运用监督执纪"四种形态"，经常开展批评和自我批评、约谈函询，让"红红脸、出出汗"成为常态；党纪轻处分、组织调整成为违纪处理的大多数；党纪重处分、重大职务调整的成为少数；严重违纪涉嫌违法立案审查的成为极少数。

③ 《习近平在省部级主要领导干部贯彻党的十八届五中全会精神专题研讨班上的讲话》，人民网，2016 年 5 月 10 日。

题等对下属单位开展专项巡视和机动巡视，实现了巡视工作的全覆盖，并把巡视成果运用作为领导班子考核评价、评优评先和领导人员奖惩、选拔任用的重要依据。二是切实抓好巡视整改工作。中央企业党组织不断借力加力，强化成果运用，持续深化巡视整改，针对中央巡视组和国务院国资委巡视组反馈的问题制定整改任务，利用巡视整改督查常态化和"整改—提高—再整改—再提高"的 PDCA 循环，持之以恒地巩固、拓展、深化、放大巡视整改的效能效果。

（五）典型案例：坚持党的领导加强党的建设是搞好国有企业的法宝

坚持党的全面领导这个根本前提，把企业党建与业务工作深度融合，是做强做优做大国有企业的重要法宝。国有企业要打造具有全球竞争力的世界一流企业，必须要有自己的核心竞争力，而坚持党的领导、加强党的建设就是国有企业独特的核心竞争力。

2008 年，有色金属行业在国际金融危机中受到严重冲击，中国铝业集团陷入连续严重亏损的困境，2014 年全年亏损高达 198 亿元。这家全球最大的有色冶金企业抓住并用活了新时代做强做优做大国有企业的法宝：党的建设，用短短三年时间，助力企业从"亏损王"到扭亏为盈，到发展持续向好。2017 年，中国铝业集团实现利润 21 亿元。中国铝业集团坚持党的领导加强党的建设的主要经验，包括以下四个方面。

1. 以党建汇集起扭亏脱困的正能量

2014 年 10 月，中铝集团新一届党组成立时，正值中铝亏损最为严重的时期。面临严峻的经营挑战，中铝党组一致认为，企业出现巨额亏损虽然有外部市场竞争因素，但人的因素是主要问题，归根到底是党建工作不到位的问题，直接反映到班子没抓好，队伍没带好。

通过 2014 年群众路线"回头看"、2015 年中央巡视整改和"三严三实"专题教育、2016 年"两学一做"学习教育和 2017 年"两学一做"常态化制度化，中铝狠抓干部员工的思想作风，扭掉了"习惯性麻木，出现亏损无所作为；习惯性回避，碰到问题绕道走；习惯性推脱，遇到问题不找主观；习惯性上交，出现问题依赖上级"四种坏习惯，形成了"状态再好、节奏再快、力度再大、办法再多、效果更好"的好作风，锻造了忠诚干净、担当奉献、拼搏进取的干部队伍，汇集起扭亏脱困、转型升级的强大力量，极大地提振了全员信心和士气。中铝还在全集团范围开展"闲官"专项治理，共梳理排查"闲官"166 名、"闲岗"74 个。①

2. 加减乘除法破解改革发展难题

"习近平新时代中国特色社会主义思想既是指导思想，同时也是具体工作的行动指南，其中蕴含着许多哲学思维和科学方法。"中铝集团党委书记、董事长葛红林说。

2014 年中铝集团新一届党组成立后，经过认真学习，集团党组认为，做好"加减乘除法"正是中铝起死回生、扭亏脱困的新法宝，也是企业转型升级、提质增效的新武器。针对当时存在的经营机制僵化、产业结构单一、创新严重不足等问题，中铝综合运用习近平提出的"加减乘除法"：做加法，加快产业结构调整，培育发展新动能；做减法，坚决淘汰退出落后产能，毫不手软"处僵治困"；做乘法，坚持创新驱动引领发展，培育引领行业发展新优势；做除法，处置低效无效资产、盘活闲置设备设施。除了加减乘除法，还有关键少数法、问题导向法、久久为功法、底线思维法、精准管理法、引领发展法……中铝集团党组通过学习习近平总书记重要讲话，总结概括出了包括"加减乘除法"在内的"十个工作法"，并将其广泛运用到企业的经营管理中。②

3. 加强党的建设促进深度融合

党的领导和党的建设显著加强。2016 年全国国有企业党的建设工作会议后，中铝集团党组制定了贯彻落实会议精神的 25 项重点任务。如今，党组织法定地位在中铝得到全面落实，全级次 363 家企业全部将党建要求写进公司章程。党组织研究讨论在各级企业作为决策重大问题的前置程序，在公司章程、党组织议事规则、"三重一大"决策办法中也逐一落实。集团所属的 41 家实体企业实行了"党委书记、董事长由一人担任，党员总经理担任副书记"的领导体制，在规模较大的 11 家企业还配备了专职党委副书记。同时，不断健全责任体系，制定《党建工作责任制实施细则》《党建工作责

---

① 温源：《中国铝业：党建是搞好央企的法宝》，《光明日报》2018 年 9 月 7 日。

② 王少伟：《中铝集团强化党建实现扭亏脱困——从央企"亏损王"到盈利"三连增"》，《中国纪检监察报》2018 年 7 月 9 日。

任清单》等 23 项制度。①

党建创新有效地促进了党建与生产经营工作的深度融合。每季度召开一次创新论坛，每次设定不同的主题，集团党组领导与所属企业干部职工通过视频系统面对面交流，广纳良策，搭建了中铝集团创新发展的重要平台和有效载体。中铝率先在央企中创新实施党建工作和生产经营"双百分"考核制度，把党建工作和生产经营各设定 100 分，两者互为系数、相乘得出最后考核结果，有效地促进了企业党建和业务工作的深度融合。

4. 正风肃纪创造良好政治生态

2015 年 10 月，中央巡视组向中铝集团反馈了专项巡视的情况，其中一个突出问题是"利益输送问题严重，一些领导人员内外勾结，吃里扒外"。中铝集团党组借力中央巡视组巡视，找"病灶"、对症下药，严肃查处领导干部及亲属经商办企业问题。2018 年 4 月，中铝集团党组会议审议通过了《中铝集团禁止与干部亲属所办企业发生业务往来暂行规定》，从源头解决"靠铝吃铝"问题。中铝集团常设 5 个巡视组、3 个区域监督中心，三年来（2015—2017）共查处违规违纪问题 586 起，处理 1825 人次，问责 1054 人。集团近年来相继成立 50 余个调查组，重点查处了一系列腐败案件，累计挽回损失 30 亿元，收缴违纪款近 6000 万元。②

四、国有企业发展展望

随着我国社会主要矛盾发生变化，国有企业承担的使命有了新的内涵，国有企业发展也有了新的目标。同时，国有企业也面临着更具挑战性的、复杂动态的外部发展环境，国际政治、经济和技术环境都发生了新的变化。在新时代，国有企业必须以习近平新时代中国特色社会主义思想为指引，继续全面深化国有企业改革、贯彻新发展理念、培育全球竞争力、发挥党组织的

---

① 王少伟：《中铝集团强化党建实现扭亏脱困——从央企"亏损王"到盈利"三连增"》，《中国纪检监察报》2018 年 7 月 9 日。

② 王少伟：《中铝集团强化党建实现扭亏脱困——从央企"亏损王"到盈利"三连增"》，《中国纪检监察报》2018 年 7 月 9 日。

独特优势，才能培育世界一流企业，才能努力成为"六个力量"。

（一）国有企业发展面临的新形势

1. 新时代中国特色社会主义

2017 年 10 月胜利召开的党的十九大指出，经过长期努力，中国特色社会主义进入了新时代，这是我国发展新的历史方位。中国特色社会主义进入新时代，我国社会主要矛盾已经转化为人民日益增长的美好生活需要和不平衡不充分的发展之间的矛盾。

中国特色社会主义进入新时代，意味着近代以来久经磨难的中华民族迎来了从站起来、富起来到强起来的伟大飞跃，迎来了实现中华民族伟大复兴的光明前景；意味着科学社会主义在 21 世纪的中国焕发出强大生机活力，在世界上高高举起了中国特色社会主义伟大旗帜；意味着中国特色社会主义道路、理论、制度、文化不断发展，拓展了发展中国家走向现代化的途径，给世界上那些既希望加快发展又希望保持自身独立性的国家和民族提供了全新选择，为解决人类问题贡献了中国智慧和中国方案。① 新时代的丰富内涵，明确回答了举什么旗、走什么路、以什么样的精神状态、担负什么样的历史使命、实现什么样的奋斗目标的重大问题，展现了当代中国共产党人的雄心壮志和使命担当。②

党的十九大对我国社会主要矛盾发生历史性变化的重大政治论断，深刻揭示了我国经济社会发展的阶段性特征，为准确把握新时代的发展新要求提供了重要依据和实践遵循。经过改革开放 40 年快速发展，我国总体上实现了小康，正迈向全面建成小康社会。随着社会发展进步，人民美好生活需要日益广泛，不仅对物质文化生活提出了更高要求，而且在民主、法治、公平、正义、安全、环境等方面的要求日益增长。同时，我国已经成为世界第二大经济体，社会生产力水平总体上显著提高，社会生产能力在很多方面进入世界前列，更加突出的问题是发展不平衡不充分，这已经成为满足人民日

① 《习近平在中国共产党第十九次全国代表大会上的报告》，《人民网》，2017 年 11 月 18 日。
② 《深刻把握新时代的历史方位——三论学习贯彻党的十九大精神》，《新华网》，2017 年 10 月 28 日。

益增长的美好生活需要的主要制约因素。①

党的十九大在对决胜全面建成小康社会作出部署的同时，明确了从2020年到本世纪中叶分两步走全面建设社会主义现代化国家的新的奋斗目标。要坚定不移推进全面深化改革，不断推进国家治理体系和治理能力现代化；贯彻新发展理念，把握社会主要矛盾变化，着力解决发展不平衡不充分问题，更好地满足人民日益增长的美好生活需要；继续落实好"十三五"规划确定的各项任务，推动各项事业全面发展；实施好各项发展战略，突出抓重点、补短板、强弱项，特别是要坚决打好防范化解重大风险、精准脱贫、污染防治的攻坚战，使全面建成小康社会得到人民认可、经得起历史检验；把握新时代党的建设总要求，推动全面从严治党向纵深发展。②

2. 数字经济成为关注焦点

以数字经济为代表的新经济初露头角。国际金融危机以来，主流观点一直认为，新一轮科技和产业革命正在孕育，将成为推动全球经济走出危机的重要动力。从2017年年底的数据来看，这个期望正在成为现实，突出标志就是数字经济的发展。全球经济回暖有周期性因素，数字经济的作用也不可忽视。据有关方面测算，美国数字经济占其国内生产总值（GDP）的比重已达33%，中国数字经济比重为30%。有学者预测，到2025年，数字经济在全球经济中的占比将达到50%。数字经济一个突出的特点，就是人工智能、互联网、大数据、云计算、区块链等数字技术，与包括制造业和服务业在内的产业发展的深度融合互动。美国的再工业化、德国的工业4.0、中国制造2025、日本的社会5.0等，实质上都是朝着数字经济的方向发展。比如智能制造领域，一些先进的工厂全部实现无人化，甚至是机器人生产机器人。有理由相信，数字经济未来对人类生产、生活的影响将会超出大多数人的想象，成为国际科技和产业竞争的主战场。

3. 国际形势变数加大

当今世界，挑战频发、风险日益增多。经济增长乏力，金融危机阴云

---

① 《深刻认识主要矛盾的历史性变化——四论学习贯彻党的十九大精神》，《新华网》，2017年10月29日。

② 《聚焦新目标开启新征程——五论学习贯彻党的十九大精神》，《新华网》，2017年10月30日。

不散，发展鸿沟日益突出，"黑天鹅"事件频出，贸易保护主义倾向抬头，"逆全球化"思潮涌动，地区动荡持续，恐怖主义蔓延肆虐。

世界经济复苏的不稳定不确定因素很多，主要经济体政策调整及其外溢效应带来变数，保护主义加剧，地缘政治风险上升。联合国贸发会议和世界银行最新报告显示，2016 年全球外国直接投资下降 13%，贸易增长仅略高于 1%，是 2008 年金融危机以来表现最差的一年。同时，由于现有国际合作的碎片化、排他性，世界难以把资源有效整合起来。2017 年，美国以知识产权保护不力为由，在若干年后针对中国重启了"超级 301 条款"。美国商务部向世界贸易组织（WTO）递交了报告，基于美国法律的六个要素，不承认中国市场经济地位。欧美日都以不同形式对中国根据《入世议定书》第 15 条获得市场经济地位的要求予以拒绝。在 WTO 部长会上，大有联手对付中国的态势。美国《国家安全战略报告》将中国称作美国的竞争对手、修正主义强权，多次提到中国"不公平的贸易和经济行为"。这都预示今后全球经贸环境更趋复杂严峻，未来中国面临的反倾销、反补贴调查可能会越来越多。[①] 美欧对中国海外投资的限制也会不断增强，一些欧洲国家也提出对中国投资设立安全审查。

（二）国有企业的新使命和发展的新要求

1. 国有企业的新使命

习近平总书记在全国国有企业党的建设工作会议上的讲话，明确了国有企业的新使命。习近平总书记强调："国有企业是中国特色社会主义的重要物质基础和政治基础，是我们党执政兴国的重要支柱和依靠力量。""要通过加强和完善党对国有企业的领导、加强和改进国有企业党的建设，使国有企业成为党和国家最可信赖的依靠力量，成为坚决贯彻执行党中央决策部署的重要力量，成为贯彻新发展理念、全面深化改革的重要力量，成为实施'走出去'战略、'一带一路'建设等重大战略的重要力量，成为壮大综合国力、促进经济社会发展、保障和改善民生的重要力量，成为我们党赢得具有

---

① 《政府工作报告》，《新华社》，2018 年 3 月 22 日。

许多新的历史特点的伟大斗争胜利的重要力量。"①

2. 对国有企业发展的新要求

我国社会主要矛盾的变化，对国有企业的发展方向提出了新要求。国有企业要在继续推动发展的基础上，着力解决好发展不平衡不充分问题，大力提升发展质量和效益，更好地满足人民在经济、政治、文化、社会、生态等方面日益增长的需要，更好地推动人的全面发展、社会全面进步。

加快完善社会主义市场经济体制，对国有企业的发展目标提出了新的要求。党的十九大明确提出培育世界一流企业的发展目标："要完善各类国有资产管理体制，改革国有资本授权经营体制，加快国有经济布局优化、结构调整、战略性重组，促进国有资产保值增值，推动国有资本做强做优做大，有效防止国有资产流失。深化国有企业改革，发展混合所有制经济，培育具有全球竞争力的世界一流企业。"

向高质量发展阶段转变，对国有企业发展方式提出了新的要求。我国经济已由高速增长阶段转向高质量发展阶段，正处在转变发展方式、优化经济结构、转换增长动力的攻关期，建设现代化经济体系是跨越关口的迫切要求和我国发展的战略目标。国有企业必须坚持质量第一、效益优先，以供给侧结构性改革为主线，推动经济发展质量变革、效率变革、动力变革，提高全要素生产率，着力加快建设实体经济、科技创新、现代金融、人力资源协同发展的产业体系，不断增强企业的创新力和竞争力。

（三）国有企业开启新征程

1. 国有企业要以习近平新时代中国特色社会主义思想指引发展

党的十九大报告提出的习近平新时代中国特色社会主义思想，是对马克思列宁主义、毛泽东思想、邓小平理论、"三个代表"重要思想、科学发展观的继承和发展，是马克思主义中国化最新成果。习近平新时代中国特色社会主义思想，是对党的十八大以来习近平同志治国理政新理念新思想新战略的高度概括，是党和人民实践经验和集体智慧的结晶，是全党全国人民的行动指南和思想武器。习近平新时代中国特色社会主义思想的"8个明确"

---

① 《坚持党对国有企业的领导不动摇　开创国有企业党的建设新局面》，《人民日报》2016年10月12日。

和"14条坚持"构成的新时代坚持和发展中国特色社会主义的基本方略，两者相互统一，共同构成新时代中国特色社会主义思想框架。

习近平新时代中国特色社会主义经济思想，是习近平新时代中国特色社会主义思想的重要组成部分。在实践中形成的以新发展理念为主要内容的习近平新时代中国特色社会主义经济思想，全面揭示了新时代的新特点，提炼和总结了我国经济发展实践的规律性成果，把实践经验上升为系统化的经济学说，实现了重大理论创新。习近平新时代中国特色社会主义经济思想主要有七个方面：一是坚持加强党对经济工作的集中统一领导，保证我国经济沿着正确方向发展；二是坚持以人民为中心的发展思想，贯穿到统筹推进"五位一体"总体布局和协调推进"四个全面"战略布局之中；三是坚持适应把握引领经济发展新常态，立足大局，把握规律；四是坚持使市场在资源配置中起决定性作用，更好地发挥政府作用，坚决扫除经济发展的体制机制障碍；五是坚持适应我国经济发展主要矛盾变化完善宏观调控，相机抉择，开准药方，把推进供给侧结构性改革作为经济工作的主线；六是坚持问题导向部署经济发展新战略，对我国经济社会发展变革产生深远影响；七是坚持正确工作策略和方法，稳中求进，保持战略定力、坚持底线思维，一步一个脚印向前迈进。

2. 要坚持全面深化改革推动国有企业发展

坚持全面深化国有企业改革，不断增强国有企业内生活力和发展动力。要坚定不移深化国有企业改革，沿着符合国情的道路去改，国有企业改革要有利于国有资本保值增值，有利于提高国有经济竞争力，有利于放大国有资本。要坚持正确方向，坚持社会主义市场经济改革方向，使市场在资源配置中起决定性作用，更好地发挥政府作用；坚持以解放和发展社会生产力为标准，以增强企业活力、提高效率为中心，提高国有企业核心竞争力。国有企业要进一步解放思想，持续深化拓展改革试点，优化国有资本布局结构，健全企业市场化经营机制，确保重点任务的落地见效。①

---

① 2018年8月，国务院国企改革领导小组宣布新的国有企业改革方案"双百行动"正式实施。围绕着"双百企业"包括混合所有制改革、员工持股、完善现代企业制度、薪酬改革等多项改革都将推进。以"1＋N"政策体系为指导，以前期各个单项试点成果为支撑，全面拓展和应用改革政策、试点经验，形成从"1＋N"顶层设计到"十项改革试点"再到"双百行动"梯次展开、纵深推进、全面落地的国企改革新局面。

第一，改革完善国有资产管理体制。要转变国有资产监管机构职能；要改革国有资本授权经营体制；要优化国有经济布局、推动结构性调整和战略性重组；要完善国有资产监督体系。第二，发展混合所有制经济。要吸收民营企业或资本进入国有企业；要吸收外资企业或资本进入国有企业；要开展骨干员工持股；要参股新产业中的核心企业。第三，构建中国特色现代国有企业治理体系。中国特色现代国有企业治理，是党委（党组）发挥领导作用，各治理主体各司其职、各负其责、协调运转、有效制衡的治理体系。要发挥党委（党组）的领导作用；要建设规范董事会，落实董事会职权；要提高监事会独立性，确保监事会监督功能正常发挥；要落实经理层职权，推进市场化选聘。

3. 国有企业要贯彻新发展理念

我国经济已由高速增长阶段转向高质量发展阶段，正处在转变发展方式、优化经济结构、转换增长动力的攻关期。跨越发展关口，就要坚持质量第一、效益优先，以供给侧结构性改革为主线，推动经济发展质量变革、效率变革、动力变革，不断增强我国经济创新力和竞争力。要加快建设创新型国家，实施乡村振兴战略，实施区域协调发展战略，加快完善社会主义市场经济体制，推动形成全面开放新格局，努力实现更高质量、更有效率、更加公平、更可持续的发展。国有企业要按照创新、协调、绿色、开放、共享的发展理念要求，推进结构调整、创新发展、布局优化，在供给侧结构性改革中发挥带动作用；要果断抓好处置"僵尸企业"工作，引导企业突出主业、降低成本、提高效率，增强核心竞争力，不断朝着培育具有全球竞争力的世界一流企业的目标迈进。

4. 国有企业要培育全球竞争力

国有企业培育世界一流，要在坚持党的领导下把国有企业做强做优做大。坚持党的领导是世界一流企业的本质特征。做强强调实力，是企业对所在领域和行业的影响力和话语权，包括利润、创新能力和品牌影响力三个方面；做优强调成长力，是企业资源利用的优劣程度，是企业未来竞争的关键，具体包括质量优、效益优、价值链位置优、产业结构优、跨国经营优和治理优六个方面；做大强调规模，是企业的彰显力，做大（特别是在具体产业中做大）是获得规模经济的必然条件，具体包括销售收入排名和市场占有率两个方面。

国有企业要实施创新驱动战略。发展是第一要务，人才是第一资源，创新是第一动力，国有企业要坚定不移走中国特色自主创新道路，要在创新驱动发展上花更大力气、下更大功夫，更加突出战略引领，着力强化自主创新、加强协同创新、完善创新机制，大力提升科技创新对国企国资改革发展的贡献度，在建设创新型国家中切实发挥好国家队作用。国有企业要大力实施创新驱动发展战略，突破和掌握一批关键核心技术，培育一批高附加值的尖端产品，打造一批国际知名的高端品牌，推动制定一批国际标准，争取成为引领全球行业技术发展的领军企业。国有企业要加快推进产业升级，加大管理创新和商业模式创新，在一些优势行业和领域，向价值链高端迈进，努力在国际分工中占据有利地位，争取成为在全球产业发展中具有话语权和影响力的领军企业。

国有企业要实施国际化战略。在新的历史时期，国有企业要牢牢把握我国对外开放面临的新形势，坚定不移走出去，既要走好也要走稳，要更加注重服务国家战略，更加注重提升全球竞争力，更加注重防范风险，在推动形成全面开放新格局中发挥好生力军、排头兵作用。国有企业要深入开展国际化经营，在"一带一路"建设和国际产能合作中推动优势产业"走出去"，带动中国装备制造、技术、标准和服务走向世界，充分利用国际国内两个市场、两种资源，培育一批国际化经营人才，争取成为在国际资源配置中占主导地位的领军企业。

5. 国有企业要坚持党的领导、加强党的建设

坚持党的领导、加强党的建设是国有企业的"根"和"魂"，是我国国有企业的独特优势，国有企业党的领导、党的建设只能加强，不能削弱。国有企业要以习近平新时代中国特色社会主义思想为指引，按照新时代党的建设总要求，巩固深化落实全国国有企业党的建设工作会议成果，全面加强党对国有企业的领导，坚决维护习近平总书记为核心的党中央权威和集中统一领导，确保国有企业、国有资产牢牢掌握在党的手中。深化落实党建工作责任制，探索党建工作量化考核，打通党建责任落实"最后一公里"，深入推进全面从严治党新要求在国有企业落地落实。按照两个"一以贯之"的要求，积极探索把加强党的领导和完善公司治理统一起来的有效途径和方式，

充分发挥国有企业党委（党组）领导作用，实现党的领导和公司治理有机统一。充分发挥坚持党的领导、加强党的建设的独特优势，坚持服务生产经营不偏离，把提高企业效益、增强企业竞争实力、实现国有资产保值增值作为国有企业党组织工作的出发点和落脚点，以企业改革发展成果检验党组织的工作和战斗力。

参考文献（厂史资料部分）

[1] 鞍钢厂志

[2] 大连港厂志

[3] 大连机车车辆厂史

[4] 大连船舶重工厂史

[5] 中国石油大庆油田厂史

[6] 大同煤矿史

[7] 东北电力局厂史

[8] 哈尔滨电机厂史

[9] 哈尔滨锅炉厂志

[10] 华北制药厂志

[11] 中国石油吉化集团厂史

[12] 江南造船厂史

[13] 上海振华重工公司志

[14] 沈阳飞机工业厂志

[15] 燕山石化厂志

[16] 一汽厂志

[17] 一拖厂志

[18] 一重厂志

[19] 中远公司志

[20] 中石化发展史

[21] 中国油天然气公司史

[22] 上海家化公司史

[23] 沪东造船厂志

[24] 中国核工业集团发展史

[25] 中国广核集团发展史

[26] 中国航天科工集团发展史

[27] 招商局发展史

[28] 神华集团发展史

[29] 大连钢厂志

[30] 大连化工厂志

[31] 金州纺织厂史

[32] 瓦房店纺织厂史

[33] 大连纺织厂厂史

[34] 复州湾盐场史

[35] 大连水泥厂志

[36] 大连机床厂志

[37] 大连起重机厂志

[38] 金州重机厂志

[39] 大连水泥厂志

[40] 大连冷冻机厂志

[41] 大连染料厂史

[42] 大连氯酸钾厂史

[43] 大连玻璃厂史

[44] 辽宁无线电二厂志

责任编辑：宫　共

封面设计：源　源

图书在版编目（CIP）数据

中国国有企业简史：1949—2018/邵丁,董大海 著. —北京：
人民出版社,2020.4

ISBN 978-7-01-021878-6

Ⅰ.①中… Ⅱ.①邵… ②董… Ⅲ.①国有企业-企业史-中国-1949-2018
Ⅳ.①F279.297

中国版本图书馆 CIP 数据核字(2020)第 027482 号

中国国有企业简史

ZHONGGUO GUOYOU QIYE JIANSHI

（1949—2018）

邵　丁　董大海　著

人 民 出 版 社 出版发行

（100706　北京市东城区隆福寺街 99 号）

北京佳未印刷科技有限公司印刷　新华书店经销

2020 年 4 月第 1 版　2020 年 4 月北京第 1 次印刷
开本：710 毫米×1000 毫米 1/16　印张：31　字数：500 千字

ISBN 978-7-01-021878-6　定价：84.00 元

邮购地址 100706　北京市东城区隆福寺街 99 号
人民东方图书销售中心　电话 (010)65250042　65289539